JN438505

인간 저 편을 향해

인간 저 편을 향해

인쇄 2020년 05월 10일
발행 2020년 05월 15일

지은이 이기환

발행인 서정환
펴낸곳 신아출판사
주 소 전북 전주시 완산구 공북 1길 16(태평동 251－30)
전 화 (063) 275－4000
팩 스 (063) 274－3131
이메일 sina321@hanmail.net
출판등록 제465－1984－000004호

ISBN 979-11-5605-778-9 (03510)
값 30,000원

*** 주문전화: 010-4655-1991**

이 도서의 국립중앙도서관 출판예정도서목록(CIP)은 서지정보유통지원시스템 홈페이지(http://seoji.nl.go.kr)와 국가자료공동목록시스템(http://www.nl.go.kr/kolisnet)에서 이용하실 수 있습니다.(CIP제어번호: CIP2020019601)

* 잘못된 책은 바꿔 드립니다.

Printed in KOREA

인간 저 편을 향해

이 땅의 사람들에게 보내는
가슴시린 사랑의 메시지

이기환 지음

■ 저자의 말

자연방랑철학자 이기환이 쓴 책 — 인간 저 편을 향해 —
책 원고를 읽어본 사람들 모두가 감탄을 하며 놀라워했다.
그리고 저자 서명(싸인)을 미리 받아 갔다.
이 책 읽어보면 압니다!
이 책이 어떤 책인가를……!

저자 이기환 글

■ 추천서

『*인간 저 편을 향해*』 책을 읽고

우연한 기회에 알게 된 이기환 작가님의『인간 저 편을 향해』란 책을 읽게 되었다. 좀 되는 두께에도 시간 가는 줄 모르고 읽다보니 하루 안에 다 읽게 되었다.

바쁜 일상이 없었으면 더 빨리 읽었으리라…….

책 읽기를 무척 좋아하는 나이지만 삶에 쫓겨 사느라 이렇게 두께가 좀 되는 책을 읽어본 게 얼마만인지…….

그의 자서전일 수도 있는, 그가 살아온 이야기는 우선 재미있었다. 읽는 동안 마치 한편의 영화를 보듯이 생생히 그려져 있다.

영화 같은 삶을 살아온 그이 이야기에는 그 시대의 역사도 함께 어우러져 기쁨과 슬픔, 열정과 사랑, 투쟁과 극복, 순수와 애틋함…… 세계적인 불치병들을 다스린 놀라운 애기들…….

그 모든 게 있다. 살아온 어느 날에는 그의 할머니와 어머니에 대한 그리움과 슬픔, 아린 사랑이 마음 한 편에 먹먹함으로 느껴져 오기도 하였다.

영화를 보듯, 드라마를 보듯 그의 이야기와 함께하다 보니 너무도 빨리(?) 영화는 지나갔고 책 한 권도 마무리가 되어 있었지만 사연마다 말없는 말로 일러주는 일깨움 같은 것도 느낄 수 있었고 말없는 말로 일러 주는 가르침도 느낄 수 있었다.

인간 저 편을 향해!

이 책을 그 누구에게라도 추천을 하며 적극을 더한다. 그리고 내내 여운이 인다.

독자 조혜주

| 차례 |

제3장 소년철학자 바람따라 남쪽으로

제4장 월남전선(전선일기)

제5장 죽음의 철학과 생존의 철학

제6장 사랑스러운 사람들

제7장 인생의 철학과 새 출발

제8장 크게 사는 길을 찾아

| 부록 | 생명을 살리는 놀라운 자연요법

| 제1장 |

무전여행 가출 I

배낭 하나 짊어지고

자, 떠나자!

미지의 세계를 향해 떠나는 것이다!

새로운 세계를 창조하려 하는 자는 알을 깨고 나와야 하고, 한 세계를 파괴하는 아픔을 겪어야 한다지 않았는가!

주저할 것 없다! 집, 학교, 길, 공부 다람쥐 쳇바퀴 같은 공간을 깨고 탈출해야 한다!

나는 어금니를 질끈 깨물며 군화 끈을 졸라매고 탄띠(반도)를 차고 배낭을 짊어졌다. 곁에서 내 모습을 걱정스레 지켜보던 친구 영기가 물었다.

"기환아, 혼자 떠나도 괜찮겠느냐. 며칠간 돌아다니다 올래?"

"……"

내가 말없이 손을 내밀자 영기는 내 손을 밀치고 바짝 다가서며 무거운 표정으로 말했다.

"너, 혹시……!"

나는 영기의 다 알고 있다는 얼굴 앞에 마음을 들킨 것 같아 잠시 당황하다가 영기의 오른손을 꽉 움트려 쥐고 낮고 비장한 어조로 말해 주었다.

"나, 1년간 돌아다니다 들어올 것이다. 아니, 어쩌면 집에 돌아오지 않을지도 모른다. 우리 집에는 내가 떠난 다음 며칠 있다가 사실대로 얘기해 줘라. 그리고 친구들에게도 알리지 못하고 떠나서 미안하다고 전해주고 그럼 잘 있거라! 영기야!"

내가 영기에게 일부러 굵게 내려 깔리는 음성과 비장한 자세로 말하는 것은 내 속에서 약해지려는 내적인 결의를 강한 외적인 표현에 의해 다지려는 의식적인 다지기 행위였다.

나는 영기와 작별 인사를 끝내고 무전여행 겸 가출의 첫발을 힘차게 내딛었다.

'그래, 떠나서 돌아다니다 보면 깨달음도 있고 즐거움도 있고 고난도 있고 예쁜 소녀와 가슴 뛰는 사랑도 있으리라……!'

나는 울렁거리는 가슴을 안고 정든 마을과 집을 빨리 벗어나려 동구 밖 차독배기 길로 뛰었다. 인적이 드문 차독배기 부대길로 나서니 부대의 군인들이 나와 같이 행장을 꾸리고 군가를 부르며 후문을 향해 행군을 하고 있었다. 나도 군인들 뒤에서 군가를 따라 부르며 같이 뛰었다.

초포에 대지를 진동시킨다.
원수야 오랑캐야
압록강 건너서 어서 빨리
물러나거라 두손 들어라

군가가 끝나고 군인들이 후문으로 들어가고 나자 갑자기 휑뎅그렁하니 불안감이 느껴져 왔다. 그래서 나는 혼자서 더욱 빨리 뛰었다. 배낭 뒤에 매단 항고(야외 취사용기)와 야전삽이 손도끼와 부딪치며 덜럭쿵 덜럭쿵 소리를 내며 따라오고, 학교 모퉁이 가겟집 중강아지가 쿵쿵거리는 내 군홧발 소리에 놀라 왈왈왈 숨 가쁘게 짖어대고 따라오며 떠나는 자의 가슴에 긴박감을 더해줬다. 금방이라도 집에서 소식을 듣고 뒤쫓아올 것 같은 생각에 마음이 조마조마했으나 친구 영기는 결코 고자질할 사람이 아니라는 생각이 굳어지면서 다시 마음에 안정이 찾아왔다.

뛰는 것을 자제하고 빠른 걸음으로 마을을 벗어나 멀리 들길로 나서니 포플러 숲속에서 매미 떼가 유난히 큰소리로 한여름 한낮을 합창하고 있다.

매얌 매얌 맴 쓰르르…….

매얌 매얌 맴 쓰르르…….

매미들의 소리는 마치 자유의 찬가처럼 들려왔다. 나는 포플라나무 아래 배낭을 부리고 앉아 매미 소리를 들으며 같이 소리를 질렀다.

매얌 매얌 맴 쓰르르,

맘 맘 맘 맘대로…….

'그래, 이제부터는 내 맘대로고… 자유다!'

한바탕 뛰고 걷고 소리를 지른 탓인지 온몸에서 열기가 솟아올랐고 목이 말랐다. 시원한 물 생각이 금세 모든 것을 제압하고 나를 동네 우물가로 내달리게 만들었다. 우물에서 물 한 바가지를 얻어 벌컥벌컥 마시고 나니 속이 시원해지고 새 정신이 들었다. 곁에서 내 모습을 지켜보던 아주머니 한 분이 안쓰러운 듯 쳐다보며 말을 건네 왔다.

"세상에 저 땀 좀 봐! 이 더위에 어디를 가느라고 이 고생을 해?"

"예, 무전여행 가는 중입니다!"

내가 수통에 물을 담아 반도에 차고 나서며 대답을 해주자, 아주머니는 찬물 많이 먹으면 배탈 난다고 걱정을 해주었다. 아주머니의 걱정하는 마음을 고맙게 생각하며 큰 사거리 길로 나왔다.

사거리 갈림길에서 서서 어디로 갈까 하고 망설이다 보니 내 자신이 졸지에 길 잃은 소년이 된 것 같은 기분이 들어 느닷없이 기가 팍 죽어 어깨가 쳐지고 어머니가 보고 싶어지기 시작했다. 나는 어머니를 보고 싶어 하는 내 자신을 크게 꾸짖고 나섰다.

'아니 조금 전까지 군가를 부르며 으쓱대던 청년이 무전여행을 떠나는 마당에 어린애처럼 어머니를 찾다니. 그래 가지고 어떻게 험난한 무전여행과 가출을 할 수 있단 말인가!'

그러나 내가 아무리 내 자신을 꾸짖고 혼을 내어도 어머니는 더욱더 내 머릿속에 선명하게 떠올랐고 내 발길은 이미 어머니가 계시는 덕유산 쪽으로 향하고 있었다. 나는 사거리 길에 배낭을 부리고 앉아 많은 생각을 한 끝에 어머니한테 먼저 들렀다가 떠나기로 작정을 했다.

'그래, 어머니가 육년 째 요양하고 계시는 덕유산으로 먼저 가자. 여기서부터 걸어서 일주일이면 갈 수 있겠지. 거기서 어머니를 보고 다음엔 비장한 역사의 진주성과, 천하에 아름답다는 남강이 있는 진주로 가자.'

마음을 정하고 행로를 따라 나서니 어머니의 보고픈 얼굴이 가슴에 뭉클 떠오르고 진주성과 진주 남강이 상상의 아름다운 그림으로 펼쳐지며 힘이 불끈 솟아오르기 시작했다.

나는 휘파람을 불며 진안 가는 쪽으로 씩씩하게 걸어 나갔다. 한참을 휘파람을 불며 신나게 걸어가다가 옆 동네 사는 김씨 아저씨를 만났다. 정문네 집 일꾼인 김씨는 소달구지를 끌고 가며 나보고 잘 놀다 오라고 말해주고 떠났다. 나는 김씨 아저씨와 헤어진 자리에 서서 우리 동네 쪽으로 멀어져 가고 있는 소달구지를 바라보며 집 생각에 빠져들었다. 집 떠난 지 몇 시간도 채 지나지 않았는데 할머니와 할아버지 그리고 동생들이 막 보고 싶어졌다.

'할머니!'

어머니가 아파서 병원이며 산에서 요양하고 있는 동안 정성을 다해 어머니와 나를 보살펴 주고 있는 우리 할머니…….

'할아버지!'

왕복 사십 여리를 걸어서 중학교를 다니고 고등학교 과정을 공부하러 다니는 내가 안쓰러워 늘 마중을 나오시던 우리 할아버지 그리고 동생들, 엄한 우리 아버지에게 자주 혼나는 나를 위로해 주고 감싸주던 내 동생들, 생각할수록 할머니, 할아버지 그리고 동생들의 얼굴이 가슴이 미어지도록 밀려왔다.

나의 눈에서는 어느덧 눈물이 소리 없이 입가로 흘러내리고 있었다. 나는 집으로 향하는 마음을 억누르고 우악스럽게 혼을 내던 아버지를 생각하며 어금니를 다시 질끈 물고 진안 가는 쪽으로 세차게 걸어 나갔다.

첫 구걸과 별밤

끝까지 걸어서 어머니한테 가야겠다는 결심으로 가다 보니 배가 고파왔다. 그러나 주머니 속에는 땡전 한 푼 없고 배낭 속에도 먹을 것이라고는 아무 것도 없다. 말 그대로 무전여행이 시작된 것이다.

'어디 가서 어떻게 먹을 것을 해결할 것인가!'

한참을 망설이다 마을로 내려가 부잣집으로 찾아갔다. 부잣집으로 보이는 집 대문 앞에 서서 한참을 서성거린 끝에 용기를 내어 소리쳤다.

"계십니까?"

그러나 집 안에서는 아무 대답이 없다. 나는 내친김에 더 큰소리로 집안을 향해 소리쳤다.

"계십니까?"

그러자 나이든 아주머니가 나오시더니 무슨 일이냐고 물었다.

"예, 무전여행 나온 학생입니다. 식량과 반찬을 좀 얻으러 왔습니다."

내가 당당하게 말을 하자 아주머니는 내 모습을 말끔히 쳐다보면서 물었다.

"무전여행이 뭐시다는 것이여……?"

그렇게 묻는 아주머니의 얼굴을 보니 잘하면 먹을 것을 얻을 수 있겠다는 생각이 들었다. 그래서 나는 애써 싹싹하게 웃으며 상냥하게 대답해주었다.

"예, 아주머니! 무전여행이라는 것은요, 배낭 하나만 짊어지고 집을 떠나 얻어먹으며 돌아다니는 것입니다."

"뭣 때문에 일부러 고상을 하고 다녀?"

"예, 사서 고생하며 세상을 배우러 다니는 것이지요."

아주머니는 뭔가 알 것 같다는 표정으로 고개를 끄덕이더니 따라 들어오라며 안채 마루로 안내를 했다. 마루에 배낭을 벗어 놓고 앉아 있노라니 부엌에서 아주머니들이 점심을 장만하는 소리가 분주하게 들려왔고 곧이어 따님인 듯한 아가씨가 상을 차려 내왔다.

상에는 흰쌀밥과 생선을 넣어 만든 감자찌게가 한 그릇씩 담겨져 있어, 보는 순간 침이 꿀떡꿀떡 넘어갔다. 나는 속으로 신나라하며 정신없이 먹어치우고 여세를 몰아 식량과 반찬을 부탁했다. 나의 부탁을 들은 주인아주머니는 염치도 좋다며 딸에게 쌀과 무김치를 좀 갖다 주라고 일렀다.

쌀과 무김치를 상당히 얻은 나는 '감사합니다.' 소리와 함께 대문을 나서 환호성을 지르며 내달렸다.

"야호!"

'야아 대성공이다. 첫 집 첫 번에 이렇게 많이 얻다니… 앞으로 여행이 무전여행이 아니라 부전여행이 되겠다.'

그러나 이것은 어쩌다 만난 행운이었다. 뒤이어 찾아 들어간 집들은 너무도 냉랭했다. 삼십여 호를 찾아다녔으나 먹을 것을 얻은 곳은 세 집뿐이었고 그것도 감자 몇 개와 보리쌀과 된장을 조금 얻었을 뿐이다. 갑자기 다리에 힘이 빠지고 주눅이 들었다. 나는 동구 밖 냇가로 나와 세수를 하고 앉아 앞서의 구걸에 대해 살펴보았다.

먼저 먹을 것을 준 집사람들과 주지 않았던 집사람들의 인상을 비교해 보니 먹을 것을 준 사람들의 인상이 주지 않았던 사람들에 비해 선하고 인자해 보였었다는 사실이다. 다음은 먹을 것을 준 집들을 비교해보니 부자로 보이는 집과 가난하게 보이는 집이 섞여 있었다. 이 같은 사실들을 살펴 본 결과 앞으로 구걸을 다닐 때는 집의 형세보다는 사람을 잘 보고 선하고 인자해 보이는 사람에게 매달려야겠다는 판단을 내렸다.

'그렇다, 동냥을 줄 사람은 따로 있는 것이다.'

나는 나의 판단이 옳으리라 생각하며 냇가 자갈밭으로 내려가 배낭을 풀고 점심 준비를 했다. 밥을 해먹기 위해 큰 돌로 솥귀를 걸고 항고에 쌀과 보리를 안치고 나무를 하러 다녔다. 손도끼로 해묵은 아카시아 나무의 밑둥치를 찍어 떼어다가 불을 지피고 고무신짝 녹인 것으로 밑불을 살려 부채로 살랑살랑 부치니 불이 잘 타 밥이 보글보글 잘 끓었다. 한참 끓인 후 다시 숯불 위에 항고를 내려놓고 뜸을 들이니 밥이 참 잘되었다.

길옆 밭에서 얼른 고추를 따다가 된장을 찍어서 밥을 먹으니 밥맛이 기가 막히게 좋았다. 나는 무전여행 떠나오길 정말 잘했다는 생각을 하며 배낭을 짊어지고 뚝길로 올라섰다.

폭염을 내리쏟던 태양이 나에게 인사를 하며 웃었다.

“멋지고 용감한 청년이여. 안녕!”

한낮의 무더위를 피해 모정(정자)에 모여 있던 동네 어른들도 내가 지나며 인사를 하자 여러 사람들이 한마디씩 건네 왔다.

“어디 사는가?”

“밥은 잘해 먹었는가?”

“땡볕에 다니면 더위 먹네.”

“집 나서면 고생이지.”

“젊어서 고생은 사서도 해야 되네.”

“싸우지 말게, 잘 다니게.”

나는 어른들에게 큰절을 하고 들길로 나섰다.

한 여름의 태양 아래 논에서는 잘 자란 벼가 굵게 새끼 쳐 올라오고 밀, 보리와 감자를 거둬들인 밭에서는 산두와 고구마가 잘 자리고 있었다. 이러한 들녘을 바라보는 농부들의 마음도 녹녹하게 느껴졌고 내 마음도 풍요로웠다. 나는 가슴을 쭉 펴고 당당하게 걸어가며 마음껏 해방감을 맛보았다.

방앗간이 있는 마을을 지날 무렵 해가 지기 시작했다. 냇가에 있는 뚝길로 나가 넘어가는 해와 저녁노을을 구경하며 자연과 인간에 대해 철학적인 사고로 많은 생각을 해 보았다.

‘해와 지구는 어떻게 생성이 됐으며 어떻게 이토록 수억 년 동안 질서정연하게 운동을 할 수 있을까? 그리고 이 같은 아름다운 자연 속에서 인간은 왜 생겨났으며 그 존재의 의미는 무엇인가?

오랫동안 생각에 잠겨 있다 보니 어느덧 주변이 어두워져 있고 밤하늘에 별들이 여기저기서 초롱초롱 빛나고 있었다. 나는 배낭을 베개 삼아 드러누워 밤하늘의 별구경을 했다. 꿈 많고 생각 많은 열여덟 청소년의 눈에 하늘에 별들이 무수히 쏟아져 들어왔다.

밤하늘의 별과 집 나온 청소년과의 대화가 시처럼 오고갔다.

> 별들은 아는가 내 마음을
> 내 마음 모두 별빛에 실어 보내오니,
> 그대들 이 밤 모두 내 친구가 되어주렴!

한동안 별들을 헤아리다가 동네로 들어왔다. 동네 골목길로 들어서니 어두컴컴한 골목길에서 아이들이 개똥불(반딧불)을 이마에 붙이고 병정놀이를 하고 있었다. 나는 우리 마을과 똑같은 밤의 정취를 느끼며 아이들에게 개똥불을 몇 마리 잡아 불을 떼어 이마에 붙여주고 배가 고픈데 뭣을 좀 얻어먹어야겠다는 생각으로 용기를 내어 우물이 있는 집으로 들어갔다.

마당으로 불쑥 들어서자 멍석을 중심으로 빙 둘러앉아 라디오에서 나오는 연속극을 듣고 있던 사람들이 깜짝 놀라며 누구냐고 물었다.

"무전여행 나온 학생입니다."

기운이 철철 넘치는 씩씩하고도 또렷한 내 대답에 집주인인 듯한 사람이 여러 가지를 더 묻더니 펴놓은 멍석 위에 앉으라고 권하며 밥상을 차려오도록 이르는 것이었다. 밥상에는 보리밥과 고추장이 담겨져 나왔는데 나는 그 보리밥에 고추장을 비벼서는 게눈 감추 듯 맛있게 먹어치웠었다. 그러고도 얼마 지나지 않아 옆집에서 감자를 삶아 가지고 온 밤참까지 맛있게 얻어먹은 운수 좋은 첫 밤이었다.

12시가 가까워질 무렵 나는 우물집 아들과 함께 동네 정자에 나가 여장을 풀고 잠자리에 들었다. 그러나 쉽사리 잠은 오지를 않았다. 그것은 얼굴 근처를 집중적으로 모기가 물어대는 바람에 얼굴을 남방샤쓰로 덮어쓴 탓도 있었겠지만 그보다는 집 생각과 가족들의 얼굴이 뇌리 속에서 떠나지 않았기 때문이었다.

'지금쯤 우리 가족들은 내가 무전여행 차림으로 가출을 했다는 소식을 듣고 얼마나 걱정들을 하고 있을까?'

가족들을 생각하며 뒤척이다보니 하늘이 보이고 하늘에 별들만이 가득히 빛나고 있었다.

동냥을 다니며

새벽닭들이 유난히도 크게 울어대는 소리에 잠을 깨어 사방을 둘러보니 동녘 저쪽에 어슴푸레한 빛이 몰려오고 있었고 모두가 다 낯선 모습들이었다. 나는 깜짝 놀라 두리번거렸다.

'여기가 어딘가? 내가 왜 여기에 와 자고 있는가?'

눈을 비비고 정신을 차려보니 옆에 기대어 있는 배낭이 내가 집 떠나왔음을 알려주고 있었다.

'아, 어제 내가 배낭을 메고 가출을 했지!'

나는 벌떡 일어나 다시 한 번 의지를 다지며 배낭을 짊어지고 새벽길을 걸어 나갔다. 냇가를 따라가다가 아침을 해 먹고 새참 때부터는 마을로 내려가 먹을 것을 얻는데 힘을 쏟기로 했다.

40가구 정도 되는 마을을 돌아다닌 결과 먹을 식량을 준 집이 여섯 집이었다. 어제는 40가구 중에 세집이었는데 오늘은 여섯 집으로 늘어났으므로 확률로 따져 봐도 어제 10%에서 오늘은 15%로 발전을 한 셈이었다. 어제보다 벌레가 먹지 않은 쌀을 두

배나 많이 얻어왔으니 양적으로만 발전을 한 것이 아니라 질적으로도 성공을 거둔 것이다. 내가 이렇게 어제보다 동냥을 잘 할 수 있었던 것은 어제의 구걸 경향을 바탕으로 처세술이 좋아졌고 그리고 동냥을 하면서 커다란 깨달음을 얻고 실천해 나갔기 때문이다.

어제는 동냥을 줄 사람이 따로 있다고 판단을 하고 구걸에 나선데 반해 오늘은 동냥을 줄 사람이 따로 있는 것이 아니라 나와의 관계 속에서 동냥을 줄 사람이 만들어진다는 사실을 깨닫고 사람 관계를 잘 해나갔던 것이 적중한 결과였다.

나는 동냥을 잘했다는 생각에 부자라도 된 듯한 넉넉한 기분으로 냇가로 내려가 점심을 준비하였다. 예전 같았으면 쌀 반 보리 반을 섞어서 밥을 안쳤을 거지만 그날은 쌀만 앉혀서 밥을 짓기로 하고 쌀을 씻어서는 항고에 넣고 불을 지폈다. 땡볕이 내려쬐는 자갈밭에 앉아 불을 때다 보니 온몸에서 땀방울이 빗물처럼 흘러내렸고 숨이 탁탁 막혀오는 것 같았다. 그러나 고생 끝에 낙이 있었다. 새까맣게 그을린 항고 뚜껑을 열자 기름기가 자르르한 하얀 쌀밥이 포옥 뜸이 들어 있어 내 식욕을 너욱 사극하고 있었다. 나는 내친김에 감자 된장국까지 끓여 흰쌀밥을 말아서는 포식을 했다.

밥을 웬만큼 먹고 나자 누군가 곁에 있었으면 하는 생각이 들며 고독감이 밀려왔다.

'사랑하는 사람이 옆에 있었으면, 아니면 그 누구라도 함께 있어 주었으면…….'

땡볕에 웬 고독감일까! 밤이라면 몰라도 나는 땡볕 아래서 밀려드는 고독감을 씻어 버리기 위해 재빨리 식사를 마치고 물가 그늘로 내려와 검게 그을린 항고를 애꿎게도 싹싹 문질러대었다. 그러나 사람들과 함께 있었으면 하는 그 간절한 생각은 쉽사리 가시질 않았다.

나는 그늘 아래 배낭을 베고 누워 사람들이 모여 사는 까닭에 대해 생각을 해나갔다. 사색의 결과 사람들이 마을이 아니면 다리 밑에서라도 모여 사는 이유를 조금이나마 알 것 같았다. 사람은 원시적부터 모여 살면서 맹수로부터 생명을 지켜오고 함께 먹이를 구하고 나눠먹으며 지내왔기 때문에 함께하고자 하는 본래적인 습성이 몸속에 배여 작용하고 있다는 사실이었다.

나는 사색하기를 중단하고 또다시 동냥을 하러 마을로 내려갔다. 마을로 들어서며 나는 욕심을 내어 다짐을 했다.

이번에는 최대한으로 능력을 발휘해 동냥의 양과 확률을 높여 보고 구걸을 하면서 구걸하는 자와 구걸을 요구 당하는 자 사이에서 발생하고 교감하는 심리를 통찰하고 분석해 동냥아치의 철학을 확립시켜 봐야겠다는 생각이었다.

구걸을 하는 동안 나는 상대에 따라 아주 부드러운 말투와 겸손한 자세로 다가가기도 하고 또렷또렷한 말투와 당당한 자세로 구걸을 하기도 하는 구걸의 전문가가 되어가고 있었다. 사실 이전의 구걸 방식은 상대방에게 내 마음만을 먼저 전달하고자 급급했었다. 그러나 지금은 상대방부터 파악하고 그에 따라 나를 표현해보기로 했다.

'마주한 상대가 동냥을 줄 수 있는 실권이 있는가, 없는가? 인정이 많은 사람인가, 적은 사람인가? 무전여행을 이해하고 있는

가, 없는가? 나에 대한 호감을 갖고 있는가, 없는가? 등등을 대화하면서 감지하며 대응해 나가자, 사람들의 반응은 의외로 달라지는 것이었다. 이렇게 전문가처럼 해질 무렵까지 세 동네 백여 가구를 찾아다닌 결과 얻은 집이 삼십여 가구에 달했고 얻은 것도 쌀, 보리, 조, 반찬거리 등 풍성했다. 동냥의 확률을 단번에 30%로 끌어올렸고 동냥아치의 철학을 당당히 말할 수 있게 된 것이다. 나는 무거워진 배낭을 짊어지고 원두막 길을 올라가면서 신이 나서 소리쳤다.

"야호! 잘하는 동양아치여, 아니 동냥의 귀재여!"

'그대가 터득한 동냥 철학의 명제는 무엇인가. 그것은 사람 관계를 잘하는 것이다. 처음부터 상대가 누구든, 동냥을 줄 사람으로 만나야하고, 동냥을 줄 사람으로 만드는 것이다.'

앞으로 무전여행 다니는 동안 사람 관계를 잘 해야겠다는 생각을 하며 과수원 안에 있는 원두막으로 찾아 들어갔다. 얼굴빛이 정정한 할아버지와 일꾼들이 복숭아 따는 작업을 마치고 마을로 내려갈 준비를 하고 있었다.

과수원 주인인 듯한 할아버지에게 사정을 얘기하고 하룻밤 묵어갈 수 없느냐고 부탁을 하자 할아버지는 쾌히 허락하시며 가져가시려던 복숭아까지 몇 개 나눠주시는 것이었다. 나는 역시 사람 관계를 잘해야 한다는 내 동냥 철학을 속으로 뽐내며 복숭아를 단물 마시듯 단숨에 먹어치워 버렸는데 그런 내 모습을 곁에서 보고 있던 할아버지께서 "시장했구먼!" 하시더니 집으로 같이 가서 밥을 먹고 올라오라고 하시는 것이었다. 나는 염치불구하고 따라 내려가서 저녁밥을 얻어먹고 일꾼 아저씨와 함께 원두막으로 올라왔다.

일꾼아저씨는 올라오면서 개를 한 마리 데리고 왔다. 그런데 이 개가 쉬지 않고 짖어 대는 통에 고요한 원두막의 낭만을 즐길 수가 없었다.

"낯선 사람이 왔다고 이 개가 이렇게 계속해서 짖어대는 것인가요?"

"그게 아니라 동네 아이들이 복숭아 서리를 하려고 과수원 밖에서 얼씬거리기 때문에 그런 것이네."

아저씨와 나는 원두막에 등불을 밝혀놓고 어린 시절 서리하러 다녔던 얘기들을 주고, 받다가 잠이 들었다. 한참을 자다가 요란하게 개 짖는 소리가 들려 일어나보니 사방이 칠흙 같이 어두운데 아이들 소리가 들려왔다. 손전등으로 여기저기 비춰보니 아이들이 벌써 복숭아를 따가지고 밭고랑 사이로 줄줄이 도망치고 있었다.

버스와 매미를 보고 철학을 하며

원두막을 나서 오랜만에 찻길로 나와 걸었다.

간간히 지나가는 차들이 흙먼지를 일으키며 지나갔다. 차 중에는 버스도 있었다. 나는 무주로 가는 버스를 보자 가슴이 두근거리기 시작했다.

'저 버스를 타면 여섯 시간이면 어머니한테 갈 수 있을 텐데…….'

가슴이 더욱 두근거리며 끝까지 걸어가겠다던 결의가 사라지고 어느새 발길이 버스 정류소로 향해지고 있었다. 정류소 가게에 들어가 이제껏 얻은 쌀과 보리를 전부 팔아서 돈을 마련했다.

삼백 원이라는 큰돈이 생겼다. 이 돈이면 어머니한테 몇 번이고 갈 수 있다고 생각하니 어머니 얼굴이 눈앞에서 아른거리고 버스가 더욱 기다려졌다. 그러나 기다리는 버스는 한 시간이 지나도 오지 않았고 마음속에서는 서서히 갈등과 비판이 일어나기 시작했다.

'한번 먹은 결심을 그렇게 쉽사리 바꾼다는 것이 잘하는 일 이라고 생각하는가, 아니지 그렇지!'

나는 자아의 비판에 대해서 할 말을 못하고 그냥 서성일 수밖에 없었다. 그렇게 어정쩡하게 서성이고 있노라니 내 자아는 더욱 강경하게 비판을 가하고 나왔다.

'사내대장부가 끝까지 걸어가겠다고 자신에게 약속한 결의를 지나가는 버스 한 번 보고 순식간에 바꿔버린다는 것이 있을 수 있는 일인가!'

나는 내 속에서 장승처럼 무섭게 일어나는 비판을 받아들여 다시금 걸어가기로 결심을 바꾸고 배낭을 짊어지고 나섰다. 정류소를 벗어나면서 조금 전에 일었던 마음속 갈등에 대해서 차분하게 분석을 해보았다.

'무엇 때문에 내가 그렇게 경망스럽게 되었을까?'

그것은 어머니를 보고 싶은 충동이 강하게 일어나면서 아직 여물어지지(체화되지) 못한 결의를 제압해버렸기 때문이라고 판단되었다. 나는 결심이나 결의도 몸에 배어야지 그렇지 못하면 머릿속 생각으로 쉽게 물거품이 되기 십상이라고 생각하며 다시금 각오를 다졌다.

'앞으로는 어떤 일이 있어도 어머니가 계시는 덕유산까지 끝까지 걸어가리라. 그리하여 어떠한 고난이나 욕구의 충동에도 결심을 쉽게 버리지 않는 인간으로 단련시키리라.'

각오를 다지고 열심히 걸어 가다보니 포플러 숲 그늘에서 소들이 한가롭게 풀을 뜯고 매미들이 한여름을 노래하고 있었다. 나는, 나도 좀 너희들 속에 끼자는 생각으로 포플러 숲 그늘 아래로 들어섰다. 시원한 그늘 아래 배낭을 벗어던지고 드러누우니 더없이 편안하게 느껴졌다. 밭 아래는 시원한 냇물이 흐르고 나무 위에서는 여전히 매미들이 한여름의 낭만을 즐기고 있다. 멋지게 노래하고 있는 매미들을 보고 있자니 '저놈들은 어떻게 저렇게 행복한 삶을 살아 갈 수가 있을까' 하는 부러움과 함께 슬그머니 부아가 치밀어 오르는 것이었다.

'네놈들은 무슨 팔자를 그렇게 잘 타고나서…….'

돌팔매질을 하고 고함을 질러 매미들을 싹 쫓아버리고 나서 매미들의 일생에 대해 생각을 해보았다.

6년이라는 기나긴 세월을 땅속 어둠에서 인고의 몸부림을 치다 태어나 한여름 잠깐 살다 추워지는 가을 웅크린 시체로 땅바닥으로 떨어져버리는 매미들의 일생, 그 일생을 생각하니 가슴이 아파왔다.

나는 돌팔매질을 한 것에 대해 부끄럽게 생각하며 내 사고 능력에 대해 반성을 해봤다. 나는 철학을 한다고 많은 연구를 하면서도 어째서 매미 한 마리조차 바로 보지 못하는 것인가. 여러 각도로 많이 생각해 본 결과, 아직도 내가, 눈에 들어오는 사물의 시각적인 현상에 말려들어 그 속에 들어있는 본질을 바로 보지 못하고 있다고 판단이 되었다. 이러한 깨달음을 가지고 나는 생각하고 싶지 않은 어른들과의 갈등에 대해 다시 생각을 해보았다.

'임 선생님과 우리 아버지는 왜 나를 때렸고 나는 왜 대들었는가?'

임 선생님은 나라는 학생이 학교가 시시한 학교니까 선생도 함께 얕잡아 보고 철학책 한두 권만 달랑 가지고 다닌다고 판단하고서 나를 때렸고 아버지는 내가 공부를 다했다고 책들을 내팽개치고 운동을 하러 도장에 다니자 자식 버렸다고 때렸다. 그리고 나는 어른들이 내 얘기를 애정 깊게 들어보지도 않고 때리니까 대들고 반항을 한 것이다.

어른들은 내가 왜 철학책 한두 권만 가지고 다니고 학교 대신 도장을 다니게 되었는가, 그 근본적인 원인에 대한 이해의 노력과 인식을 갖지 못했던 것이고 나는 어른들의 가치관과 그분들의 삶의 경험 속에 이뤄진 인간에 대한 이해와 교육 방식에 대해 잘 알지 못했던 것이다. 결국, 어른들과 나는, 사물에(인간) 대한 본질적인 인식이 부족했기에 이번 사건이 발생했다고 보았다.

매미에 대한 사고와 가출에 대한 분석을 통해 여지껏 말로만 달달달 외워대고 언어로만 나열됐던 철학적인 명제들이 자연의 여러 상황과 부딪치면서 껍질이 깨지며 산지식으로 살아나고 있는 것이었다.

사색을 하는 동안 어느새 매미들이 날아와 울고 있었고 깨달음을 많이 얻은 나는 넉넉한 기분으로 매미 소리를 들으며 스르르 잠이 들었다.

벼 뿌리로부터 깨달음

길을 가다 보니 하늘이 어두워지며 소나기가 내리기 시작했다. 길가에 메어 놓은 송아지나 염소들이 빗속에 아우성을 치는 소리를 들으며 동네 앞 모정(정자)으로 뛰어갔다.

모정에 앉아서 비 구경을 하거나 얘기를 나누고 있던 동네 어른들이 자연스럽게 나에게 시선을 집중시키며 무엇하러 다니느냐는 등등의 질문을 하였고 나는 일일이 착실하게 대답을 해주었다. 내 얘기를 들은 어른들은, 집 나서면 고생이라며 편히 쉬었다 가라고 따뜻하게 대해 주었다.

긴장을 풀고 내심 편안한 마음으로 모정 위로 올라갔다. 그런데 이게 웬 날벼락인가 곁에서 고무신짝을 배고 잠자고 있던 청년이 벌떡 일어나더니 나에게 삿대질을 하며 소리를 치는 것이 아닌가.

"야 임마! 시끄런 소리 말고 어여 떠나 임마!"

나는 느닷없이 청년에게 욕을 얻어먹자 당황도 되고 화도 났으나 묵묵히 앉아 있었다. 그러자 청년은 또다시 욕지거리로 반말을 해대는 것이었다.

"야, 돌아다니면서 무엇을 배운다는 것이냐? 도둑질이냐, 동냥질이냐? 어, 자식아!"

나는 순간 주먹을 불끈 쥐고 이 자하고 한번 붙어 치고받아야겠다고 생각하며 대꾸를 했다.

"내가 당신에게 죄지은 것도 없는데 말을 그렇게 함부로 해도 되는 겁니까?"

내 얘기가 끝남과 동시에 청년이 벌떡 일어섰고 나도 방어 자세를 취하고 벌떡 일어섰다. 그러자 동네 어른들이 나서 청년을 붙잡아 자리에 앉히며 나무랐다.

"자네답지 않게 이게 무슨 일인가, 이 학생은 우리 동네를 찾아온 손님인데 자네가 큰 실례를 한 것이네. 가만히 있게. 알았는가."

어른들의 나무람과 만류에 청년은 쉽게 순응을 하였고 우리는 어른들의 요청에 따라 화해를 하고 통성명과 함께 악수까지 나누었다.

청년의 이름은 이정식이라고 하였다. 한참 후에 정식이 청년은 나에게 농사일을 해 봤느냐고 물었다. 나는 농사짓는 집안에서 자라 모심고 김매고 벼 베고 지게질하고 담배 따고 밭 매는 일들을 일상적으로 하고 있다고 대답을 해주었다. 내 얘기를 듣고 난 마을사람들과 정식이 청년은 고개를 끄덕거리며 전보다 더 호의적인 시선을 보내면서 "농사를 짓는 사람은 남의 농작물도 소중히 여기는 법이지." 하시는 것이었다. 뒤이어 나는 한 어른에게서 물고기가 많은 앞 냇가 때문에 여름철이면 도시 사람들이나 무전여행 다니는 학생들에 의해 농작물 피해가 많다는 사실을 듣게 되었고 이 사실로 인해 정식이 청년이 갖고 있는 분노에 대해서도 이해할 수 있게 되었다. 정식이 청년은 나에게 바짝 다가와 부드러운 자세로 무전여행의 참뜻에 대해 말해 주었다.

"무전여행의 바른 자세는 도둑질이나 동냥질을 하며 다니는 것이 아니라 농사일을 해 주면서 농촌 사람들도 돕고 그 대가를 받아 당당하게 체험해 나가는 것이네."

나는 그 말을 듣고, 여지껏 동냥의 귀재라고 자화자찬을 하며 다녔던 내 자신이 부끄럽게 느껴졌고 무전여행에 대해 다시 생각해보는 계기가 되었다. 여러 가지 생각 끝에 나는 이 청년에게 일을 시켜달라고 부탁을 했고 정식이 청년은 논매는 일판으로 나를 데리고 나섰다.

점심을 먹고 휴식을 끝낸 일꾼들이 논으로 들어서자 비가 그치고 햇볕이 나기 시작했다. 나는 정식이 청년 옆에서 논매는 호미를 가지고 열심히 논을 매어 나갔다. 정식이 청년은 성격은 급했지만 사고가 깊고 자상한 데가 있었다. 논을 매면서 그는 나에게 논매는 방법을 지도해주고 논매는 이유에 대해서도 자세히 설명해주었다.

"논을 매는 것은 모의 잔뿌리를 잘 발달시키고, 통풍이 된 새로운 토양 분을 모의 뿌리 부분에 부착시켜 주기 위한 작업이다."

나는 정식이 청년의 얘기를 듣고 나서 새삼스럽게 벼 뿌리의 중요성에 대해 생각해 보았다. 그러자 벼 뿌리들의 보이지 않는 노력이 벼를 키우고 그 열매로 사람이 살아갈 수 있다는 깨달음 속에 진흙속의 벼 뿌리들이 예전과 달리 아주 소중하게 다가왔고 일하는 일꾼들이 우리 사회에 있어 벼 뿌리와 같은 소중한 존재라는 인식이 생기기 시작했다.

청순한 소녀를 만나

열심히 엎드려 논을 매고 있노라니 모정에서 부르는 소리가 났다.

"새참들 먹어요."

'이 얼마나 고대하던 소린가!'

허기진 허리를 펴고 일어나 맛있는 음식을 생각하며 정자를 향해 바쁘게 걸었다. 그런데 이게 웬일인가 얼마 전까지 나를 기다리며 정자에 기대어 있던 배낭이 없이진 것이다. 나는 크게 걱정이 되어 정신없이 정자로 뛰어갔다.

'이거 정말 야단났는데… 누가 가져갔단 말인가!'

그러나 내 배낭은 없어진 게 아니고 정자 뒷마당에서 아이들에 의해 산산이 해체되어 있었다. 꼬마 녀석들은 신기한 장난감이라도 만난 듯 배낭과 장비를 가지고 노닥거리고 있다가 내가 쫓아가자 모두 내팽개치고 달아나버렸다. 아이들이 달아나버린 자리는 온통 난장판이 되어, 담요, 군화, 항고, 밥그릇, 손전등,

반도, 수통, 야전삽, 배낭, 칼(단도), 손도끼 등이 땅에 꽂혀 있거나 널브러져 있었다. 순간 기가 막히고 한심한 생각도 들었으나 그래도 없어지지 않은 것이 다행이라고 자위하며 모두 챙겨서는 정자 위로 가지고 올라왔다.

정자 위에는 아주머니들이 차려온 새참이 푸짐하게 차려 있고 먼저 흰쌀밥과 갈치감자 국이 눈에 확 들어왔다. 아주머니들이 애썼으니 어서 먹으라는 소리가 끝나기도 전에 나는 정신없이 먹어대기 시작했다. 곁에서 지켜보던 아주머니들이 학생이 일을 제일 많이 한 것 같다며 칭찬과 함께 일 많이 한사람이 밥도 많이 먹는 법이라고 말해주었다.

금강산도 식후경이라 했는가, 실컷 먹고 나니까 주변 사람들이 둘러봐지고 밥 날라 온 아주머니들의 얼굴이 그제서야 눈에 들어왔다. 아주머니들의 얼굴을 바로 보자 밥하고 국 끓이느라 뜨거운 부엌에서 진땀을 흘린 표적이 역력했다. 나는 아주머니들 앞으로 다가가 "고생 많으셨습니다." 하는 인사와 함께 막걸리를 한 사발 따라 권해 주었다.

그러자 아주머니 한분이 인사성도 밝다고 하며 잔을 받아 시원스럽게 마셨다. 이 모습을 지켜보고 있던 사람들이 모두다 한마디씩 하고 나섰다.

"어어 이제 일났네, 술잔을 성큼 받아 깨끗이 비우면 마음에 들었다는 얘긴데…!"

"잘하면 그 학생 사위 삼겠네!"

"어쩐지 구상댁이 학생을 유심히 지켜본다 했지."

여러 사람들의 농담을 구상댁은 천연덕스럽게 받아주었다.

"아니 이렇게 잘 생긴 학생이 애인이 없을라구…!"

구상댁의 능청스러운 대응에 신이 난 사람들이 나에게 시선을 집중시키며 얼른 협조하라는 눈치와 함께 을러대었다.

"어이 학생 애인 있는가, 없는가, 없지, 그렇지?"

묻는 사람들 얼굴 하나하나가 소년 같은 표정들이다. 나는 얼른 "애인 없습니다." 하고 큰소리로 대답을 해주었다. 내 대답이 나오자 사람들은 더욱 더 흥을 내며 구상댁을 놀려대었다.

"허허 잘 돼버렸네, 호박이 넝쿨째 굴러 들어왔네, 일도 잘하고 똑똑한 사위가 생겼으니 한 턱 내야겠어!"

그러나 구상댁은 여전히 웃으며 재치 있게 잘 받아넘겨 주었다. 구상댁은 새참 때까지 내내 물 논 속에서 허리 한번 제대로 펴지 않고 열심히 일해준 일꾼들이 농담과 웃음판으로 피로를 풀어가도록 분위기를 잘 만들어주고 있었다. 한바탕 웃고 난 사람들은 피로가 싹 가신 얼굴로 논으로 들어가 기세 좋게 호미질을 해나갔다.

한참 일을 하다가 배낭도 걱정이 되고 허리도 펼겸해서 일어나 사방을 둘러보니 냇가 언덕에서는 꼬마들이 놀고 있고 논에서는 막걸리 기운에 힘이 난 검붉은 얼굴들이 여름 태양과 한패가 되어 푸른 벼 위로 씩씩거리고 있었다.

폭염을 내리쬐던 해가 다정한 모습으로 노을을 이뤄갈 무렵 김매기를 마치고 모두 함께 냇가로 나와 목욕을 했다. 목욕을 하고 마을로 들어서자 초가지붕 아래로 저녁 짓는 연기가 나지막이 내려 깔려오고 송아지 찾는 어미 소의 음매 소리가 고향의 저녁소리로 다가오고 아이들 부르는 어머니의 부름이 창호지 밖으로 비춰오는 호롱불을 따라 다정한 정감으로 마음속에 녹아 들어왔다. 순간적으로 내 동네 내 집이 울컥 생각나며, 동네 친구들이 영상처럼 지나갔다.

종하, 효식이, 영기, 종호, 정호, 우창이, 성열이… 그리고 골목길 풍경과 함께 정문 집 사나운 개 검둥이와 샘집 큰 뿔 염소 등이 떠올랐다. 나는 그리운 마음을 억누르고 사람들을 따라 집 안으로 들어갔다.

마당에는 호야불이 켜져 있고 그 아래 멍석이 깔려 있었다. 멍석 위에 앉아 집을 둘러보니 마당이 넓고 안채와 행랑채가 따로 있는 부잣집이었다.

조금 있으니 푸짐하게 차린 밥상이 나오고 안주인인 구상댁과 딸들도 나왔다.

저녁을 먹고 나자 함께 일했던 정식이 청년과 동네 사람들이 각자 집으로 돌아갔고 머슴살이 하는 아저씨들도 고단하다며 먼저 행랑채 사랑방으로 건너갔다. 사람들이 돌아가고 나자 나는 자연스럽게 딸들과 마주앉아 얘기를 나누게 되었다.

딸들에게 나는 무전여행을 하고 있는 대학생이라고 소개했고 이 자리는 딸들이 예쁘다는 얘기를 듣고 논에서 일을 하면서부터 은근히 기다렸던 자리였다. 역시 듣던 대로 딸들은 예뻤고, 어머니를 닮아서인지 활달하고 상냥했다. 세 딸들의 나이는 큰딸이 스물넷, 둘째가 열아홉, 셋째가 열일곱이라고 했고 아들들은 큰아들이 열네 살이고 막내가 열두 살이라고 했다.

딸들과 나는 문학과 시 인생의 가치 등의 소재를 가지고 대화를 나눴고 어머니와 아들들은 모기 불을 놓아가며 들어주는 편안한 자리였다. 딸들은 하나같이 똑똑하고 많은 책을 읽은 사람들이었다. 우리는 옥수수와 감자를 먹어가며 진지하게 얘기를 해나갔다. 서로의 재능과 주관을 멋있게 잘 표현하려 신경들을 썼고 또 서로의 얘기를 열심히 들어주는 자세들이었다. 밤늦게까지 얘기를 나누다 내일 농사일을 위해 아쉬운 마음으로 얘기를 마치고 행랑채 사랑방으로 건너왔다.

사랑방에 들어오니 문에다 갈포(방충망)를 발라서 모기가 들어오지 않았고 방이 넓고 커서 좋았다. 나는 조심스럽게 움직여 등잔불을 켜고 여행 일기를 쓰고 잠자리에 누웠다. 자리에 누우니 잠이 몰려오는 중에도 딸들의 예쁜 얼굴과 미소가 어른거렸다.

닭들의 목청 돋우는 소리에 농촌의 아침이 밝아왔고 일꾼 아저씨들은 논으로 방천하러 가고 집안 식구들과 나는 밭일을 하러 나섰다.

밭일은 담뱃잎 따는 일과 고구마 밭 매는 일이었는데, 오전에는 담배 밭에 들어가 담뱃잎을 따고 오후부터는 고구마 밭 매는 일을 시작했다. 고구마 밭은 담배 밭처럼 숨이 막히지도 않는데다 바람까지 시원하게 불어주어 일하기가 수월했다.

구상댁과 동네 아주머니가 한 두렁을 같이 매가며 도란도란 얘기를 주고받았고 둘째인 은순이 학생과 셋째인 영순이 학생이 나와함께 두 두렁을 잡아 가지고 매가며 대화를 나누었다. 우리는 고구마 순을 제쳐가며 큰 풀은 손으로 뽑고 잔풀은 호미로 긁는 작업들을 계속 해나가며 문학, 인생, 사랑, 철학 등에 관해서 폭넓게 얘기를 펼쳐 갔다. 얘기를 나눌수록 자매들의 지적인 수준이 매우 높다는 것을 알게 되었고, 나는 어렵다고 소문난 칸트의 순수이성비판을 줄줄 외워대며 지식 자랑을 하지 않을 수 없었다. 내 철학 얘기를 듣고 난 은순이 학생과 영순이 학생은 대단하다는 찬사를 보내줬다.

우리는 대화를 나눠가며 자연스럽게 얼굴을 마주 볼 수가 있었다. 꽃무늬 테가 달린 밀대 모자와 수건 사이로 고운 얼굴과 해맑은 눈길들이 청아하게 드러나 보였다. 은순이 학생의 얼굴은 개성이 뚜렷한 미인형의 모습이고 영순이 학생의 얼굴은 곱고 청순한 모습이다. 은순이 학생과 눈길이 마주칠 때면 개성 있는 마인의 얼굴이 눈에 들어왔고 영순이 학생과 눈길이 마주칠 때면 가슴이 뛰었다. 나는 영순이 학생의 가슴도 나처럼 뛰는 것일까 하고 생각하며 조심스럽게 물었다.

"영순이 학생! 사람이 사랑하는 마음을 갖게 되면 가슴이 뛴다는데 왜 그러는 것일까요?"

내 질문을 받고 난 그녀는 나를 바로 쳐다보며 대답했다.

"저는 가슴이 뛰어 본 일이 없어서 모르겠습니다. 그런데 선배님은 가슴 뛰어본 일이 있나요?"

"예, 그런 일이 있었습니다."

내 대답이 끝나자 곁에서 얘기를 듣고 있던 은순이 학생이 정색을 하며 따지듯 물었다.

"그런 일이 몇 번이나 있었지요?"

나는 은순이 학생의 질문에 대답을 하지 않고 호미질을 다시 해나갔다. 그 까닭은 내심으로 영순이 학생이 물어보길 기다리고 있었기 때문이다. 내가 계속 대답을 하지 않고 있자 드디어 영순이 학생이 호미를 놓고 정면으로 바라보며 물어왔다. 나는 두근거리는 가슴으로 그녀의 눈을 바라보며 말해주었다.

"입으로는 거짓말을 할 수가 있어도 눈으로는 거짓말을 할 수가 없습니다, 지금 이 순간까지 딱 한번 가슴이 뛰었습니다."

나는 진지하게 대답을 해주고서 그녀의 눈빛을 보았다. 그녀의 맑은 눈빛에서 무언의 언어가 전해져오고 있었다. 가슴이 다시 뛰고 벅차올랐다. 막 소리치고 그녀에게 다가가고 싶었다. 나는 그러나 이래서는 안 된다고 생각하며 벌떡 일어나 호도나무 그늘 아래로 내려갔다. 그늘 아래서 냉수를 한바가지 들이마시고서 자신을 달래었다.

'마음을 진정하고 다스려야 한다, 그래야 된다, 여자의 마음은 서둘러 쫓아가면 달아난다고 들었지 않았는가, 인생에 있어서 첫사랑이 이루어지느냐 마느냐 하는 엄숙한 순간이지 않는가, 잘해야지!'

고시촌에 들어간 동국이 형의 사랑철학이 떠올랐다.

"여자를 쫓아다니지 말고 당겨라 매력을 갖고 있으면 여자는 당겨져 온다. 여자에게 있어 사나이의 매력은 지성과 야성 그리고 돈이다."

나는 내가 좋아하는 동국이형의 사랑 철학을 되새기며 밭을 매고 있는 식구들을 향해 쉬었다 하자고 소리쳤다. 밭 매던 사람들이 모두 호도나무 그늘 아래로 모이고 난 다음 나는 그늘 아래서 놀고 있는 아이들을 불러 태권도 시범을 보여주었다. 앞차기 동작으로 앞으로 찬 발이 머리위로 넘어가는 모습을 보자 아이들은 몇 단이냐고 하면서 더 보여 달라고 재촉하며 달려들었다. 나는 속으로 쾌재를 부르며 남방을 벗어던지고 낙법과 물구나무를 서서 걸어가는 것까지 연출해 보여주었다. 그리고 나서도 성이 차지 않아 팔 근육 자랑까지 해보이자 주변에서 구경하는 아이들은 물론 어른들과 영순이 학생도 감탄사를 내며 놀라워하고 있었다.

"팔 근육이 대단하네요!"

나의 야성을 보여주기 위한, 그래서 영순이 학생의 마음을 사로잡기 위한 안타까운 노력은 일단 성공을 거둔 셈이었다. 나는 운동 시범을 마치자마자 영순이 학생의 얼굴 표정부터 살펴보았다. 그녀는 선망의 눈빛을 보내며 참으로 아름다운 모습으로 나에게 당겨져 오고 있었다.

새참 때가 되자 큰언니 경순 씨가 간단한 새참을 챙겨가지고 왔다. 아주머니들과 나는 새참으로 가지고 온 막걸리를 한 사발씩 먹고서 노래를 시작했다. 아주머니들은 흘러간 옛 노래를 불렀고 나는 켄터키 옛집을 불렀다. 우리가 재미있게 노래를 부르자 곁에서 보고 있던 세 자매들도 한 곡씩 멋지게 노래를 불렀다.

노래로 한바탕 몸의 피로를 풀고 난 후 다시 고구마 밭두렁에 붙어 어른들은 인생을 매어 나가고, 우리들은 꿈을 매어 나갔다. 파란 하늘 위에 하얀 뭉게구름이 아름답게 빛나고 길고 긴 밭두렁에 동산의 그림자가 질 무렵 우리는 일을 마치고 집으로 향했다. 마을 뒷동산에 오르니 붉고 둥근 해가 꿈길 같은 저녁노을을 펼치고 있었다. 아주머니들이 바쁘게 먼저 내려가고 은순이 학생이 염소를 끌고 앞서가는 사이, 영순이 학생이 저녁노을을 등지고 멈춰 서서 나에게 다정히 말을 건네 왔다.

"오빠! 얼굴이 붉게 익었어요. 앞으로는 여행하면서 모자를 쓰고 다녀야겠어요."

나는 그녀의 얘기를 듣는 순간 가슴속에 뭔가 꽉 차올라 그냥 서 있기만 했다. 그러다 한참 후에 용기를 내어 그 이름을 불렀다.

"영순이…!"

얼결에 이름을 부르고 났지만 그 다음 말은 생각이 나질 않았다. 준비된 말이 없었기 때문이다 당황한 나머지 "저녁노을이 참 아름답네."라고 대답해주었다 그녀는 이런 나의 모습을 보고 예쁜 미소로서 답해 온다. 그녀의 미소 띤 얼굴이 저녁노을에 안겨 가슴이 터지도록 밀려들었다.

집에 돌아와 보니 영순이 아버님이 서울에 갔다 돌아와 있었다. 식사를 마치고 여러 가지 묻는 말에 대답해주고 머슴 사는 아저씨들과 함께 냇가로 나갔다. 냇가에서 옷도 빨고 목욕도 시원하게 했다. 하늘에 별과 유성이 참으로 아름답게 보이는 밤이었다. 사랑방으로 돌아와 일기와 편지를 써놓고 아이들이 풀어헤쳐 놓은 도끼와 칼을 숫돌에 갈아 챙겨놓고 잠자리에 들었다.

아침, 영순이 어머니가 싸주는 쌀, 감자, 김치, 된장, 고추장을 배낭에 잘 챙겨 넣고 가족들의 배웅을 받으며 집을 나섰다. 그러나 영순이의 얼굴이 눈에 어른거려 발길이 잘 떨어지지 않았다. 마음을 닦아세우고 떨어지지 않으려는 발을 어거지로 끌며 마을 어귀를 벗어나자 이번에는 고개가 자꾸 마을 쪽을 향해 돌아가는 것이었다. 나는 마을 어귀에 있는 모정에 배낭을 부리고 드러누웠다.

'가야 되는데 어째서 이렇게 발이나 고개나 한패거리로 떼를

쓴단 말이냐!'

나는 정자에 드러누워 한참 동안 영순이 모습을 그려보다가 마음에 대해서 생각을 해봤다.

'가지 않으려는 마음과 가려는 마음 이 두마음은 어떻게 어디서 생기는 것일까.'

사색의 결과 안 가려는 마음은 영순이라는 사람의 대상에 의해 몸속에서 저절로 일어나는 감성적인 것이고 가려는 마음은 무전여행과 가출의 계획을 펼쳐나가려는 머릿속 계산에서 생긴 이성적인 것이라고 판단이 내려졌다. 나는 '몸과 감성', '머리와 이성'을 생각하며 지금은 머리의 이성으로 몸의 감성을 강하게 다스려 나가야 할 때라고 판단하고는 벌떡 일어나 앞으로 내달리기 시작했다. 뒤도 돌아보지 않고 사정없이 걸어서 황운리에 이르니 학교 앞 가겟집에 우체통이 있었다. 어젯밤 영순이를 생각하며 써 놓은 편지를 잘 펴지도록 어루만져서는 우체통에 밀어 넣었다. 편지를 부치고 걷다보니 또다시 영순이의 곱고 청순한 얼굴이 동산의 저녁노을과 함께 선명하게 떠오르면서 그녀가 내게 다정하게 속삭이며 다가오는 것처럼 느껴졌다.

"오빠! 얼굴이 붉게 익었어요. 앞으로 여행하면서는 모자 쓰고 다녀요."

언젠가 이 고행이 끝나면 다시 만나리라고 생각하며 걸어 나가다보니 뒤에서 자꾸만 무슨 소리가 들려오는 것이었다.

'누굴까?'

얼른 뒤돌아보니 어제 저녁에 빨아 아침에 매달고 나온 옷들이 배낭 뒤에서 펄럭거리느라 나는 소리였다.

밤재를 넘어

—무사는 등 뒤에서 사람을 치지 않는다

도로를 따라 걷고 걸어 구진벌에 도착했다.

이곳은 나무를 실어 나르는 마차꾼들과 재를 넘어 다니는 차와 장꾼들이 쉬어가는 곳이라서 적은 마을인데도 주막집들이 여럿 있는 곳이었다. 버스를 타고 어머니한테 갈 때면 이곳을 지나가곤 했는데 그때마다 나는 언젠가는 저 주막집에 들러 밥과 술을 먹고 걸어서. 재를 넘어보리라고 생각했었다. 그런데 오늘은 마침내 그 뜻을 이룰 수 있게 된 것이다.

낭만적인 생각으로 주막에 들어가 국밥을 시켜먹고 막걸리도 한 사발 들이마셨다.

곁에서 내가 먹는 모습을 바라보던 사람들이 참 잘 먹는다고 하며 어디로 가는 중이냐고 물어왔다. '곰티재나 대성재를 넘어 가려고 왔다.'고 대답해주자 사람들은 깜짝 놀라며 만류부터 하는 것이었다. 이 더위에 무거운 배낭을 짊어지고 몇 십리나 되는 재를 넘어가는 것은 만용이니 차를 타고 가라는 것이다. 나는 사람들의 걱정을 뒤로하고 주막을 나와 대성재를 향해 나아갔다. 내가 두개의 길 중에서 곰티재를 택하지 않고 대성재를 택한 이유는 대성재는 찻길이 나 있지 않은 데다 재너머 소태정 마을에 고모가 살고 있었기 때문이다.

산간 마을을 몇 개 지나고 드디어 대성재 바로 아랫동네에 이르렀다. 낮에도 짐승들이 지나다닌다는 산길을 몇 십리나 걸어야만 하기에 장비를 다시 점검하고 군가를 부르며 용감하게 전진해나갔다. 그렇게 재를 향해 가고 있노라니 갑자기 청년 두 명이 시비를 걸어왔다.

"어떤 자식이 남의 동네를 지나가며 시끄럽게 떠드는 거여!"

그들의 얼굴을 가까이에서 보니 내 또래쯤 되어 보이는 나이들이었다. 나는 그들의 시비에 점잖게 대답을 해주었다.

"대성재를 혼자 넘기 위해 긴장을 푸느라 노래를 부르게 됐습니다. 이해해 주십시오."

"왕년에 배낭여행 안다녀 본 놈 있냐! 이 자식아!"

나는 얼결에 한방 얻어맞고 배낭을 벗어던지고 얼른 방어 자세를 취한 다음 다시 한 번 사정 얘기를 했다. 그러나 그들은 강한 적대감을 가지고 사납게 치고 들어왔다. 나는 본때를 보여줘야겠다고 생각하며 먼저 달려드는 자를 오른발 앞차기로 차서 주저앉히고 옆으로 파고드는 자를 메치기로 땅바닥에 쓰러뜨려 버렸다. 순식간에 싸움이 끝나고 서 있는 승자와 쓰러진 패자로 나뉘어졌다. 나는 쓰러져 눈치를 보는 패자들에게 의기양양하게 소리를 쳤다.

"야, 이 자식들아! 어서 일어나 덤벼. 빨리! 한수 더 가르쳐 줄 테니까.”

내 말이 끝나기도 전에 그들은 슬금슬금 달아나버렸다.

“달아나지 마라! 무술의 유단자인 사나이 이기환 무인은 등 뒤에서 사람을 치지 않는다.”

나는 그들을 물리치고 자랑스럽게 군홧발을 내딛으며 휘파람을 불고 대성재 앞으로 나아갔다. 그러나 얼마 못 가서 느닷없이 등 뒤에서 고함 소리가 들려왔다. 뒤돌아보니 젊은 청년들이 여럿이서 쫓아오고 있었다. 나는 순간적으로 조금 전 일을 생각해내고는 재를 향해 뛰었다. 그러나 배낭과 군화가 무거워 잘 뛰어지지를 않았다.

나는 배낭을 벗어놓고 청년들과 맞설 준비를 했다. 내 앞으로 몰려온 마을 청년들은 쌍욕을 해대며 발로 차고 못이 박한 작대기로 패고 찔러댔다. 얼굴과 머리에서 번갯불이 일고 순식간에 머리와 코에서 피가 흐르고 오른쪽 눈이 부어올라 왔다. 나는 이렇게 조금만 더 맞으면 병신이 되든지 개죽음을 당할지도 모른다는 생각이 들어 살아야겠다는 생각에 순간적으로 반도(탄띠)에 차고 있던 칼을 뽑아 휘둘렀다. 그 순간 나를 에워싸고 광란의 매질을 벌이던 자들이 주춤 뒤로 물러섰다. 나는 칼끝을 앞으로 세우고 악을 썼다.

“어느 놈이든 죽고 싶은 놈은 덤벼라!”

그러나 놈들은 달아나지 않고 작대기를 준비하고 있었다. 내 머리에서는 피가 흐르기 시작했고 한쪽 눈은 점점 감기어 왔다. 나는 이대로 죽을 수 없다는 판단 아래 군화 끈을 단숨에 끊어 벗어던지고 표범처럼 놈들 속으로 돌진해 들어갔다. 그 순간 놈들은 뿔뿔이 달아나기 시작했고 나는 그중에서도 못이 박한 작대기를 끝까지 휘둘렀던 돼지곱슬머리를 쫓았다. 나는 돼지곱슬머리를 죽일 작정이었다. 돼지곱슬머리는 이미 내 머릿속에서 사나운 짐승으로 새겨져 있었기 때문이다. 돼지곱슬머리는 밭으로 달아나다 등 뒤에서 날아오는 날카로운 칼을 보고는 사색이 되어 넘어졌다. 나는 넘어져 바둥거리는 짐승을 향해 칼을 휘둘렀다 그러자 그 짐승은 칼을 손으로 막으며 애원을 해왔다.

"살려주세요. 한 번만 살려 주세요!"

그 소리를 듣는 순간 겨우 보이는 한쪽 눈으로 사람의 형상이 들어오며 제정신이 돌아왔다.

'아, 내가 지금 잡으려는 것이 짐승이 아니고 사람이었구나! 나를 죽이려든 짐승은 어디로 가고 선량하게 생긴 청년이 이러고 있단 말인가.'

나는 정신을 가다듬어 칼을 칼집에 넣고 작대기를 들어 후려쳤다. 내게서 몇 대 얻어맞은 그는 다시 살려달라고 빌어댔다. 그가 빌고 있는 사이에 동네 어른들이 몰려와서 대신 사과를 하였고 나는 어른들의 간절한 사과에 조금은 분이 가라앉아 곱슬머리와 악수를 나누고는 다시 재를 향해 나아가기 시작했다.

산마루 정상 쉼터에 이르니 어느덧 해가 지고 있었다.

나는 큰일 났다는 생각에 발길을 서둘렀다. 앞으로도 한 시간 정도를 걸어야 마을이 나온다는 것을 알고 있었기 때문이다. 부지런히 걷는다고 했음에도 얼마 못 가서 컴컴한 어둠을 만나게 되었다. 앞으로 걸어 나갈수록 검은 숲속에서 맹수가 나타나 덮칠 것 같은 두려움이 밀려 왔다. 나는 손전등을 사방으로 비춰가며 칼을 뽑아들고 고함을 지르며 걸어 나갔다. 그러나 첩첩산중이고 혼자라는 생각이 들자 두렵다는 생각에 발이 잘 떨어지지를 않는 거였다. 나는 내 자신을 질책하며 이를 악물고 나갔다.

'대장부가 이렇게 겁이 많아서 무슨 일을 하겠느냐! 어둠과 맞서 당당히 걸어 나가리라.'

나는 손전등과 칼을 단단히 움켜쥐고 무섭지 않다고 소리를 지르며 나갔다. 그렇게 한참을 가다 보니 무엇이 옆에서 푸다닥하며 달려들었다. 나는 나도 모르게 '으악' 소리를 지르고 양손을 내젓다가 정신을 차려 손전등을 비춰보니 부엉이가 우익우억하고 울며 날아가고 있었다.

얼마를 걸었는지 얼마를 왔는지 알 수 없는 칠흑 같은 숲길을 걷고 걷다 보니, 드디어 산간 마을의 불빛이 보이고 개 짖는 소리가 들려왔다 산 아래서 보이는 불빛과 개 짖는 소리가 말할 수 없이 정겹게 느껴져 왔다. 개 짖는 소리에 대한 감동을 난생처음으로 느끼며 소태정 마을을 내려와 고모네 집으로 찾아 들어갔다. 고모와 고모부는 밤중에 배낭을 짊어지고 들어오는 나를 보고 놀라고 다친 내 얼굴을 보고는 더 놀라는 것이었다. 자초지종을 묻는 두 분에게 나는 내가 잘못해서 싸웠고 서로 때리고 맞은 다음 사과하고 끝났다고 대답해주었다.

밤늦게 고모가 바쁘게 지은 쌀밥을 먹고 윗방으로 건너오니 안방에 걸린 큰 괘종시계가 열두시를 알리고 있었다. 온몸이 결리고 아파서 끙끙거리다 겨우 잠이 들었다.

아침에 일어나니 사촌 동생들이 내 얼굴을 보며 누구한테 맞았냐고 따지고 든다. 나는 서로 싸우다 때리고 맞았다고 대답해줬다. 그러나 어린 동생들은 내가 맞았다는 것이 이해할 수 없다는 표정들이다. 운동을 가르쳐주곤 하는 형을 여태까지 자랑스럽게 생각하고 있었던 터라 믿어지지 않는 눈치였다. 나는 이들에게 마음에 상처를 주지 않고 내 위신도 세워야겠다는 생각에서 어제 일어난 일들을 사실대로 말해주기로 하였다. 내 얘기가 끝나자 동생들은 그제야 얼굴을 펴기 시작했다. 나는 거울 앞에서 퉁퉁 부어 있는 내 얼굴을 보고 한 일이 열 일이라는 어른들의 말씀을 또 한 번 실감나게 느끼고 있었다.

'동네 앞을 지나며 무심코 노래 한 번 불렀던 것이 모두에게 이토록 영향을 미치다니…….'

나는 마을 앞을 지날 때는 매사에 조심을 하고 다녀야겠다고 다시 한 번 다짐을 했다.

오두막집과 방랑자

고모네 집에서 몸조리를 하고 난 나는 또다시 길을 떠나기로 했다.

면소재지 길을 따라 들판 길을 걷다보니 벼들이 짙푸르게 빛나고 있었다. 어제 쏟아진 소낙비를 먹고 오늘의 싱싱한 태양을 먹으니 더욱 생기가 돋보이는 것 같았다.

태양을 마시는 기분으로 여름 아침 들길을 상쾌하게 걸어 나갔다. 발걸음도 경쾌하고 저절로 휘파람도 불어졌다. 그러나 한낮이 되어 갈수록 하늘에서는 태양이 이글거리고 몸에서는 지열이 확확 솟아오르며 온몸이 땀으로 젖어 내리고 기운이 빠지기 시작했다. 어디든 배낭을 부리고 푹 쉬고 싶은 생각이 들었으나 나는 내 의지를 더욱 단련시켜야겠다는 마음으로 계속해서 걸어 나갔다. 하늘에 태양은 더욱더 열기를 쏟아부어 댔고 내 몸에선 땀이 비 오듯 하며 자꾸만 가라앉으려 하는 것이었다.

나는 김삿갓의 고행과 시를 생각하고는 나도 시를 한 수 지어 불러댔다.

태양과 나

하늘에 태양도 뜨겁고 나의 정열도 뜨겁다.
뜻이 있기에 열여덟 청춘 뜨겁게 이 길을 간다.
태양아 더 뜨거워져라 내 의지도 더욱 뜨거워지리니!

길을 가면서 생각나는 대로 지은 시 이지만 한 번 불러보니 힘이 났고 그래서 여러 번 읊어나갔다. 그러자 확실히 가슴속에서 뭔가 차오르며 팔다리에서 힘이 솟아났다.

나는 시의 제목도 있어야 제격이라는 생각에서 제목들을 지어봤다. 여러 가지 제목 후보 중에서 '태양과 나'라는 제목이 잘 어울리는 것 같았다. 제목을 지어서 시를 읊어 보니 멋도 있었고 엄숙한 기분도 들어 더욱 더 좋았다.

나는 태양과 나 라는 시 덕분에 힘차게 걸으면서 깊이 생각을 해보았다.

'조금 전까지 깔아지려 했던 몸에서 힘이 생기다니, 산삼이나 녹용을 섭취한 것도 아닌데, 들길에서 지어 부른 시가 이렇게 힘을 나게 하다니…!'

나는 시가 가슴속 어딘가에 있는 힘샘을 자극해서 힘을 내게 하는 거라고 판단을 하고 논뚝 길을 벗어나 마을로 들어섰다. 마을로 들어서자 가게가 먼저 눈에 띄었다. 가게에서 빵과 과자를 사서 먹고는 수통에 물까지 가득 채워가지고 나왔다.

산을 넘기 위해 마을길을 지날 때 나는 조심을 많이 했다. 지난

번 대성마을에서와 같은 싸움을 불러일으키지 않기 위해서였다. 마을을 지나 산길을 따라 걸어 올라갔다. 한참을 걸어 올라가니 사방이 툭 터진 산등성이에 큰 소나무가 하나 서있었다.

배낭을 벗어던지고 나무그늘로 들어가 웃통을 벗어제끼고 물을 벌컥벌컥 마시니 천국이 따로 없다는 생각이 들었다. 오랜만에 그늘에 벌렁 드러누워 뒹굴며 긴장을 풀고 해방감을 맛보는 순간이었다. 시원한 그늘아래서 몸이 한껏 편하고 마음이 자유스러우니 저절로 휘파람과 노래가 나온다. 나는 켄터키 옛집을 계속해서 부르며 혼자서 신나라 했었다. 이 노래 가사 중 '여름날 검둥이 시절'과 '잘 쉬어라 쉬어' 하는 구절이 있어 마음에 쏙 들었기 때문이다. 한참을 놀다보니 싫증이 났다. 그래서 일어나 앉아 그동안의 일기도 쓰고 친구들에게 편지를 썼다. 편지를 다 쓰고 일어나 하늘을 보니 고향 하늘 쪽으로 뭉게구름이 흘러가고 있다. 파란 하늘아래 흰 뭉게구름이 하나둘 흘러가는 고향하늘을 보자 갑자기 향수가 밀려오며 애잔한 그리움과 함께 고향노래가 불러졌다.

사랑하는 나에 고향을 한번 떠나 온 후에
날이 가고 달이 갈수록 내 맘속에 사무쳐
나 언제나 사랑하는 내 고향에 다시 갈까

예전에 음악선생님한테서 배울 때는 별 의미도 없이 배우고 노래를 할 때도 아무런 느낌이나 감정이 없었지만 지금 다시 불러보니 가슴이 미어져오고 그리움이 울컥하고 솟아났다. 그리고는 보고 싶은 사람들의 얼굴이 영상처럼 밀려와서는 나로 하여금 더 이상 한 발자국도 못 움직이게 만들고 있었다. 나는 안 되겠다싶어 배낭을 짊어지고 다시 일어섰다. 그러나 두 다리에서 힘이 쭉 빠지는가 싶더니 다시 주저앉아지는 것이었다. 나는 배낭을 깔고 앉아 생각을 해보았다.

'이상한 일이다. 얼마 전에 시를 지어 읊을 때는 가슴속에서 힘이 솟구쳐 팔다리가 거뿐거뿐하게 걸어지더니만, 지금은 노래를 부르고 나니까 가슴이 울컥 미어져 오고 팔다리에 힘이 빠져 걸음을 걷기가 힘들어지다니! 시를 읊으면 힘이 나고 노래를 부르면 힘이 빠진다는 것이란 말인가?'

한참을 그렇게 시와 노래에 대해 생각해 본 결과 깨달아지는 것이 있었다. 시는 힘을 내고 노래는 힘을 빠지게 하는 것이 아니고 시나 노래는 다 같이 각각의 지은 내용에 따라 싸움, 일, 행군 등의 의지를 강화시켜 힘을 내게 하는 것이 있고 또는 사랑이나 그리움의 정서를 불러 일으켜 몸을 부드럽게 만들게 하는 것도 있다는 사실이었다. 그리고 시나 노래를 들으면 머리가 아닌 가슴속에서 감정이 일어난다는 사실을 통해 가슴속에 있는 염통, 밥통, 간 등이 장기로서의 기능 외에 분명히 감정을 받아들이고 표현해나가는 작용을 하고 있다는 사실을 깨닫게 되었다. 깨달음을 얻고 난 나는 다시 태양과 나란 시를 크고 엄숙하게 한 번 더 읊고서 이글거리는 태양 아래로 힘차게 나섰다.

산길을 따라 가다보니 중간에서 길이 사라졌는지 어디가 어딘지 분간을 할 수가 없었다. 농사철이라 사람들이 다니지 않는 데다 풀과 나무들이 자라 길이 파묻혀버려 길을 잃고 만 것이다.

'어떻게 할까, 되돌아서서 내려갈까, 그럴 것 없다 생길을 뚫고 나가자 어차피 내가 가는 길은 개척의 길일 수밖에 없다.'

나는 마음을 다부지게 먹고 어린 시절 산속에서 길을 잃었을 때를 생각하며 도끼로 몽둥이 작대기를 꺾어 가시덤불을 쳐돌려 가며 생길을 뚫고 나아갔다. 얼마쯤 생길을 뚫고 내려가니 물이 졸졸 흐르는 경사진 계곡 옆으로 돌들이 많이 쌓인 곳이 나왔다. 경사진 돌길을 타고 내려오다 보니 군홧발 아래 밟히거나 채여 구르는 돌멩이들이 요란한 소리를 내며 계곡의 고요를 깨뜨린다. 새들이 놀라 날아가고 다람쥐들이 도망치기에 바쁜 모습이었다. 큰 돌들이 굴러 내리며 우당탕탕 쿵탕 소리를 내자 내 가슴 속이 다 후련해졌다 나는 일부러 큰 돌을 굴려 내리며 계곡을 타고 내려왔다. 속 시원한 기분으로 경사진 계곡을 내려와 편안한 산길로 접어들었다. 한껏 여유로워진 마음으로 걷고 있는데 갑자기 섬뜩한 것이 날름거렸다.

뱀이었다. 뱀이 고개를 세우고 날름거리고 있었다. 나는 너무 놀라고 섬뜩해서 뱀에게 사정없이 몽둥이질을 해대어 뱀을 때려잡고는 마치 무사라도 된 듯한 기분으로 산을 내려와 들판으로 나섰다.

들길로 나서니 툭 트인 시원함이 있어서 산길보다 더없이 좋게만 느껴졌다. 배낭을 벗어 놓고 들길 바위에 앉아 서산마루에 걸쳐 있는 해와 지나온 산길을 쳐다보고 있노라니 조금 전에 때려잡은 뱀이 자꾸만 생각나는 것이었다.

'그냥 지나와도 되는데 왜 그렇게 사정없이 때려잡았는가, 그 뱀하고 나하고 원수진 것도 없는데…….'

그 이유를 생각해보니 그것은 뱀에 대한 섬뜩한 두려움과 적개심 때문이라는 결론이 났다. 나는 뱀에 대한 인간의 적대감이 왜 생겼을까라는 것에 대해서 더 깊이 파고들기 시작했다. 그 결과 뱀에 대한 인간의 적대감은 인간 개개인의 경험에 의한 후천적인 것이기보다는 선척적인 것으로서 토굴생활을 하던 원시적부터 획득형질로 유전해온 원초적이고 집단 무의식적인 정서라고 판단되었다. 그렇게 판단을 내릴 수 있는 근거는 인간들의 생활양상을 돌아볼 때 토굴생활, 움막생활 그리고 근대의 문화가 발달하기 이전까지 수많은 세월 동안 수없이 많은 인간들이 뱀에 물려 죽었기 때문에 그 충격의 정서들이 사람의 몸속에 전해오고 있다고 봤기 때문이다. 뱀과 인간에 대해 생각을 마무리하면서 불가에서 주장하는 '업'을 떠올리며 마을을 향해 발길을 재촉했다. 마을 어귀에 이르자 어슴푸레한 어둠속에서 돌담 너머로 저녁연기가 내려 깔리고 있었다.

들녘에서 늦게까지 일을 하다 돌아오는 일손들이 이방인인 나를 보고 말을 건넨다.

"젊은이는 뉘 집을 찾아가는가?"

"예, 뉘 집을 찾는 게 아니고 마을을 지나는 중입니다."

"해도 저물었는데 어디를 가려고 그러는가."

"예, 진안까지 가려고 맘먹었는데 날이 더워 늦었습니다."

"아, 이 사람아 진안까지 가려면 아직도 멀었네, 그러지 말고 우리 집에 가서 자고 가도록 허게."

일손들 중에서 나이든 아저씨 한 분이 나에게 호의를 표해 왔다. 나는 아저씨의 호의가 고마웠지만 그냥 걸어가야겠다는 생각으로 거절을 했다. 그러자 아저씨는 길이 멀어 큰일 난다고 하시면서 내 팔을 붙잡고는 자기 집으로 가자고 하는 거였다. 나는 더 이상은 호의를 거절한다는 것이 예의가 아니라 생각되어 아저씨를 따라 집으로 들어갔다.

아저씨 집은 산 아래 논가에 붙어있는 오두막집이었다. 집에 들어서자 손바닥만 한 마당에서 불을 때던 아주머니가 반갑게 맞아주며 아저씨에게 누구냐고 물었다. 아저씨는 "지나가는 학생인데 진안까지 걸어간다기에 데리고 왔다."고 대답을 해주고는 내게 목욕을 하고 오자며 앞장을 서시는 것이었다. 나는 아저씨와 함께 집 앞 개울로 나가 서로 등을 문질러주며 개운하게 목욕을 했다. 땀도 많이 흘리고 몸에 열이 나던 참이었는데 시원한 산골 물로 씻고 나니 상쾌하기 이를 데 없었다. 젖은 머리를 닦으며 오두막집으로 돌아오니 아주머니는 마당에 있는 밥솥에서 밥을 푸며 상을 차리고 있었다.

"아주머니, 날도 더운데 일하랴 불 때서 밥하랴 힘드시죠."

아주머니가 가난한 집에서 살아오느라 고생을 많이 했겠다는 생각에 동정심을 가지고 인사말을 건네자 내 인사말에 아주머니도 다정하게 답해주었다.

"올 들어서 오늘이 제일 더운 것 같은데 학생은 저 짐 짊어지고 댕기느라 얼마나 고생이 많았어."

"고생은요, 괜찮습니다."

"학생, 시장할 텐데 어여 밥 먹세!"

우리는 마당에 둘러앉아 저녁 식사를 시작했다. 저녁상에 차려나온 것은 깡 보리밥에 풋고추, 된장, 들깻잎, 고추장이 전부였지만 다들 너무나 맛있게 먹었다.

"차린 것이 아무 것도 없는데 잘 먹어줘서 고맙구만, 학생!"

조그만 오두막집과 손바닥만 한 마당이 궁색하지 않고 넉넉하게 느껴져 오는 순간이었다. 저녁식사가 끝나자 아저씨와 아주머니가 나에 대해 잠깐 물어보더니 자신들의 얘기를 하기 시작했다. 아들은 서울로 갔고 딸은 출가한 지 몇 해 되었다는 얘기를 서두로 하여 자신들이 살아온 얘기의 대부분은 왜놈들이 지배하던 시대의 얘기와 전쟁 통에 살아남은 얘기로서 우리 집에서도 하고 많은 날 듣던 똑같은 얘기들이었다. 이야기를 듣는 동안 지루하고도 힘이 들었다 그러나 아저씨 내외분이 워낙 진지하게 얘기를 하는 통에 끝까지 듣지 않을 수도 없었고 나 또한 열심히 들어주려고 애를 썼다. 얘기를 듣고 있는 내내 아저씨와 아주머니는 육십이 다된 나이에도 두 내외분만 계시다보니 얼마나 자식들이 그립고 얘기를 나누고 싶었으면 이럴까 하는 생각마저 들어 안쓰러운 마음까지 생겨나는 거였다.

몇 시쯤이나 되었는지 모르지만 얘기를 파하고 잠자리에 들게 되었다. 아저씨 내외분은 안방에서 자고 나는 윗방에 자리를 폈다. 방문마다 갈포를 발라서 시원하고 좋았다. 자리에 누워 호롱불을 입으로 불어 끄고 나니 뒷문 갈포 사이로 달빛이 비쳐 들어왔다. 달빛의 정취에 이끌려 뒷문으로 바짝 다가서자 문밖으로는 바로 벼가 자라는 논이었고 그 위로 푸르스름한 반쪽달이 떠 있었다.

'오두막집과 반쪽 달 그리고 방랑자'

영화에서나 볼 수 있는 그림과 낭만이 실제로 여기에 펼쳐지고 있었다. 쓰러질 것 같은 오두막집이지만 그 어떤 집보다도 낭만이 있고 정감이 가서 참 좋았다.

아침에 일어나자마자 나는 배낭에 있는 쌀과 보리를 전부 꺼내서 아주머니께 갖다드렸다. 아주머니는 펄쩍 뛰며 끝까지 받지 않으려 했고 나는 이제 진안까지만 가면 필요 없다는 거짓말까지 해가며 끝까지 받으라고 실갱이 아닌 실갱이를 벌였다.

작별인사를 하고 집을 나서자 아저씨와 아주머니는 멀리까지 나와 배웅을 하며 꼭 한 번 다시 들르라고 했다 아저씨 아주머니와 헤어지고 나니 나이 든 두 분만을 떼어놓고 나 혼자만 떠나는 것 같아 마음이 아팠다. 그래서 가던 길을 돌아보며 두 분이 건강하게 함께 오래 사시길 마음속으로나마 빌어주었다.

장꾼들을 만나

찻길로 들어서 걷다 보니, 우마차도 지나고 트럭과 버스도 간간히 지나간다. 버스 중에 는 내 고향으로 가는 버스도 있고 어머니가 계시는 무주로 가는 버스도 있었다. 고향으로 가는 버스를 만나고 볼 때면 가슴이 미어지는 애절함으로 버스가 사라질 때까지 망연히 바라보느라 발길이 쳐지기 일쑤였고, 어머니가 계신 곳 무주로 가는 버스를 보면 설레임으로 발걸음이 저절로 빨라지기도 했는데 그러나 지금은 마음이 동요되지는 않았다.

지나가는 버스를 보고 손을 흔들어 주기도 하며 걷다보니 어느덧 한낮이 되었다.

어디로 가서 점심을 해서 먹을까 하고 생각하다가는 에라 돈도 많이 있는데 사먹지 하는 생각으로 주막집을 찾아 들어갔다. 마침 주인 아주머니가 상추쌈을 싸서 먹다가 땀을 뻘뻘 흘리고 들어오는 나를 맞으며 상추쌈을 권했다. 인정 많고 수더분하게 생긴 아주머니는 상추쌈을 맛있게 먹는 나를 보더니 여름에는 그저 상추쌈이 최고라고 하면서 돈 안 받을 테니 많이 먹고 가라고 했다. 상추쌈에 점심을 배부르게 먹고 주막집을 나와 숨을 헉헉거리며 또 다시 열심히 걸어 나갔다.

얼마를 가다 보니 말귀처럼 우뚝 솟아오른 마이산이 눈앞에 장관을 이루며 나타났다. 마이산을 보자 가슴이 뛰었다. 전설처럼 솟아오른 마이산이, 진안 읍내가 바로 곁에 있음을 말해주고 있었기 때문이다.

나는 신이 나서 지나가는 버스에게 열심히 손을 흔들어대었다. 내가 두 손을 흔들자 버스속의 운전수와 차장 그리고 승객들 모두가 함께 손을 흔들어 주었다. 나는 개선장군이라도 된 것 같은 기분으로 버스 뒤를 따라 진안 읍내로 힘차게 들어섰다.

험준한 곰티재가 가로막고 있는 진안이란 곳은 사람들에게 있어 멀게만 느껴지는 고장이었다. 이 머나먼 고장, 진안까지 내가 당당히 걸어서 왔다는 사실에 가슴속에서 희열과 승리감으로 벅차오르고 있었다.

나는 차부 옆 신발 집에 가서 배낭을 부려놓고 운동화를 하나 사서 신고 깡충깡충 뛰어보았다. 발이 날아갈 듯 가벼웠고 즐겁고 신이 났다. 어디든 갈 수 있고 무엇이든 할 수 있겠다는 자신감이 차올랐다.

가벼운 발걸음으로 장터로 나갔다. 언제부터인가 꼭 구경하고 싶었던 진안장이었다. 그러나 찾아간 장터는 텅 비어 있었다. 내일이 장이 서는 날이라고 한다. 나는 장터에서 장사하는 모습들보다도 떠돌아다니는 장꾼들의 삶과 그 이면을 보고 듣고 싶었던 것이다. 내일까지 기다렸다가 장 구경을 하기로 작정을 하고 장터 옆 주막집에 들어갔다.

주막 안에는 서너 사람이 얘기를 나누며 술을 마시고 있었다. 나는 배낭을 벗어 한쪽에 놓고 막걸리를 시켜 어른들처럼 멋있게 앉아서 차분히 마셨다. 어차피 집을 뛰쳐나온 이상 세상살이를 알아야 되고 어른들의 세계 속에서 어른처럼 살아가려면 분위기를 익혀둬야 한다는 속셈에서 술만 파는 주막에 들러 어른처럼 술을 마시고 있었던 것이다. 차분히 앉아서 어른들 얘기를 들으며 막걸리 잔을 들고 있노라니 주모가 먼저 말을 걸어왔다.

"학생, 마이산 구경 잘 했어요? 참 좋지요! 요즘 대학생들 많이들 구경하러 와요."

아주머니는 나를 마이산 구경하러 온 대학생쯤으로 알고 있는 듯 했다. 나는 그렇지 않아도 누군가와 말을 나누고 싶었는데 말을 건네오니 반갑다는 생각이 들어 나도 힘나는 목소리로 대답을 해줬다.

"예, 저도 마이산 구경 잘했습니다."

내가 시원스럽게 대응을 해주자 아주머니는 어디서 온 학생이냐고 묻고는 키도 크고 참 잘 생겼다고 나를 추켜세워 주는 것이었다. 나도 아주머니에게 질세라 여기저기 다 돌아다녀 봐도 아주머니 같이 이쁘고 서글서글한 분 못 봤다고 칭찬을 받아넘기자 아주머니는 둥근 얼굴 가득 연신 싱글싱글 웃음을 띠며 좋아라했다. 그러자, 곁에서 술을 마시고 있던 사람들이 이러한 아주머니를 바라보며 질투 겸 놀림의 말을 던져왔다.

"주모, 멋진 학생이 오니까 학생에게 홀딱 빠져 우리는 사람으로도 안 보이는가. 이 학생은 이십대 초반이고 주모는 삼십대

중반으로 다 핀 나이라고, 그러니 아예 헛꿈일랑 꾸지 말더라고!"

그러나 아주머니는 연신 싱글싱글 웃으며 잘도 받아넘겼다. 아주머니는 원래도 활달한 편인데 오늘따라 기분이 좋은 것 같았다. 나는 아주머니로부터 장꾼들에 대해서 많은 얘기들을 들을 수가 있었다. 장꾼들 삶의 얘기 속에 애틋한 정감을 느끼며 장꾼들이 함께 숙박한다는 숙박집으로 가기 위해 주막집을 나섰다.

장꾼들이 숙식한다는 숙박집은 장터를 끼고 돌아 안쪽 깊숙한 곳에 자리하고 있었다. 집안으로 들어서니 커다랗고 긴 집 두 채가 기역자로 지어져 있고 굵은 기둥과 연자와 천정벽이 까맣게 그을려 있어 식객이 많아서 불을 많이 쳐 때고 있음을 대변해 주고 있었다.

집 구경을 하며 한참동안 마당에 서 있으니 부엌에서 일하는 아주머니인 듯 싶은 사람이 나와서 누구냐고 물었다. 내가 숙박하러 왔다고 대답하자 이 아주머니는 나를 위아래로 쳐다보며 이집과 어울리지 않는다는 표정을 지으며 다시 물었다. 나는 거듭 장꾼들과 합숙하러 왔디고 대답해줬다. 아주머니는 그세서야 따라오라며 방으로 안내를 했다. 안내한 방은 넓고 큰 방이었고 방에는 사람들은 아무도 없고 목침들만 여러 개 뒹굴어 다니고 있었다.

"장꾼들은 언제 돌아옵니까?"

"해가 넘어갈 때부터 통행금지 시간 안까지는 돌아들 오지요."

나는 배낭을 방에다 부려놓고 수건과 옷가지 등을 챙겨가지고 뒤에 흐르는 냇가로 나갔다. 목욕과 빨래를 하고 냇가를 거닐다 어두워질 무렵 숙박집으로 돌아왔다. 숙박집에 들어오자 몇몇 사람들이 방에 누워 있거나 앉아서 얘기들을 하고 있었다. 그들은 하나같이 먼 길에 차를 타고 오느라 지친 모습들이었다.

"오시느라 고생들 하셨지요."

"이 배낭이 학생 배낭이었구만, 무엇 때문에 이런 곳을 찾아왔는가?"

"예, 내일 서는 장구경도 좀 하고 이장저장 돌아다니는 장꾼님들 사는 얘기도 듣고 싶어서 찾아왔습니다."

내 얘기가 끝나자 누워있던 장꾼들까지 모두 일어나 앉으며 말을 걸어왔다. 장꾼들과 나는 여러 가지 질문들을 주고받으며 한방 식구로서 어우러져갔다, 서로가 어우러지자 나는 장꾼들에게 살아 온 얘기들을 좀 들려달라고 졸랐다. 그러나 장꾼들은 대체로 천장을 보거나 턱을 괴고는 해놓은 것이 없으니 할 얘기가 뭐 있겠느냐며 입맛만 다셨다. 생각 끝에 내가 밥 먹고 저녁에 술을 실컷 사겠다고 제의를 하자 그제서야 응답을 하듯 여기저기서 살아온 얘기들을 풀어놓기 시작한다.

"술 얘기를 하니까 힘이 저절로 나는구먼." 하면서 왕숯이라는 별명을 가진 라이타 장수 임씨 아저씨가 먼저 말문을 열었다.

"숯장수로 돈을 벌 때는 세월이 참 좋았지 그때는 각시도 둘이나 데리고 살았고 어디가든 대접받고 살았지 그렇지만 지금 하고 있는 장똘뱅이 생활은 목구녁 풀칠하기도 바빠."

왕숯아저씨의 얘기가 끝나자 이번에는 옷장사를 하는 정씨가 말을 이었다.

"그러 왕숯 말이 맞아. 이놈의 장똘뱅이 생활은 돈 벌어봤자 길바닥에다 깔고 다니느라 목구녁 풀칠하기 바쁘다네, 그러니 어디 사람노릇이나, 제대로 하겠는가! 다 에미 애비 잘못 만난 죄로 이 나이 먹도록 써 빠지게 노력을 혀도 사람노릇도 못하고 이 모양으로 다들 사는 거라네, 사람은 자고로 에미 애비를 잘 만나야 되는 것이여"

옷장수 정씨의 얘기가 끝나자 비누장사 오씨가 손으로 정씨를 가르키더니 "그것은 이 사람아 자네가 타고난 복이 없어서 그런 것인데 왜 부모 탓을 해!" 하고 야무지게 나무래는 것이었다. 그러자 정씨는 자신의 얘기를 옹호하려 반격을 시작했고 결국은 방안에 있던 사람들이 두 패로 나뉘어져 설전을 벌이게까지 되고 말았다. 그렇게 사람들이 두 패로 갈라져 부모 탓이다, 내 탓이다 하며 다투고 있는데 느닷없이 약장수 하씨가 큰소리로 호통을 치는 거였다.

"야, 이 사람들아! 지금 와서 니탓 내 탓이 무슨 소용이야! 돈도 빽도 없고 목구녁 하나 가지고 먹고사는 주제들아, 목구녁이나 아껴!"

하씨 영감님의 천둥 벼락같은 일갈이 끝나고 나지 일순긴 주변이 조용해졌다. 얼마간의 시간이 지나자 사람들이 이번에는 약장수 하씨에게로 시선을 집중시키며 공략을 하고 나섰다.

"영감님 때문에 시끄러워 우리가 장사를 할 수가 없어요."

"영감님이 새장가를 들더니 양기가 올라서 그런지 목소리가 더 커졌어요."

가만히 듣고만 있던 하씨 영감님이 담배를 피우다 말고 일어나서는 담뱃대를 들고 넓은 방안을 빙빙 돌며 "이런 고얀 녀석들…" 하며 사람들을 쫓아다니기 시작하는 바람에 방안은 한동안 웃음소리로 가득했다. 어른들의 장난끼 어린 행동 역시 어린 아이들의 놀이나 장난이나 똑같아 보였다. 그들은 스스로를 돈도 빽도 배운 것도 가진 것도 없는 무명초 같은 인생이라 했지만 내가 보기엔 선량하고 따뜻한 사람들이었다. 사람들이 하씨 영감을 놀리며 장난을 치고 있는 사이 밥상이 들어왔다.

밥상이 들어오자마자 장꾼들은 기다렸다는 눈빛으로 수북이 담긴 밥과 반찬을 열심히 먹어댔다. 나는 재빨리 밥을 먹어 치우고 다른 사람들의 입과 목을 쳐다보았다. 그들은 입속에 밥숟가락이 들어갔는가 하면 어느새 꼴딱하니 미끄러지듯 목구멍으로 숨 가쁘게 넘기고 또 넘겨댔다. 밥이 넘어가는 목 줄기를 쳐다보고 있노라니 '이놈의 인생, 목구녁 풀칠하기 바빴어!'라고 말해주던 장꾼들의 목구녁타령 얘기가 생생하게 이해가 되고도 남았다.

저녁식사가 끝나고 나는 약속대로 술집에 나가 장꾼들에게 술을 사주고 나도 어울렸다. 술잔이 돌자 장꾼들의 얘기가 무르익으며 그들의 애환이 술잔 속에 녹아내리기 시작했다. 술을 마시며 나는 가슴이 아팠다. 장꾼들의 생활이 소설 메밀꽃 필 무렵에 나오는 허생원의 얘기처럼 낭만적일 줄 알았는데 직접 만나서 듣고 보니 목구녁 풀칠하기에 혀가 빠지도록 고달픈 나날임을 알았기 때문이다.

우리는 늦게까지 얘기를 나누다 열두시가 다되어 숙박집에 돌아와 잠자리에 들었다.

장날!

새벽부터 부산한 움직임 속에 장터에 아침 해가 밝게 떠올랐다. 나는 아침을 먹자마자 장터를 돌아다니며 구경을 하였다. 라이타 장수 왕숯아저씨, 옷장수 정씨, 비누장수 오씨, 약장수 하씨 등이 벌여 놓은 판도, 난장 속에 자리 잡고 있었고 이들 모두다 하나같이 장바닥에 붙어 인생을 갈고 호락질을 하며 목구녁으로 목구녁 풀칠해 줄 사람들을 불러 모으느라 정신이 없었다.

나는 이분들에게 인사를 하고 길을 나섰다. 운동화를 신은 발이 군화를 신었을 때보다 무겁게 느껴졌다. 선량한 장꾼들의 목소리가 등 뒤에서 애절하게 들려 왔기 때문이다.

'자, 가자! 어서 가서 어머니께 이런 얘기들을 들려주자!'

폭염을 뚫고 나는 힘을 내서 무주를 향해 걸어 나갔다.

낙포 사건

도로 길을 따라가다 냇가 뚝길로 올라서 걸으니 깨끗하고 시원한 물속에서 아이들이 신나게 물놀이를 하고 있다. 아이들이 물속에서 시원하게 노는 모습을 보자 나도 배낭을 내던지고 물속으로 뛰어들었다.

아이들과 물속에서 신나게 한바탕 물싸움을 하고 놀다 물 밖, 모래바탕으로 나와 아이들에게 전방회전낙법과 물구나무를 서서 걸어가는 묘기를 보여주었다. 나의 묘기를 본 아이들은 소리를 지르고, 눈을 반짝이며 달려들었다. 내 팔을 붙들고 가르쳐 달라는 것이다.

나는 한 명씩 땅에 팔을 짚고 재주넘는 방법부터 가르쳐 나갔다. 한 명 한 명 땅에 팔 짚는 자세부터 시작해 고개 숙이고 등대며 뒤집어지는 방법까지 세세하게 지도해주자 녀석들이 제법 따라했고 그 중에서도 중학교 다니는 아이들과 초등학교, 고학년 아이들은 썩 잘 따라하는 편이었다.

낙법의 기초과정이 끝난 아이들에게는 전방회전낙법과 물구나무서기와 물구나무서서 걸어가기를 가르치고 강행시켰다.

모래판은 일곱 살 꼬마에서부터 중학생에 이르기까지 낙법과 물구나무서기를 배우느라 온통 난장판 속이었다. 그러한 모습들을 바라보면서 나는 진안 장에서 장꾼들이 벌이고 있는 난장이나 여기 모래판 난장이나 난장판이긴 마찬가지라는 생각을 했다. 다만 다른 것이 있다면 장꾼들이 벌이는 난장판은 살기 위해 계획적으로 벌인다는 것이고 애들이 벌이는 난장판은 놀기 위해서 즉흥적으로 벌인다는 것이었다.

나는 즉흥적으로 놀았으니 계획적으로 움직여야 된다고 생각하고 아이들과 헤어져 총총히 걸어 나갔다. 걸어가면서도 열심히 손을 흔들어 주던 산골아이들의 순박한 모습들이 아른거려 자꾸 뒤돌아보았다. 그때마다 아이들은, 이글거리는 태양과 맑게 흐르는 시냇물 그리고 반짝이는 모래알들과 한패가 되어 싱그러운 생명의 음률을 파동치고 있었다.

한참을 열심히 가다보니 전형적인 산골마을이 나타났다. 동네 앞을 지나면서 청년들과 마주칠 때면 주의를 하게 되었고 더욱 겸손한 자세로 조용히 지나갔다. 언제 어디서 청년들이 적대감을 가지고 덤벼들지 모른다는 생각이 들었기 때문이다. 그러나 동네를 지나면서 청년들과 마주쳐도 왠지는 모르지만 마음이 편했다. 이러한 정서는 내가 대성재를 넘어 평야지대에서 산간지대인 진안지방에 들어서면서부터 계속 느껴온 것이었다.

산간지방은 확실히 다른 인상이 있었다. 그것은 내가 살고 있는 들녘 지방에 비해 순박하다는 것이었다. 이곳 산간지방 사람들은 확실히 눈빛이 순박해 보였다. 순박한 눈빛 이것이 내 마음을 편하게 하는 것이라 생각되었다. 나는 평온한 마음으로 마을을 지나 길을 걸으며 산간지방 사람들의 눈빛이 순박한 이유에 대해 생각해봤다.

무엇이 산간지방 사람들의 눈빛을 순박하게 만들었겠는가. 타고날 때부터 도시 사람들이나 들녘 사람들에 비해 순박한 눈빛을 가지고 나온 것은 아니리라. 그렇다면 살아오면서 달라졌으리라. 살아오면서 무엇이 산간지방 사람들을 순박하게 만들었겠는가. 그것은 주변에 있는 큰 산들과 먹는 음식과 물이 그렇게 만들었을 것이다. 산과 음식과 물속에 어떤 성질이 그렇게 순박한 눈빛을 만들어 낼 수 있었는지 아직은 알 수 없지만 분명히 이들 속에 사람들의 눈빛을 순박하게 하는 요소가 작용하고 있다는 결론을 내릴 수 있었다. 산간지방의 순박함에 대해 깨닫고 난 나는 여유롭게 사람들을 만나고 또 다른 마을로 들어설 수가 있었다.

산모퉁이에 있는 기다란 마을로 들어서자 점심 먹는 사람들이 눈에 띄었고 밥 먹는 사람들을 보자 배가 고파왔다.

싸리로 엮어 만든 문을 열어놓고 마루에서 점심을 먹고 있는 집에 들어가 염치도 좋게 점심 한 끼 얻어먹자고 얘기를 했다. 그러자 삼십대쯤 되어 보이는 두 내외분이 맞아주며 감자가 섞인 보리밥과 된장 한 사발 고추 한 사발 그리고 냉수 한 그릇을 밥상에 정성스럽게 차려 주었다. 나는 숟가락을 들다말고 망설였다.

'이 밥이 혹시 물놀이하고 있는 아이들 중에 하나가 먹을 밥이

아닐까……?'

내가 숟가락을 들고서도 밥 먹기를 망설이고 있자 주인아주머니가 찬이 어설퍼서 그러는 모양이라며 되레 미안해한다. 나는 얼른 손을 저으며 답해줬다.

"그런 것이 아니고, 오다 보니까 위의 냇가에서 아이들이 물놀이를 하고 있던데 혹시 이집 아드님 몫에 밥을 제가 먹어버리는 건 아닌가 해서 망설이고 있는 것입니다."

그러자 주인아저씨가 나서며 우리 아이의 몫은 장에서 과자 사온 것도 있고 감자 쪄놓은 것도 있으니 걱정 말고 어여 먹으라고 재촉한다.

'이 가난한 집에서 물놀이 나간 아이의 밥을 지나가는 객에게 차려주는 이분들의 마음은 어떤 마음일까!'

나는 밥을 먹으며 감동을 했고 한편으로 고뇌를 하지 않을 수 없었다. 밥을 먹긴 먹지만 밥을 다 쓸어 먹으면 눈치도 없이 다 먹어버리는 사람 꼴이 되겠고 그렇다고 조금이라도 남겨놓으면 차려준 사람의 정성에 어긋나게 반찬 타령하며 남긴 사람이 될 것 같아 은근히 걱정이 되는 거였다. 이래저래 걱정될 바엔 배도 고픈데 다 쓸어먹고 나서 걱정을 하자는 생각으로 밥을 깨끗이 긁어먹고 나섰다. 주인 내외분의 밥도 어설프고 찬도 없는데 참 잘 먹는다는 소리를 뒤로하고 얼른 윗마을에 있는 가게로 내달렸다.

이 집 아들에게 과자를 사줘야겠다는 생각이었다. 윗마을을 향해 한참을 가다 보니 아이들이 물놀이를 마치고 밥 먹으러 내려오고 있다. 아이들은 나를 보자 너무 반가워라 하며 매달렸고 나도 기뻐서 아이들을 안아주거나 등을 두드려 주고 가게로 향했다. 이 녀석들에게 과자를 많이 사줘야지 하고 속으로 생각하며 가다보니 얼굴이 야무지게 생긴 꼬마 녀석 하나가 이마에 쑥을 한주먹 찧어서 붙이고 뒤쳐져 따라오고 있다.

나는 얼른 다가서서 누가 때렸느냐고 물었다. 그러자 이 꼬마 녀석은 누가 때린 것이 아니고 낙포를 하다가 다쳤다고 대답했다. 나는 큰아이들에게 낙포가 뭣하는 짓이냐고 물어봤다. 그러자 아이들은 낙포가 아니고 낙법을 하다가 뾰죽한 돌맹이한테 받쳐서 머리가 터진 것이라고 했다. 다친 아이의 이름은 진수이고 국민학교(초등학교) 일학년에 다닌다고 하였다.

"진수야, 낙포는 좀 배웠느냐?"

그러나 녀석은 미소만 지을 뿐 말이 없다. 나는 녀석의 손을 잡고 얼굴을 쳐다보았다. 야무지게 생긴 얼굴에 눈망울이 초롱초롱했다.

"짜식!"

나는 녀석의 볼을 꼬집어주고 모두 함께 가게로 들어갔다. 가게에서 50원이란 거금을 들여 과자를 사서 아이들에게 나눠주고 마을로 내려왔다. 마을로 내려와서는 점심을 차려준 내외분께 인사를 드리고 다시 배낭을 챙겨 떠났다.

아이들 생각을 하며 총총히 마을을 벗어나 들길을 걷고 있는데 등 뒤에서 부르는 소리가 들려왔다. 뒤돌아보니 웬 아주머니가 쫓아오며 부르고 있었다. 쫓아온 젊은 아주머니는 다짜고짜로 내 팔을 잡더니 큰일 났다고 하면서 마을로 나를 끌고 가는 것이었다.

“무슨 일인지 알아야지요.”

“학생이 낙폰지 뭔지를 가르쳐서 우리 아이가 다 죽게 생겼단 말여, 내말은…….”

나는 그제야 이 아주머니가 낙법을 하다가 이마를 다친 진수네 어머니라는 것을 알았다. 씩씩거리는 진수어머니를 따라 집으로 들어서니 진수는 마루에 누워있고 여러 부녀자들이 둘러앉아 걱정스럽게 지켜보고 있었다.

나는 얼른 다가가 진수 얼굴을 살펴보았다. 처음 쑥으로 지혈을 시키고 있을 땐 별것이 아니라 생각했는데 의외로 상처가 컸는지 이마 쪽에 상처가 길게 패여 있고 얼굴이 많이 부어올라 있었다. 진수의 손을 잡고 어떻게 해야 되나 하고 걱정을 하고 있는데 아주머니들이 한마디씩 꾸중을 하고 나왔다.

“진수같이 어린것이 뭐 안다고 낙포같이 위험한 것을 가르쳐서…….”

“이러다 생사람 잡겠어…!”

아주머니들이 크게 걱정을 하자 진수어머니는 더욱 조바심을 내고 어쩔 줄 몰라 했다.

나는 내심으로 걱정이 되었으나 약을 먹고 바르면 괜찮다고 차분히 말해주었다. 그러나 그렇게 말을 했음에도 약을 사러 가는 나의 발걸음은 걱정으로 하여 천근처럼 무겁기만 했다.

‘약을 사다 먹이고 발라줘도 진수어머니가 나를 붙잡아 두면 어쩌지…!’

걱정을 하다 보니 걱정이 꼬리를 물고 일어나 괴롭혀왔다. 나는 걱정을 하다 진수 아버지가 오면 사나이답게 단판을 짓기로 마음을 먹고 걱정을 진정시켜 나갔다.

'내가 때린 것도 아니고 아이들이 좋고 사랑스러워서 운동을 가르쳐주고 과자 사준 죄 밖에 없는데 하늘도 무심하지는 않으시겠지.'

그렇게 생각하니 마음이 조금은 편안해져 왔다.

약방에서 먹는 약과 바르는 약을 사 가지고 돌아와 먹이고 발라줬다. 그러는 사이 해가 저물어 마을에 산 그림자가 드리워졌고 나는 마루에 걸터앉아 진수아버지가 오기만을 기다리게 되었다. 두어 시간 동안을 대문 쪽을 응시하고 있노라니 드디어 진수아버지가 나타났다. 진수아버지는 마당으로 내려서 인사하는 나를 한번 살펴보고 진수이마에 손을 얹고 나서 물었다.

"자네가 운동을 가르쳐준 학생인가?"

"예, 그렇습니다."

"그런데 위험한 운동은 왜 가르쳤는가?"

"예, 사나이다워지라고 가르쳤습니다."

"응, 그래."

나와 일문일답을 마친 진수 아버지는 고개를 끄덕이며 진수는 괜찮으니 걱정 말고 편히 앉으라고 했다. 다행스럽게도 일이 잘 해결되고 저녁까지 얻어먹게 되었다. 저녁을 먹는 도중에도 진수어머니는 그래도 걱정이 되는지 진수에게 물었다.

"진수야, 얼마나 아프냐!"

그러자 진수는 고개를 좌우로 흔들며 대답했다.

"하나도 안 아퍼."

식사가 끝나고 진수 아버지와 나는 이런 저런 얘기를 나누다가 잠자리에 들었다. 진수 부모님은 진수동생과 안방에서 자고 진수는 나와 함께 자겠다고 하여 윗방에서 자게 되었다.

잠자리에 누워 진수의 손을 잡아주며 물었다.

"진수야, 정말 아프지 않니?"

진수는 잠결에 "응!" 하고 대답한다.

"진수야! 앞으로 육학년 될 때까지 낙포하지 말아라."

그러나 이번에는 대답이 없다. 진수는 어느새 새근새근 잠들고 있었다. 아침에 진수 이마에 약을 발라주고 마을을 나섰다. 윗마을로 넘어가는 정자나무 있는 곳까지 몇몇 아이들과 진수가 배웅을 나왔다. 열심히 손을 흔들어주는 아이들에게 나는 "짜아식들!"이라는 인사말을 남기고 길을 떠났다.

| 제2장 |

무전여행 가출 Ⅱ

죽음을 무릅쓴 강행군과 어머니

'오늘 안으로 어머니가 있는 곳까지 들어가야 한다. 집 나와 지금까지 열흘이 지났으니 오늘은 기어이 무주 땅에 들어서 어머니를 만날 것이다.'

결심을 하고서 나는 빵과 과자를 사서 배낭에 넣고 산길을 따라 전진을 해나갔다. 시간이 지날수록 하늘에 태양이 뜨겁게 이글거렸고 겉옷은 물론 속옷까지도 땀으로 흠뻑 젖어 내리기 시작했다. 지쳐 왔다. 그러나 나는 어머니를 생각하며 재를 넘고 차도를 지나고 내를 건너 전진을 계속했다. 한낮이 되자 태양은 온 대지를 삶아 먹으려는 듯 이글거렸다. 지치고 힘이 들었다. 그럴 때마다 나는 나의 시 '태양과 나'를 읊으며 걸어 나갔다.

하늘에 태양도 뜨겁고 나의 정열도 뜨겁다.
뜻이 있기에 열여덟 청춘 뜨겁게 이 길을 간다.
태양아 더 뜨거워져라. 내 의지도 더욱 뜨거워지리니

시를 읊고 나면 힘이 나곤 했다. 나는 어머니한테 가서 자야겠다는 일념으로 빵과 과자를 먹으면서 열심히 걸어 나갔다. 해거름 무렵이 되면서부터는 기진맥진한 상태가 되어 쓰러질 것 같았다. 나는 내 몸을 겨우 가누고 어머니 얼굴을 생각하며 발걸음을 옮겨나갔다. 어지러움증과 함께 어머니의 얼굴이 쉴 사이 없이 다가왔다.

'조금만 더 가면 죽천리가 나온다, 힘을 내자!'

드디어 무주군 안성면 죽천리 삼거리가 나타났고 죽천리 삼거리에 도착한 나는 어머니가 있는 덕유산 기슭의 명천마을을 바라보다. 기진맥진해서 길바닥에 드러눕고 말았다.

서쪽 하늘에 폭염을 내리쏟던 해가 붉은 노을을 이루며 하루해를 마감하고 있다. 얼마나 시간이 지났을까? 일어나려 해도 몸이 말을 듣지 않아 누워있을 수밖에 없었다. 졸다가 눈을 떠보니 하늘에 둥근 달이 훤히 나를 비추고 있다.

'자, 일어나 보자!.'

안간힘을 써서 일어나 걸었다. 그러나 발이 잘 떨어지지 않았고 걸음이 휘청거렸다.

'앞으로 십리.'

어떻게든 가야한다, 나는 달같이 고운 어머니 얼굴을 그리며 이를 악물고 발걸음을 옮겨 나갔다. 가다가 몇 번인가를 돌부리에 걸려 넘어지고 길바닥에 드러누운 끝에 드디어 명천마을, 어머니가 있는 집 마당에 들어섰다. 마당에 들어선 나는 있는 힘을 다해 어머니를 불렀다.

"어머니!"

나의 부름에 방에서 사람이 나왔다. 아주머니와 함께 심부름 해주는 옥순이가 이게 누구냐고 놀라며 뛰어 나왔다. 나는 기진맥진해서 물었다.

"우리 어머니는 어디 있습니까?"

어머니는 좌선을 하고 계신다고 했다. 나는 그 소리를 듣고 땅바닥에 주저앉고 말았다. 아주머니와 옥순이가 팔을 잡아끌며 건넌방으로 우선 들어가자고 했으나 나는 뿌리치고 마당에 드러누워 하늘을 봤다.

둥근 달이 말없이 떠 있다.

한참을 달을 보고 있노라니 으스스 추워오며 떨리기 시작했다. 얼마나 시간이 지났을까 방문 여는 소리가 나더니 어머니가 나오시며 내 손을 잡아 일으켜주었다.

"오느라 고생했구나…"

"어머니…!"

나는 그 한마디를 부르고 일어나려다가 쓰러졌다. 세 사람의 부축을 받아 방에 눕혀진 나는 저녁 내내 고열이 올라 시달려야만 했다 누군가 이불을 덮어주는 것 같기도 하고 머리에 물을 뿌리는 것 같기도 한 느낌 속에 불상 앞에 있는 사람이 커졌다 작아졌다 하며 빨리 걸어야 한다고 말했다. 나는 열심히 걷고 뛰었다. 뛰면서 뒤를 돌아보니 어둠속에서 괴물이 쫓아오고 있었다. 정신없이 도망쳐서 마을로 가니 이번에는 몽둥이를 든 청년들이 달려들었다. 나는 악을 쓰며 싸워나갔다. 그러자 이번에는 버스가 쫓아오고, 매미 떼가 달려들고, 장꾼들이 몰려왔다. 나는 정신없이 도망을 치다 밝은 태양을 만났고 '태양과 나'라는 시를 힘차게 외쳤다. 모든 것들이 사라지고 편안한 마음으로 걷고 있노라니 누군가 다정히 부르는 소리가 들렸다. 눈을 떠보니 햇빛이 온 집안에 가득하고 곁에는 옥순이가 앉아있고 불상 앞에는 어머니가 합장하고 있었다. 내가 눈을 뜨고 옥순이와 눈이 마주치자 옥순이가 소리쳤다.

"오빠, 눈 떴어요."

옥순이의 외침소리에 밖에 있던 아주머니가 들어오고 합장을 하고 있던 어머니가 다가와 앉았다. 내가 일어나며 인사를 하자 아주머니는 깜짝 반가움에 두 손을 꽉 잡더니 힘주어 흔들어대는 것이었다.

"아이구 학생, 깨어났구먼! 천만다행이야. 큰일 날 뻔 했어?"

"왜요, 난 이렇게 멀쩡한데 어째서 큰일 날 뻔 했다는 거여요?"

"으응, 학생이 처음에는 오한으로 떨더니만 차츰 온몸이 불덩이같이 뜨거워지고 헛소리까지 해서 밤새 간호를 하고 부처님께 빌었지."

"정말 그랬어요!?"

"그렇다니까."

모두의 걱정 속에서 하루 동안 몸조리를 하고 나서 동구 밖에 있는 느티나무 아래로 걸어 나가 기지개를 쭉 펴 보았다. 목이 좀 타는 것 외에는 몸이 거뜬하고 좋았다.

앞을 보니 온 산야에 여름이 넘실거리고 있다.

'내가 이 여름을 뚫고 수 백리를 걸어 여기까지 오다니……."

나는 벅찬 가슴으로 서쪽 하늘을 보며 열하루에 걸쳐 걸어온 머나먼 길과 겪어온 꿈같은 일들을 회상해보았다.

무전여행을 떠나오면서 만났던 사람들, 나누었던 대화들, 지나온 마을과 이름 모를 산과 들… 그리고 작열하던 태양이 생생하게 되살아 지나갔다. 생각할수록 이번 여행이 대견하게 느껴졌고 일생을 두고 잊지 못할 추억으로 남을 것 같았다.

점심을 먹고 나자 옥순이와 아주머니가 무전여행으로 여기까지 걸어온 얘기를 들려달라고 졸랐다. 나는 집을 나서 이곳까지 오면서 있었던 얘기들을 자랑스럽게 들려줬다. 얘기를 다 듣고 난 옥순이와 아주머니는 너무 재미있다고 좋아라했고 조용히 내 얘기를 듣고 있던 어머니는 꾸중을 해왔다.

"그래, 이 더위에 이 먼 곳까지 걸어왔다는 것은 참으로 의지가 대단한 일이다. 그러나 엊그제 여기까지 걸어온 마지막 날은 정말 무모한 짓을 했구나. 그 날 우리가 집을 비웠다면 네가 목숨을 잃을 수도 있었지 않았느냐. 앞으로는 그런 무모한 일은 하지 말아라."

어머니의 얘기는 옳았다. 그러나 어머니의 얘기는 내속에 생기기 시작한 어머니에 대한 불만스런 감정 때문에 받아들여지지 않았고 오히려 내 감정을 자극하는 것이 되었다. 나는 어머니에게 말대꾸를 하고 나섰다.

"어머니! 제가 산과 들을 잘 돌아다니는 것이 누구 때문입니까? 어머니가 국민학교(초등학교) 일학년 때부터 길 걸어 다니는 훈련을 시키면서 저에게 뭐라고 가르쳤습니까. 사내대장부는 산과 들을 많이 돌아다니고 큰 뜻으로 살고 죽어야한다고 하지 않았습니까?"

내 항변이 끝나자 어머니는 약간 언성을 높이며 엄숙하게 질책을 해왔다.

"그래, 내가 너에게 어려서부터 우리 땅을 많이 걸어 다녀보라고 했고, 장부는 큰 뜻으로 살고 죽어야한다고 가르쳤다. 그런데 네가 이 에미 보고 싶어 무모하게 걸어오다 죽는다면 그것이 큰 뜻이고 장부가 할 일이더냐."

어머니 얘기가 끝나고 방안에는 한동안 침묵이 흘렀다. 내가 대꾸할 말이 없기 때문이었다. 방안 분위기가 무겁고 어색해지자 아주머니가 나서서 분위기를 바꿔야겠다는 생각이 들었는지 웃으며 물었다.

"학생! 걸어오면서 영순이라는 여학생과 친하게 사귀게 되었다며, 얼만 큼 친하게 되었어?"

나도 얼른 분위기를 바꿔 웃으면서 대답해줬다.

"예, 아주 친하게 되었습니다. 둘이서 눈도 마주치고 손도 잡을 만큼……."

내가 영순이 학생과 손잡았다는 거짓말까지 덧붙이자 아주머니는 눈을 반짝이며 물었다.

"그래, 어디서 어떻게 손잡고 무슨 말을 했어?"

"예, 그 여학생이 살고 있는 뒷동산에서 넘어가는 해를 보며 손을 잡고……."

'손을 잡고'라는 대목에서 내가 일부러 말을 뚝 끊어버리자 열심히 듣고 있던 아주머니는 물론 옥순이까지도 귀를 쫑긋 세우고 다음 얘기를 계속하라고 성화를 댄다.

"여학생 손잡고 뭐라고 했어. 학생……?"

"오빠! 손잡고는 뭐라고 했어."

나는 한참 뜸을 들이다가 대답해주었다.

"다정스럽게 손을 잡고는 '태양과 나'라는 시를 읊어줬습니다."

거짓말로 대답을 해준 것이다. 그러나 아주머니와 옥순이는 사실로 믿으며 나를 골려 댔다.

"그래서 그제 저녁에 죽도록 앓으면서도 그 여학생 꿈을 꾸며 잠꼬대를 계속 했구 먼!"

"옥순아, 그제 저녁에 내가 무슨 잠꼬대를 했니?"

"응, 오빠가 끙끙 앓으면서 계속 '태양과 나'라는 잠꼬대를 했어."

옥순이 얘기를 듣자 그제 밤 내가 고열과 악몽에 시달리며 '태양과 나'라는 시를 계속 외친 기억이 나며 아주머니가 놀려대는 이유를 알 수가 있었다.

"응, 그래서 내가 영순이 학생과 손잡고 '태양과 나라는 시를 읊어줬다는 말을 사실로 믿고 있구나……."

내가 의미 있는 웃음을 웃자 아주머니와 어머니, 옥순이 모두 함께 덩달아 웃었다.

어미니와 아주머니는 암자로 불공 들이러가고 나와 옥순이는 앞 개울가 느티나무 아래서 공기놀이를 하고 놀았다. 옥순이는 작년보다 공기놀이를 훨씬 잘 했다. 작년 여름에 놀아줄 때는 옥순이가 공기를 세거리를 마치면 돌을 열개정도 받았고 나도 그 정도를 받았는데 지금은 내가 따라갈 수가 없을 정도였다. 옥순이는 공기놀이를 하면서 신이 나서 나를 골려대었다.

"오빠는 이제 나 따라오려면 하늘만큼 멀었어!"

"그래, 이 녀석아! 오빠 이겨서 참 좋기도 하겠다."

옥순이가 좋아하는 모습을 보고 있자니 기쁘기도 했지만 한편으로는 마음이 아팠다.

'이 아이에게도 어머니가 있었으면 얼마나 예뻐해 줬을까? 이 아이도 속으로 얼마나 어머니가 보고 싶을까?'

옥순이는 오갈 데가 없는 아이라서 어머니가 데리고 온 아이였다. 옥순어머니가 서울로 돈 벌러 간다고 떠나 돌아오지 않자 아버지마저 찾으러 다닌다고 집에 잘 들어오지 않는 바람에 가난한 어린 자식들이 굶주리다 못해 뿔뿔이 헤어졌다고 한다. 그중에서 옥순이는 막내로서 어머니가 데리고 와 작년에 학교에 입학시켜 올해 2학년에 다니고 있는 열 살 된 아이였다.

공기놀이를 마치고 나는 옥순이의 초롱초롱한 눈망울을 바라보며 여러 번 망설이다 물었다.

"옥순아! 엄마 많이 보고 싶지…!"

나의 의외의 질문에 옥순이는 눈을 껌벅이며

"어떤 엄마? 서울 엄마? 여기 엄마?"

"서울엄마 보고 싶지?"

"응, 보고 싶어"

옥순이는 기운 없이 대답했으나 그 표정은 너무나 친어머니를 그리워하고 있었다. 나는 거짓말이라도 해서 이 아이에게 희망을 주고 싶었다.

"옥순아! 너의 어머니는 네가 중학교 들어갈 때면 찾아오겠다고 여기 암자에 공들이러 오는 서울사람에게 말했다는구나. 그러니 힘을 내라."

내 거짓말을 들은 옥순이는 "정말" 하면서 눈물을 글썽이며 좋아했다. 눈물을 글썽이는 아이를 보면서 나는 더욱 가슴이 아려왔다. 나는 가족이 거의 다 함께 사는 데도 떨어져 있는 어머니가 보고 싶어 죽겠는데, 어린 이 녀석은 오죽할까…….

어른들은 옥순이 집안 문제에 대해 어린애 마음 상한다고 덮어두고 말하지 말라고 하지만 나는 그렇게 해서는 안 된다고 봤다. 덮어두고 지낸다고 자기 어머니가 보고 싶지 않을 리 없고 또 아홉 살 때 일어난 일이 잊혀 질 리도 없다고 판단되었기에 옥순이에게 가족들 얘기를 가끔씩 해주고 언젠가는 만나서 함께 살게 된다는 얘기를 들려줘야 한다고 생각했다. 그렇게 하는 것이 이 아이가 희망을 잃지 않고 잘 자랄 수 있는 길이라고 믿고 있었다. 이것은 나의 경험 속에서 얻어진 것이었다. 국민학교(초등학교) 4학년 시절부터 지금까지 어머니와 멀리 떨어져 살면서도 언젠가는 함께 살 수 있다는 희망이 있고 또 그런 희망적인 얘기를 들려준 사람이 있기에 밝은 마음으로 지내올 수 있었다. 가족과 함께 살수 없다는 체념 속에 살아가는 옥순이, 이 아이의 가슴에 더욱 희망을 주어야겠다고 생각하고 옥순이 손을 꼭 잡고 힘 있게 말해줬다.

"옥순아! 너의 엄마와 아빠는 옥순이와 함께 잘 살려고 열심히 돈 벌고 있으니까 얼마 안 있어 함께 살게 될 거야. 꼭 그렇게 될 거야."

내 말이 끝나자 옥순이 녀석이 벌떡 일어나 손뼉을 치며 좋아라 했고, 아이의 얼굴에서 밝은 웃음이 사방으로 환하게 번져나갔다.

불경을 읽는 어머니를 보고

암자를 향해 걸었다.

암자는 내가 중학교 3학년 때 어머니가 공들이는 장소라고 해서 한번 따라 갔던 적이 있는 곳이다. 그때 나는 공들이는 곳에서 돌부처를 하나 모셔놓고 어머니가 맨 땅에 무릎 꿇고 수백 번 절을 하는 모습을 보고 다시는 오지 않아야겠다고 생각했었다. 그 뒤로 나는 공들이는 곳을 다시는 찾아가지 않았고 돌부처와 기도 그리고 어머니 병을 생각하며 부정적인 생각으로 일관하고 있었다. 돌부처한테 절하고 빈다고 해서 돌부처가 일어나 우리 어머니 머리 만져주어 신통하게 두통과 불면증이 나을 리 없고 하늘에서 부처님이 내려와 가슴 애피를 가라앉혀 줄 리 없다. 그러나 나의 이 같은 부정적인 견해는 어머니의 고질병인 두통과 불면증 그리고 가슴 애피가 깨끗이 사라지면서 변하지 않을 수 없었다. 작년부터 건강하게 생활하시는 어머니를 보면서 '정신적인 세계와 그 힘'에 대해 생각하며 언제 한번 돌부처를 찾아

가봐야겠다고 벼르던 차 오늘 큰맘을 먹고 찾아 나선 것이다.

계곡을 따라 걸어 올라가니 물 맑고 경관에 좋은 곳에 조그마한 집이 지어져 있고 돌탑들이 서 있다.

'내가 찾는 돌부처는 어디로 갔을까…!'

암자를 두어 바퀴 돌아봤으나 돌부처는 보이지 않았다. 혹시 하고 암자 안을 조심스럽게 들여다보았다. 돌부처는 암자 안에 잘 모셔져 있고 여러 사람들이 그 앞에서 절을 하거나 기도를 하고 있었다. 나는 돌부처 앞에서 절하고 기도하는 사람들의 염원이 무엇인지를 알 수가 있었다.

'저 돌부처가 우리 어머니 때문에 유명해졌으리라…….'

나는 돌부처를 한참 동안 바라보다 걱정스런 마음이 들어 산으로 올라갔다. 암자가 내려다 뵈는 산 중봉에 올라 돌부처와 어머니를 생각하니 더욱 더 걱정이 밀려왔다.

'정말로 우리 어머니가 돌부처 때문에 병이 나았거나 아니면 불경을 가까이 해서 좋아졌다면 앞으로도 어머니는 이 암자를 떠날 수 없는 것이 아닐까…….'

나는 걱정되고 답답한 심정으로 산을 내려오며 많은 생각을 해보았다. 생각의 결과 어머니의 병은 돌부처나 불경을 가까이 해서 나은 것이 아니고 산이 가지고 있는 맑은 물과 신선한 공기와 그리고 조용함이 낫게 해줬다는 판단을 내리게 되었다. 나는 이러한 판단을 통해 어머니가 이제 이곳을 떠나 전주 근교의 산으로 가서 우리 식구들과 함께 살아도 문제가 없다고 보았다.

집에 내려온 나는 집안 어른들과 친지들에게 편지를 썼다. 내용은 어머니 병에 대한 나의 견해와 함께 이제 어머니와 우리 가족이 머나먼 이곳과 전주를 오가며 떨어져 살아야 할 까닭이 없다는 내용이었다. 나는 편지를 써가지고 죽천리 삼거리로 내달려 우체통에 넣고서 하늘을 보았다. 무주하늘은 우리들만이 알고 있는 특별하고도 애절한 사연이 있었다.

'우리 집에서 동북쪽인 이 하늘을 얼마나 많이 쳐다봤던가, 하늘이 파라면 파란대로 구름이 흘러가면 흘러가는 대로, 이 하늘은 우리 어린 삼남매의 마음의 고향이고 꿈이었지. 어머니가 보고 싶어 새벽부터 일어나 버스를 타면 고통스러운 차멀미에 하루 종일 시달리다 석양녘에야 내리게 되는 이 땅, 이 하늘, 우리 어머니…!'

편지를 부치고 나니 어쩌면 어머니가 집으로 돌아가게 될 지도 모른다는 예감이 들며 이곳의 하늘과 땅에 대한 감회가 새롭게 느껴져 왔다.

소년과 소녀의 마음

밖에서 놀던 옥순이가 집으로 뛰어 들어오더니 내 귀에다 대고 속삭인다.

"오빠, 정자언니하고 성숙이 언니가 저녁 먹고 놀러 온다고 했어. 언니들 오며는 오빠 애인 생겼다고 말해서는 안 돼!"

옥순이의 얘기를 듣고 나는 어이가 없어 옥순이에게 물었다.

"옥순아, 내가 무슨 애인이 있다고 그런 말을 하지?"

"응, 오빠가 여학생 하고 손잡고 얘기했다고 말해줬잖아."

"옥순아, 손잡으면 애인이 되는 것이냐? 옥순아 오빠는 애인이 없다. 왜냐하면 손잡았다는 여학생과 손을 잡았다는 것은 거짓으로 한 얘기이기 때문이다. 따라서 오빠는 애인이 없는 것이다."

"그러면 오빠는 왜 거짓말로 손을 잡았다고 했어?"

"으응, 그것은 얘기를 재미있게 하기 위해서였다."

옥순이는 알 것도 같다는 듯이 눈을 깜박이고는 밖으로 다시 나갔다. 저녁밥을 다 먹고 막 상을 물리자 정자와 성숙이가 마실을 나왔다.

"오빠! 얼굴이 까맣게 탔네. 와! 인제 어른 같네."

"정자랑 성숙이도 많이 컸는데!"

실재로 이들은 지난 겨울방학 때보다 무척 성장해 있었다. 우리는 마당으로 나와 멍석을 펴고 얘기를 시작했다. 먼저 정자가 나를 보며 말문을 열었다.

"오빠, 왜 이렇게 얼굴이 까맣게 그을렸어?"

"무전여행으로 열하루 동안 땡볕에 걸어와서 그래."

"걸어오면서 많은 경험을 했겠네."

"그래, 많은 경험도 하고 많이 깨닫고 왔지."

"그럼 이번에는 더 많은 철학을 하고 시도 많이 지었겠네."

"그랬지."

내가 의기양양하게 대답을 하자 정자와 성숙이는 빨리 들려달라고 재촉을 했다. 매번 방학 때마다 철학이나 시를 들려주고 재미있게 지냈던 터라 오늘도 이들은 잔뜩 기대를 하고 있는 모습이다. 나는 한참 뜸을 들이다가 무전여행하면서 있었던 일들 중 재미있는 대목을 얘기해주고 지은 시중에서 '방황'과 '태양과 나'라는 시를 들려주었다. 다 듣고 난 정자와 성숙이는 이제부터 시는 자기들 영역이니 오빠는 철학 하나만 하라고 충고를 해왔다. 이들의 말을 듣고 나는 저절로 웃음이 나와 웃어대고 놀려댔다.

"시가 뭣인지 알지 못하고 써 본 적도 없는 문외한들이 시가 자기들 영역이라고 우기다니, 와! 우습다 우스워."

내가 한바탕 놀려대고 있자니 정자가 큰 소리로 외치며 따지듯이 대들었다.

"오빠! 우리가 시를 쓰느라 얼마나 노력을 많이 했는데 오빠는 알지도 못하면서 그렇게 무시하기야?"

정색을 하고 심각하게 말하는 정자의 얼굴에선 자신들 마음을 알아주지 않아서 안타깝고 또 약이 오른다는 표정이 역력했다. 나는 얼른 놀려대서 미안하다고 말해주고 지은 시가 있으면 열심히 들을 테니 들려달라고 부탁을 했다. 그러자 성숙이가 나서며, 정자하고 둘이서 지은 합작시라고 하며 낭독을 했다.

시 제목

〈바람〉
슬픈 소망을 안고 떠도는 나그네
오늘도 먼 길을 떠나는구나
님 보고 싶은 몸부림으로 타는 가슴
소용돌이가 되어
온 산야를 누비고 헤매이는 고독한 발길
이 밤은 또 어디서 지새려는가
애닯다. 그대 슬픈 소망 언제 이뤄지려나

시 낭독이 끝나고서도 나는 한참동안 눈을 감고 있었다. 바람이란 시에 담겨진 내용도 좋았고 낭독을 하는 성숙이의 음성도 근사하게 들려 잔잔한 감동이 일었기 때문이다. 나는 칭찬과 함께 정자에게 시속에 담겨진 뜻을 말해달라고 청했다. 그러자 둘

글고 흰 얼굴에 서글서글한 모습의 정자가 그애답지 않게 애잔한 얼굴로 대답해왔다.

"어머니 보고 싶어 애타게 다니는 오빠 마음을 바람에 비유해서 쓴 거야."

정자의 얘기를 들으면서 정자가 작년과는 달리 고등학생이 되면서 감성이 무척 풍부해졌다는 생각을 했다. 그리고 정자의 불룩해진 앞가슴을 보며 시는 가슴이 발달되어야 잘 쓸 수가 있다고 한 말을 이해할 수가 있을 것 같았다.

시 낭독과 평가가 끝나고 난 다음 우리는 예전처럼 숫자놀이를 해서 손때 맞기를 시작했다. 언제나 그랬듯이 처음에 걸리면 살살 봐주며 때리다가 갈수록 세게 때리기 시작했다. 한참을 놀다보니 서로 다 팔뚝들이 벌겋게 부어올라 있어 그만 하자고 제의를 하자 제일 많이 맞은 정자가 약이 올라 한 번만 더 하자고 했다. 서로 걸리지 않으려고 애를 썼으나 이번에도 정자가 걸렸다.

"오빠는 성숙이는 놔두고 왜 나만 지목을 해서 걸리게 해!"

정자는 울상이 되어 나를 보고 항의를 하듯 살살 때리라고 했다. 그러나 나는 사정 안 봐주고 때렸다. 양쪽 팔이 다. 벌겋게 부어오른 정자는 팔을 교대로 만져가며 나에게 눈을 흘기더니 울려고 입을 삐죽거렸다.

"어어… 잘하면 울겠네. 어어… 우네 울어!"

내가 놀려대자 정자는 정말로 돌아앉아 울어버렸다. 성숙이가 말려도 정자는 무릎을 세워 얼굴을 파묻고 더 큰 소리를 내며 훌쩍거렸다. 방에서 불경을 읽고 계시던 어머니와 아주머니가 나오며 "잘 놀다 왜들 그러냐."고 정자를 달래주었다. 정자는 울다가 민망했는지 밖으로 뛰어 나가버렸다. 성숙이와 내가 바로 뒤따라 나갔으나 정자는 집으로 가버렸는지 보이지 않았다. 집으로 갔을 테니 걱정 말라는 성숙이가 돌아가고 혼자서 집으로 돌아오다 보니 느티나무 뒤에서 정자가 쪼그리고 앉아있는 모습이 보였다. 나는 너무 기뻐서 달려가 정자의 손을 덥석 잡고 일으켜 세웠다.

"정자야, 오늘 내가 너에게 손때를 너무 세게 때리고 약을 올려서 미안하다."

나의 사과에도 한참을 말없이 서 있던 정자가 입을 열었다.

"오빠, 많이 보고 싶었는데……."

나는 말없이 정자의 손을 꼭 잡아주었다. 그 순간 구름 속에 있던 둥근 달이 얼굴을 내밀어 환히 비춰왔다. 얼마 후 성숙이가 다시 와서 정자와 함께 돌아가고 난 다음 혼자서 밤하늘을 바라보았다. 눈으로 달이 들어오고 가슴으로 보름달 같은 정자의 얼굴이 떠오르며 애틋한 감정이 일었다.

'아니다! 내가 이래서는 안 된다.'

나는 감정을 정리하며 집으로 발걸음을 옮겨나갔다.

'내가 너의 손을 잡은 것은 오빠로서 우는 모습이 안쓰러워 그런 것이지 다른 뜻이 있어서 그런 것이 아니다.'

집으로 돌아오자 어머니가 기다리고 있었는지 나를 불러 앉히고는 훈계를 하기 시작 한다.

"오늘 밤, 너하고 정자하고 둘이 함께 있는 것을 보니까 너희들이 어른 같이 느껴지더구나. 둘이서 예전처럼 친하게는 지내되 사랑하는 감정은 갖지 않도록 주의를 해야 한다. 그렇게 하는 것이 의남매로서 지켜야 할 도리이니라. 명심하거라."

어머니의 훈계를 듣고 나는 대답대신 어머니 눈만 바라보았다. 그러자 어머니는 왜 대답이 없느냐고 질책을 해왔다. 나는 이번 만큼은 어머니와의 논리대결에서 이겨야겠다는 마음으로 차분하게 대응해 나갔다.

"어머니, 저는 대답할 수가 없습니다. 왜냐면, 정자와 내가 친남매간이 아니기 때문에 이성으로 좋아하는 감정이 생기는 것도 자연스러운 것이고 또 사랑하는 사이가 되어 정을 나누고 결혼을 하게 되더라도 문제 될 것이 없다고 생각하기에 그런 것입니다."

내가 당당하게 맞서나오자 어머니가 놀라는 표정을 감추며 한동안 묵묵히 있다가는 말문을 열고 대응을 해왔다.

"우리가 살고 있는 세상에는 인습이나 관습이 존재하여 내려오고 있기 때문에 우리는 그런 질서들을 지켜나가야 한다. 그래서 너희 두 사람은 남매의 예절을 지켜야 하기 때문에 사랑을 해서는 안 되는 것이다."

나는 어머니의 반대논리에 즉각적으로 대응해 나갈 수가 있었다. 그것은 내가 정자를 생각하며 의남매 문제에 관해 그 동안 많이 생각해뒀기 때문이다.

"어머니, 우리가 살아가는 사회에는 인간이 공동체 생활을 잘 해나가기 위해서 지켜 나가야 할 공동의 약속 즉 인습, 관습, 도덕, 법이라는 규범이 있습니다. 그런데 이러한 관습이나 인습, 도덕 중에는 규범으로 지키기에 문제가 되는 것이 많이 있고 이러한 규범들이 문제가 될 때는 법이라는 규범으로 다스려지고 있습니다. 현 시대사회에 맞지 않는 관습이나 도덕은 사라져야 합니다. 우리는 합리적이고 과학적인 법이라는 규범 속에서 사고하고 행동해야 합니다. 현재 우리나라의 법 규정에는 피를 나눈 사이나 동성동본의 남녀가 아니면 누구나 결혼할 수 있다고 쓰여져 있습니다. 따라서 정자와 나는 결혼을 전제로 사랑한다면 법적으로나 도덕적으로 아무런 문제가 없는 것입니다."

나의 반항적이면서도 논리 정연한 긴 답변을 듣고 난 어머니는 지극히 놀라는 표정을 지으며 아무 말 없이 나를 바라보기만 했다. 나도 그러한 어머니를 보고만 있었다. 얼마간의 시간이 흘렀을까, 어머니가 한 손으로 내 어깨에 손을 얹으시며 다정하게 말했다.

"네가 벌써 사랑을 알 나이가 되었구나! 정자가 너를 많이 따르는 것 같으니 잘 대해주고 서로 사랑하는 감정이 생길지라도 네가 군대 갔다 올 때까지는 참고 내색을 하지 말아라. 알겠느냐?"

"예, 알았습니다."

"녀석, 대답 한번 시원하게 하는구나. 그리고 얘기를 한 김에 너의 신상에 관해 서로 솔직히 다 털어놓고 얘기를 해보자꾸나."

나는 어머니가 내 신상에 관한 문제를 가지고 얘기하자는 소리에 긴장된 마음으로 얼굴이 경직되어 옴을 느꼈다. 어쩌면 내가 도망 온 사실을 알고 있을지 모른다 생각하며 초조하게 있자니 어머니가 나지막한 소리로 물어왔다.

"너 학교는 언제부터 안 나가고 있었느냐?"

"예?"

"놀랄 일을 한 모양인데 이 에미한테는 모든 것을 솔직히 말해보아라."

한참을 망설인 끝에 나는 사실대로 대답을 해줬다.

"학교는 여름 시작하면서부터 안 나갔고 지금은 집을 나와 도망가는 중에 어머니한테 먼저 들른 것입니다."

"학교는 어째서 안다니고 그만 뒀느냐?"

"예, 그것은 제가 다니고 있는 학교가 정부에서 허가해준 정규학교가 아니고 고등학교 과정을 가르치는 학원이라서 졸업한다해도 졸업장이 사회에서 인정받지 못하는 것이기에 굳이 끝까지 다녀야 할 필요가 없다고 판단되었기 때문입니다."

"그렇다면 앞으로 공부는 어떻게 할 작정이더냐?"

"예, 고등학교 과정의 공부는 이미 다 마쳤습니다."

"학교도 다니지 않고 어떻게 공부를 다 했다는 말이냐."

"예, 지난 겨울부터 대학 다니는 동국이형 네 집에 이, 삼학년 교과서를 가지고 다니며 다 배웠습니다."

어머니의 물음에 나는 사실 그대로 자신 있게 대답을 해주었다. 내 얘기를 듣고 난 어머니는 그래도 미심쩍다는 듯이 다시 물었다.

"네 말대로라면 잘한 일인데 학교 선생님하고 아버지한테는 왜 맞았느냐?"

"예, 그것은 제가 가방도 없이 철학책 한두 권만 가지고 다니며 거드름을 피다가 그랬습니다. 그런데 어머니께서 어떻게 제일에 대해 그렇게 소상히 알고 계십니까?"

"며칠 전에 집에서 자세한 편지가 왔느니라. 그래, 이제 집을 나왔으니 어떻게 할 작정이더냐?"

"한 일 년 정도 우리나라 땅을 밟고 돌아다니며 자연과 인간에 대한 철학을 해본 후 군대에 지원해 갈 작정입니다."

내 대답이 끝나자 이번에는 어머니의 표정이 너그러워지면서 부드럽게 말했다.

"이 에미가 아파 병원에서 생활할 때 병간호하면서부터 네가 지금까지 여러 가지로 마음고생을 많이 하다보니 철학이라는 것을 하게 되고 운동한다고 돌아다니며 싸움도 자주하게 되었으리라 본다. 이제 이 에미도 다 낳았고 경제적인 여력도 생겼으니 네가 다른 생각하지 말고 공부나 열심히 하여 좋은 대학에 다녔으면 한다."

내 심정을 잘 헤아려 얘기해주는 어머니의 말씀을 듣고 나니 그 동안 내가 집 안팎에서 겪었던 슬픔이 복받쳐 눈물이 나왔다. 이러한 내 모습을 보고 어머니는 등을 두드려주며 안쓰러워하는 표정으로 나를 달래주었다. 나는 오랜만에 정말 오랜만에 어머니의 무릎을 베고 어리광을 부렸고 어머니와 밤을 세워가며 많은 대화를 나눈 끝에 6개월간의 가출을 허락 받을 수가 있었다.

다음날 나는 신이 나서 냇가 뚝길을 따라 휘파람을 불며 돌아다녔다. 한참을 경쾌하게 돌아다니다 보니 저만치에서 냇가 뚝길을 따라 어떤 아가씨가 손짓을 하며 걸어오고 있다.

'어떤 아가씨가 나를 보고 손짓을 하며 내려오고 있을까?'

나는 긴장감과 설레임을 갖고 아가씨를 기다렸다.

'누굴까?'

보라색 치마에 흰 티셔츠를 입은 처녀가 아름다운 얼굴로 미소를 지었다. 나는 한참 동안 멍하니 그녀를 바라보았다.

"오빠! 왜 그렇게 아무 말 않고 바라보고만 있어?"

정신을 차려 바로 쳐다보니 내 앞에 정자가 웃으며 서 있었다. 어제 저녁때와는 완전히 다른 차림이어서 하마터면 못 알아 볼 정도로 바뀌어 진 분위기였다.

"야! 정자가 큰 애기가 다 되었네, 이제 시집갈 준비해야 되겠어!"

"오빠는…! 시집은 무슨 시집, 오빠나 먼저 장가가야 할 준비해야 되겠네……."

"왜 내가 먼저 장가가야 할 준비를 해야 돼?"

"오빠가 나보다 더 키가 크니까……."

"그래, 키 큰 순서대로 가는 거야 몰랐었네, 그런데 지금 어디 가는데 이렇게 멋지게 차려입고 나왔어?"

"응, 나 어디 가는 중인데 오빠가 알아 맞춰볼래?"

"글쎄…. 어디 가는 중일까? 외갓집에, 아니면 읍내에…?"

"아니야. 다 틀렸어. 산책하러 나온 중이야."

정자와 나는 서로 얼굴을 마주보았다. 눈으로 가슴속에서 익은 능금빛 언어가 오갔다. 나는 이래서는 안 된다고 생각하고 정자에게서 시선을 떼어 다른 곳을 쳐다보았다. 그러다가 정자에게 빨리 집으로 가봐야겠다고 말하고는 약간의 거리를 두기위해 빠르게 걸어 나갔다. 그러나 정자는 뒤에 쳐져 왜 그러느냐면서 그 자리에서 움직이지 않고 있었다. 내가 되돌아가 나랑 함께 올라가자고 팔을 끌었으나 그는 심각한 표정으로 미동도 않은 채 먼 산을 바라보고 있었다. 나도 어쩔 수 없이 곁에 서서 먼

산을 보았다. 한참 동안 먼 산을 바라보고 있으려니 답답한 심정에서 한숨이 나왔다. 내가 큰 한숨 을 내뿜자 입을 봉하고 장승처럼 서 있던 정자가 눈을 곱게 뜨며 대꾸를 해왔다.

“오빠는 왜 내 옆에 와서 한숨을 쉬어, 다른데 가서 쉬지….”

그래도 내가 먼 산만 바라보는 척 대응을 하지 않자 정자는 언성을 높이며 시비를 걸어왔다.

“오빠는 빨리 가볼 일이 있으면 그냥 갈 것이지 뭐 하러 여기 있어?”

나는 정자의 마음이 풀릴 때까지 말대꾸를 안 할 작정으로 입을 다물고 아예 하늘만 쳐다봤다. 그러자 정자가 느닷없이 뚝 아래 냇가 자갈밭으로 뛰어가더니 돌 위에 앉아 울기 시작했다. 나는 정자가 감성이 발달하면서 저러는 것이라고 생각하며 대수롭지 않게 여기고 장난처럼 달래줬다.

“아무것도 아닌 일로 다 큰 처녀가 애들처럼 울면 쓰나요?”

내 말이 끝나자마자 정자가 내 앞으로 다가서며 큰 소리로 대꾸를 했다.

“오빠! 나쁘고 미운 사람! 나쁜 사람!”

“그래, 나는 나쁘고 미운 사람이다. 그러니 나쁘고 미운 사람하고 여기 있지 말고 빨리 가자.”

“싫어! 오빠나 다른 여학생 하고 빨리 가. 나는 여기서 혼자 있을 거야.”

정자의 입에서 의외의 말이 불쑥 튀어나왔다. 나는 놀라지 않을 수 없었다.

‘이게 무슨 말인가! 다른 여학생 하고 빨리 가라니……’

나는 정자가 어떤 오해를 하고 있다고 생각하고 차분하게 물었다.

"다른 여학생 하고 빨리 가라, 너 그게 무슨 말이야?"

"그것은 오빠가 더 잘 알잖아!"

"정자야, 우리 이런 식으로 돌려서 말하지 말고 젊은이답게 확 터놓고 얘기해보자. 그래 다른 여학생이라면……."

정자는 한참동안 침묵으로 일관하더니 마침내 조용한 음성으로 대답을 해왔다.

"영순이 학생과의 얘기를 아주머니에게 들었어."

"뭐라고 들었는데…?"

"오빠가 영순이라는 여학생과 석양에 다정히 손잡고 시를 읊어주었다고 들었어."

그렇게 말하는 정자의 눈에 슬픈 빛이 역력했다. 나는 정자의 슬퍼하는 얼굴을 보면서 그게 사실이 아니라고 대답해줘야겠다고 생각했다. 그런데 마음 한편에서 불쑥 어머니의 훈계가 생각나고 영순이의 얼굴이 떠오르며 대답이 망설여졌다. 나는 내 속에서 소용돌이치는 두 가지 마음 때문에 갈등을 겪지 않을 수 없었다. 영순이와 다정히 손잡았다는 거짓말을 그대로 인정하고 정자와의 감정을 정리해야 할 것인가, 아니면 사실을 말해주고 정자의 오해를 풀어줘야 될 것인가, 어떻게 해야 되나…?

내가 고뇌를 하며 서 있노라니 정자가 정면에서 물어왔다.

"오빠, 영순이라는 여학생하고 석양에 다정히 손잡고 시를 읊어줬다는 게 사실이야?"

나는 한참을 생각한 끝에 대답을 했다.

"아니야……."

"그런데 아주머니한테는 왜 다정히 손잡았다고 얘기해줬어?"

정자는 더욱 귀를 곤두세우고 물었다.

"그것은 그 이야기를 할 당시, 어머니하고 내가 심각하게 논쟁을 하니까 아주머니가 분위기를 바꾸려고 사랑얘기를 꺼내기에 내가 분위기 맞춰주려고 거짓말을 보탠 것이야."

"오빠가 어떤 거짓말을 보탰는데…?"

"영순이 학생과 다정히 손잡았다는 것과 시를 읊어줬다는 것들이지. 다 거짓말이야."

나는 오해의 뿌리를 뽑아야겠다는 생각으로 열심히 사실을 말해주었다. 그러나 정자는 사실을 쉽사리 인정하려 들지 않았다. 어른들 말씀에 한일이 열일이 된다더니 정말 한번 거짓말을 한 것이 열 번의 해명으로도 끝나지 않고 있었다.

"오빠, 정말로 오빠가 영순이 학생 손을 잡았거나 사랑한다고 고백한 일이 없어?"

핵심을 물어오는 정자의 커다란 눈망울에 긴장감이 돌았다.

"그래, 정말로 그런 일이 없다. 그러니 이제 그만 뚝길로 올라가자. 다른 사람들이 보면 정말로 우리 사이를 오해하겠다. 빨리 가자."

내가 사실을 말해주고 정자의 팔을 당겨 가자고 재촉을 했으나 그는 움직이려하지 않았다. 정자는 그 자리에 똑바로 서서 다시 물어왔다.

"오빠가 손을 잡거나 사랑한다는 고백을 하지 않았으면 어째서 쉽게 아니라고 대답하지 맨 나중에 어렵게 아니라고 대답을 했어?"

나는 이 질문이 마지막이기를 바라며 그리고 나의 대답이 마지막이 되어 내가 이 곤욕스런 질곡으로부터 벗어나 로마로 통하는 길이 열리기를 소망하며 입을 열었다.

"그것은 군대갔다 올 때까지 너를 사랑해서는 안 된다는 어머니의 엄명이 있었기에 거짓말을 인정하여 너와의 거리를 만들어 둘까 하고 여러 번 생각하다 대답하느라고 그렇게 된 것이야. 자, 이제 속이 시원하니? 아직도 마음속에 걸리는 것이 있다면 집에 가서 내 일기장을 보여줄 테니 그것으로 해결하도록 하자."

나의 비장의 얘기가 끝나자 드디어 오랜만에 아주 오랜만에 정자의 얼굴이 스르르 펴지며 환하게 밝아왔다.

"정자 아가씨! 이제 그만 뚝길로 올라가시지요. 근위병이 모시겠나이다."

정자가 어색한 기분을 느끼지 않게 하려고 분위기를 잡으며 놀려대자 그녀는 수줍고 부끄러운 듯 얼굴에 미소를 지으며 뚝위로 발길을 옮겼다. 우리는 오랜만에 오해의 질곡으로부터 벗어나 뚝길로 올라섰다. 넓고 긴 뚝길이 로마로 통하는 길처럼 시원스럽게 펼쳐져 있었다. 길을 따라 함께 걷다보니 왠지 웃음이 나오고 장난기가 발동해왔다.

"정자는 새침떼기 얘기래요."

그녀는 앞서의 일들이 부끄러운지 얼굴을 붉히며 "오빠는 나쁜 사람" 하면서 쫓아온다. 젊은 가슴들이 뛰는 뜨거운 대지에 한줄기 바람이 지나간다.

시원한 바람이…….

돈주머니와 콩주머니를 차고

"어머니, 많이 쉬었습니다. 이제 내일 아침에 떠나겠습니다."

"그래, 어디로 갈 작정이드냐?"

"계획대로 진주성과 진주남강이 있는 진주로 갔다가 다음엔 평야지대로 갈 작정입니다."

"평야지대에 가서는 무엇을 어떻게 할 생각이더냐?"

"예, 거기서 가을머슴을 살아 경비를 마련해 가지고 돌아다닐 작정입니다."

"그렇게 돌아다니다 돈 떨어지고 한 겨울이 되면 어쩔 셈이냐?"

"그때는 동국이 형이 있는 고시촌에 들어가 지낼 생각입니다."

"그 다음에는?"

"지난번에 말씀드린 대로 군대에 지원해 가든지 동국이 형과 함께 공부를 하든지 그때 가서 결정하겠습니다."

"알았다. 내일부터 네 계획대로 세상을 돌아다녀 보거라. 그 대신 나하고 약속한 6개월 안에 반드시 돌아와야 한다. 알겠느냐?"

"예, 알았습니다."

어머니와 얘기를 마치고, 자리에 누우니 밤이 깊었고 귀뚜라미 소리가 들리며 가을이 가까이 와 있음을 알려주었다.

아침에 일어나 모두에게 작별인사를 하고 어머니와 함께 안성장으로 걸어 나왔다.

장에 당도하니 벌써 많은 사람들이 물건을 사고 파느라 성시를 이루고 있다. 나는 어머니와 한 시간 후에 차부에서 만나기로 약속하고 헤어져 장터를 여기저기 돌아다녀 보았다. 혹시 이곳에서 지난번 함께 숙박한 장꾼들을 만날 수도 있다는 기대감으로 열심히 둘러봤으나 그러나 그들은 보이지 않았다.

오늘도 어느 장바닥에다 인생을 깔고 목청을 높이고 있으리라 생각하니 안쓰러움이 밀려왔다. 나는 약장수 하씨 영감님의 모습을 생각하며 노인네가 벌려놓은 잡화판에서 싸구려 하모니카를 사서 배낭에 집어넣고 차부로 향했다.

어머니와 나는 차부 옆 식당으로 가 점심을 먹으면서 서로 말없이 애잔하게 바라다보았다. 나는 밥에다 채소류만 먹는 어머니의 모습이 안쓰러워 보았고 어머니는 집과 부모 곁을 떠나는 별중난 자식이 걱정되어 쳐다봤을 것이다.

밥을 먹고 우리 모자는 한참을 걸어 죽천리로 들어가는 큰길에서 헤어지게 되었다. 헤어지는 아픔을 빨리 처리하기 위해 나는 얼른 작별인사를 크게 올리고 배낭을 짊어지고 나섰다. 그러자 어머니가 내 팔을 붙잡아 세우고 내 앞에 복주머니 두개를 내밀며 받으라고 했다.

"어머니, 이게 뭣입니까?"

"하나는 콩주머니고, 하나는 돈주머니다!"

주머니 두 개를 조심스럽게 받아서 열어보니 한쪽 주머니에는 검정콩이 한 주먹쯤 들어 있고, 다른 주머니에는 큰돈이 들어 있었다. 나는 복주머니들을 어머니에게 다시 돌려주며 단호하게 받지 않겠다고 말했다. 나의 돌연한 거절에 어머니는 의아해 하면서 물었다.

"무엇 때문에 받지 않겠다는 얘기냐?"

내가 대답을 않고 망설이자 어머니는 거듭 대답을 재촉했다.

"무엇 때문에 안 받는 것이냐?"

"어머니, 저는 어머니가 불도를 가까이 하는 게 싫고 또 신도들이 찾아와 공들이고 시주한 곡식이나 돈으로 돌아다니는 것도 싫습니다. 그래서 받지 않으려는 것입니다." 내 대답을 들은 어머니는 얼굴 표정을 달리하며 엄숙하게 말했다.

"네가 불도가 뭣이고 시주의 의미가 어디에 있는지 아느냐! 후일에 알아보고 나서 그때도 이 돈이 마음에 걸리면 편지와 함께 보내 오거라. 장부가 경솔한 판단을 해서는 아니 되느니라. 자 어서 받거라."

나는 어머니 말씀 속에 들어있는 이치의 분명함에 승복해 복주머니들을 받았다.

"어머니, 이 돈주머니에 들어 있는 돈이 얼마입니까?"

"오천오백원이니라."

"왜 이렇게 많은 돈을 저에게 주는 것입니까?"

"객지 다니다 보면 돈이 꼭 필요하느니라. 만약에 맹장염이라도 생기면 빨리 병원에 가야하니, 그런 때를 대비해 돈이 있어야 한다. 그래서 내가 너에게 이 돈을 주는 것이니, 이 중에서 삼천 원은 비상금으로 꼭 지니고 다니고 나머지 이천오백원은 뜻있게 쓰도록 해라."

"예, 알았습니다. 돈주머니에 있는 돈은 그렇게 하겠습니다. 그런데 이 콩주머니에 있는 콩은 어디다 어떻게 써야 합니까?"

내가 콩주머니를 만지작거리며 묻자 어머니는 얼굴 표정을 정감 있게 하면서 다독거리듯 말했다.

"앞으로 세상을 돌아다니다 보면 남과 다투고 싸울 일도 있고 마음 상할 일도 많이 있을 것이다. 그럴 때 이 콩주머니 속에 있는 콩들을 하나하나 세어가며 마음을 다스려 나가거라. 주머니 속에 들어있는 검정콩은 백여덟 개로서 인간의 백팔번뇌를 뜻하는 것이다. 그러니 저녁에 잠자기 전에 콩을 세어가며 하루 일을 반성해 봐야 한다. 그러다 보면 내가 너에게 콩주머니를 준 뜻을 알게 될 것이다."

"예, 어머니 잘 알았습니다. 제가 늘상 콩주머니를 차고 다니며 자나깨나 밥 먹듯 세어 보겠습니다. 그러니 걱정 마세요."

내가 웃으며 대답을 하고 나자 어머니는 내 언동이 마음에 안 든다는 얼굴로 나를 바라보며 다시 설명을 해주었다.

"이 녀석아! 콩을 덜렁거리며 세어보라는 것이 아니라 콩주머니를 준 내 뜻을 바로 보고 세어보라는 얘기다. 콩주머니가 백여덟개의 콩을 다 품고 있듯이 너도 콩주머니처럼 백팔번뇌를 다 품고 다스리는 큰 사람이 되라는 뜻에서 콩주머니를 차고 다니며 세어보라는 것이다."

“예, 알겠습니다.”

나는 어머니의 깊은 속을 조금은 알 것 같아 정중하게 대답을 해주고 작별을 했다. 어머니 눈가에 눈물이 맺히는 것을 보면서 헤어져 찻길을 따라 걷다보니 내 눈에서도 눈물이 계속 흘러내렸다. 이별의 슬픔이 발걸음을 따라 엷어지고 생각 끝에 버스를 세워서 탔다.

‘여지껏 얻어먹고 걸어 다니는 도보여행은 실컷 해봤으니 이제부터는 차를 타고 다니며, 더 멀리 더 많은 곳을 돌아보자. 그리하여 견문을 크게 넓혀 나가자. 어머니가 이천 오백원이란 큰돈을 뜻있게 쓰라고 주지 않았는가!’

나는 차창 밖으로 지나가는 가로수를 바라보며 버스 타길 잘했다고 생각했다. 버스를 두 번 갈아탄 끝에 첫 목적지인 남원에 도착했다.

남원 땅에 내리니 감회가 새로웠다. 남원은 지난여름 선배형들 따라 무전여행을 다니던 중 무임승차로 적발되어 열차에서 뛰어내리다가 왼손 손바닥이 찢어지고 오른손을 다쳐 어쩔 수 없이 집으로 돌아가야 했던 추억이 있는 곳이었다. 나는 역전을 돌아보고 작년에 열차에서 뛰어내렸던 곳에 찾아가 봤다. 뛰어내린 자리에 서서 나는 지난 추억에 잠겼다. 작년 여름 선배 형들을 따라 무전여행을 떠났다. 집으로 되돌아 온 나는 억울하고 분해서 잠도 제대로 못 자고 씩씩거렸다. ‘사정사정해서 겨우 따라간 여행인데, 잘 뛰어내릴 수 있었는데…, 내년 여름에는 아주 멋지게 해낼 것이다. 꼭 그럴 것이다.’ 그렇게 결심을 한 다음부터 나는 바로 훈련에 들어갔다. 기차에서 잘 뛰어내리기 위해서는 순발력과 밀쳐내는 팔힘을 길러야 하고 또 낙법을 제대로 배워둬야 한다는 선배 형들의 말에 따라 열심히 평행봉에 매달려 뛰기를 하고 도장에 다니며 낙법을 익혔다. 그러면서 실제로 실전처럼 연습하기 위해 영기네 큰형 자전거를 타고 달리며 뛰어 내리기 연습도 했었다.

그러다 어느 날 내리막길에서 뛰어내리다 끝내는 사고를 내고 말았다. 자전거는 도랑창으로 처박혀 크게 부서지고 나는 타박상을 입었다. 영기와 나는 사거리 자전거포에 자전거 수리를 맡기고 밤새 걱정과 의논을 한 끝에 결국은 인성이네 집에서 벼베기 선품 삯을 받아서 자전거 문제를 해결했었다. 그리고 가을철을 맞아 영기와 나는 열 마지기나 되는 인성이네 벼를 베어주느라 밤늦게까지 달빛과 씨름을 해야만 했었다.

지나간 일들을 생각하며 혼자서 미소를 짓고 서 있노라니 기차가 기적을 울리며 앞으로 달려오고 있다.

"이번에 열차를 타면 멋지게 뛰어내려야지…!"

다리 밑 거지와 하룻밤

냇가로 나와 목욕을 하고 나오니 선들거리는 바람 속에 어둠이 밀려오고 있다. 성춘향이와 이도령의 고장, 남원에 밤이 찾아오고 있는 것이었다. 나는 이 밤 어디서 자야 하나 생각하다 이도령처럼 가짜 거지가 한 번 되어보자 하는 낭만적인 생각으로 다리 밑으로 걸어 들어갔다.

"그래, 이 밤 다리 밑에서 한 번 자보자. 멋있겠지."

나는 혼자 중얼거리며 다리 밑에 여장을 풀었다. 다리 밑에 깔려 있는 가마니 떼기 위에 드러누워 담요 한 장을 덮어보니 잠자리가 그만이었다. 잠자리가 마련되자 나는 돈주머니를 잘 챙겨 놔야겠다는 생각이 들어 비상금 삼천 원은 꼭꼭 싸서 왼쪽 바지주머니에 넣고 나머지는 오른쪽 바지주머니에 넣어두었다. 그리고 나서 콩주머니를 꺼내 콩을 세면서 어머니를 생각하고 그리고 할아버지, 할머니, 아버지, 동생들을 차례로 그려봤다. 집안 식구들의 얼굴을 떠올려보니 집 생각, 고향 생각이 해질 무렵의 저녁연기처럼 밀려들어왔다. 나는 향수를 떨쳐버리기 위해 안성장에서 사온 하모니카를 꺼내 불었다. 그러나 하모니카 소리는 내 심정을 더욱 더 흔들어대며 나를 고독의 심연 속으로 이끌었다. 나는 무섭게 밀려드는 고독을 주체할 수가 없어 손전등을 켜고 앉아 결의를 다지고 일기를 써나갔다.

'집 나와 타관 객지에서 그것도 다리 밑에서 혼자 밤을 맞이하고 있노라니 너무나 고독하고 힘이 든다. 그러나 이겨내리라.'

일기를 쓰고 잠자리에 들었다. 여러 가지 상념으로 뒤척이다가 잠이 들었는가 싶은데 꿈인 듯 현실인 듯 고함소리가 들렸다. 고함소리에 잠이 깨고 보니 웬 시커먼 사람 하나가 내 앞에 몽둥이를 들고 서 있었다. 나는 벌떡 일어나 옆구리에 차고 있던 칼을 뽑아들고 소리쳤다.

"당신 누구야! 나쁜 놈 같으면 빨리 사라져! 그렇지 않으면 이 칼로 죽여 버릴 테니까."

사람의 형체를 식별할 수 있을 정도의 어둠속에서 나는 시커먼 괴한을 향해 칼을 겨누고 나섰다. 그러자 시커먼 괴한은 '형님, 나여 나!' 하면서 뒤로 물러나며 싸울 의사가 없음을 보여주었다. 그러나 나는 경계를 풀지 않고 나보고 형님이라고 하는 이 자가 누굴까 하고 손전등을 켜서 비춰봤다. 불빛에 삼사십쯤 되어 보이는 거지 하나가 지팡이 하나를 짚고서 꾸부정하게 서 있는 것이었다. 나는 불빛에 드러난 거지 아저씨를 보고서 여기가 이 사람이 자는 집이구나 생각하며 마음을 담대하게 먹고 용기를 내었다.

'오늘밤 이 거지 아저씨하고 다리 밑에서 한 번 자보는 것이다.'

나는 칼을 칼집에 넣고 자리를 정리하고 거지 아저씨를 맞이하였다.

"아저씨, 이리와 앉으세요."

그는 잠시 머뭇거리더니 자리에 와 앉으며 대뜸 '형님은 어디서 왔어!' 하고 묻는다.

다짜고짜 물어오는 그의 언행으로 보면 예의라곤 눈곱만큼도 없는 거지임에 틀림없었다. 그러나 그렇기에 더 선량한 사람일 거라는 느낌이 들어 경계를 풀고 부드러운 말투로 대답해주었다.

"예, 전주 근처에 삽니다."

"근데, 남원은 뭣하러 왔어! 형님?"

"예, 진주 가는 길에 지나다 들렀습니다."

"그럼 잘 데 없어서 왔어! 형님?"

"예, 잘 데 없어서 왔습니다."

"그럼 밥은 먹었어! 형님?"

"예, 먹었습니다."

"그럼 술도 먹었어! 형님?"

나는 더 이상 대답을 하지 않고 침묵을 지켰다. 말씨도 느린데다 말끝마다 형님, 형님 하고서 느려 빠는 이 거지 아저씨의 물음에 대답을 다 해주다가는 끝이 없을 것 같아서였다. 그러나 이 거지 아저씨한테는 내 뜻이 통하지가 않았다. 그는 또다시 "술 먹었어, 형님?" 하고 물어왔다. 나는 화를 내려다 꾹 참고 대답해줬다.

"안 먹었습니다."

"왜 안 먹었어! 형님?"

"그냥 안 먹었습니다."

"왜 돈 없어서 안 먹었어. 형님?"

"돈 있어도 안 사 먹었어요. 그러니 이제 그만 물어봐요."

내가 퉁명스럽게 대꾸를 하자 그는 금세 기가 죽어 침묵을 지켰다. 나는 속으로 '후유'하고 한숨을 쉬고 나서 이제 숨 좀 쉬고 내가 물어봐야지 하고 생각하고 있는데 또다시 이 거지 아저씨가 질문을 해왔다.

"돈 있으면 술 한 잔 사 줘. 형님?"

나는 화가 나서 소리쳤다.

"여보시오! 당신 지금 몇 살인데 나보고 술 사달라고 하고 형님, 형님 하는 거요?"

'……'

"왜 말이 없어. 몇 살이여."

내가 다그치자 거지 아저씨는 주눅이 들었는지 기어들어가는 소리로 대답해왔다.

"나 서른두 살이여. 형님?"

"그러면 앞으로 나에게 형님이라고 하지 말고 그냥 학생이라고 부르고 술 사달라고 하지 말아요. 알았어요?"

"알았어. 형님?"

그는 끝까지 형님이라는 말을 썼다. 나는 기가 찼지만 더 이상 탓하지 않기로 했다. 얻어먹고 살다보니 몸을 굽신거리는 동작과 형님이라는 경어가 몸에 배어서 그럴 것이라고 생각했기 때문이다. 말끝마다 '형님, 형님' 하는 형님 거지와 나는 밤늦도록 얘기를 나누게 되었고 이 형님 거지에 대해 많은 것을 알게 되었다. 이름이 김종수라고 하는 이 형님 거지는 전쟁 통에 고아가 되었고 그 후 남의 집에 들어가 깔담살이(아이 머슴살이)를 하며 지내던 중 다리를 다쳐 일을 못하게 되자, 쫓겨났으며 그 후로는 지팡이를 짚고 다니며 동냥질을 해서 살아오고 있다는 것이다. 나는 형님 거지의 얘기를 듣고 가슴이 아파서 세상 사람들을 원망하지 않을 수 없었다.

'사람들이 인간으로서 어쩌면 그럴 수가 있는 것일까, 성한 몸도 아니고 다리를 못 쓰는 어린아이에게……!'

그러나 내가 아무리 세상 사람들을 탓해도 이 형님 거지에게 아무런 도움이 되지 못한다는 사실이 나를 더욱 안타깝게 만들었다. 형님 거지와 밤늦게까지 얘기를 나누고 나서 담요를 함께 덮고 나란히 누워 잠을 청했다. 형님, 형님 하던 형님 거지는 어느새 잠이 들어 코를 골았다. 그러나 나는 쉽게 잠을 이루지 못했다. 그 까닭은 형님 거지가 자다가 일어나 혹시 무슨 짓을 하면 어쩌나 하는 걱정 때문이었다. 오랫동안 뒤척이며 걱정을 하다가 결단을 내리고 반드시 누웠다.

'이 거지는 보통 사람과 다른 것이 없는 사람이다. 단지 다리 한쪽을 못 쓸 뿐이지, 말하는 것이나 생각하는 것이나 지극히 정상이다. 그러니 걱정할 것 없이 자자.'

나는 스스로 위안을 하며 잠들었다. 집 없는 두 거지 아니, 집 없는 천사들이 잠든 다리 아래 남원 강은 밤새 흐르고 아침이 밝았다.

눈을 뜨자 햇살이 눈이 부시게 빛나고 있다. 나는 얼른 일어나 옆을 보았다. 같이 잠을 잔 형님 거지가 안보였다. 나는 얼른 내 주머니부터 만져 보았다. 왼쪽 바지 속주머니에 넣어둔 비상금과 오른쪽 주머니의 돈이 모두다 그대로 있었다. 안도의 한숨을 내쉬고 나서 배낭을 살펴봤다. 배낭에 있던 물건들도 모두 다 그대로 있었다. 그렇다면 형님 거지는 아무것도 훔쳐가지 않았고 자기 볼일을 보러 간 것이 틀림없다고 생각되었다. 그 순간 나는 내 자신이 너무나 수치스럽게 느껴지고 냉혹한 인간성에 대해 더럽다고 질책하지 않을 수 없었다.

'못난 놈 같으니, 밤새 인간적인 대화를 나누며 같이 잔 한 인간을 눈뜨자마자 곁에 없다는 사실만으로 도둑놈으로 단정을 하고 의심하다니, 그러고도 네가 사내대장부라더냐! 에라 이놈!'

나는 내 자신에게 강한 비난을 퍼붓고 나서 반성을 했다. 나는 나의 경솔함으로 인해 형님 거지라고 하는 한 인간에 대한 돌이킬 수 없는 죄를 범한 죄인인 만큼 앞으로 사죄하는 마음으로 형님 거지를 잘 대해줘야겠다는 반성과 함께 이런저런 생각을 하며 앉아있노라니 저 아래 뚝 쪽에서 깡통 하나를 들고 형님 거지가 올라오고 있다. 내가 반갑게 손짓을 해주자 형님 거지도 손을 흔들며 올라왔다. 형님 거지가 점점 가까이 다가오자 들고 오는 깡통이 크게 눈에 들어왔다. 나는 깡통을 보면서 순간적으로 여러 가지 생각을 했다.

'저 깡통 속에 무엇이 들어 있을까? 얻어온 밥이 들어 있겠지, 정말로 얻어온 밥이 들어 있다면 어떻게 할 것인가? 같이 먹어야 할 것인가? 사양해야 할 것인가?'

걱정을 하고 있노라니 형님 거지가 내 앞에 깡통을 불쑥 내밀었다. 나는 뒤로 주춤하며 깡통 속을 들여다보았다. 깡통 속에는 개구리가 여러 마리 들어 있었다. 개구리를 보며 내가 미소 짓자 형님 거지는 덩달아 웃으며 나에게 술 한잔하자며 술을 사오라고 했다. 그러면서 그는 순하디 순한 얼굴로 술 입맛을 다셨다. 내가 빈속이라 안 된다고 거절을 하자 그는 또 다시 "술 한 잔 사줘. 형님!" 하면서 졸라대었다. 나는 절뚝거리며 개구리를 잡아 온 그의 심정은 이해를 하지만 아침도 안 먹고 빈속에 술을 먹게 할 수는 없다고 생각하고 야무지게 거절을 했다. 그러나 그는 막무가내로 졸라대었다. 나는 도저히 안 되겠다 싶어 그를 땅에다 쓰러뜨려 버리고나서 눈을 부라리며 혼을 냈다.

"아침부터 빈속에 술을 먹으면 뱃속이 썩는단 말이야. 뱃속이 썩어서 죽어. 그래도 좋아. 이 거지야! 살려고 거지 짓 하는 것 아니야? 이 멍청아! 빈속에 술 먹다가 죽으려면 오늘 나한테 죽어봐 알았어!"

나는 형님 거지가 안쓰럽고 불쌍해서 더 크게 혼을 내었다. 그러자 그는 다시는 안 그럴 테니 살려달라고 하며 두 손을 싹싹 빌었다. 나는 그런 그의 손을 잡고 배를 만지며 빈속에 술을 먹으면 안 되는 이유를 열심히 설명을 해주었다. 그리고 나서 그에게 빈속에는 절대로 술 안 먹고 술을 먹어도 하루 한 잔 이상은 안 먹는다는 약속을 받아냈다. 악수를 하고 그와 함께 식당으로 가서 국밥을 사 먹고 시장을 돌아 그의 작업복과 소주, 소금, 마늘 등을 사 가지고 다리 아래로 돌아왔다. 새 작업복으로 말끔히 갈아입은 형님 거지가 개구리 뒷다리를 잘 벗겨서 깡통에다 삶고 내가 양념을 쳐 멋진 개구리 요리를 만들었다. 개구리 뒷다리를 뜯으며 우리는 항고 겉 뚜껑과 속 뚜껑에 소주를 따라 잔을 마주치고 건배를 했다.

"남원 강 다리 아래 두 동냥아치를 위하여!"

술을 마시고나서 읍내로 나와 형님 거지가 심부름도 해주고 가끔 밥도 얻어먹고 옷도 얻어 입는다는 식당으로 갔다. 새 옷으로 갈아입은 형님 거지를 보고 놀라는 식당아주머니에게 얼마의 돈을 주고 필요한 것 있으면 사주라고 부탁하고 차부로 향했다.

큰길로 나서자 그가 따라오며 잘 가라고 여러 번 인사를 했다. 그러나 나는 뒤를 돌아보지 않았다. 뒤돌아보면 형님 거지의 절름거리며 따라오는 모습이 내 가슴에 아픈 영상으로 남아 고통스러울 것 같아 앞만 보고 빠르게 걸어 나갔다. 뒤는 돌아보지 않았지만 그가 술 많이 먹지 않고 건강하기를 진심으로 기원해주며 차부로 나왔다.

진주성과 진주 남강을 돌아

버스를 타기도 하고 때로는 걷기도 하며 노고단봉, 반야봉, 천왕봉 등이 버티고 있는 장대한 지리산 자락을 돌아 함양, 산청, 원지를 지나 진주에 도착을 했다. 차에서 내리니 아름답다는 진주고을에 밤이 어둑어둑 찾아오고 있었다.

나는 시가지를 조금 돌아다니다 일찍 여인숙에 들어가 여장을 풀었다. 일찍 자고 일찍 일어나 돌아다닐 생각으로 잠을 청하고 있는데 옆방에서 남녀의 말소리가 들려왔다. 조금 있으면 그치겠지 하고 생각했으나 그러나 그들은 쉬지 않고 소근 대고 사랑을 속삭이며 방랑자를 잠 못 이루게 했다. 나는 이들이 진주 남강의 아름다움에 취하고 사랑에 취해서 정신이 없어 그러려니 생각하며 잠이 들었다.

아침에 일어나 남강으로 나가 둘러봤다. 남강은 푸르고 맑은 물빛에 오랜 역사가 흐르며 그윽한 정취를 자아내고 있었다. 나는 진주성 아래로 흐르는 강물을 바라보다 물속에 솟아 있는 논

개바위(의암바위)에 올라서서 임진왜란과 진주 시민의 처절한 항쟁을 상상해보며 두 주먹을 불끈 쥐었다. 그리고 결의를 다졌다.

'논개와 같은 연약한 여자도 민족을 위해 소중한 목숨을 바쳤다.'

'나도 민족을 위해서라면 이 한 목숨 기꺼이 바치리라……!'

굳게 결의를 하고 비장한 진주성을 돌아보노라니 그 옛날 왜군과 싸우던 진주 시민의 함성과 김시민 장군의 고함소리가 온몸으로 들려왔다. 나는 숙연한 마음으로 민족의 역사를 생각하며 차부로 돌아와 삼천포행 버스를 탔다. 삼천포행 버스를 탄 것은 왜놈들이 쳐들어오자 우리 이순신 장군이 용감히 싸웠다는 남해바다가 보고 싶었던 것이다. 버스에 앉아서도 나의 머릿속은 민족 수난에 대한 생각뿐이었다.

'우리 민족이 왜 몽고, 청나라, 일본 같은 나라들에게 생명과 재산과 정조를 노략질 당하는 치욕의 역사를 대물리며 살아야 했는가?'

이 문제를 가지고 매달린 결과 나름대로 답을 얻어낼 수 있었다. 그것은 우리 민족이 살고 있는 영토가 작고 거기다 농경문화의 안락한 환경 속에서 살다보니 성질이 온순하고 단결하는 힘이 약하다는 것이었다.

'덩치가 작고 물렁한데다 뭉치는 것도 잘 안되었기에 주변에 도사리고 있는 덩치 크고 사나운 짐승들의 밥이 될 수밖에 없었구나……!'

나는 이러한 깨달음 속에 우리 민족이 강하고 단단해지는 길을 연구해봐야겠다고 다짐을 했다. 내가 이러한 생각을 하는 사이 버스가 삼천포에 도착하였다. 버스에서 내려 버스 조수들의 "오라이, 오라이, 빠꾸 오라이, 스톱 오케이!" 하는 소리를 들으며 삼천포 항구로 걸어 나갔다.

바닷가로 나가자 바닷물이 너무나 파랗고 맑아서 놀라지 않을 수 없었다. 나는 바닷물 하면 서해 바다에서 본 것처럼 모두다 희끄무레한 색이려니 생각하고 있었는데, 이곳 삼천포항에 일렁이는 남해 바닷물은 가슴속이 다 시원해지도록 파랗고 맑았다.

"이야!"

나는 나도 모르게 하는 감탄사까지 연발하며 바다에 취해 신이 났다. 그렇게 신나게 바다를 보며 취에 있노라니 문득 서해바다가 이유 없이 떠올랐다 사라지곤 했다. 나는 이러한 현상들……. 내가 생각하지도 않는데 서해바다의 희끄무레한 바닷물이 떠올랐다 희미하게 사라져 가는 일들에 대해 곰곰이 생각을 해보았다. 그 결과 정립되는 것이 있었다. 그것은 내가 처음으로 본 남해바다의 푸르고 맑은 바닷물이 물상物象으로 내 머리 속으로 밀려들어오면서 그 동안 터 잡고 인식으로 버티고 있었던 서해 바닷물의 흐리고 탁한 상이 밀려나며 싱 교체 현상과 함께 인식전환 작용이 일어나고 있다는 것이었다.

나는 한동안 너무나 맑은 바닷물에 정신을 잃고 바라보다 눈을 들어 앞바다를 둘러보았다. 시원스럽게 펼쳐진 바다 위에 붉은 태양이 빛나고 섬들이 여기저기 근사한 모습으로 자리하고 있다. 곁에 있는 어부 아저씨에게 섬들의 이름을 물어보니 친절하게 알려주었다. 바로 앞에 있는 낙타 등 같은 섬은 기타 섬이고 오른쪽에 있는 것은 창선도 그 뒤로는 남해도 그리고 남쪽으로는 사량도도 있다고 한다. 나는 어부 아저씨에게 사랑도라는 섬도 있느냐고 물었다. 그러자 이 아저씨는 사랑도가 아니고 사량도라고 말하면서 사랑도에 대한 내력을 익살스런 표정으로 전해주었다.

"원래는 무인도였는데 어느 날부터 사랑하는 사람들이 모여들기 시작해 사랑가를 부르며 사랑, 사랑 하다 보니 사랑도가 되었다가 이들이 늙어서 이가 빠진 후에도 사랑가를 부르며 사량, 사량 하니까 사량도가 되었지."

어부 아저씨와 얘기를 나누고 나서 바닷가와 선창가를 거닐며 삼천포항의 아름다운 정취에 취해 마냥 즐거운 시간을 보냈다. 그러다가 해질 무렵에야 내가 삼천포로 달려온 목적을 기억해 낼 수가 있었다. 진주성에서부터 민족을 생각하고 이순신 장군처럼 민족의 방패가 되어야겠다는 생각으로 여기에 왔다는 사실을 알게 된 나는 스스로 면목이 없었다. 그래서 반성을 해야겠다고 생각하고 있는데 내 속에서 화가 난 이성理性이 무섭게 꾸짖고 일어섰다.

'야! 이 넋 빠진 녀석아, 정신 차려라. 경치에 취해 찾아온 목적도 까맣게 잊어버리는 철부지 주제에 민족을 위해서 무엇을 어떻게 한다고? 아서라 이 녀석아!'

내가 화가 난 이성에게 호되게 당하고 있노라니 또 다른 생각하는 이성이 화가 난 이성을 달래고 나왔다.

'여보게 이성 친구, 나하고 잠시 얘기 좀 나누세. 우리와 함께 다니는 주인이 민족에 대한 일들을 잃어버린 게 아니고 여기 와서 경치에 취해 잠시 잊어버린 것을 가지고 그렇게 사납게 꾸짖을 필요가 있겠는가. 우리 주인이 겉보기에는 어른스럽지만 아직 십팔 세 청소년으로서 우리 이성보다는 저들 감성과 많이 어울려 생각하고 행동할 나이라고 보네. 이같이 감성적으로 사고하고 행동하는 것이 우리들 이성의 입장에서 보면 걱정스럽기도 하지만 그것이 젊음의 속성이고 어른이 되어가는 과정이라네. 따라서 우리 주인이 감성을 먹고 자랄 수 있도록 우리가 잘 지도해주고 잘못이 있더라도 어지간한 일은 눈감아 주고 따뜻이 배려해 줘야되는 것이네.'

생각하는 이성의 훈계를 듣고 화가 난 이성이 진정을 하자 이번에는 귓속말로 나지막이 속삭여주었다.

'어이! 우리도 감성을 먹고 자라는 주인의 등에 업혀서 함께 자란다는 사실을 잊지 말게. 알았는가!'

나는 내 자아 속에서 오가는 이성의 대화를 듣고서 많은 것을 깨닫고 뿌듯한 마음으로 바닷가를 거닐었다. 해가 넘어가고 어둠이 깃든 바다에 항구의 불빛이 물위에 일렁거리는 모습을 바라보다 나는 나도 모르게 배낭을 깔고 앉아 노래를 흥얼거렸다. 한참동안 혼자서 기분을 내다가 가만히 생각을 해보았다.

'내 곁에 지금 누가 있는 것도 아니고 그렇다고 가출한 처지에 신명나는 일이 있는 것도 아닌데 마음이 들뜨고 일렁거리는 것은 무엇 때문일까?'

곰곰이 생각해본 결과 바다의 정취가 사람의 마음을 일렁거리게 하는 것이 아닐까 하는 답을 얻어 낼 수가 있었다. 나는 바다와 사람 마음에 대해 오래 생각을 하다가 산과 산골사람들을 생각하고 무릎을 치며 쾌재를 불렀다.

'그렇구나! 산간지방 사람들은 묵직한 산의 영향으로 안정적인 기운을 갖고 바닷가 사람들은 일렁거리는 파도의 영향으로 활발한 기운을 갖게 되는 것이구나!'

나름대로 깨달음을 얻은 나는 철학의 대가라도 된 양 들뜬 기분으로 읍내로 돌아왔다. 다음날 아침 나는 일찍부터 삼천포항 뒤쪽에 있는 큰 산에 올라가 바다를 내려다보고 먼 바다까지 살펴가며 우리 이순신 장군이 왜적과 싸우는 모습을 상상으로 그려보았다. 그러면서 장군의 시를 읊어보고 마지막 유언도 따라 해봤다.

"한산섬 달 밝은 밤에…/ 남의 애를 끊나니/ 완아, 내가 죽었다는 말을 하지 말아라"

시와 유언을 읊고 나니 가슴이 뭉클해져 민족을 위해 목숨을 바친 장군께 절을 하듯 바다를 향해 큰절을 올렸다. 그리고 나서는 민족을 위해 싸우다 간 장군들의 이름을 하나하나 외워보고 내가 즐겨 읊는 김종서 장군의 시를 외쳐보았다.

"삭풍은 나무 끝에 불고 명월은 눈 속에 찬데/ 만리변성에 일장검 짚고 서서/ 긴파람 큰 한 소리에 거칠 것이 업세라"

시를 외치고 나자 장군이 된 것 같아 나는 몽둥이를 꺾어 휘두르며 고함을 지르고 나무들과 칼싸움을 했다. 여기저기서 나무들이 부러져나갔고 얼마 후에는 산등성이 한쪽이 부러져나가고 끊어진 나무들로 온통 난장판이 되었다. 나는 이러한 광경을 바라보다 재작년에 있었던 추억이 떠올라 미소를 짓지 않을 수 없었다.

그때도 동네 아이들과 마을 뒷동산에서 몽둥이를 꺾어 장군놀이를 했다. 장군놀이는 몽둥이를 휘둘러대며 나무나 사람과 접전을 벌여서 몽둥이를 많이 부러뜨리는 사람이 장군이 되는 놀이였다. 이날도 내가 장군이 되어 몽둥이를 칼처럼 짚고 서서 김종서 장군의 시를 크게 외치고 있는데 산주인이 쫓아와서 야단을 쳤다.

"야, 이 녀석들아. 할 것이 이것뿐이더냐. 뭐! 만리성에 일장검으로 거칠 것이 없어! 두 번만 거칠 것이 없다면 산에 나무가 살아남겠느냐…!"

이때 나는 야단을 맞으면서 속으로 만리성이 아니고 만리변성인데 하면서 웃음을 참았었다. 그때 일을 생각하고는 웃으며 산을 내려왔다.

산을 내려와 역전을 향해 걷다보니 날씨가 선들거리는 게 가을 기분이 완연하게 느껴졌다. 그러자 나는 여름이 다 가기 전에 빨리 가을머슴을 살러 가야겠다는 생각으로 부산으로 가야겠다는 마음을 바꿔 김제 만경평야로 가기로 작정을 하고 차부로 나왔다.

나는 왔던 길을 되돌아서 진주 산청 함양을 지나 남원에 도착했다. 남원에 오자 다리 밑으로 찾아가 형님 거지를 찾았으나 다리 밑에 가마니 떼기만 깔려 있을 뿐 아무도 없었다.

'어디로 갔을까?'

걱정이 되어 식당 집 아주머니에게 찾아가 물어보니 할매집 개 잡아주러 갔다고 알려 주었다. 나는 형님 거지가 개고기 국물이라도 실컷 얻어먹고 몸에 기름기가 돌아 올 겨울 추위에 덜 떨고 지냈으면 하고 빌어주며 남원역으로 나왔다.

김제 만경 벌판으로

역에서 오수까지 차표를 끊어 기차에 올랐다.

가야할 목적지는 김제 만경평야로서 차표를 끊어야 할 역은 이리역이지만 가까운 오수역 표를 끊은 것은 일부러 무임승차로 가다가 어디서든 뛰어내릴 생각으로 그런 것이었다. 이번에는 작년의 실패를 거울삼아 아주 멋지게 뛰어 내리리라 생각하며 지난여름의 추억들을 회상해 보고 있노라니 열차가 어느덧 임실을 지나 전주로 향하고 있었다. 열차가 전주역에 다가갈수록 내 가슴이 뛰기 시작했다. 전주역에서 내리면 어떻게 되는 것인가?

'집과 고향이 가까이 있는 전주역에 닿으면 아무생각 말고 내려서 집으로 돌아갈까… 돌아가서 직사하게 혼나고 얻어맞고 또 기죽어 지내는 한이 있더라도 돌아가는 게 낫지 않을까……!'

많은 생각과 감회가 교차하는 가운데 열차가 드디어 전주역에 도착하였다. 나는 깔고 있던 배낭을 번쩍 들어 메고 서성거리다가 어금니를 꽉 물고 제자리에 벗어 놨다.

'그럴 수는 없다. 죄지은 것도 없이 직사하게 얻어맞은 일도 분하거니와 또 공부도 다했으니 또 볼일도 없고 볼 건덕지도 없다.'

나는 일부러 오기를 부려가며 집으로 가는 쪽의 생각이 일지 못하도록 막고 나섰다. 그러는 사이 열차는 서서히 전주역을 떠나갔다. 열차가 달리고 멀어져 가는 고향너머로 그리운 사람들 얼굴이 영상처럼 떠올랐다. 하나하나 얼굴을 떠올리다 보니 그 중에서도 할머니 얼굴이 가장 선명하게 떠오르고 또한 걱정이 되었다.

'할머니가 혹시 나 때문에 병이 나지 않았을까?'

걱정을 하다 보니 걱정이 꼬리를 물고 일어났다. 그래서 나는 마음을 독하게 먹고 집안 식구들 일을 생각 안하기로 작정했다. 그렇게 작정하자 잘한 일이라고 생각되었다. 한번 전주역을 지나치면서 돌아가지 않기로 결심한 이상, 집안 걱정을 한다는 것은 부질없는 일이라 봤기 때문이다.

그러는 사이 열차는 만경강 다리를 넘어 삼례역을 향해 달리고 있었다. 그런데 저쪽 열차 칸에서 승무원이 차표 검사를 해오고 있다. 나는 얼른 배낭을 짊어지고는 뒤 칸 쪽으로 슬슬 달아났다. 지나치면서 마주치는 승객들이 나에게 동조를 해주듯 말을 건네 온다.

"학생, 무전여행 다니는구먼. 고생이 많겠어!"

나는 승객들의 인사를 받으며 맨 뒤 칸까지와 승강대 앞에 섰다. 승무원은 자꾸자꾸 내 쪽으로 차표 검사를 하면서 다가왔고 열차는 삼례역에 다다르자 속도를 늦추며 서서히 달리기 시작했다.

나는 용기를 내어 승강대 앞으로 가 열차 밖으로 배낭을 내던지고 승강대 손잡이를 두 손으로 뒤로 잡고 열차 앞 방향 대각선 사십오도 각도를 향해 달리는 열차를 박차고 힘차게 뛰어내렸다.

"아자!"

기합소리와 함께 나는 철푸덕하고 논 속으로 처박혔다. 얼마 후 벌떡 일어났을 땐 앞이 잘 보이지를 않았다. 나는 크게 놀라고 당황해서 손으로 얼굴과 눈을 만져봤다. 얼굴과 눈에 온통 진흙 범벅이었다. 벼가 자라고 있는 진흙 수렁논에 뛰어내려 처박혔다가 나왔으니 오죽하랴! 나는 물고 있는 둠벙에 가 얼굴을 씻고 나서 배낭을 찾았다. 내가 살만하니 배낭이 생각 난 것이다. 그러나 배낭은 어디에 떨어져 있는지 보이지가 않았다. 한바탕 아래쪽을 헤매다보니 내가 뛰어 내린 곳에서 백 미터 아래쪽 논 속에 굴러 떨어져 있다.

배낭도 진흙투성이였다. 진흙투성이가 된 나는 혼자 웃으며 만경강 다리 아래로 내려가 배낭을 대충 닦고 버린 신발과 옷들을 빨았다. 옷을 빨다보니 오른쪽 바지 속주머니에 꼭꼭 싸 넣은 비상금은 괜찮은데 오른쪽 바지에 넣고 다니는 현금이 거의 젖어 있다. 나는 돌멩이로 지폐 하나하나를 눌러 놓고 옷과 신발을 헹구어 널고 목욕을 했다. 햇볕은 쨍쨍 쪼였으나 물이 차갑다는 생각이 완연했다.

농사짓는 사람들이 몇 사람 지나가며 나를 쳐다보고 간다. 나는 속 팬티는 입었으니까 크게 실례가 되지는 않겠지 하며 목욕을 하고 밖으로 나왔다. 옷과 신발 그리고 돈을 대충 말려서 챙겨 넣고 군화를 꺼내 신고 뚝길을 따라 만경 벌판을 향해 걸어 나갔다. 오랜만에 다시 신어보는 군화 때문에 발이 무거웠지만 기분이 경쾌하고 휘파람이 저절로 불어졌다. 비록 진흙을 뒤집어쓰긴 했지만 그래도 멋지게 열차에서 뛰어내린데 대한 만족감이 목욕한 후의 상쾌한 기분과 어우러져 흥이 나고 있는 것이었다.

가을이 바짝 다가오니 태양의 열기도 한풀 꺾이고 바람도 산들거려 걸어가기가 좋았다. 그래서 오래간만에 산책하는 기분으로 신나게 걸으며 노래도 불렀다.

“그리운 옛날은 지나가고 들에 놀던 동무간 곳 없으니 이 세상에 낙원은 어디이뇨 블랙죠 널 부르는 소리 그립다…….”

감정을 그윽이 깔아 부르고나니 집 나오기 전 엊그제 일들이 먼 옛날의 추억처럼 느껴지며 향수가 밀려왔다. 나는 제방 둑에 배낭을 내던지고 드러누워 만경벌의 지평선과 넘어가려는 해를 바라보며 추억에 젖어들었다.

내가 살던 동네 앞의 너른 들판과 뒤의 뒷동산이 눈에 선명하게 들어오고 아이들과 뛰어놀던 추억들이 눈에 아른거렸다. 그려볼수록 보고 싶고 아름다운 추억들이었다. 나는 넘어가는 해를 보며 추억을 챙겨서 배낭과 함께 짊어지고 마을로 내려갔다. 마을 어귀에 있는 가게에서 빵과 과자를 사가지고 정자를 찾아 마루위로 올라가 배낭을 풀고 덜 마른 옷과 신발을 펼쳐놓고 기둥에 기대어 앉아 빵과 과자를 먹기 시작했다. 주변에 어둑어둑 어둠이 밀려오자 사람들이 자기 보금자리를 찾아 들어가며 나를 한 번씩 쳐다보고 지나갔다.

'갈 곳 없는 나그네 아니 이 집 없는 천사는 이 밤 여기서 지새다 갈렵니다.'

마음 속 언어로만 대꾸를 하며 빵을 씹고 있는데 어떤 아저씨가 나를 향해 다가오더니 빵을 먹는 내 모습을 이리저리 살펴보며 여기서 뭣을 하려느냐고 물었다. 나는 여기서 빵을 먹고 자고 갈 계획이라고 정중하게 대답해줬다. 그러자 이 아저씨는 벌판이라 밤에는 추워서 못 잔다고 하면서 자기 집으로 가자고 끌고 나섰다. 내가 여러 번 아니라고 사양했지만 아저씨는 내 동네에 찾아온 사람인데 경우가 그런 것이 아니라고 하면서 내 배낭을 들고 나섰다.

나는 챙길 것을 얼른 챙겨 가지고 아저씨를 따라갔다. 아저씨 집에 들어서니 넓은 마당에 짚눌이 커다랗게 쌓여 있고 큰 집이 두 채나 버티고 서 있었다. 아저씨는 나를 사랑채로 안내하여 상을 채려주고 식사가 끝나자 일꾼들과 둘러앉아 나에 대하여 궁금한 것들을 여러 가지 물어보았다.

나는 아버지와 다투고 나온 것을 빼고는 솔직히 대답해주고 일은 열심히 할 테니 가을 머슴으로 써달라고 간청을 하였다. 내 말을 진지하게 듣고 있던 아저씨는 내가 내민 돈 주머니와 콩주머니를 만져보며 자네 부모님들은 대단한 분들일 것이라고 하면서 내 청을 받아주었다. 그리고 나서 가을 달머슴 세경은 며칠 일하는 것 봐서 결정하자고 했다. 나는 너무 좋아서 고맙다고 인사드리고 흐뭇한 마음으로 쾌재를 부르고 있는데 이번에는 일꾼아저씨 한분이 내가 사는 곳을 또 다시 물어왔다. 그래서 나는 전주 근방에 있는 초포라고 똑똑하게 말해줬다. 그러자 아저씨는 초포는 자기가 그 전에 머슴살이를 한 적이 있는 곳이라서 잘 아는데 여기서 몇 십리 떨어져 있지 않다고 하면서 저 윗뜸에 초포에서 시집온 새댁도 있다고 알려줬다. 일꾼아저씨의 얘기를 듣고 나는 속으로 걱정을 하지 않을 수 없었다.

'내 고향 초포와 이곳 백구면이 직선거리로 몇 십리밖에 안된다니, 그리고 초포에서 시집온 사람이라 어쩌지……!'

내가 걱정을 하고 있는 사이 주인아저씨는 내일 일을 지시하고 안채로 건너가고 일꾼 아저씨들과 나는 얘기를 하다가 잠자리에 들었다. 다음날 아침 젊은 일꾼들은 땅띠기 하러가고 나는 나이든 일꾼아저씨들과 논에 피사리하러 나갔다. 일하러 가다보니 학생들이 학교 가느라고 바쁘게 걸어가고 있다. 그런 모습을 보고 있노라니 내 가슴속에서 형용할 수 없는 감정이 일어나 소용돌이 질을 치며 발걸음이 멈춰졌다. 길을 가다가 우두커니 서 있는 나를 보고 어제 저녁에 다정스럽게 얘기해주던 일꾼아저씨가 소리쳤다.

"어이, 이 사람아! 무슨 생각을 하며 그렇게 서 있는가, 한번 맘먹었으면 결심대로 하는 것이 사내자식이 할 일이야!"

그의 얘기는 안정되지 못한 마음에 일침을 가하고 지나갔다. 나는 더 이상 학생들을 보지 말아야겠다고 생각하고 논을 향해 뛰어갔다. 드넓은 논을 돌아다니며 점심시간과 새참 때 빼고는 열심히 피사리를 하고 논두렁을 손질해주고 돌아왔다. 일꾼아저씨들이 일을 열심히 잘 한다고 주인아저씨에게 말해주었다. 주인아저씨는 애썼다고 해주었으나 나는 그 칭찬이 별로 귀에 들어오지 않았다. 피사리와 언덕 보기는 누구든 할 수 있는 일이기에 달머슴 세경 정하는 데 별로 영향력이 없기 때문이었다.

다음날 나는 젊은 일꾼들과 논 만드는 땅떠기를 하러간다고 자청을 하고 나서 따라갔다. 논에 들어서자마자 나는 열심히 삽질을 해댔다. 웃통을 벗어 제끼고 막걸리를 마셔가며 세경을 높게 책정받기 위해 죽을 둥 살 둥 모르고 땅을 파냈다. 이렇게 일하는 내 모습을 언제 지켜봤는지 주인아저씨가 오더니 칭찬을 해주고 간다.

"학생, 힘이 장사구만!"

나는 주인아저씨의 칭찬을 여러 번 음미해 보며 속으로 쾌재를 불렀다.

'아! 이제 세경 책정은 잘 될 것이다.'

흡족한 마음으로 열심히 일을 하고 있노라니, 갑자기 젊은 일꾼 하나가 다가와 불퉁스런 말투로 쏘아대고 눈을 부라렸다.

"어이! 그렇게 일해서 누굴 잡을라고 그래."

내가 맞서 쏘아보자 그는 그냥 제자리로 돌아가 리어카를 끌었다. 내가 삽질을 정신없이 해대니까 흙을 실어 나르느라 고생을 한 모양이다. 나는 미안한 마음이 들어 막걸리 한 사발 딸아서 그에게 가져다주며 양해를 구했다.

"세경 책정을 잘 받기 위해 그랬으니 이해해 주시오. 앞으로는 함께……."

내 모습을 보며 젊은 일꾼들은 이해한다는 표정을 지으며 막걸리 자리를 폈다. 우리는 술잔을 앞에 놓고 둘러 앉아 서로 잘해보자며 일꾼들 단합결의를 했다. 젊은 일꾼들과 술잔을 주거니 받거니 친목을 도모하고 있노라니 사람들이 모여들어 새 참

판을 벌이게 되었다. 이들과 이런저런 얘기를 나누던 중에 나는 초포에 처가가 있다는 사람 얘기를 듣게 되었다.

"그 사람 처가가 초포 부대 근처라고 하는데……."

나는 이 얘기를 듣는 순간 어제 저녁에 가졌던 걱정과 불안이 다시 가중되어와 더 이상 일할 생각이 나지 않았다.

'윗뜸 그 사람 처가가 초포부대 근처라면 우리 집 근방 어떤 동네일 것이고 그 부인이 만나면 나를 알아 볼 것이다. 내가 여기서 달머슴을 살다보면 틀림없이 만나게 되고 그러다보면 끝내 우리 집에 소식이 들어가 쫓아오고 온 동네 사방팔방 소문이 날 것이다.'

나는 그런 꼴 당하기 전에 어서 이곳을 떠나야겠다고 다짐을 하고 해가 저물기만을 고대하게 되었다. 떠나야겠다고 작정한 나는 저녁에 돌아오자마자 안채로 주인아저씨를 찾아가 가겠다는 인사를 했다. 내 얘기를 들은 주인아저씨는 이유를 물어봤다. 나는 힘들어서 도저히 못할 것 같다고 설명해줬다. 내 얘기를 듣고 난 주인아저씨는 사랑채로 건너가 일꾼들과 얘기를 하고 돌아오더니 힘도 좋고 일도 칭 질 하더라는 젊은 일꾼들의 얘기를 전해주며 어지간하면 자기 집에 있어달라고 했다. 나는 운동하다 다친 팔 때문에 도저히 못하겠다고 거짓말까지 하며 거절을 했다. 결국 주인아저씨에게서 아침에 떠나기로 승낙을 받고 사랑채로 돌아왔다. 사랑방으로 돌아오자 젊은 일꾼들은 우리가 너무 심하게 대한 것 아니냐며 사과를 해왔고 곁에 있던 나이든 일꾼 아저씨들은 젊은 일꾼들에게 사람이 그러는 게 아니라며 야단을 쳤다. 이날 밤 젊은 일꾼들은 나 때문에 직사하게 혼도

나고 술도 사야 했다.

아침에 일어나 아저씨에게 돈주머니를 돌려받고 작별 인사를 드리자 아저씨는 인사를 받으며 돈주머니와 콩주머니를 준 부모님의 뜻을 잊지 말라고 당부하며 그간의 품삯까지 후하게 주머니에 넣어줬다.

나는 대문을 나와 넓고 넓은 들판으로 나섰다.

달머슴 사흘 만에 또 다시 방랑길을 떠나야 하는 방랑자는 아침 햇살에 비친 그림자를 앞세우고 서쪽 벌판을 향해 걸어 나갔다.

'좀 더 멀리 가자. 멀리 가서 달머슴을 살자.'

그런 생각을 하며 나는 걷고 걸어 김제 만경 벌판 한가운데에 들어섰다. 소문으로만 들어왔던 광활한 벌판이 온통 푸른 바다처럼 사방이 지평선을 이루며 아른거리고 있다. 가도 가도 지평선은 끝이 없고 가물거리기만 했다. 우리 동네 앞 초포의 뜰이 넓다고 보았는데 여기 만경 벌판에 견줘보니 그야말로 운동장에 떨어진 동전 한 닢 넓이 밖에 되지 않았다.

나는 푸르고 넓은 광활한 벌판에 서서 고함을 한번 질러봤다.

"야호!"

가슴이 툭 터지고 속이 다 시원해졌다. 앞으로 이 방랑자 아니 이 방랑 철인이 가는 길에 시원한 앞길이 열리고 영롱한 깨달음이 있기를 기원하며 머나먼 지평선을 향해 나아갔다. 나는 지평선을 보고 걸으며 지평선 저 너머에는 어떤 풍경이 펼쳐져 있을까 궁금하게 생각하다가 지평선 저 너머에서 펼쳐질 내 미래에 대해 상상을 해보았다.

'앞으로 저 너머에 가서 가을머슴을 살게 될 것인가 아니면 바다가 가까우니까 어부를 따라 바다로 나서게 될 것인가.'

기대도 되고 한편 걱정도 되었다. 내가 앞으로 무엇을 선택하든 그 직업은 내 의지에 따라 결정되겠지만 그 직업 속에서 함께 일하는 사람들은 내 의지대로 선택하고 만날 수 있는 것이 아니기 때문에 걱정이 되는 것이었다. 나는 이러한 내 미래의 일들을 생각해 보다가 사람들이 말하는 운명이란 것에 대해 분석하며 파고 들어가 봤다.

'과연 인간에게 운명이란 것이 존재하며 그것의 구도대로 한 인간의 생이 이렇게도 되고 저렇게도 되는 것일까?'

만약에 그렇다고 한다면 인간은 자기 의지를 가지고 일생을 계획하거나 자기실현을 위해 노력해야 할 필요가 없을 것이다. 왜냐하면 가만히 있어도 운명의 회로에 의해서 일생을 정해진 대로 살게 될 테니까. 나는 그런 일은 있을 수도 없고 있어서도 안 된다고 생각하며 '인간의 일생을 결정짓는 것은 각자의 의지와 노력이다'라고 못을 박고 운명이란 것은 존재하지 않는다고 정립해비렸다.

"앞으로 내 인생은 내 의지와 노력으로 잘 이뤄 나갈 것이다."

앞일에 대한 생각에 골똘히 빠져 가다보니 눈앞에 찻길이 보이고 차가 지나가고 있었다. 나는 지나가는 차를 보자 여기보다 좀 더 먼 지방으로 떠나가고 싶은 충동이 일었다.

'여기 김제 만경 평야에서 뱅뱅 돌 것이 아니라 다른 평야지대로 가보자. 되도록 집에서 좀 더 멀리 떠나가자.'

나는 한참을 궁리하다가 손바닥에다 침을 뱉어놓고 치는 침튀

기를 하여 결정하기로 했다. 그래서 왼손바닥에다 침을 모아 놓고 오른손으로 치니까 남쪽으로 침이 많이 튀었다.

'자! 이제 남쪽으로 침과 함께 뛰어보자.'

남쪽의 나주평야를 생각하며 김제역으로 가는 버스에 올랐다.

'남들은 친구 따라 강남 간다는데 나는 침따라 나주평야로 가는구나!'

| 제3장 |

소년철학자 바람 따라 남쪽으로

기차표의 인연

김제역에 도착한 나는 나주평야에 가서 가을 머슴을 살기로 마음을 굳히고 차표를 끊으려고 했으나 돈이 모자랐다. 품삯 받은 돈이 없어졌던 것이다. 역전 어디에서 잃어버린 것이었다. 나는 무임승차를 할까, 비상금 주머니를 헐어서 표를 끊을까, 고민하다 결국은 남은 돈으로 송정역 표를 끊게 되었다. 방랑자를 실은 열차는 달리고 달려 송정리역에 다다랐고 나는 무임승차로 나주까지 내려갈까 하다가 그냥 송정리역에서 내렸다.

초가을 송정리역은 파란 하늘 아래 사람들이 활발하게 여기저기서 오가며 빵장사, 엿장사, 닭꼬치 술장사 등이 손님들을 보고 열을 내며 소리치고 있었다. 나는 닭꼬치가 먹고 싶어 주머니를 실없이 여기저기 뒤져봤으나 어머니가 쓰지 말라고 했던 비상금 3천원을 빼고는 한 푼도 없었다. 나는 비상금을 절대 쓸 수가 없다고 생각하며 닭꼬치 장사 앞에서 구경을 하고 있노라니 침이 넘어가고 더욱더 먹고 싶어졌다.

나는 그 앞에 서서 구경을 하다가 주인에게 다가가서 가진 것이 군화와 항고가 있는데 둘 중에 하나만 잡히고 닭꼬치를 먹을 수 있느냐고 물었다. 그러자 그는 선뜻 그렇게 하라고 대답해줬다.

나는 한 개에 십 원씩 하는 닭꼬치 다섯 개를 먹었다. 참으로 맛있게 먹었다. 먹고 싶은 것을 먹고 나니 이제 몸에서 힘이 좀 나는 것 같았다. 나는 맛있게 잘 먹고 기분도 좋아져서 선뜻 닭꼬치 장수에게 군화나 항고 둘 중에 하나 골라서 가져가라고 했다. 그랬더니 이 장사꾼은 두개 다 내놓으라고 한다. 나는 처음에 농담이려니 하고 생각했는데 그게 아니고 정말로 군화와 항고 두개 다 내놓으라는 것이었다. 나는 속으로 욕심이 많은 장사꾼이라고 생각하고 점잖게 얘기해줬다.

"아저씨, 이 군화가 아직도 새것이라서 구둣방에 가지고 가서 팔면 백 원은 받을 것입니다."

그러나 그는 내 말이 끝나기도 전에 큰소리를 지르며 나를 윽박질러댔다.

"잔소리 말고 둘 다 내놓고 가! 이 녀석아!"

"아저씨 말을 그렇게 해도 되는 겁니까!"

나도 같이 대응을 하고 나섰다. 그러자 그는 갑자기 팔뚝을 걷어 올리며 소리쳤다.

"그래! 이 자식아, 한 번 붙어볼래!"

나는 그 순간 이자가 나를 호구로 보고 물건을 거저 뺏어가려고 그러는 것이라고 판단하고 본때를 보여줘야겠다는 각오로 맞섰다.

"뭐 이런 장사치가 다 있어! 내가 객지라고 겁낼 줄 알아? 그래 한 번 붙어보자!"

그러자 이 장사치는 쌍욕과 함께 리어카를 밀치고 나에게 달려들어 몸싸움이 벌어졌고 나는 몸싸움을 하면서 이 자가 주먹질이나 발길질을 먼저 해오면 땅바닥에 처박을 생각이었다. 그렇게 얼마 동안 싸우고 있자니 여기저기서 사람들이 쫓아와서 뜯어 말렸다. 그리고서 각자 얘기를 듣고는 시비를 가린다며 한마디씩 했다. 그렇게 시비를 가리며 옥신각신하고 있는데 얼굴이 거무스레하고 야무지게 생긴 청년 하나가 불쑥 나서며 돈 오십 원을 닭꼬치 장수에게 건네주며 한마디 일침을 놓는 것이었다.

"앞으로 이 바닥에서 장사 해먹으려고 하면 이런 짓 하지마! 알았어?"

청년의 호통에 닭꼬치 장수는 한마디 대꾸도 하지 못했다. 청년은 이어 나에게 배가 고플 테니 우선 밥부터 먹으라고 하며 식당으로 데리고 갔다.

식당으로 들어간 나는 청년에게 호의는 고맙지만 상대가 누구인지 알기 전에는 사양하겠다고 거절했다. 그러자 이 청년은 자기는 여기 송정리가 고향이고 군 제대 후 이곳 역전에서 엿판을 벌려놓고 있는 공경수라는 사람이라 자신을 소개했다. 그러더니 자기도 객지에서 고생했을 당시 도움을 받은 적이 있는데 그때를 생각해 도와주는 것이니 걱정 말라는 것이다. 그렇게 얘기하는 사이에 식사가 나왔고 나는 마음을 놓고 맛있게 밥을 먹었다.

식사가 끝나자 그는 기차 시간을 알려주고 전주 가는 차비까지 건네주었다. 그러면서 집에 잘 돌아가서 생각나면 갚으라고 일렀다. 나는 그러한 공경수씨가 진실해 보여서 그에게 내 정황을 자세하게 얘기하고 이 근처 농사짓는 데서 가을머슴 좀 살게 해달라고 부탁을 했다. 내 얘기를 진지하게 듣고 난 공씨는 내 얼굴을 한참동안 바라보고 손을 잡더니 일단 자기 집으로 가자고 한다.

공씨와 나는 식당을 나서 역전으로 돌아와 공씨가 엿판을 벌려놓은 리어카 앞으로 갔다. 엿판 위에는 어느덧 가스등이 밝혀져 있고 다른 청년이 엿을 팔고 있었다. 공씨는 그 청년 엿장수를 소개하고 인사를 시켜주었다. 이름이 박성수라고 하는 사람이었는데 얼굴이 앳되어 보여 나이를 물어보니 스무살이라고 한다. 인사가 끝나고 나서 나는 그들이 장사하는 것을 지켜보다가 열 시쯤 장사가 끝나고 엿 리어카와 함께 공씨가 거래한다는 엿방으로 향했다.

엿 리어카 두 대는 시장통을 지나고 극장을 지나 삼거리에서 오른쪽으로 길게 뻗어있는 마을길을 따라 끝 동네에 이르러 막다른 시골집으로 들어갔다. 집에 들어서니 백열등이 환하게 켜져 있는 넓은 마당에 엿 리어카가 여러 개 놓여있고 뒤편으로는 고물들이 쌓여 있다.

계산을 끝낸 공씨가 주인에게 나를 소개시켜 주었다. 엿방 주인은 강직하면서도 온화하게 생긴 얼굴에 눈 위에 점 하나가 있고 털털한 목소리를 갖고 있으며 이름은 김성직이라고 했다. 내가 정중하게 인사를 하고 내 소개를 하자 돌아다니며 고생했을 텐데 우선 성수하고 뒷방에 가서 자라고 얘기를 해준다.

공씨가 자기 집으로 돌아가고 다른 엿장수들이 곁방과 건넛방에서 잠든 사이 박씨와 나는 뒷방으로 건너와 잠자리에 들었다. 둘이 자기에는 약간 비좁은 골방이었지만 나는 왠지 편안한 마음으로 잘 수가 있었다.

아침에 일어나니 박씨가 잘 잤느냐고 다정스럽게 물어온다. 그리고 자기도 사실은 열여덟 살로서 나와 동갑이고 집나온 사람이라며 어제 저녁, 역전에서 인사할 때와는 다르게 친근하게 나왔다. 밖에 나와 보니 사람들이 바쁘게 움직이고 있다. 마당에서는 리어커 빵꾸 떼우고 바람을 넣고 손질하기에 바빴고 곁방에서는 갱엿을 펴다가 엿 만들기에 바쁘고 부엌에서는 아주머니들이 밥하기에 바쁜 모습이었다.

나는 나만 한가한 사람이 된 것 같아 미안한 마음으로 밖으로 나왔다. 기둥만 두개 박아져 있는 대문을 나와 지푸라기로 울타리 시늉만 낸 낮게 쳐놓은 울타리를 돌아 몇 발짝 걸어가니 눈앞에 들판이 푸르게 펼쳐져 있고 그 너머에는 비행장이 자리하고 있었다. 나는 여기저기를 둘러보다가 고물상 뒷길로 돌아갔는데 거기엔 호박 넝쿨들이 지나간 여름이 아쉬운 듯 으시리한 모습으로 서로 부둥켜안고 있었다.

나는 개울가로 내려가 물속을 들여다보았다. 물속에서 눈이 맑은 송사리들이 옹기종기 모여 놀고 있다가 내가 다가가니 달아나기 시작한다. 그러한 송사리 떼들을 몰고 다니며 장난을 하고 있노라니 성수가 등 뒤에서 나를 부르는 것이다.

성수와 나는 마당의 리어카들 사이를 지나 안방으로 들어갔다. 안방에서 식사를 하고 있던 사람들이 다정하게 맞아주며 옆에 앉아서 같이 식사를 하자고 자리를 넓혀주었다. 나는 그들의 얼굴에서 풍기는 푸근한 기운을 느끼며 편안한 마음으로 밥을 맛있게 먹었다. 주인아저씨와 아주머니, 딸, 아들 그리고 아저씨의 큰어머니와 그 딸이 화기애애하게 식사를 하며 엿방의 아침을 밝게 만들고 있었다. 나는 식사가 끝나고 주인아저씨에게 성수를 따라가서 엿장사하는 것 좀 구경하고 와야겠다고 하자 주인아저씨는 그렇게 하라고 부드럽게 말해주었다.

밖으로 나오자 주인아주머니가 나를 부르며 우리 아이들이 총각 배낭을 가지고 장난을 치니 뒷방 실경 위에다 올려놓고 가라고 일러준다. 그래서 배낭을 챙기다보니 배낭끈이 풀러져 있고 옷가지와 담요, 책, 일기장 등등은 그대론데 군화와 하모니카가 없어졌다. 성수와 나는 여기저기 찾아보다가 뒤안으로 돌아가보니 뒷마루 밑에 군화와 하모니카가 있었다.

성수가 군화와 하모니카를 들고 앞마당으로 나오며 일섭이 녀석의 짓이라고 하자 방문 유리를 통해 이것을 보고 있던 일섭이가 방문을 열고 마루위로 뛰어나와 데굴데굴 뒹굴어대며 군화와 하모니카를 내놓으라고 울고불고 난리를 친다. 주위에서 이 광경을 보고 있던 엿장수 아저씨들이 일섭이를 놀려댔다.

“그래, 이 녀석아! 잘 감춰놓지. 누가 거기다 감추래, 잘 들켰다 이 녀석!”

여기저기서 골려대자 이번에는 어깨까지 들썩이며 훌쩍거린다. 나는 그러한 아이가 사랑스러워 군화와 하모니카를 가지고 아이한테 다가갔다.

“일섭아, 너 군화와 하모니카를 가지고 싶지. 그러지?”

내가 다정스럽게 말하며 아이의 손에 하모니카와 군화를 쥐어 주자 아이는 반신반의하는 눈빛으로 내 눈을 빤히 쳐다보았다. 나는 아이의 소망스런 눈망울을 보며 진지하게 말해줬다.

“오늘부터 이것들은 다 네 것이다! 가져라!”

“정말?”

그때까지 훌쩍이던 일섭이는 내 말이 끝나기가 무섭게 마당으로 뛰어내려와 그 큰 군화를 신고 덜거덕거리고 다니며 하모니카를 불어대고 신바람 나게 설쳐대며 깔깔대기 시작했다. 그러한 일섭이를 보고 집안 식구들 모두가 한마디씩 한다.

“애들은 애들이라니까, 미운 일곱 살이라니…….”

“애들 때문에 웃고 살아.”

우리는 일섭이의 천진스런 연출로 한바탕 즐겁게 웃을 수가 있었다. 아이와 함께 놀고 난 나는 성수를 따라 엿장수 구경을 하러 길을 나섰다. 성수는 엿판이 실린 리어카를 끌고 울안에서부터 엿가위를 찰그랑찰그랑 신나게 치면서 대문을 나선다.

“자, 둘이 먹다가 하나 죽어도 모르는 용보천 호박엿!”

그러한 성수를 보고 울안에 있던 어른 엿장수들이 웃으면서 한마디씩 한다.

“성수가 어제 앞자리 나가더니 돈 많이 벌었나 보구나.”

“성수가 애인 생겼다더니 정말이구나.”

“너 애인 생겼으면 이뻐아가씨한테 빨리 자수해라.”

어른들이 하는 얘기를 뒤로하고 성수와 나는 엿방을 나와 마을길을 따라 엿가위를 찰랑거리며 걸었다.

9월의 정겨운 아침 햇살이 우리들을 다정하게 비쳐왔다. 나는 리어카를 오른쪽에서 따라가며 엿장수 박성수가 하는 모습을 지켜보았다.

성수는 165센티쯤 되는 키에 통통한 몸집으로 얼굴이 약간 검은 편에다 야무진 인상을 가지고 있는 사람이었다. 머리에는 천정이 없는 뺑 뚫린 육각형의 밀대 모자를 쓰고 있었는데 오른손으로는 연신 엿가위를 쳐대고 또 왼손으로는 리어카를 밀면서 거기다가 입에서는 '용보천 호박엿' 하고 연신 소리를 지르고 나아가는 모습이 처음 보는 나에게는 그저 용하게만 보였다.

그렇게 한참을 가다보니 어떤 꼬마가 흰 고무신 한 짝을 가지고 와 엿을 달라고 한다. 그러자 성수는 리어카를 멈추고 엿판 위에 고무줄로 씌워 놓은 비닐을 반쪽 정도 벗기고 끝이 넓은 정을 왼손으로 들어 엿 위에다 대고 오른손 엿가위 손잡이로 쳐서 엿을 띠어 아이에게 주었다.

아이는 좋다고 엿을 들고 골목으로 뛰어 들어갔다.

그렇게 장사를 하며 읍내 번화가로 접어들어 동양극장이라는 극장 옆을 돌아가려니 어떤 아저씨가 우리를 부르며 자기 집으로 가자고 한다. 극장 뒷길 골목을 따라 아저씨 집에 들어가니 부서진 난로가 있었다. 그 사람은 이것을 가져가고 식구들이 많으니 엿을 많이 달라는 것이었다.

성수와 내가 둘이 함께 들어다 리어카 안에 집어넣으니 리어카가 출렁할 정도로 묵직한 고물덩어리였다. 성수가 정을 대고 엿을 한 뼘 정도나 되는 넓이로 떼어주었다 그러나 적다는 생각이 들었는지 아저씨는 성수에게 더 달라고 조르기 시작했고 성수는 정색을 하고서는 많이 줬다고 점잔을 빼었다. 그런 작은 실랑이가 끝난 뒤 결국 성수는 "그래 기분이다!" 하면서 아저씨에게 엿을 더 떼어 주었다.

그 아저씨가 엿을 가지고 집으로 들어가자 성수는 소리를 낮춰 "야호!" 하면서 신나라 한다. 내가 무엇이 그렇게 신나는 것이냐고 묻자, 그는 "이런 것을 공짜라고 한다."며, 오늘 일당은 벌었다는 것이다.

나는 여러 가지 궁금한 것들이 많았지만 나중에 묻기로 하고 리어카를 같이 밀어가며 읍내 번화가를 벗어나 나주 가는 남쪽 길로 따라 내려갔다. 한참을 더 가다가 성수가 주막집을 가리키며 들어가 밥을 먹고 가잔다. 주막집에 들어가자 아줌마가 반갑게 맞이해 준다. 성수의 단골집이었다. 우리는 백반을 시켜 맛있게 먹고 나와서 시골길로 접어들어 여러 가지 얘기를 나누던 중 내가 느껴온 궁금한 것들을 물어봤다.

"어제는 역전 앞에서 공씨와 함께 앞자리인지 뭔지 하면서 장사를 하더니 오늘은 왜 시골길로 가는 것이여."

"어제 역전에서 앞자리를 본 것은 경수형이 여기저기 다녀볼 일들이 있다고 오늘 하루만 봐달라고 해서 그랬었지."

"앞자리라고 하는 말은 다른 무슨 특별한 뜻이 있는 건가?"

"앞자리란 말은 역전이나 번화가 사거리길 같은 목이 좋은 곳에서 엿판을 벌여 놓고 장사하는 것을 말하는 것이지."

그 대답이 끝나자마자 이번에는 엿 모양이 다른 것에 대해 또 묻기 시작했다. 그러자 성수는 그렇게 물어보는 내가 재미있다는 듯이 싱긋이 웃으며 자세하게 설명을 해준다.

"어제 역전에서 팔았던 도막 엿은 바람을 넣어서 만든 가락엿을 잘라 만든 것으로서 가을, 겨울, 봄에 가지고 다니거나 앞자리를 볼 때 파는 엿이고 오늘 가지고 나온 넙죽이 엿은 날씨가 더워 엿이 누그러질 때 가지고 다니는 여름용이란 거지."

나는 다시 엿장수가 받는 고물 이름과 종류 값에 대해서도 물어봤다. 그랬더니 종류가 오십여 종이나 되었고 값도 천차만별이라고 한다. 나는 속으로 놀라지 않을 수 없었다. 엿가위를 한손으로 제대로 치는데도 한 달 이상이 걸린다는데 고물들 구별하고 값을 외우는데도 시간이 많이 걸리겠구나 하는 생각 속에 엿장사라고 하는 하나의 세계가 엿장수 맘대로 하는 식으로 간단한 구조가 아님을 깨달을 수가 있었다.

나는 성수가 치고 다니는 엿가위를 오른손에 쥐고 쳐보았다. 그렇지만 생각만큼 잘 쳐지지가 않았다. 여러 번 애를 써서 쳐봐도 잭잭 하는 소리밖에 나지 않는 것이었다. 처음부터 찰그랑찰그랑 소리가 나리라고는 생각지 않았지만 안 돼도 너무나 안 된다는 생각이 들었다. 나는 엿가위를 성수에게 들려주며 한번 시범을 보여 달라고 했다. 그는 오른손으로 가위를 들고 자기를 잘 보라고 하면서 손과 팔과 어깨를 함께 덩실거리며 엿가위를 찰그랑찰그랑 쳐가며 설명을 해준다.

"엿가위는 하나의 타악기로서 손가락과 손아귀로 치는 것이 아니고 어깨와 팔로 리듬을 주고 오른손 손가락으로 그 리듬에 맞춰 엿가위를 당겨 올렸다 내렸다하며 소리를 내는 것이지."

성수의 이론과 실기를 듣고 보니 나도 할 수 있을 것 같은 생각에 얼른 엿가위를 받아서 그대로 해보았다. 그러자 이번에는 나는 소리가 확실히 달랐다. 전에는 아무리 쳐도 딱딱 소리밖에 나지 않았는데 지금은 열 번을 치면 한두 번은 찰그랑찰그랑 소리가 나는 것이었다. 나는 신이 나서 계속 쳐보았다. 그러한 광경을 바라보고 있던 성수가 처음 하는 사람치고는 빨리 배울 수가 있겠다고 말해줬다. 그러면서 자기도 한 달 내내 연습해서 원리를 터득한 것이라며 처음 엿장사 다닐 때는 한손으로 엿가위를 치고 한손으로 리어카를 밀고 다닐 수 없어 늘상 리어카를 받쳐놓고 두 손으로 엿가위를 쳐대었다고 한다. 그렇게 얘기를 하고 난 그는 끌고 가던 리어카를 가로수 아래에 받쳐 놓고는 엿가위를 거꾸로 들어 두 손으로 한참을 치더니 모자를 엿판 위에 올려놓고 먼 산을 망연히 바라본다.

그런 그의 얼굴에서 알 것 같은 슬픔이 번져왔다. 나는 성수에게 무슨 사연이 있었겠지 생각하고 빨리 장사하러 가자며 리어카를 끌고 나섰다. 얼마를 가다보니 강이 나오고 강물이 너른 들판 아래로 잔잔히 흐르고 있다.

우리는 리어카를 강둑 위에 받쳐놓고 강 아래 너른 잔디밭으로 내려가 드러누워 하늘을 보았다. 파아란 하늘에 흰 구름이 자유롭게 흘러가고 있었다. 나는 피린 하늘과 아늑하고 넓은 강이 마음에 들어 이리저리 뒹글어대며 휘파람을 불어댔다. 한참동안 휘파람을 불고 흥얼거리다 일어나보니 성수는 언제 일어나 앉아 있었는지 앉아서 미동도 하지 않고 강물을 바라보고 있다. 나는 그런 그가 왠지 고독하게 보여 다정스럽게 말을 건넸다.

"성수! 무슨 생각을 그렇게 열심히 하고 있어?"

"응! 고향 생각을 하고 있어 내가 살던 고향에도 이런 강이 흐르고 있거든…!"

"고향이 어딘데?"

"대구 근처야…."

"그런데 이 먼 곳까지 왜 오게 되었어?"

나의 질문에 그는 잠시 파란 하늘을 바라보다가 담담하게 사연을 얘기를 해주기 시작한다.

"우리 집에 악질 같은 새엄마가 들어오는 바람에 중학교를 마치고는 외삼촌이 있는 이곳까지 와 같이 지내면서 역전에서 심부름을 했었는데, 지금은 엿장사로 바꾼 거지 그래서 고향생각이 날 때마다 이 강으로 찾아와서는 놀다가곤 해."

나는 어머니를 잃은 그가 어릴 적 얼마나 정신적으로 고통을 당했을까를 생각하며 한참동안을 쳐다보았다.

"기환이, 달머슴인지 뭔지 살러가지 말고 나랑 함께 여기서 엿장사를 하자고."

나는 갑작스런 성수의 제의에 오늘 낮 동안 생각해서 저녁에 결정하겠다고 대답해주었다. 그리고 나서 성수에게 엿을 좀 떼어 달라 해서는 한입에 넣고 우물거리면서 먹어봤다. 엿이 달짝지근하니 맛이 있었다. 나는 엿을 먹으면서 강뚝 아래로 걸으며 내가 가을머슴을 살러가는 것이 좋을 것인지, 아니면 엿장사를 하는 것이 좋을 것인지 곰곰 생각을 해봤다. 그 결과 엿장사를 하는 것이 자유스럽고 여기저기 마음대로 돌아다닐 수 있어서 내 체질에 잘 맞을 것 같았다. 그러나 왠지 모르게 망설여지고 선뜻 그러자고 결정이 내려지지는 않았다. 그래서 나는 철학적인 사고를 통해 결정하려고 사색에 들어갔다.

먼저 가을머슴 일보다 왜 엿 장사 하는 일에 구미가 당기는 것인가를 분석해봤다. 그 답은 내 몸속에 깃들어 있는 성정이 즉 본성이 자유분방하여 돌아다니길 좋아한다는 것이었다. 다음은 그렇게 체질에 맞는 엿장사를 선뜻 택하지 못하고 망설이는 이유는 무엇인가를 분석해봤다. 그것은 이성이 일단 거부하고 있기 때문이라고 판단되었다. 다음은 체질에 맞고 몸이 좋아하는 일을 이성이 일단 거부반응을 나타내고 있는 사유는 무엇인가를 분석해봤다. '그것은 경험이 없어 머릿속에 인식이 들어있지 못한 일에 대해 몸을 책임지고 관리하고 있는 이성이 불안감을 느끼고 있기에 그런 것이다!'라고 판단되었다. 그래서 다음은 이성이 느끼고 있는 엿장수에 대한 불안감은 무엇이며 왜 생겼는가를 분석해봤다. 이 문제는 가을 머슴살이에 비교해보니까 쉽게 답이 나왔다. 가을 머슴살이는 고생은 많이 하겠지만 경험과 그 인식을 통해 이성이 수입에 대한 확신과 생활하는 데 있어 신변에 어떤 위해의 요소가 없이 잘 먹고 잘 잘 수 있다는 안도감을 지니고 있는데 반해 엿장사 하는 일은 한 번도 해보지 않은 일이라 인식된 것이 없기에 이성이 수입에 대한 확신도 없고 거기다 올 여름 마을을 지나다니며 싸웠던 기억들이 돌아다녀야 하는 엿장수 생활에 부전이否轉移 현상으로 강하게 작용하면서 안도감도 갖지 못하고 있기 때문이라고 봤다.

※ 정전이正轉移 : 앞서 행한 교육이나 경험이 뒤의 학습이나 일에 있어 좋은 영향으로 작용되는 현상
※ 부전이否轉移 : 앞서 행한 교육이나 경험이 뒤의 학습이나 일에 있어 나쁜 영향으로 작용되는 현상

이 같은 철학적 사고를 통해 문제의 원인을 밝혀낸 나는 직업 선택에 대한 결론을 내기 위해 사색을 마치고 강둑을 거슬러 올라와 성수에게 한 달 수입과 장사를 다니다가 싸움이 일어날 수 있는 확률이 얼마나 되는지에 대해 물었다. 내 얘기를 듣고 난 그는 여름철에는 장사가 안 되니까 적자가 나지만 봄, 가을, 겨울은 장사가 잘 되어서 한 달 평균 이천 원은 번다고 한다. 그리고 장사를 다니다가 싸울 일은 별로 없다는 것이었다. 나는 성수의 얘기를 듣고 엿장사를 해봐야겠다는 쪽으로 마음을 굳히기 시작했다.

우리는 황룡강 다리를 건너 여러 마을들을 돌아 엿판을 다 털고 리어카에 고물을 가득 싣고 다리를 건너 송정리 읍내로 들어왔다. 지나는 길에 역전에 들러 공씨를 만났다. 공씨는 성수 따라가서 엿장사 구경해보니 어떠냐고 내게 물어본다. 그래서 나는 구경 잘 했다고 대답하고 엿장사를 해보고 싶은데 공씨아저씨가 엿방 주인아저씨에게 얘기 좀 해주었으면 좋겠다고 부탁을 하자 공씨는 쾌히 승낙을 하며 엿방으로 지금 내려가자고 하는 것이었다.

엿방에 들어와 고물을 정리하고 식사가 끝난 뒤 공씨와 나는 주인아저씨가 있는 안방으로 들어가 마주 앉았다. 공씨가 주인에게 내 얘기의 운을 떼어주고 나서 내가 아저씨에게 물었다.

엿장수가 되어

"주인아저씨, 제가 내일부터 엿장사를 하고 싶은데 시켜줄 수 있겠습니까?"

내 얘기를 듣고 난 주인아저씨는 나를 다시 한 번 쳐다보며 집 나온 사연을 자세하게 물어봤다. 내가 하나하나 대답을 해주고 나자 그는 사실이냐고 확인을 해왔고 나는 바지 주머니에서 돈주머니와 콩주머니까지 꺼내서 건네주며 어머니의 얘기까지도 들려주었다. 자초지종을 다 듣고 난 주인아저씨와 공씨가 함께 고개를 끄덕이더니 내일부터 장사를 나가도 좋다고 쾌히 승락을 해준다.

"닭꼬치 장수하고 싸울 때는 그래 어머님 말씀이 생각나지 않던가?"

한참을 쳐다보던 주인아저씨는 나에게 콩주머니를 건네주면서 빙그레 웃으신다.

"어이 공씨, 이 사람 데리고 나가서 닭꼬치 좀 실컷 사주소.

닭꼬치가 얼마나 먹고 싶었으면 그랬겠나."

"아저씨, 지금은 배보다는 머리가 고픕니다. 그래서 영화를 보고 싶은 데요……."

내 얘기를 듣고 난 아저씨는 또다시 빙그레 웃으며 그러라고 한다. 공씨와 나, 그리고 성수는 즐거운 마음으로 극장에 가서 "월남전선 이상 없다"라는 영화를 보았다. 화면에 야자수림이 낭만적으로 펼쳐지고 그 야자수 아래를 얼룩무늬 군복을 입은 우리 국군들이 멋지게 누비고 다녔다. 영화를 다 보고 송정극장을 나서며 나는 월남 같은 나라에 한번 가봤으면 좋겠다고 생각했다.

엿방에 돌아와 내일 엿장사 나갈 것에 대비해 고물 값과 엿바꿈의 대조표를 적어가지고 주머니에 넣고 긴장된 마음으로 잠자리에 들었다. 아침에 눈을 뜨니 마루 기둥에 붙은 스피커에서 노래가 낭랑하게 흘러나온다.

"안녕하세요, 안녕하십니까, 인사를 나눕시다. 명랑하게 일 년은 삼백육십오일, 가지 많은 나무에 바람 잘 날 없어도……."

노랫소리에 아직 잠이 덜 깬 엿장수들이 부시시한 눈으로 일어나 앉아 머리를 긁적이거나 하품을 하면서 "그래 인사를 나누자!" "안녕 못하다!" "오늘도 니가 내 잠을 깨우는구나!" 하고 한마디씩 했다.

모두 다 일어나 방을 청소한 뒤 몇 사람은 리어카를 손보고 나머지는 곁방에 모여 부엌에서 뜨겁게 녹여진 갱엿을 퍼다가 벽에 박힌 말뚝에다 걸고 늘여 내어 흰엿을 만들어내었다. 나는 처음 보는 광경이라서 그런지 참으로 신기하게만 생각되었다.

갱엿을 녹여 두 갈래로 길게 늘여서 다시 합쳐 몇 미터나 되는 거리의 말뚝에다 던져서 정확히 걸어 다시 늘여대는 작업을 여러 번 반복하자 밤색이 흰색으로 변하고 엿 속에 바람 맛이 들어가서 크게 부풀어 오르고 있었다. 이것을 널판 위에 놓고 넓게 늘여 폈다가 공기를 넣고 말아서 밀가루를 묻혀가며 손으로 넙죽이판 엿을 만들기도 하고 실 뽑듯이 뽑아서 가락엿을 만들어내기도 하였다.

만들어낸 가락엿을 가위로 잘라서 각자의 엿판에다 담아주다 보니 엿 속에 바람구멍이 숭숭숭 나있다. 참으로 신기한 일이다. 맨손으로 엿가락 속에 바람구멍을 만들어 낸 것 이었다. 그야말로 엿장수 맘대로 하고 싶은 대로 작품을 만들어 내고 있는 것이다. 작업이 다 끝나고 각자의 엿을 몇 근씩이라고 장부에다 적고 엿판에 담아 리어카에다 실었다.

밥을 먹고 엿장수들이 하나둘씩 엿방을 나서고 드디어 나도 엿판에 넙죽이엿 세 근을 실은 리어카를 끌고 엿장수로서 첫발을 내딛었다. 대문을 나서 엿리어카를 조심스럽게 끌고서 읍내 번화가로 들어가는 삼거리 길에 이르러 성수와 헤어져 오른쪽 시골길로 들어섰다.

하늘에는 가끔씩 구름들이 지나가고 들판에는 여름내 태양을 먹은 벼들이 알 베어 올라오고 있었다. 신작로 길을 따라가며 넓은 들판의 벼들을 둘러보노라니 이번 여름에 있었던 많은 추억들이 화면처럼 스쳐지나간다. 나는 좋은 여름이었다고 생각하며 지금 맞이하고 있는 가을도 좋은 경험의 계절이 되기를 바랬다. 들판의 벼들을 바라보며 이런저런 생각을 하며 가다보니 리어카가 어느덧 마을 가까이 와 있었다. 엿장사로서 첫 발을 내딛어 첫 동네에 온 것이다.

나는 마을 안길 삼거리에 리어카를 받쳐놓고 엿가위를 거꾸로 쳐들고 두 손으로 힘차게 쳐대었다. 그리고 입으로는 큰 소리로 달고 맛있는 "용보천 호박엿" 하고 외쳤다. 그러자 일을 하고 돌아오던 아저씨 한사람이 나를 보더니 "자네, 엿장사 처음이구먼." 하면서 엿가위도 좀 더 세게 치고 소리도 그렇게 기어들어가는 소리를 하지 말고 동네 끝까지 들리게 큰소리로 하라고 충고를 해주며 지나간다. 나는 엿가위나 목소리나 크게 낸다고 냈는데도 작은 소리 밖에 나지 않았나 보다고 생각하며 입을 꽉 다물고 눈을 질끈 감고 엿가위가 부서져라 쳐대었다.

그렇게 하고 있노라니 젊은 청년 하나가 쟁기 보섭을 가지고 와 엿을 달라고 한다. 나는 얼른 엿판 비닐을 벗기고 정을 넙죽이 엿판 위에 대고 엿가위 손잡이로 쳐서 엿을 떼어 주었다. 청년은 엿을 받아들더니 아무소리 않고 집으로 들어갔다.

나는 주머니에서 고물과 엿바꿈 대조표를 꺼내어 아무리 계산해봤지만 맞게 줬는지 잘못 줬는지는 바로 알 수가 없었다. 그렇게 대조표를 보며 엿을 제대로 주었는가를 따져보고 있는데 이번에는 조금 전에 나에게 충고를 해주고 간 아저씨가 불무 부서진 것을 가져와서는 엿을 달라고 한다.

"자네가 엿장사가 처음인 것 같고 얼굴이 잘 생겨서 아껴두었던 고물을 가지고 나왔지."

"나는 "고맙습니다." 하고 얼른 엿을 떼기 시작했다. 엿이 한 줄로 떨어져야 많아 보이는데 끊어지고, 떨어져 나가고, 삐뚤어지게 떨어지고, 제멋대로 떼어졌다. 나는 떨어진 엿덩어리들을 종이에 싸서 아저씨에게 주었다. 아저씨는 그러는 내가 안쓰러운 듯 바라보며 정감있게 말해줬다.

"이제 날씨도 선선해졌으니까 가락엿을 가지고 다니는 게 좋을 거네."

나는 내일부터 가락엿을 가지고 다녀야겠다고 생각하고 다음 마을을 향해 길을 떠났다. 그 다음 동네에 들어서자 예닐곱 살 먹은 꼬마 녀석들이 엿판을 둘러싸고 입맛을 쩍쩍 다시며 엿판 위에 묻어있는 밀가루를 찍어다 먹는다. 내가 내버려두고 구경을 하노라니 이 녀석들은 엿 위에다 손가락을 댔다가는 쪽쪽 빨아먹고 또 엿 위에다 갖다 댄다.

"네 이놈들……!"

그러나 녀석들은 열댓 발쯤 달아났다가는 다시 엿판을 향해 모여들기 시작한다.

나는 꼬마 녀석들이 하는 짓이 이쁘고 귀여워서 엿을 조금씩 떼어주었다. 그런데 아이들이 가고난 뒤 아주머니들이 우르르 쫓아와서는 항의를 해대는 것이었다.

"당신이 뭔데 왜 철모르는 어린애들한테 맛보기를 줘서는 에미 · 애비를 들볶게 만드는 거여!"

나는 속으로 어이가 없었지만 참았다. 낙법을 가르쳐줬던 낙포 사건 때처럼 잘못한 것이 없다고 생각되었기에 당당한 자세로 서 있었다.

아이들 아주머니들이 물러가고 난 후 다른 마을로 향했다.

다른 마을로 들어서자 나는 가라앉은 기분을 살려내기 위해 열심히 엿가위를 쳐대고 나서 휘파람 노래를 불렀다. 이번에는 몇몇 아이들을 데리고 온 동네 아가씨들이 돈을 주고 엿을 사 애들도 주고 자기들도 먹었다. 옆에서 엿을 맛있게 먹는 모습들을 바라보고 있노라니 엿장수인 나 역시 엿이 먹고 싶어져 입안에 침이 고이고 나도 모르게 목젖이 꼴깍거렸다. 그러나 마음만 그렇게 먹어봤을 뿐 차마 아까워서 먹지는 못했다. 훗날에 여유가 생기면 실컷 한번 먹어보리라 생각하고 있는데, 아가씨들이 말을 걸어왔다.

"엿장사 아저씨는 엿도 맘대로 먹고 여기저기 구경도 많이 다닐 수 있고 돈도 벌 수 있어서 좋겠어요! 그리고 참으로 미남청년이네요!"

"그래요, 말이래도 고맙습니다."

"사실은 오늘 처음 엿장사라는 것을 해보는 중입니다."

내가 처음 하는 날이라고 솔직하게 얘기 해주자 아가씨들은 호기심이 생기는지 나의 사생활에 대해서 물어본다. 나는 그런 프라이버시(개인적 사생활이나 비밀)에 관한 얘기보다는 지적인 대화를 나누자고 일부러 영어를 써가며 제의를 했다. 그리고 칸트의 정언 명령 2법칙을 영어 문장으로 멋지게 연설하고 해석 풀이까지 해줬다.

> always recognize that human individuals are end's and do not use them as means to your end!
>
> 명심하라! 항시 인지하라! 각각의 사람은 인격이고 목적이다. 사람을 너의 욕망 수단으로 이용하지 마라!

그러자 아가씨들이 놀랍다는 듯 나를 쳐다봤다. 나는 그들의 표정을 통해 마음을 읽으면서 한 아가씨에게 어떤 명작이 가장 맘에 들더냐고 물었다. 질문을 받은 긴 머리 아가씨는 조금 머뭇거리더니 『젊은 베르텔의 슬픔』이란 명작을 감명 깊게 읽었다고 하며 독후감을 조리 있게 얘기하고 나섰다. 나는 그 아가씨의 독후감을 듣고 나서 같은 감동을 느꼈노라고 비위를 맞춰주려다가 그래서는 안 된다고 생각하고 베르텔에 대해서 평소 가지고 있던 소견을 그대로 말해주었다.

"사랑하는 여인을 위해 자기가 죽음으로서 사랑을 아름답고 숭고한 것으로 승화시켜 놓은 베르텔의 사랑은 많은 독자들에게 감동을 주는 얘기임에 분명하지만 나의 소견으로는 사랑을 쟁취하지 못해 죽는 베르텔의 행위가 너무나 나약하고 병적인 행위라 싫고 그리고 그 책은 베르텔 말고도 앞으로 여러 사람을 죽일 수 있는 책이기에 좋은 책이라 볼 수 없습니다."

이렇게 내가 혹평을 하자 아가씨들이 벌떼같이 일어나며 따지고 들어온다.

"그토록 아름답고 순수한 사랑과 죽음을 어떻게 그렇게 쉽게 매도할 수 있습니까?"

"대문호가 쓴 명작을 가지고 그렇게 혹평을 해도 괜찮은 것입니까?"

"진정들 하세요. 그리고 내 말을 들어보세요. 하나의 책을 읽고 많은 사람들이 자기와 똑같은 소감과 견해를 갖고 있으리라고 생각하는 것은 커다란 잘못입니다. 생활환경이 다르고 사고방식이 다른 많은 사람들은 서로 다른 독후감과 견해를 가질 수 있습니다. 그것은 인간으로서 자연스러운 일입니다. 따라서 자기와 다른 독후감과 견해를 가지고 있다 해서 아가씨들처럼 나쁜 쪽으로 몰아세운다는 것은 지성인으로서 해야 할 태도가 아니라고 봅니다. 그리고 대문호가 쓴 명작이라고 혹평하지 말라는 법이 있는 것도 아니기에 얼마든지 평가를 할 수가 있습니다. 창작과 비평의 자유가 있어 글쓴이도 자유롭게 상상하여 쓸 수 있듯이 나도 자유롭게 비평을 할 수가 있는 것입니다."

내 얘기가 끝나자 아가씨들은 적이 놀라는 표정을 감추지 못한 채 자기들 독서모임에 대해서 얘기를 해준다.

"올해 고등학교를 나온 동창들이 몇몇이 모여 책을 돌아가면서 읽고 독후감을 발표해보니 참 좋은 것 같아 계속해오고 있는데 그러다보니 지금은 선배나 후배 되는 문학소녀들이 여러 명 늘어나 읍내 제과점 등에서 자주 모임도 갖고 있습니다."

"참으로 건전하고 뜻있는 모임이군요, 나 같은 엿장수도 엿장수 문학을 가지고 참여할 수 없습니까?"

그러자 아가씨들은 웃으면서 남자들은 없는 금남의 모임이라 안 되는 일이지만 엿장수로서 문학을 하는 특별한 사람이기에 생각해서 상의를 해보겠다고 대답해줬다. 다음에 들를 때면 모임의 결정을 알려주기로 약속받고 아가씨들과 헤어져 동네를 떠나 다른 곳으로 향했다. 이웃 마을로 가면서 나는 앞으로 엿장사를 다니다 보면 별의별 만남을 다 갖게 될 것 같다는 생각을 아니할 수가 없었다.

'앞으로 여기저기 곳곳을 다니다 보면 남녀노소 상하 광범위하게 만나게 될 것이다 열심히 만나서 인간 속을 파고 들어가 온몸

으로 연구를 해보자 그리하여 인간이 무엇인가를 밝혀내자.'

그렇게 다짐을 해가며 리어카의 손잡이를 움켜쥐고 앞으로 내달렸다. 리어카가 돌멩이를 넘어갈 때마다 엿판 위에 올려놓은 엿가위가 찰강거려대며 소리를 내었다.

윗마을에 다다르자 국민학교(초등학교) 다니는 큰 아이들이 학교에 갔다 돌아와 엿을 잘 사먹었다. 역시 큰놈들이 큰 값을 한다고 생각하며 몇 개 마을을 다니다보니 엿이 다 떨어지고 고물이 리어카에 반쯤 채워졌다. 받은 고물들을 살펴보고 해를 쳐다보며 나는 아쉬운 마음을 갖지 않을 수 없었다. 해도 아직 새참때 밖에 안됐고 리어카에 고물도 얼마든지 넣을 수 있는데 엿이 떨어져 장사를 할 수 없다니 안타까운 마음을 다스리며 엿방으로 리어카의 머리를 돌렸다.

돌아오다 보니 배가 무척 고팠다. 그동안 점심때가 훨씬 지났는데도 장사하느라고 온통 긴장되어 정신이 없다보니 배고플 경황이 없었나 보다 나는 마을 가게에 들어가 빵을 몇 개 사먹고 농로 길을 따라 강가 뚝방 길로 올라섰다.

뚝방 위에 리어카를 받치고 몸 풀기 운동을 하고 내가 오늘 돌아온 마을들을 돌아봤다. 앞으로는 넓은 들판이 펼쳐져 있고 뒤로는 강이 흐르고 좋은 산들이 있고 옆으로는 가까이 읍내가 있어 생활하기가 아주 좋을 것 같다는 생각이 들었다.

엿방에 돌아와 리어카를 마당에 받치고 엿판을 내려 마루 위에다 올려놓고 있다 보니 주인아저씨와 일찍 들어온 몇몇 엿장수들이 다가와 할 만 하더냐고 물어본다. 그래서 나는 내일부터 엿을 여섯 근 이상 가지고 나가야겠다고 대답해줬다. 그러자 곁에 있던 엿장수 아저씨 하나가 북을 만지면서 엿장사 한 일 년은 재미도 있고 구경도 하고 할 만하다고 말해준다. 나는 사람들이 지켜보는 가운데 리어카에서 고물들을 끄집어내 저울에다 달고 주인아저씨는 장부에다 적었다.

구리, 신주, 양은, 이문오, 찡(솥쇠), 기계철, 고철(상 · 하), 병(대 · 중 · 소), 비료 푸대, 잡지, 고무신짝, 삼베, 게샤스, 사지 등등. 양은 적으나 가지 수는 다양했다. 고물을 전부 정리하고 아저씨와 마루에 앉아 주판을 놓다보니 고물 값에서 엿값을 제하고 삼십 원이 남았다.

오늘 내가 생전 처음 엿장사를 나가서 삼십 원을 벌은 것이다. 그러나 주인아저씨가 기록하는 장부에는 이기환 1967년 9월 ○일 – 십 원이라고 적혀지고 있다. 하루 밥값 40원을 제하고 나니 10원이 적자가 난 것이다.

곁에서 구경을 하던 엿장수들이 작전은 없느냐고 물어본다. 그래서 나는 작전이 뭐하는 작전이냐고 하며 여기도 군대같이 전투작전 같은 것이 있느냐고 반문을 했다. 그러자 사람들이 웃으면서 대답해주었다. 작전이라 하는 것은 엿장사 나가서 현금 받고 엿을 판돈을 말하는 것이라고 대답해준다. 나는 아가씨들이 이십 원어치 사먹은 작전을 가지고 빵 사먹는 작전을 하였노라고 말해주었다.

장사 나갔던 사람들이 하나둘 다 들어오고, 차례로 저녁식사를 하고 나자 주인아저씨가 회식을 시켜주며 엿장사하는 식구들에게 나를 인사시켜 주고 그들을 하나하나 소개시켜 주었다.

황노인 61세, 장한구 45세, 김일로 37세, 양만석씨 30세, 김일태

22세, 강공태 21세, 박성수 18세, 이들이 나와 함께 엿방에서 숙식을 같이하며 지낼 사람들이고 정충만씨 33세, 공경수 27세, 두 사람은 이 근처에 집과 가족이 있는 사람들로서 정충만씨는 차부와 극장에 엿을 공급해주는 사람이고 공경수씨는 역전에서 앞자리를 보는 사람이라고 자세히 알려주었다.

소개가 끝나자 서로 잘해보자고 하면서 신고식과 환영식을 겸한 술자리가 흥겹게 시작되었다. 술을 마시면서 돌아가며 노래와 장기자랑을 하는데 엿장사들은 그야말로 엿장수 맘대로였다. 북, 장구, 꽹과리, 기타 하모니카 등 악기들은 한 가지씩 다 다룰 줄 알았으며 우리의 고전 춤이나 림버 트위스트 등 양춤을 멋지게들 추어대고 노래도 못하는 게 없었다. 나는 춤도 못 추고 노래도 잘못하는 음치라서 무척 걱정을 하다가 동네에서 나이든 어른들을 위해 가끔 불러줬던 아리랑을 고쳐서 불렀다.

"청청 하늘에 잔별도 많고 우리 엿장수 가슴에 사연도 많다. 아리랑 아리랑 아라리요 아리랑 고개를 넘어간다……!"

노래가 끝나자 이번에는 춤을 추어보라고 한다. 내가 한참이나 망설이자 안하면 우리 식구 될 자격이 없고 식구로 인정을 안 하겠다고 몰아세운다.

나는 사람들에게 좀 비키라고 하고서 물구나무를 서서 방안을 앞뒤 좌우로 빙빙 돌아다니며 두발을 흔들어대었다. 보고 있던 사람들이 일제히 박수를 치고 환호를 해주며 야! 자네 운동 많이 했구먼 하면서 한마디씩 건넨다.

회식이 즐겁게 끝나고 우리는 엊그제보다 훨씬 더 이물어진 것을 느끼며 함께 잠자리에 들었다. 나는 자리에 누워서 엿장수들이 오늘밤 놀든 모습과 면면을 다시 그려보며, 생각해보았다. 어쩌면 이들의 몸에 남사당패 같은 끼가 흘러내려 춤추고, 소리하고, 굿판을 벌리고 싸돌아다니는 짓을 하고 싶어 엿장수가 되어 엿판과 엿가위를 짊어지고 나선 것이 아닐까. 그것이 아니라면 소설에 나오는 방랑자들처럼 역마살이 끼어서 떠돌아다니는 엿장사가 되지 않았을까 등등의 생각을 하다 보니 나에게도 혹시 역마살이…… 하는 생각이 스치고 지나갔다. 나는 그럴 리가 없다고 부인을 하다가 잠이 들었다.

아침에 스피커에서 노래가 울려 퍼져 나오는 소리를 들으며 잠을 깼다.

"안녕하세요, 안녕하십니까, 인사를 나눕시다, 명랑하게……."

노랫소리와 함께 엿장수로서 하루 일과가 시작되었다. 엿을 만들어 엿판에 담아 리어카에 실어놓고 밥을 먹고 장사 길을 나섰다. 나는 엿판에 엿을 일곱 근이나 실어서인지 부담감이 들어 읍내 골목길과 시골마을들을 정신없이 다녔다. 점심도 굶고 설쳐댄 끝에 엿판의 엿을 다 털고 시골길을 벗어나 읍내를 거쳐 엿방으로 돌아오니 열시가 되어 가고 있다. 식구들이 기다리고 있다가 엿판과 고물들을 다 챙겨주고 계산까지 끝내주었다.

나는 세수를 하고 옷을 갈아입고 고맙다는 인사를 한 다음에 엿방 일지를 넘겨보았다.

9월 ○○일 130원 입금, 총 계산 120원이라고 적혀있다.

오늘 170원을 벌어가지고 밥값 40원과 어제 십 원 적자난 것을 제하고 내가 찾아갈 현금이 현재 120원 있다는 기록이었다. 엿방에서는 이같이 벌어놓은 돈을 상돈이라고 불렀다. 나는 내 것

말고도 다른 사람들의 엿방일지도 넘겨보았다.

성수의 상돈이 팔천 원 정도로 제일 많았고 다른 사람들은 대체로 이삼천 원 정도로 쌀 한가마니 값을 더 벌었거나 덜 벌은 정도였고 장한구씨는 마이너스 천원이었고 김일대는 마이너스 이천 원을 넘고 있었다. 나는 속으로 이상하다. 생각하며 성수에게 물었다.

"어이 성수! 이 장부에 기록된 상돈들이 맞는가."

"맞아!"

"그런데 왜? 사람들이 왜 이렇게 돈을 못 모았고 적자까지 난 사람들이 있는가 궁금해서 그래!"

"응! 그것은 장사 나가기 싫어하거나 헛돈을 많이 쓰니까 그런 것이야."

"헛돈이라니 무슨 헛돈을 써?"

내가 따지듯 묻자 성수는 가까이 다가와 내 귀에다 대고 가만히 말했다.

"술 많이 마시고 색시 집에 다니니까 그래."

나는 성수의 얘기를 듣고 여러 가지 일들이 쉽게 이해가 가지 않았다. 적자가 나 있는데 어떻게 색시 집에 다닐 수 있는 것이며 주인아저씨는 이들을 왜 내버려두는 것일까, 그런 생각을 하고 있는데 안방에서 상을 차렸다고 부른다.

안방에 들어가니 아주머니와 큰어머니 그리고 그 막내딸인 이쁘라는 별명의 아가씨가 밥상을 푸짐히 차려놓고 기다리고 있었다. 나는 늦어서 죄송하다고 인사를 하고 숟가락을 들어 바쁘게 퍼먹어댔다. 그러자 큰어머니와 아주머니가 시장한 때 급히 먹으면 체하니까 천천히 먹으라고 타이른다. 저녁밥을 두 그릇 이상이나 먹어치우고 나오려다 나 하나 때문에 일찍 돌아가지 못하고 있는 큰어머니와 이삐 아가씨를 집까지 바래다주겠다고 자청하고 나섰다. 그러자 오늘 낮에 부엌방을 고쳤으니 지금부터는 여기서 생활한다고 말해준다. 나는 방을 나서면서 이삐 아가씨의 귀엽고 예쁜 얼굴을 한번 바라보고 한쪽에서 잠자고 있는 일섭이의 볼을 만져주고는 방을 나왔다. 방을 나와 토방위에서 방 쪽을 보니 건넛방과 뒷골방은 불이 꺼져 있었지만 곁방은 그때까지도 불이 켜진 채 도란거리는 소리가 들려왔다. 발소리가 나지 않게 조용히 마당에 내려서니 장독대 풀섶에서 귀뚜라미들이 깊어가는 가을밤의 고요를 전해오고 있다.

다음날도 스피커에서 나오는 "안녕하세요." 소리를 들으며 일과를 시작해서 읍내와 마을 곳곳을 돌아다니며 장사를 하고 해질 무렵 돌아와 고물을 달고 일지를 보고 밥을 먹고 자는 것으로 엿장수 일과를 마쳤다. 이렇게 하루하루가 지나가며 엿장수로서 경력이 쌓여갔다. 나는 열심히 장사를 다니며 애, 어른 가리지 않고 사귀면서 엿을 팔고 고물들을 실어 날랐다. 동네마다 들어서기만 하면 아이들이 운동 가르쳐주는 엿장사 왔다고 엿을 많이 팔아주었고, 어른들은 인사 잘하는 엿장사 왔다고 칭찬해주었다. 그리하여 장사를 잘하고 엿방에 들어오면 주인내외분이 엿 많이 팔고 고물을 많이 가져오니까 즐거워라 했다.

나는 두어 달 동안은 아무런 생각 없이 오직 엿장사 하는 데만 전력을 다 쏟았다. 아가씨들이 하는 독서모임에도 나가지 않았고 추석 명절에도 전날 남은 엿을 가지고 장사를 나갔다 올 정도였다. 내가 그렇게 지독스럽게 장사에만 매달린 이유는 엿장수로서 삶을 진지하게 경험해보고 상돈도 꼭 올려놓고 그다음에 밥값정도나 벌면서 안정된 자세로 철학도 하고 독서모임에도 나가자는 계산에서 그런 것이었다. 이러한 나를 보고 사람들은 지독한 사람이라고 혀를 내둘렀고 내가 생각해도 그렇다고 자인할 정도로 열심히 했었다. 그 결과 나는 내가 소망했던 만큼 경험도 얻었고 상돈도 올려놨다. 그래서 요즈음은 좀 느긋하고 여유 있는 마음으로 엿방에서 정충만씨나 주인아저씨에게 바둑도 배우고 황노인과 김일로씨에게 살아온 얘기를 듣기도 한다.

오늘은 아침부터 비가 내리기 시작했다. 사람들은 아침을 먹자마자 건넛방으로 가서 술판을 벌이는 사람도 있고 뒷골방에 가서 자는 사람도 있고 곁방에서 바둑판을 벌이는 사람들도 있다. 술판을 벌이는 사람은 장한구씨와 양만석씨로 술 잘 먹기로 유명한 사람들이었고 잠자는 사람은 잠보로 소문난 강공태와 공경수씨였고 바둑판 앞에 모인 사람은 주인아저씨와 정충만씨 그리고 나와 박성수였다.

비기 오는 날에는 의례히 경수형은 집에서는 어른들 때문에 낮잠을 못 잔다며 잠을 자러왔고 정충만씨는 바둑을 두러 달려왔다. 주인아저씨와 정충만씨가 바둑을 두면서 나와 성수에게 하수들은 열심히 심부름도 하면서 배우는 것이라며 목포 집에 가서 고기 두 근하고 막걸리 한 되를 받아가지고 오라한다. 그러면서 서로 자기가 이길 테니까 상대방 이름을 달아놓고 가지고 오라는 것이다. 주인아저씨는 정사장 앞으로 달아놓고 가져오라 하고 정충만씨는 김사장님 앞으로 달아놓고 가져오라고 성화다.

성수와 내가 웃으며 망설이고 있자 곁에서 겨울 속옷 바느질을 하고 있던 황노인이 한마디 거든다.

"양쪽 다 앞으로 달아놓고 두 배로 가져다 포식 한 번 하자."

그러자 바둑을 두던 본인들은 서로가 이길 테니 조금만 기다리란다. 결국 네 점을 깔고 두던 정충만씨가 이겨서 주인아저씨가 돈을 내어 고기와 술을 사러 목포 집에 들어서니 거기에 김일로씨와 김일대가 새로 왔다는 살짜기 아가씨와 술판을 벌이고 있었다.

가랑비를 맞고 들어온 우리를 보더니 김일로씨와 일대는 무슨 심부름을 왔느냐고 묻고 살짜기라는 별명이 붙은 아가씨는 멋진 총각들이 왔다며 앉아서 한잔하자고 막걸리 잔을 내민다. 내가 막걸리 잔을 밀어내며 사양을 하자 살짜기 아가씨는 나에게 찡긋 윙크를 하더니 "자기 다음에 살짜기 와~" 하고는 내손을 잡는다. 나는 손을 점잖게 뿌리치고 "임자가 있는 몸이요!" 하면서 나왔다.

옛방에 돌아와 돼지고기를 볶아놓고 둘러앉아 술을 먹고 있노라니 김일로씨와 일대가 돌아와 합석을 하고 떠들어댄다. 그러면서 내가 살짜기 아가씨하고 손을 잡았다고 동네방네 선포를 하는 것이었다. 그러자 곁에 있던 사람들이 그게 사실이냐고 물어보고 부엌에서 식사를 준비하고 있던 아주머니와 큰어머니 그리고 이뻐 아가씨까지 그게 정말이냐고 하면서 교대로 쫓아와서는 묻고 간다.

"정말로 그럴지 몰랐는데……!"

"누가 먼저 손을 잡았는가?"

"아니, 손을 잡았으면 어떻고 안 잡았으면 뭐가 어떻다고… 인제 그만 좀 해요!"

나는 화를 내면서 그만 하라고 소리를 쳤다. 그러자 자기들도 너무 심했다고 생각이 들었는지 다른 사람들은 놀려대던 것을 멈추고 잠자코 조용해지기 시작했다. 그러나 김일대씨만이 손잡은 게 사실인데 놀리면 어떠냐고 혼자서 더 크게 떠들어대는 것이었다. 그러는 그를 보자 순간 나는 속에서 주먹 같은 것이 치밀어오면서 열불이 나기 시작했다. 그래도 가까스로 참고 또 참으며 마루에 앉아 있으려니 방안에서 그자가 내 이름을 들먹이며 건방진 자식이 어른들 술 먹는데 까분다며 지껄여댔다.

"김일대! 너 이 자식, 나와!"

나는 더 이상 도저히 참을 수가 없다는 생각에 방문을 열어제끼고는 소리를 쳤다.

"뭐야, 이 자식이……."

대응하듯 방문을 열고 튀어나오는 김일대를 나는 대문 옆 논바닥으로 데리고 가서 냅다 털어버리고 주먹으로 쥐어박았다. 그러지 그 역시 싸움을 잘한다고 소문이 난 녀석답게 벌떡 일어나 주먹질을 해왔다.

"너 이 새끼, 쌈 잘한다고 소문난 자식 어디 한번 붙어보자!"

나는 이 자식에게 정말 본때를 보여주어 다시는 까불지 못하게 해야겠다고 맘먹고 앞차기와 정권으로 급소를 갈겨버렸다. 그러자 이자가 논바닥에 나뒹그러졌고 설마하고 방에서 지켜보던 사람들이 쫓아 나와 나를 떼어내서는 붙들어놓고 일대를 일으켜 세웠다. 그러고 있는 사이 다시 기력을 회복한 이 자가 나에게 느닷없이 주먹질을 해왔다. 얼떨결에 얻어맞은 나는 정신을 차려 이번에는 혼찌검을 내야겠다고 생각했으나 모두가 틀어잡고 말리는 바람에 싸울 수가 없었다.

집에 들어와 보니 옷은 비에 다 젖었고 거기다 진흙투성이였다. 나는 방에 들어와 옷을 갈아입고 성수와 함께 목욕탕으로 향했다. 목욕을 하고 돌아와 황노인 큰어머니 주인아저씨 등 어른들에게 단단히 혼을 나고서 일대와 나는 사과를 하지 않을 수가 없었다.

다시는 싸우지 않겠노라고 약속을 하고 단둘이 술집에 나가 마주 앉아 서로의 속 얘기를 진솔하게 주고받았다. 많은 대화를 나누고 나서야 우리는 서로 놀라며 굳게 손을 잡았다. 그것은 서로의 머릿속에 들어있던 상대의 나쁜 인상이 깨져나가고 그 자리에 멋있는 인상이 새겨지고 있었기 때문이었다.

일대형이 가졌던 나에 대한 인상이란 철학한다고 다니며 싸움 잘하는 불량 청소년이었다고 한다. 그것은 내가 처음 송정리 역전에서 내릴 때 닭꼬치장수와 싸웠고 또 동양극장 앞에서 건달들과 혈투를 벌인 사건을 보고 그렇게 단정했다는 것이다. 반면 일대형에 대한 나의 인상 역시 장사도 잘 안 나가고 술만 먹고 색씨집이나 쫓아다니는 그런 타락한 인간으로 보아왔었다. 그러나 그러한 인상들이 어느 외형만 보고 또는 남의 얘기만 듣고 생긴 허상은 실상이 들어오면서 당연히 깨져나갈 수밖에 없었다.

일대형은 내가 어머니 병간을 하면서 똥오줌을 받아냈다는 사실에 감동을 했고 나는 일대형이 사랑의 충격과 고통에서 벗어

나기 위해 자기 자신과 얼마나 처절하게 싸우고 있는가를 알게 되었다. 그리고 매달 홀어머니 앞으로 꼬박꼬박 송금을 하느라 적자가 나고 있다는 사실을 우체국 영수증을 보고 알 수 있었다. 일대형에 대한 인간적인 정이 솟아나는 순간이었다. 일대형과 나는 굳게 손을 잡고 껴안고 난 다음 엿방으로 향했다.

엿방에 돌아와 나는 뒷골방에 누워 나의 사물에 대한 인지능력과 경솔한 판단에 대해 철저히 반성을 했다. 앞으로는 한 인간에 대해 남의 얘기와 외형적인 겉모양만 가지고 함부로 규정하거나 상을 갖지 말자고 다짐하며 그 동안 말로만 달달거리고 다녔던 몽테에뉴의 명언을 다시 한 번 깊이 새겨보았다.

※ 우리가 사물에 대한 판단이 부정확한 것은 사물이 형체와 본질로 인식되는 것이 아니고 그 고유의 힘과 권유로 우리의 인식 속에 들어와 자리하기 때문에 그런 것이다.

나는 저녁식사를 마치자 다시 뒷골방에 들어와 불을 끄고 누워 콩주머니를 꺼내어 콩을 하나하나 새어 보면서 어머님 말씀을 새겨가며 엿장사 다니느라 정신없이 돌아다닌 지난날들을 돌이켜보았다. 그리고는 잘못하고 반성할 일은 없었는가 생각하며 점검해 나갔다.

그 결과 세 가지 잘못이 드러났다.

첫째, 집에다 편지 쓰지 않은 일

둘째, 독서모임에 나가지 않고 약속을 어긴 일

셋째, 동양극장 앞에서 패싸움을 벌인 일과 그때 도와줬던 사람들을 찾아보지 않은 일들이 생각났다. 나는 반성하는 마음으로 일어나 '지금부터라도 잘못을 해결해 나가야겠다.'는 결심으로 불을 켜고 앉아 집에다 편지를 썼다. 집안 식구들 모두에게 한통씩 편지를 쓰고 친구들에게도 썼다. 편지를 다 쓰고 난 나는 많은 편지 중 단 한통의 겉봉에 이곳 주소를 써내려갔다.

전남 광산군 송정읍 송정리 2구 용보천 용보고물상(엿방) 김성직 씨 댁

이기환 올림

이 편지는 무주에 있는 어머니한테로 가는 것이었다. 편지를 다 써서 머리맡에 놓고 나니 오래 전 밀린 빚을 갚아버린 것 같아 속이 후련했다.

오늘은 장사를 일찍 마치고 동양극장 앞으로 가 성수와 함께 패싸움을 벌였던 일을 회상해보았다.

이십여 일 전 성수와 나는 장사 나갔다. 돌아오는 길에 우연히 읍내에서 만나 반가움에 서로 떠들어대며 동양극장을 지나서 오는 길이었다.

"야 이 자식들아! 조용히 좀 하고 다녀 그라고 너그들한티 볼일이 쪼께 있응께 여그 와서 둘 다 무릎 꿇는 게 좋을 것이구만."

우리 앞을 가로막은 네 명의 청년들이 시비를 걸고 나섰다.

"우리는 그렇게는 못 하겠는디……."

"야 이 새끼들 봐라! 너그들이 우리 한티 시방 맛 좀 보겠다. 이거지!"

“그래, 너희들 네놈 중에 한 놈이 대표로 나서 나와 한판 붙어 보자. 나는 100kg 사람도 들어 처박는 힘을 가지고 있는 무술 고단자다. 자! 한번 붙어보자.”

그러자 그중 쌈을 잘하게 생긴 한 놈이 씩씩거리며 나섰다. 그자와 나는 맞붙어 주먹과 발길질을 교환하고 내가 들어매쳐 땅에 눕히자 뒤에 있던 세 놈이 한꺼번에 달려들었다. 그래서 우리는 패싸움을 벌이게 되었고 그렇게 패싸움을 벌이고 있는 사이 근처에 있던 어른들이 쫓아 나와 싸움은 끝이 났다.

나는 지난 일들을 돌아보고 반성을 하는 뜻에서 그 당시 싸움을 말려준 어른들을 찾아 나섰다. 몇 시간을 수소문한 끝에 두 분을 찾는 데 성공했고, 저녁 무렵 성수와 함께 선물을 사가지고 찾아가 감사의 인사를 올렸다. 그러자 우리에게 인사를 받은 그 분들은 오히려 고맙다고 하면서 문밖까지 배웅을 해주는 것이었다.

밖으로 나오니 시가지의 불빛이 환하게 우리를 비춰왔다. 돌아오는 길에 성수는 내손을 꼭 쥐고 둘만이 통하는 무언의 말을 전해왔다. 우리가 손을 잡은 채 극장 앞을 지나오니 동양극장에서는 여배우 윤정희 주연 극장 그림에 ‘청춘극장’이라는 영화가 상영되고 있었다.

엿방에 돌아와 잠자리에 누워 콩주머니의 콩을 하나하나 세어가며 스스로 대견하게 생각을 하노라니 저절로 어머님 말씀이 떠올랐다.

“검정콩 하나하나를 세어가며 맘을 다스리고 저녁에 잠자기 전에도 콩을 세어보면서 하루 일을 반성해보고 자야한다. 그러다보면 콩주머니의 의미를 알게 될 것이니라. 콩주머니가 백여덟 개의 콩을 다 품고 있듯이 너도 콩주머니처럼 백팔번뇌를 다 품고 다스리는 큰 사람이 되라는 뜻에서 콩주머니를 차고 다니며 세어보라는 것이다. 이제야 알아들었느냐?"

너무도 옳고 이치가 깊은 가르침의 소리가 콩주머니를 통해 생생하게 들려왔다.

엿장수 시절

청년 엿장수의 가을과 연정

아침에 일어나 엿판을 리어카에 싣고 나서 마루에 있는 밀대갓을 챙기다 보니 꽃병에 들국화가 소담스럽게 꽂혀있다.

'누가 꽂아 놓았을까?'

희고도 보라빛이 감도는 꽃송이를 바라보고 있노라니 가슴속에 향긋한 아름다움이 밀려들어왔다. 나는 꽃을 꽂아 놓은 사람의 마음도 아름다울 것이라 생각하며 들국화꽃을 몇 송이 꺾어 밀대갓에 꽂고 휘파람을 불며 나아갔다. 그렇게 길을 가다보니 갑자기 독서모임 하는 아가씨들이 보고 싶어진다. 나는 오늘따라 마음이 일렁거리는 이유가 왜일까? 하고 생각해보다가 들국화꽃 때문이겠지 하고 결론짓고는 아가씨들이 사는 큰 동네로 발길을 돌렸다. 아가씨들이 사는 큰 동네에 들어선 나는 우물가에 리어카를 받치고 엿가위를 쳐대며 외장을 쳤다.

"젊은 베르텔의 사랑엿! 까뮈의 호박엿!"

한참을 그러고 있다 보니 아가씨들이 나왔다. 아가씨들은 나를 보더니 눈을 흘기며 빈정대듯 말했다.

"약속은 안 지키면서 겉멋은 되게 내내요."

"예, 약속을 못 지켜서 미워할 것 같아 일부러 멋을 내고 왔습니다."

내가 웃으며 대답을 해주자 아가씨들은 그렇게 웃지 말고 왜 그 동안 약속도 안 지키고 이 마을에 한 번도 안 왔는지 말하라고 따지고 들었다. 그래서 나는 그동안의 사정을 대충 얘기하고 약속을 못 지킨 것에 대한 설명을 해주었다 그러자 아가씨들의 표정이 부드러워지며 모임에 나을 수 있는 기회를 주겠다고 했다. 나는 다행이라 생각하며 감사하다는 말과 함께 밀대갓을 살짝 벗어 장난스럽게 인사를 해줬다.

이러한 내 모습이 멋지게 보였는지, 혜숙이라는 아가씨가 내 밀대갓을 가져다 자기의 긴 머리 위에 살짝 얹고는 멋을 낸다. 밀대갓에 꽂힌 들국화꽃이 그녀의 상큼하고 아름다운 얼굴과 잘 어울렸다. 그러나 그러한 모습은 나만이 느낀 아름다움이 아니었는지 너도나도 달려들어 한 번씩 모자를 써보고 멋을 내느라고 야단이다. 밀대갓에 꽂고 나온 들국화꽃이, 어느 결에 우리들의 사이를 자연스럽고 아름답게 만들어주고 있었다.

아가씨들과 헤어져 휘파람을 불며 강둑길을 따라 걷다보니 옆산에는 이미 단풍이 곱게 물들어 있고 갈대꽃이 만발해 있었다. 하얀 갈대꽃 무리들이, 바람에 일렁거리며 긴 머리 소녀의 부드러운 눈길처럼 다가와 청년 엿장수의 가슴을 설레이게 한다. 나는 가슴을 열어젖히고 가을을 노래하고 사랑을 음미하고 시를 읊었다.

바람은 어디서 오는가

바람은 산을 넘고 강을 건너
긴머리 소녀의 머리결을 훔치고
갈대꽃 무리들을 일렁거리며
내 가슴으로 불어온다.

자연의 아름다움과 스스로의 감정에 흠뻑 도취되었다가 깨어 보니 가을 태양이 빙그레 웃고 있다.

내일은 독서모임이 있는 날이다.

나는 장사를 나가지 않고 주인아저씨에게 내 상돈 중에서 천 원만 찾아다 달라고 부탁을 했다. 그러자 주인아저씨는 의외라는 듯 물었다.

“이 사람아, 그렇게 많은 돈을 어디다 쓰려고 그러는가?”

“예, 멋 좀 낼려구요!”

내가 쉽게 대답을 하자 주인아저씨는 더 궁금하다는 표정으로 물었다.

“어떤 멋을 낸다는 것인가?”

“오늘 저녁에 두고 보세요! 기차게 멋을 내고 들어올 테니까요!”

나는 점심때 아저씨로부터 돈 천원을 받아서 광주로 달려갔다. 큰 도시에 가서 좋은 옷을 사 입어야겠다는 생각이었다. 콤비처럼 진한 밤색의 옷을 한 벌 사서 즉석에서 입고는 구두까지 사 신고 송정리로 돌아온 나는 옷맵시를 뽐내듯 거리를 돌아다니다가 내친김에 이발소로 들어가 그동안 기르기만 하던 머리에 난생처음 고데를 대고 또 거기에 머리 기름도 살짝 발라줬다. 이발까지 하고 거울 앞에 비친 나를 보니 그전의 내 모습은 어디 가고 영화배우처럼 멋지게 생긴 청년이 거울 속에서 미소 짓고 있었다.

저녁 무렵 영화를 한 편 보고 엿방에 돌아오니 사람들이 나를 보고 다들 놀라는 표정들이다.

"웬 신사냐! 이게 귀신이냐! 도깨비냐?"

놀래서는 다시 보고 또 다시 본다. 나는 사람들을 너무 놀라게 했다는 죄목으로 이번에는 막걸리 닷 되와 고기 세 근을 사내야 했다.

사람들은 나보고 결혼할 애인 생겼느냐고 솔직히 말하라고 따지고 든다. 그래서 나는 무슨 천만의 말씀이냐며 엿장수라고 깔보는 사람들이 많이 있길래 멋 좀 내봤다고 대답해주었다. 잔치가 끝나고 일대형이 내일 무슨 일이 있느냐고 넌즈시 묻는다. 그래서 나는 내일 독서 모임 하는 아가씨들 만나기로 했다고 가만히 얘기해줬다. 그러자 일대형은 내 어깨에 손을 얹어주며 잘 해보라고 격려를 해준다.

여러 가지 상상과 생각의 나래 속에 독서모임 전날 밤이 지나가고 새벽닭이 유난히도 크게 울어대는 새날이 밝았다. 다른 사람들은 장사 나가기에 바쁘고 나는 치장하기에 바빴다.

다리미로 옷을 다려 입고 이발소에 들어가 머리 손질을 다시 하고 거울을 보았다. 진한 밤색 신사복에 받쳐 입은 하늘색 남방 샤스가 내 흰 얼굴과 조화를 이루며 잘 어울렸다.

이발소를 나와 발걸음도 경쾌하게 휘파람을 불며 역전통 도나스집으로 향했다. 도나스가게 안으로 들어서니 독서모임 하는 듯한 아가씨들이 물 잔을 앞에 놓고 재미있게 이야기를 하다가 나를 한 번 잠깐 쳐다보더니 다시 자기들 이야기 속에 빠진다. 나는 다가가서 말을 걸고 먼저 인사를 할까 하다가 혹시 아닐지도 모른다고 생각하며 한쪽에 앉아서 나를 알고 있는 큰 동네 아가씨들이 올 때까지 기다리고 있었다. 설레임으로 기다리는 긴 시간이 지나고 드디어 혜숙씨와 정희씨 숙자씨가 함께 들어섰다.

"어서 오십시오."

"어머! 이게 누굽니까?"

하나같이 놀라는 눈빛으로 우뚝 서서는 내 모습에 시선을 집중시켜 온다. 그러자 먼저 와 있던 네 명의 아가씨들이 누군데 그렇게 놀라고 반가워하느냐면서 빨리 와서 같이 앉으라고 재촉을 한다. 우리는 뒷자리로 가서 함께 마주보고 앉아 혜숙씨의 소개로 서로 인사를 나눴다. 내가 먼저 일어나 간단한 내 소개와 함께 인사를 했다.

"안녕하십니까? 만나서 반갑습니다. 엿장수를 하며 문학을 하고 있는 사람으로서 나이는 스무 살이고 내년에 군대에 갑니다."

내 소개와 인사가 끝나자 네 명의 아가씨들이 돌아가며 자기소개와 인사를 마쳤다.

"정말로 엿장사를 하고 있는 사람이세요? 겉모습을 봐선 도저히 엿장사를 하는 사람 같지가 않은데요!"

서로의 인사가 끝나고 나서도 처음 만난 네 명의 아가씨들은 나를 가리키면서 정말 미덥지 않다는 표정들을 짓고 있었다.

"제가 엿장사를 한다는 것을 혜숙씨와 정희씨 숙자씨가 잘 알고 있는데, 아직까지 알려주지 않던가요? 다음 모임에 나올 때는 필히 엿리어카를 끌고 나올 테니까 잘 봐두십시오."

아가씨들은 신사복을 입은 내 모습 속에서 엿장수로서의 이미지를 떠올려보려고 애를 쓰다가 여의치 않은지 엿장사를 하게 된 내력을 묻고 나섰다.

"고등학교 과정을 마치고 집에서 문학공부를 하다가 군대 가기 전에 김삿갓처럼 한번 돌아다니며 방랑생활을 해보고 싶어서 무조건 배낭을 짊어지고 나와 무전여행을 다니다가 이곳까지 오게 됐던 거고 여기 송정리 역전에서 엿장사 하는 사람을 우연히 알게 돼 엿장수가 된 것입니다."

"사실은 우리도 남자로 태어났으면 기환씨처럼 그렇게 돌아다니며 구경도 하고 문학도 했을 겁니다."

점점 달궈지기 시작하는 우리들의 대화에 훼방이라도 놓으려는 듯 주문해 놓은 빵과 도나스가 쟁반에 가득 담겨져 나왔다.

"오늘 빵은 제가 전부 다 사는 것이니 맛있게들 많이 드세요."

나는 말을 마치자마자 손으로 도나스를 하나 얼른 집어 입에 넣고 먹었다. 그러한 내 모습을 곁에서 지켜보고 있던 혜숙씨가 한마디를 한다.

"돈키호테같이 행동하는 형의 사람이란 바로 기환씨 같은 사람을 두고 일컫는 말이지요."

"그렇다면 헤믈리트같이 생각하는 형의 사람은 숙자씨 같은 사람이겠네요. 그렇죠, 숙자씨!"

나는 조용히 앉아 있기만 하는 숙자씨를 가리키며 말의 문맥을 살려나갔다. 가만히 얌전히 듣기만 하던 숙자씨는 시선과 화제가 느닷없이 자기한테로 몰려오자 당황해하며 얼굴이 붉어지더니 몸 둘 바를 몰라 한다. 그러자 곁에 있던 아가씨들이 순진한 사람을 가지고 그렇게 몰아세우면 어떡하느냐면서 나를 구박해왔다.

"문학하는 사람은 말을 멋지게 구사하고 받아넘길 줄도 알아야 한다기에 혜숙씨의 말을 받아 숙자씨에게 넘겼을 뿐입니다."

우리는 그렇게 이야기를 주고받으며 빵과 도나스를 다 먹고 빵집을 나서 정희씨 사촌동생들이 자취를 한다는 집으로 갔다. 자취방은 기다란 집 대문 옆에 붙어 있었다. 정희씨가 문간방의 문을 열고 방 안으로 안내를 했다. 동생들은 아직 학교에서 돌아오지 않았고 방은 남학생들이 쓰는 방인데도 정갈하게 정돈되어 있었다. 우리는 따뜻한 아랫목에 요를 하나 깔고 그 속에 발을 넣고 둘러앉아 정담을 나누고 난 다음 자세를 바로하고 앉아 책 얘기에 들어갔다. 아가씨들과 나는 돌아가며 책을 읽은 소감과 평가를 하였다.

아가씨들은 대체로 문학과 시에 대한 관심이 많아서 표현이 문학적이었고 나는 철학에 관심이 많아서 철학적인 표현을 많이 썼다. 아가씨들은 책도 많이 읽었지만 발표와 평가를 하는 자세도 아주 진지했다. 한 사람 한 사람의 발표와 평가를 열심히 듣다보니 어느덧 내 차례가 돌아왔다. 나는 먼저 평가에 대해서 모임에 처음 참석했기 때문에 평가하는 것이 서툴러서 미안하다고 하고 대신 느낀 점을 얘기했다.

"지식은 혼자 추구하는 것보다 여럿이 함께 추구해야 빨리 터득되고 축적된다는 것을 새삼 깨달았으며 그것을 축구에 비유한다면 혼자 공차기를 하는 것보다 다양한 기술을 가진 여러 사람들과 함께 공차기를 하는 것과 같은 이치라고 봅니다. 이것은 광부들이 각자 캐온 광석을 제련소의 용광로에 넣고 금을 녹여내어 함께 소유하는 것과 같은 꼭 필요한 지식 제련 작업들이라고 생각됩니다."

내 얘기를 열심히 듣고 난 아가씨들은 비유해서 설명해나가는 방법이 좋다고 하면서 읽은 책 중에서는 어느 것 하나를 골라 발표를 하라고 한다. 나는 아가씨들의 지식수준과 사고의 깊이가 보통이 아니라고 생각하며 문학책을 가지고 얘기할까 철학책을 가지고 얘기할까 망설이고 있는데 아가씨들이 빨리 듣고 싶다고 재촉을 해댄다. 나는 아가씨들에게 잘 보이고 그들의 기를 좀 죽여야겠다고 생각하며 입을 열었다.

"저는 철학을 가지고 적은 지식이나마 발표를 해보겠습니다, 인식론의 한 분야인 칸트의 순수이성 비판에 대한 이야기를 하겠습니다. 순수이성 비판이라고 하는 철학은 지식(인식)이라는 것이 어떻게 만들어지는 것이며 그 지식이 만들어지는데 있어 중요한 것이 무엇인가를 다룬 것입니다. 칸트의 주장은 지식이란 감각에 주어져 오는(쏟아져 들어오는) 지식의 내용이 되는 것들이 통일되어 지식이 되는 것으로서 감각에 주어지는 지식의 내용들이 통일되지 않으면 지식이 될 수 없으므로 이것을 통일시키는 형식이 필요한데 그 형식은 바로 주관의 자기 형식이라는 겁니다. 그리고 지식의 내용물들이 주관의 자기형식에 의해 통일되었다고 해서 곧바로 지식이 되는 것이 아니고 사유의 작용인 오성을 거쳐야만 비로소 지식이 된다고 하는 거지요. 칸트는 주관의 자기 형식(직관의 형식)은 선험적인 것이라고 했으며 지식의 재료가 되는 감각들은 대상들에 의해 이뤄지기 때문에 지식이 만들어지는데 있어서 객관적인 물상들이 중요함에도 불구하고 그는 물物 자체는 인정할 수 없다고 거부를 하고나서 지식을 이루는데 있어 중요한 것은 주관의 자아구성이라고 주장하고 나섰습니다. 그리고…….”

나는 열심히 듣고 있는 아가씨들을 보면서 제스추어까지 써가며 일사천리로 전개해 버렸다. 내 발표를 다 듣고 난 아가씨들은 평가를 하기보다는 쉽게 풀어서 간단히 설명해 줄 수 없느냐고 물어왔다.

“칸트의 순수이성비판은 지식이 이뤄지는 과정에서 주관과 객관의 대립에 있어 주관에 입장을 둔 획기적인 계기를 마련한 철학입니다. 코페르니쿠스적 전환의 논리란. 세계는 눈에 보이는 그대로 존재하고 있으며 지식은 그것을 그대로 본떠 오는 것이 아니라 지식은 주관의 자아구성에 의해서 이루어지는 것이다. 태양을 가지고 예를 들어보자 우리가 보기에는 분명히 태양이 움직이며 지구를 돌고 있는 것 같이 보이지만 사실은 태양은 가만히 있고 지구가 돌고 있지 않는가.”

이렇게 하여 나의 발표가 완전히 끝나자 아가씨들은 놀라는 표정을 지으며 그렇게 어렵다는 순수이성비판을 어떻게 다 외우고 다닐 수가 있느냐며 철학을 잘하려면 어떻게 해야 되는 것이냐고 질문들을 해온다. 그래서 나는 속으로 의기양양해하며 대답을 해주었다.

“철학은 모든 학문의 근본이 되는 것으로서 사람이면 누구나 다 살아가며 인간이나 자연의 이치 등에 대해 생각하기 마련인데 그러한 생각들이 바로 철학이라고 말할 수 있는 것입니다. 이러한 철학에 대해 더 체계적으로 깊게 연구를 하려고 한다면 먼저 현재 철학에서 사용하고 있는 낱말 하나하나의 개념을 완전히 파악해서 숙지해야 되고 그리고 나서 철학사를 공부하며 끊임없이 관찰과 사색을 통해 연구를 해야 합니다.”

내 얘기가 끝나자 제일 나이가 많은 영주라는 아가씨가 차분하게 물어왔다.

“기환씨는 이제 보니 문학보다는 철학을 더 열심히 하는 사람이라고 느껴집니다. 혹시 철학을 하기 위해 엿장수를 하는 것은 아닌지요?”

“아니요! 그렇지는 않습니다. 엿장사를 하게 된 것은 우연한 일인데 하다 보니 철학하는 사람은 꼭 한번 해봐야 할 일이라고 주장할 수 있을 만큼 엿장수 생활에 대해 애착을 가지게 되었습니다. 문학하는 사람들도 엿장수를 한번 해보면 글 쓰는데 도움될 일이 많을 것이라는 생각이 듭니다.”

“그럼 우리들도 언제 시간을 내어 엿장사를 한번 해봐야겠는데요.”

“나는 내일부터 남장을 하고 기환씨를 따라 엿장사를 나가보면 어떨까요?”

“아니 무슨 소리예요, 농담이라도 그런 소리 마세요. 그러면 난 이 바닥에서 쫓겨나고 맙니다.”

그러자 혜숙씨가 천연덕스럽게 대꾸를 해온다.

"이 바닥에서 쫓겨나면 기환씨랑 멀리 달아나서 함께 엿장사도 하고 문학도 하고 그러면 되죠 뭐."

넉살좋게 받아넘기는 혜숙의 말에 다른 아가씨들이 그만 까르르 웃음을 터트리고 만다.

나는 '그러한 그들이 문학을 하다 보니 낭만적인 꿈이 넘쳐흐르고 있구나!'라고 생각하며 쳐다보고 있는데 영주씨가 공책과 만년필을 챙기며 오늘 모임을 마치자고 나온다. 우리는 즐겁고 유익하게 모임을 마치고 밖으로 나왔다. 문밖으로 나서자 늦가을의 스산한 바람이 낙엽을 뒹굴리며 우리들 사이를 스쳐 지나간다.

아가씨들과 헤어져 나는 영화나 한 편 볼까하고 송정극장 쪽으로 천천히 걸어 나갔다. 극장 앞은 다정하게 손을 잡고 걷는 젊은 연인들로 넘쳐나고 있었다. 그들을 보고 있노라니 가슴이 울렁거리며 그 누구인지도 모르는 아름다운 사람과 함께 손잡고 가을 속을 걷고 싶은 충동이 일었다. 흔히 어른들이 얘기하는 가을은 남자의 계질이라고 한 말을 생삭하면서 마음을 달래며 걷고 있는데 누군가 나를 부르는 소리가 들렸다.

'누가 나를 부를까?'

긴 머리를 휘날리며 혜숙씨가 뛰어오고 있었다. 그는 가까이 오더니 미소를 지으며 내게로 다가섰다.

"기환씨! 오늘 발표한 철학얘기 아주 좋았어요. 그리고 발표하는 자세도 멋있었구요."

비둘기색 코트를 우아하게 입은 그녀는 정감 있는 목소리로 나를 칭찬해 왔다. 나도 그러한 그녀를 보고 웃으며 말해주었다.

“이렇게 상큼하고 아름다운 처녀가 칭찬을 해주니 이 못난 놈 가슴이 두근반세근반하여 정신을 차릴 수가 없네요.”

“농담도 잘하네요. 기환씨는 못하는 게 없을 것 같아요.”

“혜숙씨, 더 이상 칭찬해봐야 빵 사줄 돈 없으니 그만하세요.”

“그럼 내가 저녁 사줄 테니까 함께 가요.”

그녀는 내 팔의 옷깃을 당기며 앞장을 선다. 혜숙씨와 나는 때 이른 저녁을 먹고 나서 문학과 철학, 인생에 관한 얘기를 주고받았다. 식당의 탁자 하나를 사이에 두고서 학문과 인생이 오고 가며 젊음의 풋풋한 갈망이 싹터오고 있었다. 상큼하고 성숙한 혜숙씨의 아름다운 자태가 내 가슴에 허락 없이 뛰어 들어와 마구 흔들어댄다. 나는 울렁거리는 가슴을 진정하려고 애를 썼다. 그녀는 그러한 내 마음을 이미 알고 있었다는 듯 사랑의 눈길을 퍼부어 오고 있다. 우리는 한동안 그렇게 눈빛의 언어로 마음을 교환하고 있었다.

“기환씨, 혹시 고향에 사랑하는 사람이 있는 것 아니에요?”

“내 가슴은 하난데 이 속에 사랑하는 사람이 자리하고 있었다면 지금과 같이 혜숙씨의 마음을 담을 수가 없었겠지요.”

그렇게 우리는 즐겁고 의미 있는 시간을 보내다가 혜숙씨는 동생들과 함께 집으로 돌아가고 나는 혼자서 엿방으로 향했다. 혼자 걸으면서도 내 가슴은 희열에 벅차올랐다. 그렇게 한참을 가다 생각해보니 그녀가 나보다 나이가 많다는 생각이 들자 온몸에 찬물을 끼얹은 듯 정신이 번쩍 들며 희열이 가라앉고, 그리고 번뇌가 일어났다.

'여자 쪽이 나이가 많으면 세상 사람들 거의가 다 인정하지 않으려 하는데 더구나 우리 집안같이 완고한 어른들에게는 통할 리가 없는데, 사랑에는 국경도 없다는데 여자가 한두 살 더 먹은 것이 뭐 어떠냐.'

나는 사랑으로 뛰는 가슴과 안 된다고 말리는 이성 사이에서 불꽃 튀는 난타전을 벌이는 내 몸을 겨우 이끌고 읍내 번화가를 지나 목포집 앞을 지나가고 있었다.

"자기 너무 멋있어! 자기 사랑해!"

어느 결에 나를 보았는지 살짜기 아가씨가 달려 나와 내손을 덥석 잡는 것이다. 나는 얼른 뿌리치고 도망을 치다시피 물러났다.

"자기 정말 사랑해! 진정이야."

내 등 뒤에다 대고 막무가내로 쏟아내고 있는 살짜기 아가씨의 하소연에 나는 하도 기가 막혀서 소리쳤다.

"왜들 이러는 거야 정말! 그렇지 않아도 사랑의 열병으로 고통스러워 죽겠는데."

"나도 자기 짝사랑하느라고 죽겠어! 사랑의 열병을 앓아 주겠다구!"

나는 안 되겠다싶어 재빨리 뛰어서 엿방으로 들어섰다. 주인 아저씨와 아주머니 큰어머니 그리고 동료 엿장수들이 멋지게 차려입고 나갔다 온 나를 반기면서 사랑 사업을 잘하고 왔느냐고 묻는다. 나는 이들이 건너짚고 그러는 것이라고 생각하며 친척 집에 다녀왔다고 거짓말로 둘러댔다.

"친척 집이 아니라 장차 처갓집에 다녀왔겠지."

"신붓감이 비둘기색 코트를 입고 아주 멋지게 생긴 처녀라고 하던데 그렇게 멋진 신붓감을 사귀었으면 멋지게 또 한턱 내야 하지 않는가."

나는 누군가 우리가 함께 걸아 가는 것을 본 모양이라고 생각하고 다음에 비오는 날 꼭 사겠노라고 약속해 주었다. 그러자 사람들은 이번에는 성수를 가지고 맥없이 들볶아대기 시작했다.

"성수 자네는 이쁘 아가씨 말고 평리에 사는 아가씨하고 깊게 사귀고 있다며?"

김일로씨가 먼저 놀려대자 장한구씨도 거들며 맞장구를 치고 나선다.

"그래 맞아, 평리 그 아가씨와 성수가 동양극장에서 만나는 것 봤지. 잘생겼는데."

능청스럽게 거짓말로 놀려대자 이번에는 양만석씨가 심각한 표정으로 말했다.

"평리 그 아가씨하고는 두 달 전에 이미 헤어졌고 임곡 사는 아가씨하고 지금 정신없이 사랑에 빠져 연애중이라네."

"야, 이 사람아! 만석이 자네는 성수하고 비밀을 지키기로 술을 얻어먹었으면 약속을 지켜야지 어찌 그리 입이 가벼운가."

황노인이 나서며 양만석씨를 나무란다. 황노인의 얘기를 듣고 나는 정말 이것은 사실이었구나 하고 새삼 느꼈으며 여지껏 장난으로 놀려대고 있던 사람들도 역시 만석씨 얘기는 사실이었구나 하고 생각하는 모습들이었다.

넓은 안방에 일순간 웃음이 멈추고 침묵이 흘렀다. 그러는 사이에 숭늉을 떠가지고 들어온 이쁘아가씨가 사람들이 하는 얘기를 듣고 밖으로 뛰쳐나가버렸고 성수는 어쩔 줄 몰라 하며 모두에게 큰소리를 쳐대는 것이었다.

“황노인께서 그러니까 다들 정말인줄 알고 있고 또 이삐아가씨도 나가버리잖아요 제발 다들 그러지 좀 마세요.”

“나는 농담도 못하는가?”

황노인이 서운한 듯 심각한 표정을 지었고 사람들이 달려들어 모두들 위로의 말을 건넸다.

“사람들이 다른 사람 얘기는 잘 안 믿어도 황노인 얘기라면 무조건 믿기 때문에 그런 것이니 이해하세요.”

“그러문요, 황노인 얘기라면 팥으로 메주를 쑨다고 해도 믿고 똥을 된장이라고 해도 믿지요. 그만큼 황노인께서 인간적인 신뢰감을 갖고 계신다는 얘깁니다. 그러니 너무 서운해 하지 마세요.”

사람들이 황노인을 달래어 곁방으로 건너가고 나는 성수를 달래어 밖으로 나왔다. 울타리를 돌아 개울가로 나와 성수의 얼굴을 마주보고 서서 그에게 어떤 말을 해줘야 할 것인가 생각하고 있는데 그가 내 팔을 당기며 주막으로 술 한잔하러 가자고 나선다. 성수와 나는 주막에 들어서서 막걸리 한 사발씩 쭉 들이 키고 시멘트로 된 식탁 앞에 나란히 앉았다.

“사실 내가 지금 황노인이 한 얘기 때문에 이러는 것은 아니고 이삐 아가씨에 대한 내 감정 때문에 우울한 것이라네, 그와 나는 전부터 서로 좋아하는 감정을 갖고 있었지만 그가 나보다 한살 더 먹었다는 것 때문에 늘 부담스러워했지 그러다가 엊그제 내가 감정을 정리하자고 편지를 보내주었네.”

이야기를 마치고 난 성수는 식탁 위에 턱을 괴더니 자기의 답답한 심정을 달래려는 듯 지긋이 눈을 감는다. 나는 그러한 성수의 모습 속에서 동병상련의 인간애를 느끼며 아픔을 같이 하고 있노라니 그가 자세를 고치며 물어온다.

"기환이가 나 같은 입장이라면 어떻게 하겠어?"

나는 질문을 받고도 한참을 막걸리 사발만 바라보며 생각에 잠겨 있었다. 나 역시 혜숙씨 나이 때문에 머릿속이 온통 번뇌로 가득 차 있는지라 쉽사리 조언해 줄 말이 떠오르지가 않았기 때문이었다.

"실은 나도 같은 입장에 처해 있기 때문에 답을 구하고 있는 중이네."

그동안 있었던 혜숙씨와의 얘기를 듣고 난 성수가 피식이 웃으면서 한마디 했다.

"철학자도 자신의 사랑문제에 대해서는 어쩔 수가 없는 모양이구먼."

그러나 성수는 똑같은 처지로 고뇌하고 있는 사람이 곁에 있다는 사실로도 마음에 위안을 얻은 모양인지 얼굴 가득 드리워졌던 어두운 기색이 달라지고 있었다.

"어이 성수, 이제 그만 일어나세 청춘은 열정과 사랑과 고뇌를 먹고 산다는데 우리 여지껏 사랑과 고뇌를 먹었으니 지금부터는 열정을 실컷 한번 먹어보자구!"

나는 성수의 팔을 당겨 주막을 나섰다. 큰길을 따라 걷다보니 목포집에서 흥겨운 노랫가락이 흘러나왔다.

"못 견디게 괴로워도 울지 못하고 가는 님을 웃음으로 보내는 이 마음 그 누가 알아주랴 기막힌 내 사랑을 울어야 열풍아 밤이 새도록……"

우리도 어깨동무를 하고 열풍을 따라서 부르며 거리를 누비고 돌아다녔다. 신성일과 엄앵란이 열연을 벌인 영화 "열풍"이 목포집을 나서 온 고을을 휩쓸며 불어대는 밤이었다. 저녁내 우리는 열풍을 부르며 쏘다니다가 끝내는 지서로 연행되어 열풍을 잠재우고 나서야 엿방으로 들어올 수가 있었다.

해가 동동 떠 눈부신 아침 주인아저씨와 함께 겸연쩍게 들어서는 우리를 보고 집안 식구들이 어디서 무얼 하고 오느냐고 물어본다. 주인아저씨가 나서 지서에서 열풍을 재우고 온다며 자초지종을 얘기해주자 사람들은 장사를 나가다 말고 우리를 보고 놀려대기 시작한다.

"어이, 열풍의 사나이들 두 열풍, 오늘밤은 그만 불게."

"이따 장사 갔다 와서 보세."

성수와 나는 아침나절 내내 뒷골방에 들어가 잠을 자고 오후에는 둘이서 자전거를 타고 황룡강 뚝방길로 나갔다. 자전거를 바쳐 놓고 강가를 거닐며 강에다 대고 항변을 토하듯 돌멩이를 던져 댔다. 잔잔하고 도도히 흐르던 강물에 첨벙첨벙 하면서 파문이 일었다. 그렇게 파동 치는 강물을 향해 성수와 나는 두 팔을 벌리며 소리를 쳤다.

"사랑하고 결혼하는 것은 우리의 자유다!"

황룡강에 불그레한 어둠이 깔리고 성수와 나를 태운 자전거는 휘파람을 날리며 강뚝을 신나게 달렸다.

강뚝을 달려 읍내를 지나 엿방으로 돌아와 마당에 들어서니 백열등이 환하게 켜져 있고 장사 나갔다 온 동료들이 반갑게 맞이 해준다. 먼저 장한구씨가 우리를 보고 싱긋이 웃으며 꽹과리를 가지고 한바탕 현란하게 가락을 내더니 멋진 동작으로 마무리를 하면서 공손히 인사를 한다. 그리고 나자 이번에는 김일로씨가 엿판위에 북을 가지고 장단을 맞추며 기막한 어깨춤 솜씨를 보이더니 모자를 벗고 우리를 향해 익살스럽게 인사를 보내왔다.

"무슨 잔치 벌일 일이 있는가?"

일을 마치고 들어오던 일대형과 공태가 눈이 둥그레지며 묻자 만석씨가 얼른 받아 설명을 하고나선다.

"어젯밤 송정읍내를 휩쓸고 다닌 열풍 나으리들께서 한 턱 낸다네, 어서 열풍님들께 인사를 올리게나."

그제서야 나와 성수는 우리를 둘러싸고 가락을 내고 인사를 장난스럽게 해온 동료들의 속마음을 알아챌 수가 있었다. 성수와 나는 어제 저녁에 우리 때문에 걱정을 하다 잠을 설친 동료들과 어른들에게 사죄도 할 겸해서 고기와 술을 대접해 주기로 작정을 하고 밖으로 나섰다. 천천히 발걸음을 옮겨놓던 성수는 목포집으로 가던 발길을 돌리더니 개울이 있는 들판으로 나가자며 내손을 잡아당긴다.

개울가 들판길에 접어들어 그와 나는 한참을 말없이 걸었다. 들판 한가운데로 들어와 사방을 둘러보니 어둑어둑한 들판에 고요로움이 밀려들고 읍내의 불빛들이 하늘의 별빛과 함께 동화처럼 비쳐오고 있다. 우리는 들판에 서서 대화를 끝내고 목포 집에서 고기와 술을 사 가지고 엿방으로 돌아왔다. 사람들이 우리

둘을 눈이 빠지게 기다리고 있었는지 우리를 보자 너무 반가워라하면서도 또 한마디씩 퉁사리를 놓는 것이었다.

"어, 이 사람들아! 왜 이제야 오는가. 오늘밤도 송정읍내에 열풍이 몰아닥치는 줄 알았네, 이제 사람들이 걱정 그만하게 좀 일찍 들어오소."

"아무 걱정이 없어서 참 좋은 때네."

성수와 나는 동료들의 얘기를 눈웃음으로 받아넘기며 만석씨와 함께 부엌으로 나섰다. 만석씨가 돼지고기 찌개를 준비하는 동안 우리가 곁에서 거들어주고 있노라니 일대형과 공태가 나오면서 자기들이 할 것이니 만석씨와 우리들은 들어가 쉬라며 애교를 떤다.

우리가 웃으며 이러거니 저러거니 떠들어대고 있는데 안방에서 주인아주머니가 나오면서는 정색을 하는 것이었다.

"나더러 끓여달라고 하지 그랬어요."

우리가 염치없다는 듯 주춤 뒤로 물러서자 아주머니는 찌게솥앞으로 다가서며 웃음 띈 목소리로 말을 건넨다.

"만석씨 따라 다녔다간 여러분들도 지칫하면 장가 못가요."

"아니, 왜 장가를 못 가요?"

"남자가 음식을 잘해먹고 부엌에 잘 들어 다니면 장가를 못 간다는 옛말이 있지요. 만석씨가 인물도 좋고 성품도 좋은데 노총각신세를 못 면하고 있는 이유가 다 거기 있는 것입니다."

"그래요. 어어 그러면 큰 일이지!"

"장가 못 가면 큰일이지 안 되지."

우리가 호들갑을 떨며 곁방으로 우르르 들어와 버리자 만석씨가 쫓아 들어오며 소리 소리를 질러댄다.

"이런 의리 없는 놈들, 이런 싸가지 없는 녀석들 너희들만 장가가면 그만이란 말이더냐."

"무슨 일이 났길래 또 난리 속이여."

"어여, 찌개나 끓여 오지 뭐하는 것이여."

"자! 상 들어갑니다."

"아짐! 저녁 늦게 고생이 많아 부렀습니다."

아주머니가 찌개를 끓여 가지고 상을 들여왔고 사람들은 모두 다 나서 인사를 하고 먹기 시작했다.

광주 엿공장과 고물상에 다녀오던 주인아저씨가 들어오고 조금 있으려니 경수형과 정충만씨가 허겁지겁 문을 열고 들어서며 같이덜 먹더라고 하며 자리에 앉는다.

"아, 이 사람들 찾아 먹는 속은 귀신들이구만 한판 벌였다는 애기는 누구한테 들었당가."

"아, 우리가 사장님하고 목포 집에서 한잔 엥기고 있노라니 살짜기 아가씨가 기환이 하고 성수가 고기와 술을 많이 사갔다고 살째기 애기해주더란 말이시 그래서 뛰어왔는디 뭐가 잘못 됐당가?"

"잘돼버렸단 말이시."

그의 얘기가 끝나자마자 내가 이 지방 사투리로 응수하고 나서자 사람들이 모두들 한 마디씩 거든다.

"이, 그 말이 맞기는 맞은디 그 말이 시는 반말이라서 아랫사람한테나 쓰는 말이고만."

"아이구! 다음부터는 조심하겠습니다."

"자네도 인자 이곳 사람 다되어 가는구만."

"아, 저도 인자 여그 송정리 바닥에 온지 얼추 반년이 다 되어 간단 말이 시."

"아, 이 사람아, 그건 반말이란 말이시."

"아, 내가 시방 헌말은 어르신들에게 한게 아니고 성수하고 공 태형한테 헌 말이구만이라우."

"아, 그러고 보니 기환이 자네가 이곳에 온 지도 벌써 백일이 다 되어가는구먼. 또 한턱 내야 되겠네."

"왜들 이러십니까? 엿장수 생활 백일 되는 것이 무슨 죄라고 술을 또 사야합니까?"

"암, 사야하고말고, 전래부터 내려오는 우리 풍습 중에도 아이가 태어나면 백일잔치를 벌였듯이 엿장사 내력에도 엿장사 생활 백일이면 잔치를 벌이게 되어 있다네."

"아, 이 사람들아 벼룩도 낯짝이 있지 기환이 이 사람 껍데기 벗길 일 있는가, 어이 김사장 자네가 대신 얘기 좀 해보소."

주인아저씨는 알았다는 듯 고개를 몇 번 끄덕이더니 부드럽게 말을 하기 시작한다.

"그 동안 우리 엿방만큼은 화기애애하게 가족처럼 지내도록 하기 위해 몸이 아파서 장사를 못 나가는 사람에게는 열흘이고 스무날이고 밥값을 받지 않고 돌봐주고 그 대신 그 사람이 낫고 나서는 한턱을 내기로 했고 다음에 화투를 치거나 쌍욕을 하거나 사람들을 놀래게 하는 사람들에게는 그 벌로서 반성을 하고 한턱을 내는 규정을 만들어 시행해오고 있었습니다. 그동안 이러한 규정들이 잘 지켜져 우리 엿방 사람들이 화기애애한 분위기로 재미있게 지내왔다고 생각합니다. 그런데 문제가 되는 것은 이러한 규정을 남용하여 얼른 하면 한턱내라고 들볶아 당사자들에게 피해를 주고 고통스럽게 만든다는 사실입니다. 기환이 이 사람의 경우만 보드래도 벌써 몇 번째입니까? 처음 왔다고 신고식으로 한턱, 칸트라고 어려운 책 가지고 다닌다고 한턱, 신사복 차려입고 사람 놀래게 했다고 한턱, 애인하고 걸어가는 것 봤다고 한턱, 싸웠다고 한턱, 열풍을 부르며 쏘다녔다고 한턱, 그렇게 한턱씩 낸 것이 벌써 몇 번째입니까 그런데 이번에 백일이 된다고 하여 한턱을 또 내라고 한다면 이것이 경우에 닿는 일입니까! 여러분들이 생각해도 너무한다고 생각되지 않습니까?"

"아니 김사장님 얘기대로라면 우리가 나이 어린 기환이를 닥달이를 해서 여러 번 울겨 먹었다는 얘기가 되는데 그게 말이 되는 얘깁니까 기환이 이 사람이 힘이 없습니까? 머리가 없습니까? 이 옛방에서 힘으로나 머리로 기환이를 당할 사람이 없다는 것을 김사장님도 잘 알고 있지 않습니까?"

정충만씨와 장한구씨가 주거니 받거니 서로 열을 내서 주인아저씨에게 반박을 하고 나서자 주인아저씨는 나를 바라보며 한턱 내라고 사람들이 닥달이를 하지 않았느냐고 묻는다.

"아저씨, 제가 내라고 닥달한다고 낼 사람 같습니까? 제 성격 잘 알지 않으십니까? 사람들이 좋아서 마음에 들어서 자진하여 낸 것입니다. 앞으로 백일 되는 날에 또 멋지게 한턱 낼 겁니다."

내 얘기가 끝나자 주변에 있는 여러 사람들이 구원자를 만난 듯 신이 나서 목소리를 높여 한마디씩 해댄다.

"그거 보세요, 우리가 그럴 리가 있겠습니까?"

"가족같이 지내는 사인데 누가누구를 울겨먹겠습니까?"

"아, 자진해서 낸다는 데 그것까지 말길 수는 없지 않습니까?"

한바탕 사람들로부터 공격을 당하고 난 주인아저씨는 그래도 내심으로는 흡족한 듯 넉근한 표정으로 한마디를 하고서 안방으로 건너간다.

"허허… 사람들 모두가 한속이구먼."

주인아저씨가 나가고 난 다음 사람들은 아까와는 달리 김사장이 성실한 사람이고 멋진 사람이라고 칭찬들을 해댄다. 나도 그렇다고 인정을 했다. 주인아저씨나 주인아주머니가 돈이면 그만인 세상에 돈에 정신이 빠져있지 않고 사람을 중하게 여긴다는 자체가 요즘 같은 각박한 세상에 쉽게 있을 수 있는 일이 아니라고 봤기 때문이었다. 학교에 다닐 때는 쌈께나 하고 다니며 말썽을 피웠다는 주인아저씨의 소년시절 얘기들을 전해 듣고 있노라니 어느새 열두시가 다 되어가고 있다. 경수형과 정충만씨가 아쉬운 듯 자리에서 일어나 돌아가고 방에는 그야말로 진짜 엿방살이 엿쟁이들만 남게 되었다.

"자, 이제 진짜 엿쟁이 가족만 남았으니 우리끼리 슬슬 한판 붙어 볼까요."

여덟 명의 가족들이 사이좋게 둘러앉으며 만석씨 얼굴을 쳐다본다. 그렇게 무언의 기대를 가지고 은근히 재촉을 하자 만석씨가 일어나 부엌으로 다시 나간다.

"자, 이제 우리 식구들끼리만 잔치를 벌여 볼까?"

한참 후에 그가 맛있는 찌게 한 냄비와 밥과 술이 풍성하게 담긴 밥상을 기세등등하게 들여오자 목을 빼고 기다리던 사람들이 모두다 소리를 지르며 한껏 만석씨를 추켜세우느라 야단법석들이다.

"만석이 최고!"

"만석이형 최 최고!"

오늘밤의 회식은 다른 날보다 훨씬 정감이 익어나는 분위기였다. 겨울로 접어들며 날씨가 추워지니까 그런 것 같았다. 우리는 밥을 먹고 어른들은 술을 먹으면서 찌개냄비 하나에 여덟 명의 숟가락이 들랑날랑하며 화기애애한 분위기를 자아내었다. 생판 모르는 사람들이 둥글어 다니다 만나서 한솥밥 먹고 한방에서 한 이불 덮고 생활하다보니 어느덧 한 식구 같은 정감이 들고 공통된 생활 속에 일체감이 형성된 것이었다.

오늘따라 술기운이 거나해진 황노인이 김일로씨 손을 잡고는 인간적인 충고를 하기 시작한다.

"일로 이 사람아~ 자네 언제까지 허송세월을 보내려고 그러는가 빨리 맘 돌려 먹고 새장가 들도록 하게나. 한번 집나간 마누라가 다시 들어와 살기는 힘든 것이네. 알아들었는가."

그러자 김일로씨는 담뱃불을 비벼 끄면서 허공에다 대고 한숨을 후우하고 내쉰다.

"제 생전에는 찾을 수 있겠지요."

그렇게 애절하게 토로하는 그의 모습 속에서 짝을 찾아 헤매는 한 인간의 애닮은 심정이 역력히 배어나오고 있었다. 그동안 옆에서 지켜본 김일로씨는 엿방에서 주는 리어커도 마다하고 자기소유의 리어카를 맞춰가지고 그 위에다 북을 싣고서 둥둥둥

울리며, 집 나간 아내도 찾아보고 자기 설움도 달래기 위해 전국을 돌아다니며 장사를 다니는 풍각쟁이 엿장수로서 지금은 송정리에 잠시 머무는 사람이다. 그러한 김일로씨 손을 잡고 한바탕 충고를 하고 난 황노인은 이번에는 장한구씨 손을 잡으며 훈계를 하고 나선다.

"한구 자네는 왜 집에 안 들어가고 객지로만 빙빙 도는가? 마누라하고 무슨 공방이 들었길래 그러는가? 미우나 고우나 한번 짝을 이루었으면 평생의 배필로 알고 잘 살려고 노력을 해야지 난봉꾼처럼 돌아다니며 이 여자 저 여자 기웃거리고 다니면 못 쓰는 것이네! 알아들었는가?"

"내가 아무리 이쁘게 봐줄려고 해도 마누라 얼굴만 쳐다보기만 하면 소름이 끼치고 달아나고 싶은 생각뿐이라서 저도 어떻게 할 수가 없는 걸 어떡합니까?"

내가 알기로 장한구씨는 자기 고향에 어른들과 처자가 다 있고 농사도 꽤 짓는 넉넉한 편으로서 원래 한량 끼가 있는 데다 자기 마누라하고 공방이라는 것이 들어서 집을 나와 돌아다니는 사람이었다. 고향집에는 명절 때와 어른들 생신 때만 찾아 갔다 온다고 하였다. 탄식을 쏟아놓고 난 장한구씨가 두 손으로 머리를 움켜잡고 곤혹스러워하며 몸부림을 치자 그의 어깨에 황노인이 손을 얹으며 부드럽게 타일렀다.

"나도 공방든 사람들을 여러 명 겪어봐서 그 공방이 어떤 공방이든 무섭고 그것을 이겨내기가 어렵다는 것을 잘 알고 있네. 그러나 인제 와서 어쩔 것인가. 자식을 둘이나 낳고 사는 사람을 내쫒을 수도 없는 노릇이니, 한구 자네가 다시 한 번 맘을 독하게 먹고 들어가 이것이 운명이려니 하고 살소!"

황노인의 타이름이 효험을 봤는지 한구씨가 고개를 들더니만 눈시울을 적시며 참회하듯 얘기를 다시 시작했다.

"황씨어른 걱정해줘서 고맙습니다. 그렇지 않아도 그동안 생각해보니 부모님들께 너무나 불효를 많이 했고 마누라와 자식들에게 못할 짓 한 것 같아 마음이 아팠는데 어른 말씀을 듣고 보니 올 설에는 들어가 살아야 할 것 같습니다."

그렇게 얘기를 하고 난 그는 눈물을 닦으며 우리를 보면서 조언을 해온다.

"자네들은 절대로 어른들이 하라는 대로 중매결혼 하지 말고 연애를 해서 맘에 꼭 드는 여자 만나 잘들 살소 알았는가, 이 사람들아!"

장한구씨의 인간적인 얘기가 애절하게 사람들 가슴으로 녹아들어오고 있었다.

귀향

12월로 접어들어 얼마 되지 않은 어느 날 나는 내일모레 있을 독서모임을 생각하며 장사를 일찍 마치고 귀가하는 중이었다. 리어카를 밀고 엿가위를 치며 엿방 마당으로 무심코 들어서는 순간, 나는 아니 소리와 함께 그 자리에 멈춰 설 수밖에 없었다. 시선이 고정되고 머릿속에 일순간 혼란이 일었다.

'이게 어찌된 일인가!'

엊그제 꿈속에서 보았던 고향친구 종하가 토방 아래 마당에 우뚝 서있는 것이 아닌가, 나는 마음을 가다듬고 종하를 쳐다보았다. 그러자 그가 내 이름을 부르며 성큼성큼 다가와 엿가위를 쥐고 있는 내 오른손을 두 손으로 꽉 움켜잡는다. 그의 눈에서 눈물이 글썽이고 있다.

나는 그동안 정들었던 많은 사람들과 리어카와 엿가위를 두고서 송정리 엿방을 떠날 준비를 했다. 아버지가 나에게 잘못했다고 한 말과 할머니가 몸져누워 있다는 말을 전해 듣고서 응어리가 풀리고 마음에 변화가 일어난 것이었다.

이별의 아침 가을 내내 뒷골방에 놔뒀던 배낭을 챙겨 짊어지고 헤어지는 아픔과 그간의 추억을 안고서 기차에 올랐다. 동료들의 배웅 속에 종하와 나를 태운 기차는 기적을 힘차게 울리며 송정리역을 떠나 고향 하늘을 향해 내달렸다. 기차가 달릴수록 엿장수 생활이 점점 아스라이 추억 속으로 멀어지며 정들었던 얼굴들이 하나둘 떠올랐다.

혜숙씨의 모습이 먼저 떠오르고 김사장, 성수, 일대형, 경수형, 만석씨, 황노인, 강공태, 김일로, 장한구씨 등 동료들의 얼굴이 차례로 떠오르고 그리고 엿방의 개구쟁이 7살 아들 일섭이의 천진난만한 재롱이…………

차창 밖으로 보이는 희뿌연 하늘에서 금방이라도 눈이 내릴 것 같다. 정말 흰 눈이 소리 없이 쏟아져 내렸으면 좋겠다. 나는 창밖으로 시선을 고정시킨 채 마음을 달래려 애를 썼다. 그러한 내 모습을 곁에서 지켜보고 있던 종하가 조심스럽게 물어왔다.

“기환아, 너 그동안 엿장사 하는 사람들과 정이 많이 들었나 보구나.”

“음, 한방에서 가족처럼 살았으니까.”

우리는 기차에서 내려 버스를 타고 전주로 향했다. 그리운 고향 꿈속에서도 여러 번 보았던 가족들 동네사람들, 고향이 가까워 올수록 어느덧 내 머릿속은 온통 가족과 고향사람들 생각으로 채워지며 가슴이 설레었다.

여름방학 집 떠날 때는 한여름의 무더위 속에서 땀 흘리는 몸뚱이처럼 찐득한 아픔이 배어 있었지만 겨울바람을 안고서 돌아오는 지금은 설레임의 회오리가 일고 있었다.

'설레임은 무엇일까!'

그것은 그리움의 대상을 얼마 안 있으면 볼 수 있다는 확신이 들면서 가슴속에서 기쁜 감정이 일어나며 온몸으로 파동 치는 현상이라고 생각되었다. 설레임에 대해 또 다른 각도에서 살펴보면 그것은 그리움이라는 응축된 응어리(에너지)가 풀려지며 발생되는 진동 작용이라고 말할 수 있겠다. 그래서 가슴이 뛰는 것이리라!

나는 심하게 뛰는 가슴을 안고 드디어 차독배기를 넘어 우리 집 앞에 섰다. 내 목소리를 듣고 동생들이 뛰어나오고 할머니 할아버지가 맨발로 달려 나오고 아버지가 뒤따라 나왔다. 나는 동생들과 할머니, 할아버지에게 잡히고 껴 안겨 가슴이 터질듯한 만남의 감격을 맛보았다. 그 순간 나는 그동안에 있었던 고통을 한숨에 다 잊어버리고 도망갔다 오길 참 잘했다는 생각을 하였다. 안방에 들어와 할아버지 할머니 아버지에게 차례로 큰절을 올렸다. 인사를 하고나서 어른들의 얼굴을 바로 쳐다보니 할머니의 얼굴이 많이 늙고 수척해 있었다. 그러한 할머니의 모습을 마주 대하고 있노라니 마음이 아팠다. 내가 집을 떠난 이후부터 밥 먹을 때나 잠잘 때나 내 걱정을 하다가 병이 나서 열흘 전부터는 드러누워 계셨다는 것이다. 그러한 얘기를 듣고 보니 나 때문에 할머니가 얼마나 마음이 아팠을까 하는 생각이 들며 내 마음이 더욱 아파왔다.

저녁에 우리 집안은 가족회의를 열었다. 무슨 일이든지 가족들과 상의를 해서 함께 잘해나가자는 내용이었다. 나는 회의에서 할머니가 다 나을 때까지 부엌 담당을 하기로 자원하고 나섰다. 내 얘기를 듣고서 집안 식구들은 물론 주위 친척들까지도 모두 반대를 하고 나섰다. 그 이유는 공부를 해야 된다는 것이었다. 특히 당숙어른들은 내가 학교공부를 다했다는 것이 사실인 것 같으니 이제는 절에 보내든지 고시촌에 보내서 고시공부를 시켜야 한다면서 열을 내어 나를 몰아세웠다. 나는 할머니가 거동하실 때까지 부엌일을 맡아하겠다고 강력하게 주장하여 승낙을 얻어냈다.

집에 돌아온 다음날부터 나는 부지깽이를 들고 불을 떼고 밥을 하는 일을 시작했다. 그리고 열아홉의 겨울과 봄을 온통 장작불의 영상과 음식냄새 속에 갇혀 살아야만 했다. 때로는 답답한 마음에 부지깽이로 가마솥을 두드려 솥뚜껑의 귀퉁이가 깨져나가는 일도 있었지만 나는 끝까지 참아야 한다고 다짐하며 부엌일을 계속해나갔다.

아카시아꽃 같은 우리 어머니
뒷동산에 있는 아카시아들이 하얀 꽃들을 피우며
그 순박한 향취를 바람에 실려 보내올 때
오랜만에 정말 오랜만에
우리 식구들 가슴에 하늘이 파랗게 열리고
온 집안에 웃음꽃이 환하게 피어났다.
할머니께서 병석에서 일어나시고 마침내
어머니까지 건강한 모습으로 육년 만에 돌아오셨기 때문이었다.

공부촌

할머니가 병석에서 일어나시고 어머니가 건강한 모습으로 돌아와 활기를 되찾은 우리 집은 웃음이 떠나질 않았다.

나는 어머니와 함께 지낼 수 있는 데다 그 지긋지긋한 일들, 부엌에서 밥하는 일에서 벗어나게 되었고 또한 마음대로 돌아다닐 수 있어 더 이상 부러울 게 없었다.

농사일이 끝나고 본격적으로인 무더위가 시작될 무렵 나는 한 달간의 도망이 아닌 정식 휴가를 얻어 집을 나섰다. 지난 무전여행 때 다녔던 곳을 돌아보고, 만나고 사귀었던 사람들과 소녀들을 보고 싶었기 때문이었다. 많은 사람들을 차례차례 만나보고 그리고 한 달간의 짧고 긴 여정을 마치고 돌아온 나는 깊은 고뇌에 빠져들었다.

영순이, 정자, 혜숙이 모두다 처녀가 다되어 자기만의 매력을 발산하고 있었기 때문이다.

'세 명 다 사귀고 결혼 할 수는 없는 일 아닌가! 누구와 사귀고

결혼을 해야 할 것인가'

나는 밤마다 동구 밖 낮은 동산 차독배기에 올라 달과 별을 보며 생각에 생각을 거듭해 나갔다. 영순이, 정자, 혜숙이의 아름다운 모습들이 각자의 매력을 뽐내며 쉴 사이 없이 머릿속을 지나갔다. 나는 차독배기에서 저녁마다 고뇌에 고뇌를 계속하다 안 되겠다싶어 고시촌에서 공부하고 있는 동국이 형을 찾아갔다. 동국이 형은 나보다 네 살 위였는데 나에게 학교 공부도 가르쳐주고 인생 공부도 가르쳐주는 선배로서 전에도 사랑철학을 들려준 바가 있기 때문이다.

여자를 쫓아다니지 마라.
사나이가 매력을 갖고 있으면 여자는 당겨져 온다.
사나이 매력은 지성과 야성 그리고 돈이다.

나는 그가 가르쳐 준대로 성실하게 지성과 야성을 보여 주었고 그 결과 세 여자를 사귀었던 것이다.

오성재 고시촌 옆 개울가에 동국이형과 마주앉은 나는 그간에 있었던 무전여행과 뒷애기들을 이야기해주고 대답을 구했다.

"동국이형! 형이 문제를 만들었으니 이제 형이 답도 만들어 내야지."

"야, 기환아 사랑은 니가 해놓고 왜 임마 나를 못살게 구는 거냐."

"형! 사랑은 무슨 사랑? 겨우 손만 잡아봤는데, 그리고 형이 여자 사귀는 방법과 철학을 가르쳐 줬잖아 그러니까 책임져!"

내가 반 협박조로 웃으며 대꾸하자 그도 허허 웃으며 말했다.

"야 임마, 손밖에 안 잡았는데 무슨 걱정이냐! 앞으로 군대 갔다 올 때까지 편지 잘 보내오고 공부 잘하고 잘 따르는 여자를 나중에 마누라 삼으면 되는 것이지……."

동국이 형은 내 이야기에 대한 해답을 오래전부터 준비라도 하고 있던 사람처럼 간단명료하게 대답하는 것이었다.

"형, 그런데 세 사람 다 계속 나를 좋아하고 따르면 어떡하지."

"기환아, 잘 들어라! 여자가 깊은 사랑에 빠지지 않는 한 여자의 마음은 갈대와 같아서 니가 답장 보내지 않고 싫어라하면 금방 다 떠날 것이니까 그건 걱정 안 해도 된다."

나는 동국이형의 여자와 사물을 보는 눈에 대해 칭찬을 하지 않을 수 없었다.

"동국이 형! 형은 역시 당대 최고의 석학이고 나의 영원한 스승이야. 하하하."

나의 과장된 칭찬에 그도 웃으며 내 손을 잡았다.

"자식, 술이나 한잔하자!"

나는 동국이형과 소주잔을 놓고 사랑과 철학과 학문과 인생에 대해서 많은 대화를 나눴다.

이후 나는 집안 어른들의 공부를 계속 하라는 성화에 못 이겨 공부를 한답시고 공부 촌으로 도피를 해야만 했다.

그리고 일 년 반 정도 공부촌(고시촌)과 고모네 집과 친구 집 등을 오가며 시간 나는 대로 등산을 다니며 나름대로 공부와 철학을 연구하다 그리고 군에 입대를 했다.

뒤에 학문교실 글들은 이때 쓴 것들이다.

학문교실

기쁨과 웃음은 뭔가 얻었다는 몸의 언어로서
그것은 피어남이고
슬픔과 울음은 뭔가 잃었다는 몸의 언어로서
그것은 움추러듬이다.
화가 남은 자기 것을 지키려는 몸의 언어로서
발산작용이고
놀램은 자기 것을 보호하려는 몸의 언어로서
응축작용이다.

* 몸의 언어를 연구하며
"존재의 드러나 있음"

사물의 현상 속에는 사물의 외형만 드러나 있는 것이 아니라 사물의 본모습(본질)이 함께 드러나 있는 것이다. 단, 사람이 이것을 쉽사리 보지 못한다는 사실이다.
시간학적인 개념으로 불안을 보면 이는 실존주의 철학자의 말대로 "불안은 닥쳐올 상황과 지금과의 간격"이지만 몸의 기능면에서 보면 안정하고자 하는 몸부림이다.

그리움

그리움의 본질은 허虛이다. 허, 즉 빈 것이기 때문에 채워져야 해소되는 것이며 형태는 대상을 보고 만지고 얘기를 나누지 못하는 데서 생긴 불만이 진화전이進化輾移된 것으로서 뇌 속에 잠재하고 있는 상의 자극에 의해 가슴속에서 아련하거나 애틋하게 뭉클하거나 애절한 모습으로 피어난다.

설레임

설레임의 감정은 무엇일까

그것은 그리움의 대상을 곧 볼 수(대할 수) 있다는 확신이 들면서 가슴속에서 환희와 희열이 일어나며 온몸으로 파동 치는 현상이다.

그리움의 응축된 응어리(에너지, 기)가 플려 지며 발생하는 진동작용

| 제4장 |

월남전선(전선일기)

군 입대

—훈련소 기갑학교 편

남보다 일 년 먼저 군에 입대한 나는 훈련소와 기갑학교에서 총 쏘고 탱크를 모는 훈련을 받으며 매일 전쟁하는 교육과 매와 기압의 특수한 상황을 경험하게 되었고 자유분방한 내 몸의 성정을 군대라는 그 특수한 규격 속에 맞추기 위해 낮이고 밤이고 달래고 길들여야 했던 끔찍한 나날들이었다. 그러나 군대생활은 부정적인 체험과 함께 긍정적이고 발전적인 체험도 있다는 사실이다. 그것은 고통스런 훈련과 기압과 매질을 통해 인간의 정신을 담아내는 용기(그릇)인 몸뚱이가 양철통에서 쇠통으로 단련되어 어지간한 환경에는 변절되지 않는다는 것이다. 나는 훈련소와 기갑학교의 무지막지한 과정을 통해 정신과 몸의 관계를 새롭게 알 수 있었고 그리고 나의 인간성을 제대로 보며 단련시켜 나갈 수 있었다.

군함을 타고 전쟁터로

1971년 7월 11일

이천여 병정들을 실은 군함 업쉬호(미군 수송함)는 부산항을 떠나 남해 바다를 가르며 전선으로 향했다. 조금 전까지 굉장하게 설쳐대던 군악대의 군가와 환송객들의 모습이 사라지고 부산항이 점점 멀어져갔다.

갑판 위에 병사들이 멀어져가는 부산항을 애절하게 바라보며 여기저기서 흐느껴 울기 시작한다.

가는 곳은 전쟁터, 이별, 어쩌면 이것이 영원한 이별이 될지도 모른다는 생각이 배안에 급속도로 확산되며 병사들 모두를 절박한 감정의 세계로 내몰고 있는 것이었다. 모두들 가슴에 가슴을 뭉개는 아픔의 시간들이 흐르고 있다.

내 곁에 있는 병사 하나가 손등으로 흐르는 눈물을 훔치며 큰 소리로 백마가를 부르기 시작한다. 그러자 곁에 있던 많은 병사들이 흐느낌을 멈추고 따라서 노래를 부른다.

아느냐! 그 이름 무적에 사나이
그 이름도 찬란한 백마부대 용사들
정의에 십자군 깃발을 높이 들고
백마가 가는 곳에 자유가 있다.
달려간다. 백마는 월남땅으로
이기고 돌아오라 대한의 용사들!

군가를 힘차게 부르고 나자 병사들 얼굴에 평정이 찾아오고 배안에 새로운 기운이 감돌았다. 군가가 병사들의 기분을 전환시켜주고 사기를 진작시키게끔 한몫을 한 것이다. 확실히 군가

미군 수송함 업쉬호

에는 싸움의 기운을 일게 하는 주술 같은 마력이 있어 아편쟁이에게 주는 마약처럼 어린애들에게 주는 사탕처럼 병사들에게 언제나 주술이 먹혀들게 만들고 있었다.

나는 뒤늦게 난간의 사슬을 잡고 조용히 백마가의 뒷부분을 불러봤다. 배를 타기 전에도 시간 있을 때마다 혼자서 불러보던 대목이었다.

"정의의 십자군! 이기고 돌아오라, 대한의 용사들."

노래를 부르고 나서 가만히 생각해보았다.

'이기고 돌아오지 못하면 어떻게 되는 것인가. 다시 이 배를 타고 부산항으로 돌아오는 것이 이기고 돌아오는 것이라는데 만약에 이기지 못하고 지면은 불구의 몸이 되거나 죽은 시체로 비행기를 타고 대구 통합병원으로 날아온다는데…….'

나는 내가 만약에 이 배로 부산항으로 돌아오지 못하고 비행기를 타게 된다면 하고 상상을 해보았다. 그 순간 충격과 함께 몸에서 전율이 일었다. 불구의 몸과 죽음을 상상해보는 것만으로도 몸이 극도로 긴장하며 떨고 있는 것이었다. 나는 얼른 생각을 바꾸었다. 몸을 기쁘게 해주고 싶은 마음에서 즐겁고 낭만적인 월남 생활을 상상해봤다.

'기갑학교를 나온 기갑병은 장갑차를 타고 돌아다니며 구경도 잘하고 안전하다.'

파월 선배들의 추억담을 떠올리며 의도적으로 멋있는 영상을 그려봤다.

그러나 모든 것과 별리別離되는 내 머릿속에는 헤어지는 것들에 대한 여러 가지 생각들이 또다시 치열하게 떠올랐다. 앞으로 전개 될 월남에서의 상상은 실제의 상이 없기 때문에 쉽사리 밀려날 수밖에 없었다.

헤어지는 것에 대한 많은 생각들 중에 가장 강렬하게 남는 것은 조국이라는 단어였다. 조국이라는 단어 속에는 집, 가족, 친구, 이웃, 고향산천, 추억, 소망, 그리고 내가 건강한 모습으로 귀국한다는 의미까지 담고 있기 때문이었다.

'나의 모든 의미가 함축되어 있는 내 조국 나 정녕 꼭 이 배를 타고 다시 돌아가리라!'

충격적인 상황이 인간의 사고를 깊게 열어준다는 사실을 실감할 수 있었다.

병사들과 내가 별리의 정점에서 치열하게 고뇌하는 사이 그 동안 배는 아무 일 없었다는 듯 유유히 남해 바다를 빠져나가 남태평양의 광대한 바다로 항진을 계속하고 있었다.

병사들의 가슴에 이별의 아픔이 그리움으로 변해가며 새살이 돋을 무렵 이번에는 또 다른 상황이 충격을 몰고 왔다. 폭풍우가 몰려오며 남태평양의 거대한 파도가 업쉬호를 없애버릴 듯 덮쳐들었다. 몇 만 톤이니 된다는 군함도 거대한 파도 앞에서는 일엽편주처럼 되어 파도가 칠 때마다 수십 미터 씩 위아래로 곤두박질을 치고 앞뒤좌우로 요동을 쳐 댔다.

배안에 병사들은 너나 할 것 없이 공포에 떨고 고통에 시달려야만 했다.

배를 버리고 구명조끼를 입고 바다에 뛰어들어야 할 위험한 상황에 대비해 울린다는 태함준비경보 사이렌이 울릴 때마다 죽음에 대한 공포는 더욱 고조되어 왔다. 거대한 파도는 죽음에 대한 공포뿐만이 아니라 극심한 뱃멀미의 고통까지 안겨 왔다. 거대한 파도가 몇 십번 덮치고 지나가자 병사들은 공포와 극심한 구토의 고통 속에 거의가 다 나가쓰러졌다. 쓰러져 있으면서도 창자까지 넘어오려고 하는 구토와 잡아 돌리는 어지러움은 말로 형용할 수 없는 고통을 가져다주었다.

이제 태함 사이렌이 울린다 해도 배가 뒤집어진다고 해도 어쩌고 싶지 않을 정도로 죽음의 공포는 이미 뒷전으로 밀려나 있었다. 침실 바닥에 쪼그린 채 침대 다리를 움켜쥐고 하루를 보내고 나니 파도가 많이 가라앉고 좀 견딜만해졌다.

주변을 살펴보니 선실이 온통 아수라장이 되어있다. 깨끗하던 선실이 침실이나 복도나 할 것 없이 온통 구토물로 뒤범벅이 되어있고 그 위에 병사들이 아무렇게나 쓰러져 있는 것이었다.

충격이었다. 사람들의 모습 속에서 품위라고는 전혀 찾아 볼 수가 없었다.

출정 4일째

폭풍우가 지나가고 난 바다는 푸르고 망망한 수평선이 파란 하늘과 온통 맞닿아 신비감을 안겨주었다. 바다와 하늘이 원래 한 덩어리로서 태초의 자연이 본모습을 보여주고 있는 것 같았다.

어느 철인이 바다를 여자의 심정과 남자의 성정에 비유한 것이 아주 근사하다고 할 만큼 오늘의 바다는 점잔을 빼고 있었다. 언제 또다시 불시에 신경질(히스테리)을 내고 욕정을 발하며 광란을 일으킬지 모르지만 지금은 너무나도 온유하고 평화로운 모습이었다.

빨간 태양이 미소 짓고 푸르고 잔잔한 바다가 가슴을 열고 나래를 피며 싱싱한 날치 떼들이 군락을 이루고, 물위로 날아오르기 시작하자 갑판 위로 나온 병사들이 저마다 탄성을 질러댄다. 어제의 공포와 고통이 언제 있었느냐 듯 언제 우리가 구토물 더미 속에서 딩굴었느냐는 듯 품위를 지닌 모습으로 환하게 웃으며 대자연의 생명과 아름다움에 취해 빠져들고 있었다.

충격이었다.

자연 환경과 상황이 인간의 몸과 마음을 이토록 쉽사리 변화시킬 수 있다는 사실 앞에 나는 많은 생각을 하지 않을 수 없었다.

'인간의 의식이나 의지는 환경이나 상황 앞에 쉽사리 지배당하고 규정될 수밖에 없는 것인가.'

'인간의 의식이나 의지가 환경이나 상황을 규정하여 그것으로부터 자유스러워질 수는 없는 것인가.'

멀미의 후유증이 아직 가시지 않은 탓인지 병사들 중에는 아직도 구토를 하는 사람들이 더러 있었다. 식당에서 식기에다가 밥을 담고 오다가 우엑 토하는 사람이 있는가 하면 밥을 먹다가는 우엑하고 토하는 사람들이 있었는데, 그러면 또 토하는 사람의 구토물과 토하는 모습을 보고 또다시 멀쩡한 사람이 토하는 일이 벌어지는 구토의 연쇄 반응이 계속되었다.

구토물을 보고 하는 구토는 더럽다는 인식에서 나오는 것이고 구토하는 사람을 보고 하는 구토는 동작을 따라하려고 하는 몸의 생리적인 동화 현상이라고 판단했다.

※ 생리적인 동화 현상

음식을 맛있게 먹는 사람과 함께 음식을 먹으면 입맛이 좋고 음식이 잘 먹히는 것도 몸의 동화 현상에서 비롯되는 것이다. 사람의 몸은 자기가 의식하지 못하는 가운데 어떤 동작을 따라서 흉내 내려고 하는 습성을 갖고 있는 것이다. 아이들이 원숭이나 고양이 같은 동물들의 동작을 따라

하고 영화배우들의 동작이나 표정을 흉내 내는 것도 이 때문이다. 단 어른들은 몸의 기분을 억제하고 있을 뿐이다. 이 동화작용에 대해 더 연구를 해보면 동작뿐만이 아니라 같이 생활하는 사람의 습관이나 성격 나아가서는 인품까지도 은연중에 닮아간다는 것을 알 수가 있다. 예를 들어보면 친구 따라 말투가 변화되고 훌륭한 스승 곁에 있으면 행동이나 인품이 스승같이 되어지고 부부는 얼굴까지 닮아 간다는 사실이다.

다음날에도 멀미가 계속되는 일부 사람들 때문에 즐거워야 할 식사시간이 엉망이 되자 비위가 강해서 멀미가 끝난 대다수 사람들이 구토를 계속하는 소수 사람들을 닦달하며 야단을 치고 나섰다. 구토를 하는 사람들은 가뜩이나 음식을 먹지 못해 눈이 쑥 들어갈 정도로 시달리고 기력이 떨어져 죽을 지경인데 천덕꾸러기 대접을 받다보니 눈물을 흘리는 사람도 있고 아예 침실에 누워 식당에 오지 않은 사람도 생기게 되었다.

파도가 멎자 구토를 멈춘 대다수의 사람들이 아직도 구토를 하고 있는 소수를 압박하고 천시하는 상황이 벌어지기 시작한 것이다. 엊그제만 해도 대다수의 사람들이 구토를 하였기에 당당하게 구토를 할 수 있었지만 시간이 지날수록 극소수로 전락하는 바람에 핍박을 당하게 된 것이다. 자연환경의 변화에 의해 일반적인 상황이 특수한 상황으로 변화된 것이다.

이러한 환경과 상황의 변화에 의해 소수자는 자기의 의식과 의지와는 상관없이 천박한 자로 규정되어지고 다수자 역시 비이성적인 핍박자로 규정되어버린 것이다. 이같이 잘못된 현상은 상황을 이성의 눈으로 보고 판단하여 받아들이지 못하고 무의식

중에 상황 속에 매몰되어버리기 때문에 일어나는 일이다. 인간은 상황의 인식과 행위에 있어서는 이성의 눈으로 깨어 있어야 하고 대 인간관계에 있어서는 사랑의 가슴으로 열려 있어야 한다.

깨어있는 눈과 열린 가슴을 가진 사람들이 모여 구토하는 사람들에 대한 대책을 논의해 보기로 했다. 그 결과 구토하는 사람들을 식당에 오지 않도록 하고 침실로 밥을 타다 주고 당번을 두어 간호해 주자는 결정이 내려졌다. 이 약속은 잘 지켜졌고 배 안에서 오랜만에 병사들의 웃음소리가 들리기 시작했다.

출항 사오일이 지나자 병사들은 별리의 아픔과 뱃멀미의 고통으로부터 벗어나 배 안에 새로운 분위기를 이뤄가기 시작했다. 병사들은 침실에서 갑판 위에서 또래또래 모여 지금 같이 가고 있는 재파자(월남에 두 번째 가는 사람)들에게 들은 월남에 관한 정보를 가지고 서로 얘기를 나누며 고개를 끄덕이는가 하면 아니라고 울상을 짓기도 하고 또한 희번덕거리면서, 고국에 대한 그리움은 이미 뒷전인 채 오직 월남에 관한 얘기에 관심을 보이고 있었다. 배가 바다 물결의 움직임에 의해 리듬을 타듯 이천여 병사들의 감정도 개 개체로서 움직이기보다는 커다란 리듬 속에 한 물결로 움직이게 된 것이다.

고국과의 생이별, 망망대해의 생소한 경험, 폭풍의 공포, 극심한 뱃멀미, 전쟁터로 가는 마음. 이십대 초반의 젊은 군인들이란 언어가 말해주듯 우리는 특수한 경험과 특수한 조건의 일치 속에 커다란 공감대의 장을 이뤄나갈 수밖에 없었다.

전쟁터에서의 체험과 느낌 못지않게 군함 속에서의 일들이 나에게는 철학적인 소재로서 소중한 것들이었다.

정의의 십자군을 실은 미국 군함 업쉬호는 일주일간을 밤낮으로 항진을 계속한 끝에 망망대해를 건너고 남지나해를 지나 드디어 베트남 땅에 진입을 했다. 짙은 안개에 뒤덮인 다낭항에 오백여 청룡부대 병사들을 내려주고 배는 다시 캄란항으로 향했다.

1971년 7월 17일 아침 베트남 캄란항에 입항

갑판 위에서 내려다보는 항구는 평화롭고 아름다웠다. 육지의 도시에서는 사람들이 아무 일 없다는 듯 유유히 걸어 다니고 있었고 바다 위에는 조그마한 낚싯배에 탄 꽁까이(아가씨)가 여유롭게 손을 흔들어주고 있었다.

월남 땅에 내려

'여기가 정말 전쟁하는 나라인가?'

베트남 땅에 첫발을 내딛는 순간 가장 인상적이었던 것은 강렬한 햇볕과 푸른 야자수와 흰 아오자이를 시원스럽게 입고 거니는 꽁까이들의 평화스런 모습이었다.

병사들이 차례로 군용 트럭에 탑승을 마치자 중무장을 한 장갑차가 앞과 뒤 가운데서 여러 대가 호위를 하고 나섰다. 병사들 중 유일하게 기갑병인 나는 선두 장갑차에 탑승하여 기세 좋게 국도를 타고 부대를 향해 달렸다.

길 너머로 끝없이 펼쳐진 짙푸른 소 정글과 야자수, 고무나무 같은 대 정글의 운치가 강렬한 태양과 함께 매혹적으로 다가들며 스쳐갔다.

생전 처음 보는 이국의 정취를 낭만적으로 바라보며 구경을 하고 있노라니 갑자기 뒤쪽 후미에서 총소리가 들려온다. 조금 전까지 부드러운 얼굴로 나를 대해오던 승무원이 내 머리를 쥐어박더니 장갑차 속으로 몸을 낮추라며 기관총의 방아쇠를 당기는 것이다.

"타다당 탕탕. 두두둥 퉁퉁, 쿵 쾅, 쿵 쾅!"

장갑차에 장착되어 있는 기관총들과 소형포들이 일제히 정글을 향해 불을 뿜어댔다.

나는 장갑차 속에 몸을 웅크리고 뛰는 가슴을 어쩌지 못해 전전긍긍하고 있다 보니 총소리가 멎는다. 조심스럽게 일어나 선배 승무원에게 물어보니 선배는 장갑차의 소음 때문에 잘 들리지 않으므로 무전기가 연결된 헬멧을 씌워주었다.

무전기에서 상황을 알리는 교신이 오고갔다. 아직 무전기의 발성법이나 은어를 몰라 무슨 뜻인지 알 수는 없었지만 무슨 일이 일어난 것만은 틀림없었다. 나중에 알고 보니 고무나무 정글에서 총탄이 날아와 한바탕 교전이 있었다는 것이다. 그 말을 듣고 나니 조금 전까지 그렇게 아름다워 보이던 정글이 으시시한 모습으로 들어왔다. 그러나 장갑차는 아무 일도 없었다는 듯 내달려 나트랑 시가지를 지나 백마부대 본부로 입대를 했다.

장갑차를 타고

햇살이 밝은 아침 사단 정문으로 나왔다. 호네오산 아래로 드넓게 펼쳐 있는 녹색의 평원과 쭉 뚫린 일번도로가 시원스럽게 시야에 들어왔다.

삼 개월 만에 나와 보는 바깥세상이었다.

'이제 구중 궁궐 같은 사단 본부의 울안에 갇혀 차량정비, 물자파악, 월말보고 현황 작성 같은 것을 하지 않아도 되겠지.'

나는 해방감 속에 내가 가야 할 쑤안투이 파견대에 대해 전해들은 얘기들을 모아 상상에 젖어보았다. 그렇게 생각에 젖어 있노라니 장갑차 두 대가 굉음을 울리며 일번도로를 따라 다가온다. 쑤안투이 파견대에서 나를 데리러 온 것이었다. 나를 인계받으며 장갑차의 전차장이 물었다.

"자네가 사단본부 직할대에서 근무하기 싫다고 파견근무를 자원하고 나섰다는데 그게 사실인가."

"넷, 그렇습니다."

나는 따불백을 내려놓고 부동자세로 서서 큰소리로 대답했다. 그렇지 않아도 목소리가 큰 편인데 전차장의 불독같이 험상궂은 얼굴을 보자 그보다 더 큰소리로 대답을 했던 것이다. 순간 불독 같은 전차장 김중사가 얼굴을 움찔하더니 곧바로 위엄을 갖추며 다시 묻는다.

"사단 본부에 있으면 더 안전하고 좋을 텐데 파견근무를 자원한 이유는 무엇인가?"

"넷, 자유롭게 돌아다니고 싶어서 그렇습니다."

이번에도 있는 힘을 다해 대답을 했다. 그리고 입을 꽉 다물고 배에다 힘을 준 부동자세로 서서 김중사의 얼굴을 똑바로 쳐다보았다. 그러한 나에게 김중사가 다가오더니 느닷없이 주먹으로 배를 치는 것이었다. 나는 엉겁결에 얻어맞고는 주춤했다가 곧바로 그 앞에 다시 차렷 부동자세로 섰다. 순간 나는 내가 무엇을 잘못했을까 하고 조바심 속에 긴장감으로 서 있노라니 그가 불독 같은 얼굴에 미소를 띄며 입을 열었다.

"좋았어. 탑승해!"

나는 그 소리를 듣는 순간 처음부터 상관에게 찍히지 않고 잘 보인 것 같아 거뜬한 기분으로 장갑차에 올라탔다. 장갑차는 사이렌을 한바탕 울리더니 밀림 사이로 쭉 뻗은 일번도로를 따라 굉음과 총성을 울리며 내달렸다.

나는 총성이 울릴 때마다 깜짝깜짝 놀라며 놀란 토끼마냥 장갑차 속으로 얼른 기어들어가곤 했다. 이러한 나의 모습을 보고 선배 승무원 하나가 더욱 신이 나서 밀림을 향해 연달아 기관총을 쏘아대었다. 한참이 지나고 나서야 나는 이 자가 쓸데없이 총을 쏘아대며 내가 두려워하는 모습을 즐기고 있다는 것을 알 수 있었다.

나는 건방진 자식이라고 생각했으나 참고 있을 수밖에 없었다.

'훗날에 너는 나한테 혼 좀 날 것이다.'

이십여 분을 달린 끝에 도착한 근무지는 보병부대 안에 파견되어 있는 장갑차부대로서 네 대의 장갑차가 있었다. 부대는 야산을 초토화시켜 민둥성이로 만든 곳에 다섯 겹의 원통형 철망을 쳐놓고 그 안에 모래주머니로 된 방탄포대로 집을 지어놓고 있었다. 부대 앞으로는 베트남의 간선인 일번도로가 지나고 야산들이 이어져 있고 부대 뒤쪽으로는 드넓은 평원에 멀리 바다와 해수욕장도 있었다.

우리가 하는 일은 일번도로를 따라 장갑차를 몰고 다니며 아군들의 병력 및 보급차량을 베트콩의 저격으로부터 보호해주는 것과 가끔씩 근처의 보병부대들이 밀림 속에서 수색작전을 벌이다 구조를 요청할 때 도와주는 것이었다. 우리 파견대가 맡은 일번도로의 경계구역은 나트랑시에서 봉로만의 고개까지 100km에 달하는 곳으로서 경관이 아름다운 곳이었다.

나는 이곳에서 밀림왕 7호라고 하는 장갑차를 몰고서 7개월간 근무를 하게 되었다.

첫 출동

7호 장갑차의 측방사수가 되어 첫 출동을 나갔다.

7호와 8호 장갑차는 파견대 철문을 나서 어부촌이라는 약속장소를 향해 임무를 수행하기 위해 달렸다. 장갑차가 달리는 일번도로는 잘 포장되어 시원스럽게 뚫려 있고 도로 양쪽에는 울창한 밀림 속에 원시의 고요가 숨 쉬며 가끔씩 짐승들이 지나가고 있었다.

하늘에는 남국의 태양이 이글거리고 대한의 용사를 실은 장갑차는 뜨겁게 달구어진 도로에 바람을 일으키며 작전지역으로 전진을 해나갔다.

나는 철모를 쓰고 방탄조끼를 입고 상체를 장갑차 위로 내놓고 기관총을 쥐고 경계에 온 신경을 다 쏟으며 밀림을 응시하였다. 금방이라도 밀림 속에서 베트콩의 총탄이 날아올 것 같은 생각이 들어 눈과 귀를 세우고 잔뜩 긴장된 채로 방아쇠에 손가락을 넣고 있노라니 느닷없이 '타다 탕탕탕' 하고 총성이 울리며 총탄이 날아오는 것이었다.

나는 깜짝 놀라 장갑차 속으로 몸을 움츠리고 고개를 숙였다. 그럼에도 총소리는 계속해서 들려왔고 총탄도 무섭게 날아오고 있었다.

'이러다가 총탄이 장갑차를 뚫고 들어오면 어쩌지?'

나는 정신없고 경황이 없는 가운데에서도 불길한 생각을 떨치지 못하고 떨고만 있었다. 그러자 그때 갑자기 퉁하고 머리위로 뭔가 떨어지는 것이 있어 폭탄이라는 생각에 번쩍 고개를 들고 정신을 차려보니 좌측 측방사수인 박 병장이 내 곁으로 다가와 주먹을 쥔 채 웃으며 서 있는 것이었다.

"갑자기 이 상병이 머리를 처박고 계속 하늘에다 총을 쏘길래 만류를 했지, 그런데도 듣지 않길래 내가 와서 철모 위에 군밤을 한대 주니까는 이 상병이 정신이 들었는지 총 쏘는 것을 그치더구만……!"

얘기를 듣고 나니 상황이 이해가 되었다. 처음으로 기관총을 잡고 작전지역으로 출동을 나가다보니 너무 긴장된 탓에 나도 모르게 방아쇠를 당기게 되었고 내가 쏜 총소리에 놀라 몸을 도사리고 머리를 숙인 채 계속 방아쇠를 당기며 떨고 있었던 것이다.

박 병장으로부터 그 얘기를 듣는 순간 처음에는 부끄럽다는 느낌이 들었지만 차츰 굴욕감이 내 자신을 압박해오기 시작했다. 장갑차가 목적지에 이르자 전차장 김 하사가 나에게 말해주었다.

"하늘에는 베트콩이 없다. 총을 쏘려거든 밀림을 향해 쏴라!"

김 하사의 말투는 부드러웠지만 그가 던져준 언어는 내 뇌리 속에 비겁자, 겁쟁이 자식으로 박히며 내 가슴을 짓이겨대었다.

'내가 겁쟁이라니!'

'전에 말로만 들어왔던 어떤 병사처럼 머리를 처박고 하늘에다 총을 쏘아대는 그런 겁쟁이라니 내가…….'

나는 병력 수송차량 호위임무를 마치고 부대로 돌아온 이후 한동안을 심한 자격지심에 시달려야 했고 동료들의 얼굴도 바로 보지를 못했다.

구조

닌아평원의 밀림 속에서 콩 볶듯 총성이 울려오고 있다.

닌아평원은 동아이 해변에서 베트콩들의 중부 거점지역인 흠바산으로 연결된 평원의 험한 밀림지대로서 베트콩들이 보급로로 이용하는 곳이었다. 지금 나는 요란한 총소리는 닌아평원에 수색 나간 보병부대와 베트콩들이 보급로를 가지고 생사의 접전을 벌이고 있음을 알려 주는 소리였다.

용감한 수색대들이 구조 요청을 해오는 것을 보면 상황이 어지간히 다급한 모양이었다. 구조 요청을 받고 현장에 도착해보니 정말 생사의 전쟁이 벌어지고 있었다.

밝은 태양 아래 서로 쏘아 죽이려는 총탄이 난무하는 가운데 병사들이 여기저기 쓰러져 선혈을 쏟으며 죽어가고 있다. 적과의 교전도 교전이지만 죽어가는 사람을 살리는 일을 서둘러야 했다.

'빨리 피 흘리는 사람들을 응급 처치해 실어 보내야 하는

데……!'

그러나 누가 선뜻 나설 수 있는 상황 또한 아니다. 총탄이 여기저기서 사정없이 날아오고 있기 때문이다. 우리가 탄 장갑차에도 총탄이 날아와 맞고 튕겨져 나가는 소리가 섬뜩했다.

나는 겁이 났지만 첫 출동 당시의 수모를 생각하며 그때의 수모를 씻기 위해 이를 앙다물고 순간적으로 장갑차에서 뛰어내렸다. 그 순간 철모가 벗어져 땅에 굴렀고 나는 맨 대가리인 채로 부상자 하나를 힘껏 껴안아와 장갑차 속으로 들이밀었다. 그리고 또 다른 부상자들을 향해 다가갔다. 그제야 사람들이 여기저기서 튀어나와 부상자들을 장갑차속으로 들어 날랐다. 부상자를 운반하던 중 구조병 하나가 내 곁에서 느닷없이 '아!' 하더니 비틀거렸다.

배에 총을 맞은 것이다. 총탄이 사정없이 날아오고 있었다. 그런 경황없는 죽음의 긴박한 순간에도 힘없이 쓰러지는 구조병의 얼굴이 선명하게 들어왔고 총탄이 날아오는 소리도 분명하게 들을 수 있었다. 배에서 선혈이 뿜어 나오는 구조병을 받쳐 들어 장갑차 속에 밀어 넣고 나는 땅에 떨어진 내 철모를 주어들고 차속으로 들어왔다.

장갑차에 올라와 격전의 현장을 내려다보니 두렵다는 생각에 오싹 전율이 느껴졌다.

'내가 어떻게 저 죽음의 공간에서 공포에 떨지 않고 맑은 정신으로 태연히 구조를 할 수 있었을까!'

아무리 생각해도 믿겨지지 않았다. 적들이 사방에서 노려보며 총을 쏘아대고 비탄을 작렬시키는 공간으로 뛰어들어 구조작업을 벌인 나는 무방비 상태로 정말 죽음의 세계에 들어가 있었던 것이다. 그런데도 그 순간만큼은 적의 총탄이 무섭다는 생각이 없었다. 죽음에 대한 불안이나 공포가 일지 않았고 의식도 부상자의 얼굴을 쳐다볼 정도로 차분하고 분명 했었다.

이상한 일이었다. 죽음에 대한 공포 때문에 멀리서 들려오는 총소리에도 오싹오싹 하는 전율을 느끼곤 했는데 정작 사람이 죽어 쓰러져 가는 한가운데로 뛰어 들어갔을 땐 오히려 무섭지가 않았었다.

'죽음에 대한 불안과 공포도 절정에 달하면 사라져버린단 말인가!'

부상자들을 실은 장갑차는 막강한 화력을 퍼부어대며 험한 밀림을 빠져나와 초원지대에 도착했다. 밀림 속에서는 아직도 간간히 총소리가 나고 있다.

넓은 초원지대에서 하늘의 헬기(헬리콥터)를 향해 구조 타식을 쏘아 올렸다. 붉은 색깔의 연막이 선명하게 하늘로 피어오르며 구조 헬기에게 착륙지점이 알려졌다. 그러나 구조헬기들은 하늘에서 뱅뱅 돌뿐 쉽사리 내려오지를 않았다. 헬기의 조종사들도 베트콩의 총탄이 두렵기 때문이다.

많은 부상자들의 맥박이 시들어가는 절박한 순간이었다. 우리 승무원들과 위생병은 애가 탔고 정신이 없었다.

김 하사는 하늘의 헬기를 향해 안전하니 빨리 내려오라고 무전기에다 대고 악을 썼고 우리들은 부상자들의 총상 부위를 막고 지혈 시키느라 정신이 없었다.

피가 흥건히 흐르고 있는 장갑차 속은 여기저기서 쓰러져 있는 부상자들의 신음 소리와 강렬하게 풍겨오는 역한 피비린내로 그야말로 생지옥이었다. 피를 많이 흘린 부상자들은 타들어가는 입술로 살려달라고 신음소리를 내고 있는데 피가 있는 병원으로 날 수 있는 헬기는 아직도 내려오지 않고 있다.

곁에서 누워 신음하던 부상병 하나가 갑자기 두 팔을 들어 올리며 부르르 떨기 시작한다. 위생병이 얼른 떠는 손을 잡아준다. 나도 재빨리 압박붕대를 가지고 떠는 손을 잡았다. 그리고 위생병에게 어디를 동여맬 것이냐고 물었다. 내 얘기를 듣고도 위생병은 그러나 말이 없다. 뭔가 심상치가 않다고 느끼고 있는데 부상병의 손에 강한 힘이 가해져왔다. 그가 손에 힘을 주더니 눈을 가느다랗게 뜨고 사력을 다해 말소리를 내는 것이다.

"어머니……! 고국에……!"

이 두 마디 말을 하고 그는 숨을 몰아쉬더니 목을 옆으로 떨구었다. 위생병이 그의 눈을 쓸어내려주었다. 병사가 임종을 한 것이다.

꽃다운 한 젊은 청년이 타국 전선에서 어머니와 고국을 그리다가 죽어간 것이다.

그리고 이어서 또 하나의 병사가…….

나는 밖으로 나와 하늘을 봤다.

이윽고 헬기가 땅에 내리고 부상자들은 나트랑 후송병원으로 떠났다. 헬기가 떠나고 총소리가 멎은 하늘과 땅은 파랗고 푸른 빛으로 고요하기만 했다.

구조 활동을 마치고 부대에 돌아온 승무원들은 장갑차의 세차를 마치자 독한 화이트(양주)를 원액으로 마셔대었다. 우리가 도착하자마자 식사도 하지 않고 빈속에다 화이트를 마셔대자 새로운 신병 하나가 내 곁에 와서 무슨 일이 있었느냐고 조심스럽게 물었다.

"무슨 일은 없고, 하늘과 밀림의 파랗고 푸른빛이 슬퍼서 마시는 것이다."

내 대답을 들은 신병은 고개를 갸우뚱했다.

나는 정말 파랗고 푸른빛이 슬퍼서 마셨다. 푸른 밀림 속에서 젊은 병사들이 수없이 피를 흘리고 쓰러져 파란 하늘로 수없이 실려 나갔을 것이라고 생각하니 파랗고 푸른빛들이 진한 슬픔으로 가슴에 배어들어 왔기 때문이다.

이날 밤 나는 화이트 병을 쥐고 이렇게 절규했다.

"어머니여, 고국이여! 이렇게 먼 타국에서 오늘도 당신의 아들들이 당신을 그리며 죽었습니다. 당신은 정녕 무엇을 하고 계신단 말입니까."

알몸의 여인

멀리서 보니 푸른 초원에서 병사들이 무엇인가를 가운데 두고 둘러앉아 있다.

우리가 위급한 부상자인가 싶어 속력을 내어 달려가자 둘러앉아 있던 병사들이 재빨리 밀림 속으로 들어가 버린다. 그러자 그 자리에서 느닷없이 하얀 물체가 순간적으로 뛰어들어 왔다.

충격이었다.

한 여인이 실오라기 하나 붙이지 않은 알몸으로 누워있었다.

예고 없이 총탄이 날아와 박히는 것처럼 머리와 가슴에 충격이 왔고 그 파동이 여러 차례 온몸으로 퍼져나갔다.

장갑차 위에서 바라보는 여인의 피 묻은 알몸은 초원의 푸른색과 색 대비를 이루며 원색의 강렬함을 더해주었다.

내 곁에 있던 구조병 하나가 빨리 구경하자며 뛰어 내려갔다. 그러나 나는 뛰어 내려갈 정신이 아니었다. 머릿속에 혼란이 오고 어지러워 내 심신을 지탱하기도 힘겨웠다. 내 머릿속에 갑자기 뛰어 들어온 피가 묻고 훼손된 여체는 영상처럼 스쳐가는 것이 아니라 나의 정신세계 속에 자기의 상을 새겨 넣으려고 파고들고 있었다.

내 자아는 이 악몽과 같은 현실을 인정하지 않으려 충격적으로 뛰어든 흉상을 물리치려고, 그래서 내 정신세계 속에 자리하고 있는 여체의 상——

내가 오랫동안 아름답게 그려서 조각해놓고 흠모해오던 선녀와 같은 여인의 나상裸像——을 지키려고 안간힘을 다하며 싸우고 있었다.

내가 그렇게 힘든 내전을 치루며 이글거리는 태양아래 진땀을 흘리며 멀리 시선을 두고 있노라니 누군가 내 어깨를 툭 치는 것이다.

"이 상병, 정신 차려 앞으로 저런 것 수도 없이 볼 텐데…… 빨리 내려가 싣고 가자."

박병장의 재촉에 나는 마음을 다지며 차에서 뛰어내려 여인의 알몸 곁으로 다가갔다. 젊은 여인이 가슴에 총을 맞고 피를 흘린 채 발가벗겨져 누워있었다. 이쁘고 순박해 보이는 얼굴에 볼록한 젖가슴과 배와 허리 그리고 허벅지와 음부까지 완전히 드러내놓고 태양을 향해 눈을 감고 있었다.

곁에서 사진을 찍던 구조병 하나가 그녀의 몸을 만지며,

"야, 이렇게 잘 생긴 몸은 처음 보는데." 하면서 음흉한 웃음을 짓는다. 그러자 우리 고참 승무원 하나가 젖가슴을 만지며 "야 아직 따뜻한데." 하면서 둘 다 똑같이 맞장구를 치고 있었다.

나는 그러한 구조병과 고참 승무원의 행위를 바라보며 세상에

서 제일 잔인한 짓은 사람을 죽이는 것이 아니고 죽은 사람을 해하는 짓이고 그리고 세상에서 제일 더럽고 고약한 것은 시체가 썩는 것이 아니라 인간의 본질이 타락하는 것임을 알 수가 있었다.

나는 역겨운 심사로 알몸의 여인과 고참 병사들의 모습을 물끄러미 쳐다보며 전쟁과 인간 그리고 본능에 대해 생각해봤다.

전쟁은 인간이 여지껏 갈고 닦아온 질서와 정서를 단 순간에 파괴해버리고 인간을 원초적인 혼돈의 세계로 내몰아 본능만이 살아 숨 쉬는 인간(사회)을 만들어 낼 수 있는 가장 빠른 길이라는 생각이 들었다. 그런 생각 끝에 나 자신을 돌아보니, 나라는 사람도 어느새 전쟁의 마성에 휩쓸려 있음을 알 수가 있었다. 처음 출동 나가 총을 쏠 때는 내 가 쏜 총탄에 적군이 맞지 않기를 바랐으나 며칠이 채 지나지 않아 그런 생각이 없어졌던 것처럼 지금의 상황도 마찬가지였다. 알몸을 보고 만지는 사람들에게 경멸의 시선을 보내던 사람이 어느새 본인도 모르게 여인의 알몸을 감상하고 있었던 것이다. 내 자신은 전쟁과 인간에 대해 철학을 하기위해 보고 있었던 것이리고 부정을 하며 펄쩍 뛰었지만 나의 눈은 이미 육체적 본능인 성性으로 주시하고 있었다는 사실이다. 전쟁이란 상황에 의해 지배되어 그 마성에 휩쓸려 있었던 것이다. 나는 정신을 차려 내 자신을 돌아보고 소스라치게 놀라지 않을 수 없었다.

'나라는 사람이 이렇게 쉽사리 변하다니……'

'나라고 하는 인간이 이정도 밖에 안 된다니……!'

나는 내 자신에 대해 치를 떨었다. 내 마음 한구석에서 나는 만지지도 않았고 다만 감상만 했을 뿐인데 그것이 뭐 그리 크게 잘못된 것이기에 그러느냐고 변명 겸 옹호를 하고 나왔다. 그러나 나의 냉철한 이성이 단호하게 받아쳐 뭉개버리고 나섰다.

'죽은 여인의 알몸을 만진 놈이나 쳐다보고 감상한 놈이나 죽은 여인의 몸을 해한 것은 마찬가지다. 도둑질한 놈이나 망을 본 놈이나 다 같이 도둑놈이긴 마찬가지이듯이, 따라서 너희들은 세상에서 제일 잔인한 짓을 했기 때문에 인간의 본질이 타락한 제일 더러운 인간들인 것이다.'

나는 '이성의 망치' 같은 소리에 정신이 번쩍 들었다. 정신이 번쩍 들며 반성과 함께 전쟁의 마성으로부터 나를 지켜야겠다는 각오가 일었다. 나는 소년시절 무전여행을 다니면서 했던 맹세를 떠올리며 다시 한 번 맹세를 했다.

'어떠한 환경 속에서도 당당함을 잃지 않는 인간이 되리라.'

그렇게 맹세를 하고 나는 알몸 곁으로 바짝 다가섰다. 그녀는 훼손된 나신裸身으로 전쟁에 대해 흉폭한 인간들에 대해 하늘에다 항변의 메시지를 보내고 있었다. 그러한 그녀의 모습 속에서 다시금 인간들에 대해 분노와 슬픔을 느꼈고 내 자신도 인간이라는 사실 앞에 심한 역겨움을 느끼지 않을 수 없었다. 속죄하는 마음으로 그녀의 팔다리를 가지런히 모아 판초우의로 덮고서 도장에서 배운 무인의 자세로 적군의 시신에 대한 예의를 표하고 조심스럽게 감싸서 차에 실었다.

장갑차가 밀림을 벗어나 도로를 달리자 그 진동에 의해 판초우의의 위아래로 그녀의 얼굴과 발이 나왔다. 이쁘고 순박해 뵈는 얼굴과 황소 발바닥같이 두껍고 거칠은 발이 대조적으로 들어오며 안쓰러움을 더해줬다.

'어쩌다 저렇게 이쁘고 순박한 처녀가 맨발로 가시밭길을 뛰어 돌아다니며 생사를 걸고 싸우는 공산주의자가 되었을까. 북쪽에서 태어났기 때문이리라 남쪽에서 태어났으면 저절로 민주주의자가 되어 사이공이나 나트랑 같은 곳에서 좋은 신발신고 흰아오자이(월남치마)를 펄럭이며 멋있고 자유롭게 살 수 있었을 텐데……."

그러나 내 마음 한편에서는 연약한 여성으로서 열악한 전선에 용감하게 뛰어들어 자기나라를 위해 신념을 다해 싸우다 전사한 그녀의 정신에 감동을 하고 있었다.

나는 방탄조끼와 상의를 벗어 그녀의 얼굴과 발을 덮어주고 철모를 벗어 장갑차의 상판위에 올려놓고 조의를 표해주었다.

런닝샤스차림으로 맨머리로 달리는 일번도로 정글에 바람이 일고 있다.

붕붕 마을

오늘도 본부에서 무전으로 전통이 내려오고 있다.

발신 : 사단 본부

수신 : 쑤안투이 A.P.C 파견대

임무 : 사단본부 정문 앞에서 봉로만까지 보급차량 캄보이

시각 : 13시 출발 16시 도착

임무수행에 차질 없기 바람 이상

전통을 받고 8호차와 우리 7호차가 출동준비를 시작했다. 각 차의 승무원들이 바쁘게 움직였다. 전차장은 무전점검 조종수는 엔진 점검 측방사수 두 명은 캬바라 50이라는 대형 기관총 1정과 M60이라는 중형 기관총 2정 M16소총 4정, 권총 2정의 점검을 마치고 출동을 나섰다.

7호와 8호 두 대가 문을 나서자 남아있는 5호 6호 승무원들이

모두 나와 손을 흔들어 주었다. 밀림왕 7호와 밀림왕 8호로 일컫는 두 대의 장갑차는 차내 무전으로 서로 농담을 주고받으며 사단본부 정문을 향해 일번도로를 달렸다. 각 차의 고참들은 오늘따라 기분이 더욱 좋아서 연신 호탕하게 웃는 목소리로 무전을 날리고 있다.

보급차량 호송 대기 중…

"야, 이놈의 연애쟁이야 연애하지 말고 속 차려라."

"아니, 내가 언제 연애했다고 너나 속 차려라."

"나는 말이다 눈빛이 맑은 우리 함 아가씨하고 순수한 사랑을 하고 있는 것이지 너처럼 몸 파는 색시하고 불장난하고 있는 것이 아니란 말이다 알겠느냐."

"알긴 뭘 알아. 이 똘똘아! 정신적인 사랑이건 육체적인 사랑이건 다 같이 여자하고 노는 것은 마찬가지 아니냐."

그렇게 7, 8호차가 무전으로 농담 아닌 진담을 주고받는 사이 차는 사단 정문 옆 붕붕 마을에 도착했다. 한 시가 되려면 앞으로도 한 시간 정도 더 기다려야 할 시간이었다. 전통이 내려오면 장갑차들은 언제나 약정된 시간보다 한 시간이나 삼십분 정도 이곳 붕붕 마을에 미리 와 물건도 사고 담배도 피고 맥주도 마시고 농담을 주고받으며 낭만을 즐겼다.

이곳은 사단 정문에서 약 500미터쯤 떨어져 있는 마을로서 원래 마을 이름은 따로 있는데 선배들이 붕붕 마을로 명명해서 부르는 것이었다. 우리말로 해석하면 연애마을이라는 뜻이다. 이곳 붕붕 마을에는 여염집 아가씨들도 있었고 몸 파는 아가씨들도 있었다. 보급차량과 병력수송 호위를 책임진 우리 장갑차 승무원들은 보급차량 운전자들과 일반 병력부대원들과 함께 여염집 아가씨들과 사랑을 나누는 사람들도 있고 몸을 파는 아가씨들과 성관계를 갖는 사람들도 있었다. 그래서 이들은 출동만 나오면 붕붕 마을에 꼭 들렀고 이곳에 와서는 애들처럼 희희낙락거리는 것이었다.

나는 신병이라서 저지할 수도 없고 충고할 수도 없어서 그저 지켜만 보고 있을 뿐이었다.

* 전쟁을 하는 나라 베트남 땅은 게릴라전을 하고 있기에 밀림속이나 도로변에서는 산발적인 전투가 계속되고 있지만 대체로 사회의 질서가 유지되는 곳이었다. 따라서 사람 사는 곳인 이곳에 인간살이에 따라붙는 모든 것들이 다 있었고 성매매 또한 없을 리가 만무했다. 아니 오히려 전쟁이라는 심리적 조건 속에 성매매는 더욱 더 왕성하게 꽃을 피우고 있었다. 캄란항 옆에는 동바틴 불꽃이라는 홍등가가 있고 나트랑시에는 이백 명의 아가씨가 있는 윤락가들이 있고 나트랑시와 투이

호아에 이르는 일번도로 곳곳에도 붕붕마을이 여러 곳 있었다. 각 부대 병사들은 사단사령부내에 있든 밀림 속 부대에 있든 붕붕마을 얘기를 전해 들으며 구경이라도 한번 해보자고 속들을 태우고 있었다. 전쟁은 분명 병사들에게 죽음이라는 의식의 굴레를 씌워놓고 생존욕과 성욕 등 본능적인 욕망들을 강렬하게 부추겼다 따라서 병사들의 머리와 가슴은 늘상 생존 확인과 성과 사랑의 갈망으로 뒬 수밖에 없었다.

달

보름달이 환하게 떠오르고 있다.

병사들이 모두다 밖으로 나와 지붕 위로 올라가거나 장갑차 위에 올라가 달맞이를 하고 있다. 평상에 앉아서 봐도 잘 보이건만 병사들은 조금이라도 더 가까이에서 달을 보기 위해 지붕 위나 장갑차위로 올라간 것이다.

우리들의 가슴속을 뭉클하게 뒤흔들며 보름달이 하늘에 떠올랐다. 그러자 병사들은 하나같이 넋을 잃기 시작했다.

그 달 속에는 어머니가 있고 가족들이 있고 사랑하는 사람과 고국의 고향 산천들이 있고 그리고 이곳에 없는 소나무 밤나무 진달래, 개나리가 있고 눈사람이 들어있어 어느새 고국이 전설처럼 내리고 있었다. 병사들은 어느덧 고국으로 건너가 개나리꽃 만발한 동산으로 엄마 따라 소풍가고, 앞마을 시냇가로 물놀이 가고 사랑하는 사람과 함께 시내를 거닐고 있었다.

환경과 상황이…

"하나 두리두리 세넷 다섯 여섯 공 아홉 공구 팔칠 육오 넷삼 둘 하나 밀림왕 7호 밀림왕 7호 조종수는 감 잡고 등장하라."

"여기는 밀림왕 6호 조종수 아저씨다 이상."

뒤 따라 오는 6호차 조종수 장 병장으로부터 7호차 조종수인 나에게 농담 섞인 무전이 오고 있는 것이다. 무전을 받은 나도 농담을 섞어 보내줬다.

"양호 송신 송신 너의 아저씨 감 잡고 등장했다. 날려라 이상."

"이병장 우리 쑤안투이 해변가서 한바탕 놀다가자 어떤가!"

"양호 송신 너의 전차장과는 상의를 했는가 이상."

"양호 전차장끼리는 이미 얘기가 된 사항이다 이상."

"양호 송신 좋다 이상."

호위 임무를 마친 두 대의 장갑차는 쑤안투이 해변으로 달렸다. 두 대의 장갑차는 모래사장에 궤도자욱을 내며 쑤안투이 해변으로 들어섰다. 가끔씩 와보는 쑤안투이 해변은 맑은 푸른 물

베트남 전선 백마부대 사령부 앞에서 출동대기 중

과 넓은 모래사장이 주변의 야자수림과 어울려 이국적인 아름다움을 보여주는 곳이고 인간들의 손길이 닿지 않은 천연의 상태로 보존되어 있어 원시적인 정감을 느끼게 해주는 곳이었다.

오늘도 우리 승무원들은 서서히 판을 벌였다. 야자수를 따다가 캔맥주 박스 옆에 놓고 번갈아 마셔가며 노래를 부르고 춤추고 고함지르며 젊음의 열정을 마음껏 발산시킨 후 해변을 거닐며 연인놀이를 하고서 놀이를 마쳤다. 그리고 여느 때와 마찬가지로 인적이 없는 해변에 발자국을 남기고 부대를 향해 일번도로로 나섰다. 쭉 뻗은 일번도로로 나서자 6호차가 앞서 달리며 속력을 내기 시작하고 우리 차 승무원들도 밀림에다 총을 쏴대며 달리자고 성화를 댔다. 그러나 나는 지난달 사고를 생각하며 자제를 하고 총성을 울리며 질주하고 있는 6호차에게 무전을 날렸다.

"두리두리 삼 넷, 넷 삼 둘 하나, 밀림왕 6호 밀림왕 6호 감 잡고 등장하라 여기는 밀림왕 7호 조종수다 이상."

"양호 귀소감도 매우 좋다 여기는 밀림왕 6호 조종수다 날려라 이상!"

6호 조종수인 장병장의 목소리에 신바람 나 있었다. 그도 나와 같이 고참 조종수라서 누가 이래라 저래라 성가시게 할 사람도 없는데다 귀국할 날도 삼 개월 정도밖에 안 남았기 때문에 저절로 흥이 나는 모양이다. '나는 속력 좀 낮춰라!' 하고 짧게 끊어서 말해 주려다 그의 기분을 깨지 않기 위해 부드럽게 날려주었다.

"야, 이 똘방진 똘똘아! 너랑 나랑 파도 넘어 물결칠 때까진 맨세 오빠 맨세 단장하자(야, 이 똑똑한 아이야 너하고 나하고 귀국선 타고 항해할 때까지 몸조심하자는 말) 알아들었는가. 이상!"

"양호 송신 잘 알아들었다. 이상!"

"잘 알아들었으면 기분 내지 말아라. 이상!"

내 말이 끝나기 무섭게 6호차 속력이 시속 60㎞ 이하로 떨어지기 시작했다. 6호차 조종수인 장병장도 내가 지난달에 최고속도로 기분을 내며 달리다가 도로를 건너가는 물소를 들이받아 큰일 날 뻔한 것을 알고 있었기 때문이다. 6호차가 속력을 떨어뜨리자 측방사수들이 요란하게 쏘아대던 총성도 잦아지기 시작했다.

부대로 돌아오자 나는 오늘 느낀 여러 가지 철학적인 문제를 생각해봤다. 맨 먼저, 쑤안투이 해변에 가기만 하면 사람들이 노래 부르고 춤추고 고함을 지르고 그리고 다정스럽게 연인놀이를 하게 되는 이유에 대해서 파고들었다.

'경치가 아름다워 취해서 그럴까 야자수를 먹어서 그럴까 바다의 영향 때문일까?'

여러 가지 생각 끝에 군대오기 전에 했던 철학 탐구의 장들을 들춰보고 나니 그 원인이 밝혀졌다. 군대 오기 전에 무전여행을 다니면서 냇가와 바다에서 경험하고 느꼈던 생각들이 깨달음을 가져다준 것이다.

그것은 바닷물 자체가 H_2O라고 하는 물리적인 힘으로 그 속에 숨 쉬고 있는 거대한 생명의 기운으로 사람 속에 있는 7할의 물을 움직이며 생명을 일렁거리게 하기 때문에 일어나는 현상이라는 것을 알 수가 있었다.

다음은 병사들의 심리에 관해서 생각해봤다.

'병사들이 어째서, 왜, 아무런 위험도 없는 곳에서 쓸데없이 속도를 내서 달리고 총을 쏴대고 요란한 총성을 들으며 소리를 지르고 좋아라 하는 것일까.'

* 이 문제는 그 동안의 경험과 학문을 통해 분석해본 결과 이러한 현상은 인류가 원시 적부터 사냥과 전쟁을 통해 경험해온, 달리고, 쏘고, 소리지르고, 잡고, 싸우고, 죽이는 원초적인 정서들이 인간들의 몸속에 집단무의식의 형태로 기전내재류氣傳內在流해오다가 전쟁이란 상황과 부딪쳐서 악세레다를 밟고, 방아쇠를 당기고, 총성을 울려대는, 현대적인 모습으로 발현되면서 일어나는 현상이라고 봤다.

전사의 가슴에

아침부터 동편 막사에서 선임하사를 제외한 사병들이 모여 김 상병을 설득하고 있다.

"김 상병, 우리가 해볼 만큼 다해 봐도 고양이의 비루병이 낫지 않으니까 어찌 하겠느냐. 어제 결정난 대로 차에다 싣고 가, 마을에다 놔주자. 동물들은 자연 상태로 놔두면 저절로 병이 낫는다더라."

성격이 느긋한 장 병장이 부드러운 목소리로 김 상병을 달래봤으나 김 상병은 여전히 안 된다고 떼를 쓰는 것이었다. 그러자 이번에는 최 병장까지 나서며 김 상병을 점잖게 나무라며 설득을 하기 시작했다.

"이봐 김 상병, 정말 말 안 들을 거야! 모든 사람들이 병든 고양이 하나 때문에 인상을 찌 뿌리고 역겨워 해서야 쓰겠어, 내일 출동 나갈 때 차에다 싣고 가 저 살던 마을에다 놓아주자."

"그렇게 하자, 그러면 우리도 좋고 고양이도 마음과 몸이 좋아져

장갑차 5호차 조종수와 함께

피부병이 나을 거야. 김상병 그러자 응!"

평소 별 말이 없는 최 병장까지 나서 열심히 타일러봤으나 김 상병은 여전히 고양이를 키우겠다며 고집을 꺾지 않는 것이었다. 일이 해결될 기미가 보이지 않자 회의에 참석한 고참들의 분위기가 달라졌다. 신참들을 자유스럽게 놓아 먹이니까 군기가 빠져 그런다며 김 상병을 가만두지 않으려고 서로 눈짓을 보내고 있었다. 고양이를 키워야겠다는 생명에 대한 애착과 고집이 김상병 개인의 문제가 아니라 군대의 생명인 군기를 흔드는 항명의 문제로 대두되고 있는 것이었다. 나는 이 문제를 냉철히 바라보며 한 개인의 생명에 대한 애착의 문제이고 사생활이지 항명의 영역은 아니라고 판단하고 명령보다는 그 감정에 호소하기로 마음을 먹었다. 그에 따라 최고 고참 조종수인 나는 김 상병을 나에게 맡기라하고 회의를 마쳤다.

나는 저녁에 김 상병을 서편막사 지붕 위로 불러 마주앉아 대화를 나누었다. 그와 나는 지나온 소년시절 얘기를 주고받으며 술잔을 나누다보니 서로가 인간적인 친밀감에 젖어 시간가는 줄 몰랐고 달이 없는 밤 별들이 유난히도 아름답게 우리들 가슴에 내려앉고 있었다. 본론인 고양이 이야기는 하고 싶지도 않았고 할 필요도 없었다. 다음날 아침 김 상병은 출동 나가는 5호차에 고양이를 실어 보내며 눈물을 글썽였고 병사들 모두가 그를 에워싸고 위로를 해주었다. 인간이 아름답게 보이는 순간이었다. 전쟁이 아무리 사나운 모습으로 우리의 모든 것을 뺏으려 들어도 우리 가슴속에 있는 사랑을 뺏지는 못하리라.

72년 4월 10일 쑤안투이 전선에서

빨간 입속이……!

오늘은 반닝읍 시장거리에서 입속이 빨간 할머니를 두 사람이나 한꺼번에 만났다.

할머니들은 잇몸과 이빨 등, 입속 전체가 빨갛게 물들어 있는 흉측한 모습으로 뭔가 열심히 이야기를 하고 있었다. 말을 할 때마다 드러나는 빨간 입속들이 보는 사람으로 하여금 마귀할멈의 입속을 보는 것 마냥 소름을 끼치게 만들었다. 우리가 할머니들을 쳐다보자 이들은 우리를 무섭게 쏘아보더니 시장 속으로 사라져 버렸다.

할머니들의 입속은 처녀 시절 이 나라를 지배하고 있던 프랑스인들의 만행을 피하기 위해 일부러 입속을 빨갛게 물드는 열매를 씹어서 그렇게 되었다는 것이다. 이러한 할머니들이 아직도 곳곳에 많이 생존하고 있다하니 당시 프랑스인들의 만행이 어느 정도였는가를 짐작할 수가 있었다.

나는 빨간 입속의 할머니들과 그들의 쏘아보는 눈빛을 본 이후부터 과연 월남의 많은 양민들이 무엇 때문에 우리에게 적대적인 눈빛을 보내오고 있는가에 대해 진지하게 관찰하고 연구해 보기 시작했다. 반닝 쑤안투이 등 시장 번영회 사람들과 월남어 한자 한국어 등으로 대화를 하며 베트남 사람들의 진심을 알아나갔던 것이다. 그 결과 석 달이 지나 월남 생활 십 개월로 접어드는 시점에서야 비로소 그 사유를 밝혀 낼 수 있었다.

그들이 우리를 싫어하는 이유는 다음과 같았다.

그들의 역사적인 입장에서 볼 때는 우리가 자유의 수호신이나 정의의 십자군이 아니라 프랑스군을 물리치자 새롭게 나타난 침략자였고 그들의 사상적인 관점에서 볼 때는 공산주의를 선호해서 민주주의를 하러 온 우리를 배척하는 것이 아니라 프랑스군을 몰아낸 독립군 대장인 호지명이 베트콩들을 이끌고 있었기 때문이었다.

나는 이같이 베트남 땅의 역사와 베트남 사람들의 의식을 알고부터 왜 우리 아군들이 엄청난 군사력을 가지고도 소수의 베트콩을 이기지 못하고 있는가를 알게 되었다. 그리고 이 같은 사실의 인지와 체험을 통해 나의 철학적 지식은 충격을 받았고 한국의 분단 현실과 이데올로기*에 대해서 새로운 패러다임**의 이해를 갖게 되었다.

---

* 이데올로기 : 이념, 정치 철학 종교 예술 등이 갖는 정신적 문화적 제 관념 형태
** 패러다임 : 보는 틀 사고의 틀

나트랑 후송 병원에서

"꽝! 꽝!"

폭발음과 함께 귀가 멍멍하며 왼팔과 손에 묵직한 통증이 오고 손으로 피가 흘러내렸다. 위급한 상황에서 승무원들이 재빨리 뛰어내려와 나를 장갑차 안에 실었다. 왼팔과 손을 압박 붕대로 감고, 나는 승무원들의 부축을 받으며 구조 헬리콥터에 올랐다. 헬기는 굉음을 내며 파란 하늘로 날았다. 파란 하늘아래 푸른 밀림들이 빠르게 지나갔다.

나는 통증이 오는 가슴과 왼손을 만져보며 걱정을 하고 있는데 미군 조종사와 통역을 맡은 자는 자기들끼리 웃고 떠들고 있었다. 순간적으로 많은 생각들이 교차하는 가운데 유리문 밖의 푸르고 파란색들이 고통스럽게 지나갔고 왼손 압박붕대에 붉은 피가 선명하게 배어나오고 있었다.

나트랑 후송병원, 72년 5월 1일

마취를 하고 파편 제거수술을 마쳤다. 수술을 마치고 깨어보니 밤 12시 20분이 되었다. 하얀 옷을 입은 간호장교 두 사람이 다른 동료들을 간호하고 있는 모습이 눈에 들어왔다.

나는 가슴파편창과 손가락 3개가 한 마디씩 잘려 나간 상태로 중상은 아니라서 다음날 2동 6병실로 옮겨갔다. 간헐적으로 통증이 느껴지는 왼팔에 신경을 쓰며 링겔병을 바라보고 있노라니 하얀 옷을 입은 간호 장교가 내게로 다가왔다.

"많이 아프지요."

나는 아픈 통증을 억지로 참고 웃어보였다.

"다쳤으니까 아프겠지요."

"불편한 것 있으면 언제든지 이야기 하세요."

그녀는 따뜻한 미소를 띄우며 링겔병에서 떨어지는 주사액의 속도를 조절해주고 자기 자리로 돌아갔다. 그녀가 제자리로 돌아간 뒤 나는 처음으로 상체를 일으키고 병실을 둘러보았다. 길고 넓은 공간에 삼십여 명 정도의 부상병들이 침대에 누워있거나 앉아있었는데 대부분이 다 팔이나 다리가 하나씩 없는 모습들이었다. 그 중에는 다리가 둘 다 없는 사람들도 있었다. 나는 그들을 보는 순간 가슴이 섬찟해옴을 느꼈다. 그리고 내 팔과 다리가 잘려나간 것 마냥 진저리가 쳐지면서 빨리 이곳을 도망치고 싶다는 생각이 드는 거였다. 이러한 생각은 다음, 다음 날에도 계속 되었다.

나는 그들을 보고 섬찟한 느낌이 어째서 일어나는 것인가를 가지고 생각해보기 시작했다. 그리고는 여러 날이 지나서야 그 원인을 알아 낼 수가 있었다.

그것은 이 공간에 팔다리가 없는 사람들이 한, 두 사람 있는 것도 아니고 수십 명이 집단으로 모여 있다 보니 이런 광경을 처음 보는 내 머릿속에 충격이 일어났고 이러한 충격적인 영상이 뇌의 기억 중추 속에 인식으로 자리하려하자 아름다운 모습만을 추구하는 생명의 원래적인 기능이 '상' 거부 현상을 일으키고 있기 때문이라고 봤다. 이러한 판단 하에 나는 나의 인식 속에 빨리 상을 새겨 넣어 상 거부 현상으로 비롯되는 내 몸의 고통을 없애야겠다는 생각에서 눈을 피하지 않고 팔다리가 잘려나간 중상자들을 하나씩 여러 번을 반복해서 쳐다보며 머릿속에 상을 새겨나가자 며칠이 지나서는 섬찟한 기분이 사라지고 없어져버리는 것이었다. 병실 생활을 한지 삼주일 정도 지나자 섬찟함이나 짓눌리는 고통이 사라지고 곁에 있는 동료들과 농담도 주고받으며 편안한 마음으로 지낼 수가 있게 되었다. 그렇게 내가 편안해질 수 있게 된 것은 다른 어떤 이유보다도 중상자들에 대한 내 의식의 변화 때문이었다.

병실 생활을 한지 두 달째

오늘은 아침부터 내 곁에 있는 안학수 상병이 평소와는 달리 침울한 얼굴로 나를 부른다.

"이 병장님!"

그렇게 나를 부르고서 그는 아무 말이 없다. 나는 그러한 그의 모습을 주시하며 긴장된 마음으로 대답을 하고 나섰다.

"왜, 안 상병!"

"저, 지금 이병장님하고 술 한 잔 하고 싶은데 내 청을 들어주겠습니까."

"지금이 아침인데 지금부터 술을 마실 거야."

"예, 지금부터 바로 마실 겁니다."

안 상병의 얘기를 듣고 나는 그의 마음에 어떤 동요가 일어나고 있음을 감지했다. 가끔씩 팔다리가 없는 중상자들이 자살하는 일이 종종 일어나고 있었기 때문에 가만 놔두면 큰 일이 날지도 모른다는 생각이 먼저 들어서였다.

"그래 좋아, 지금부터 뒤뜰에 나가서 한잔 하자!"

나는 캔맥주 한 박스를 그늘아래 놓고 안상병과 마주 앉았다. 평소 밝은 얼굴로 장난도 잘 걸어오던 그가 굳은 표정으로 무겁게 입을 열었다.

"이 병장님, 내 모습을 보면 평소에 어떤 생각이 듭니까?"

"안 상병의 어떤 모습을 보면?"

"팔 하나가 없는 내 모습을 보고 말입니다!"

안 상병의 질문을 받고, 어떻게 얘기해줘야 할 것인가 망설이고 있노라니 그가 다시 재촉을 해왔다.

"솔직히 대답을 해줘야 합니다."

나는 솔직히 대답해주는 것이 좋겠다고 판단을 했다.

"그래, 솔직히 대답해주지! 안 상병을 처음 대하는 순간은 싫어서 피하고 싶었네. 그러나 이러한 감정은 이 주일 정도가 지나면서 차츰 가라앉게 되었고 삼 주일이 지나면서부터는 보통 사람을 대하는 것이나 별 차이가 없게 되었네."

"이 병장님, 그게 사실입니까? 삼 주일 정도 지나니까 싫은 감정이 없어졌다는 게 정말입니까?"

"그래 그랬어!"

나는 힘주어 대답을 해주었다. 내 대답을 듣고 난 안 상병은 축 쳐져있던 눈빛을 반짝이며 다시 물어왔다.

"그럼 고국에 있는 사람들도 내 모습을 보고서 이 삼주만 지나면 싫은 감정이 없어지고 보통 사람 대하듯 할까요?"

질문을 해오는 안 상병의 목소리는 애절하기까지 했고 캔맥주를 꽉 움켜쥐고 있던 그의 하나밖에 없는 오른손이 파르르 떨고 있었다. 나는 그런 그에게 힘주어 말해주었다.

"그것은 안 상병이 고국에 알고 있는 사람들 앞에 어떤 자세로 서게 되느냐에 따라 달라지는 것이라고 보네, 인간 안학수가 한 인간으로서 그들 앞에 당당한 모습으로 나타나느냐 아니면 비굴한 모습으로 나타나느냐에 따라 그 사람들도 안학수에 대한 인상을 달리할 테니까."

나의 애기를 듣고 안 상병은 뭔가 알 것 같다는 표정으로 나를 열심히 쳐다보고 있었다. 나도 그러한 안 상병의 표정에 힘을 얻어 중상자들에 대한 나의 의식변화를 열을 내어 설명을 해주었다.

"팔다리가 하나 달아났다고 해서 인간이 달아난 것은 아니지 않은가 따라서 인간의 생명이나 인격이 달아나지 않은 이상 중상자들에 대해, 다른 감정을 갖는 것은 잘못된 일이지 않은가. 나는 이와 같은 자문자답 속에 그동안 꺼려했던 마음을 반성하고 그리고 얼마 후에 중상자들에 대한 새로운 의식을 갖게 되었네. 팔다리가 없는 사람들은 살이나 뼈가 조금 손상된 것이지 사람이나 인간이 손상된 것은 아니라는 의식을… 내가 이렇게 올바른 의식을 가지고 중상자들과 빨리 친해질 수 있었던 것은 안학수 상병의 밝고 당당함이 쇠망치와 같은 힘으로 잘못된 내 의식의 벽을 깨 부셔줬기 때문에 가능했었네. 안 상병은 고국에 돌아가서도 밝고 당당해야 하네. 영국의 넬슨 제독은 팔 하나가 없음에도 그 밝고 당당함으로 영국 청년들의 우상이었지 않았는가. 안 상병도 그와 같이 밝고 당당함으로 고국에 있는 많은 사람들의 중상자에 대한 잘못된 의식을 제압해버려야 하네."

나의 열변이 끝나자 안학수 상병은 눈물을 글썽이며 내 손을 꽉 잡았다.

"이 병장님, 고맙습니다! 저… 어제 고국 꿈을 꾸고 나서 사실은 오늘 저녁에 죽으려고 했습니다. 꿈속에서 만난 가족들과 친구들이 나를 보더니 무섭고 싫다고 모두 달아나는 것이었습니다. 그래서 악몽에 떨다가 깨어 죽을 결심을 했던 것입니다."

말을 마친 그가 겸연쩍게 웃고 있었다.

"안상병!"

"예,"

"이리 와 나하고 레슬링 한번 하자. 오늘은 봐주기 없다."

"예, 알았습니다."

푸른 환자복을 벗어부치고 우리는 넓은 잔디밭 위에서 맞붙어 뒹굴었다. 서로 엉켜서 내리누르고 둥글고 깔리면서 신나게 레슬링을 하다 보니 누군가 우리를 뜯어내는 사람들이 있었다. 안 상병과 내가 겸연쩍은 모습으로 바라보고 있노라니 주위에는 어느새 동료들과 함께 담당간호장교인 음중위가 서있었다.

"서로 친하게 지내더니 무슨 일로 그러는 거야?"

나와 안 상병은 뭐라고 변명할 겨를도 없이 아침부터 술 먹다 싸운 사람들이 되어 있었다. 사람들이 다 돌아가고 난 뒤 우리는 서로 마주보고서 한바탕 웃었다. 그러나 병실로 들어오자 동료들과 음중위의 시선은 여전히 냉랭하고 차가웠다. 그러자 안상병이 나서 해명을 하기 시작했다.

안 상병은 어제 저녁 꿈 얘기에서부터 레슬링을 하게 된 사유까지를 조리 있게 동료들에게 전해주었다. 안 상병의 해명이 끝나자 병실 안에 있는 모든 사람들이 힘찬 박수를 보냈다. 그러더니 나에게 안 상병에게 해줬던 얘기를 병실 사람들에게도 다시 한 번 해달라고 요청을 하는 것이다. 나는 음 중위가 서있는 옆에서 힘차게 즉석 연설을 해나갔다.

"여러분들은 어디 가서나 밝고 당당한 자세를 가져야합니다. 밝고 당당한 자세는 밝고 당당한 의식 속에서 나올 수 있습니다. 여러분들이……!"

나의 즉석 연설이 끝나자 병실 안이 온통 환호성으로 가득 차고 모든 사람들의 눈길이 나에게로 집중되어 왔다. 나는 쑥스러운 마음이 들어 얼른 밖으로 나왔다. 밖으로 나오자 한낮의 태양 아래 진한 풀 내음이 확 풍겨왔다.

나는 오랜만에 자유로운 마음으로 잔디밭으로 뛰어나가 물구나무서서 걸어가기도 해보고 낙법도 하며 뒹굴어 보았다.

"칸트 순수이성비판을 설명해줄 때보다도 멋있는데요!"

언제와 있었는지 담당간호장교인 음 중위가 곁에 와있었다.

"아, 그렇습니까? 음 중위님, 오늘따라 음 중위님의 얼굴이 한껏 더 아름다워 보입니다. 그 몇 개 난 여드름까지도요."

"그래요?"

음 중위가 예쁘게 웃고 다시 들어간다. 그녀가 들어간 우리 병실에서 중상자들의 밝은 웃음소리가 들려오고 있다.

물구나무서서 걷기

전선에서 꽃피운 사랑

1972년 7월 베트남전선 한국 백마부대 나트랑 후송 병원은 전쟁전투 중에 부상당한 병사들이 헬기(헬리콥터)로 긴급히 실려와 수술을 해 생명을 살려내는 임무를 수행하는 군병원으로서 의사인 남군의관 등과 병간호를 담당하는 여 간호장교들은 본연의 임무를 다하고 있었다.

다친 병사들의 생사를 가르는 신음소리와 그 고통과 피 냄새 속에 군의관과 간호장교들은 혼과 정성을 다하여 수술과 간호의 임무를 수행하고 있는 것이었다. 백마부대 나트랑 후송 병원은 드넓은 대지에 20여 동의 큰 건물이 지어져 있고 그중 5개는 경계병사들 건물이고 그 왼쪽에는 3동의 건물이 지어져 있는데 그곳이 간호장교들이 사용하는 숙소 건물이고 오른쪽 3동이 군의관 장교들이 사용하는 숙소였다.

경계병력 100여 명, 식당취사병력 30여 명, 군의관 20명, 간호장교 30명. 이 같은 청춘의 군인들이 조국 대한민국을 떠나 만 리타국 베트남전선 나트랑 후송 병원에서 전쟁 중 부상병 등을 돌보며 조국을 그리워하고 있었다.

부상 병사들은 9개동 건물에 대체로 합 200여 명 수준이었다.

백마부대 나트랑 후송병원은 야자수, 바나나 등이 펼쳐져 드넓은 정원의 운치로 인해 경관이 무척 아름다운 곳이었다. 북쪽 맹호부대 붕타우 후송병원에 비해 대체로 한가로 운 곳이었다.

기환이 장갑차를 몰고 북쪽 맹호부대 638고지 전투에 비상 병력을 이송해주고 맹호부대 붕타우 후송 병원에 부상자들을 싣고 갔을 때 그곳은 그야말로 전쟁터 병원이었다. 아! 팔다리가 잘려 나간 병사들의 신음소리, 아! 그러나 한참 남쪽인 이곳 백마부대 나트랑 후송병원은 그런대로 한조로운 곳이었다. 아름다운 경관 평화로운 정원의 운치 낭만. 그야말로 시와 문학을 나누며 캔 맥주의 낭만을 즐길 수 있는 분위기였다.

기환은 다친 가슴과 왼손이 나아가자 5막사 경환자(가벼운 환자) 병실로 옮겨와 3교대로 들어와 병사들을 간호해주고 위로해주는 간호장교들과 여러 대화 속에 책 얘기와 시와 문학, 철학을 나누며 친밀해져 갔다. 고국을 떠나 만리타국 이국전선에서 청춘의 젊은 남녀들은 특수한 장소, 한정된 사람들의 공간에서 쉽게 저절로 마음을 열고 상대를 받아들이고 시와 문학과 철학과 인생이야기를 주고받으며 인간의 정감을 교감해 나갔다.

중위 계급장의 간호장교들은 대학을 갓나온 처녀들로서 그들의 지성과 감성을 여성성과 함께 발현해보고 싶은 열망에 휩싸여 있었다. 그녀들의 열망에 불질을 한 것은 전차 장갑차 병사 철학자 이기환이었다.

기환은 병실과 정원에서 그간 수없이 많이 읽어온 문학, 심리학, 과학, 철학 책들과 철학 명제들을 가지고 대화하고 열변을 토하며 멋진 간호장교 그녀들을 반하게 하고 그리고 이어 운동장 야자수 아래서 물구나무서서 몇 십 미터를 걸어가고 전방회전낙법을 감행하고 100kg이 넘는 체구의 병사를 번쩍 들어 올리는 황소 같은 힘과 매력을 발산해 젊은 간호장교들의 가슴을 온통 흔들어 놨다.

기환은 호감 가는 간호장교들을 마주대할 때마다 사랑 철학을 머리에 새기며 무전여행 다닐 때 지켰던 선배 동국이형 충고와 사랑학을 준수하고 실천해나갔다.

여자를 쫓아다니지 말아라!
지성과 야성과를 보여주면 여자는 당겨져 온다!

기환은 지성과 야성으로 멋지게 간호장교 젊고 예쁜 그녀들을 강하게 당겨 나아갔다.

낮 간호근무를 끝내고 숙소로 돌아간 임영희 중위가 석양이 질 무렵 5번 병상막사로 찾아와 저녁 담당인 신참 간호장교 이은정 중위와 잠깐 이야기를 나눈 후 이 중위와 같이 대화를 나누던 기환에게 야외 면담을 청하고 임 중위와 기환은 병원 밖 광장 초원벤치로 나가 나란히 앉았다.

풋풋한 체취의 청춘남녀가 야자수 정원아래 의자에 다정하게 앉아 있는 가운데 불그레한 석양 노을이 참으로 낭만적으로 아름다웠다.

머나먼 이국 전쟁터에서 만난 젊은 녀와 남

그들의 가슴 심장은 벌써 뛰고 있었다.

석양의 붉은 노을을 손으로 가리키며 임영희 중위가 말했다.

"오늘따라 노을빛이 참 아름답네요! 그렇지요! 기환씨는 어때요!"

언제나 밝고 생기 찬 임 중위가 오늘따라 얼굴도 목소리도 우수에 젖은 듯 나지막하고 부드러운 표정이었다.

기환은 석양 노을 빛 감상 추억에 젖어 잠시, 청소년 시절 무전여행 당시 만난 영순이 학생의 청순한 얼굴을 그리다가 얼른 정신을 차려 임영희 중위의 얼굴을 바라보며 말했다.

"영희씨, 그렇네요. 오늘따라 석양노을이 더더욱 아름답네요."

"그렇네요."

두 청춘남녀는 베트남 전선의 군인으로서 병실에서는 임 중위님, 이 병장님하며 서로 존칭어로 부르고 있지만 운동장 정원이나 막사 뒤편 산책길 호젓한 곳에서는 서로가 기환씨, 영희씨로 호칭하고 있는 사이였다.

동갑내기로 연인처럼 가까워져 서로의 감정과 사랑 느낌을 표현한지 여러 날이 되었던 사이였다.

두 사람은 산책로 길을 둘이서 걸으며 진지한 대화를 나누었다.

"기환씨! 요즈음은 기환씨가 나를 대하는 표정이나 느낌이 정성이 식은 것 같아! 내 맘이 정말 우울해요!"

기환은 임영희 중위의 옆 얼굴을 보며 말해주었다.

"그래요! 영희씨가 보기에 내 얼굴 표정과 대하는 분위기가 그래요, 그래요?"

"그래요! 기환씨가 한 달 사이에 마음이 변한 것 같아요! 나에 대한 사랑의 감정이 많이 식은 것 같아요!"

임영희 중위 아니 가슴이 풍만한 영희 아가씨는 청년 기환의 머리 가슴에 불만과 하소연의 감정을 동시에 표현하며 밀고 들어왔다. 기환이 나지막하면서 짧은 말로 대답해 줬다.

"영희씨! 그런 말 하지 말아요. 나는 변함이 없어요!"

기환의 단호한 대답이 끝나자 임 중위 임영희 그녀가 발걸음을 멈추고 기환의 팔을 잡으며 똑똑한 음성으로 말했다.

"그래요. 기환씨! 그러면 요즘 나를 만나면 어째서 말이 적어지고 철학, 심리학, 인지과학 등 강론 특강은 물론 대답도 잘하지 아니하고 서먹 서먹 하는 거예요! 그리고 이은정 중위하고는 무슨 일로 늘상 가까이서 대화 하는 거구요?"

임 중위의 가열 찬 물음에 기환은 팔을 놓고 걸어가며 얘기하자며 그녀를 달래어 그 손을 잡고 부드럽게 말해줬다.

"영희씨! 내가 신참 이은정 중위하고 대담이 많은 것은 그녀가 월남 바깥세상에 관해 궁금한 것이 많고 그리고 문학소녀로서 문학과 철학 등에 대해 열정적으로 물어오기에 답해주느라 그랬소이다! 그리고 내가 요즈음 다른 사람들은 물론 영희씨에게도 밝은 모습보다도 생각 우수에 잠긴 모습을 보이는 것은…… 그런 것은……."

하고는 기환이 말을 끊어버리자 임 중위 아가씨가 정색을 하며

"그런 것은… 그 이유가 뭣이에요?"

하며 언성을 작게 높여 물어왔다.

그녀의 목소리는 진중했다.

기환은 임 중위 그녀의 두 팔을 두 손으로 잡고 그 얼굴 가까이에 얼굴을 대고 힘주어 대답해 주었다.

"그것은… 내가 군 병원 당국에 귀국 날짜 연장 신청을 냈으나 간호장교들을 감독하는 오수임 중령이 안 된다는 서명을 해 한달 안으로 7월 26일 귀국 비행기를 타라는 군 명령이 하달되었기에 그런 것이에요! 감독 장교 오중령에게 내가 귀국연장을 해달라고 사정했으나 오 중령이 하는 말… '이기환 병장은 젊은 간호장교들에게 너무 인기가 많아 문제가 될 수 있기에 귀국 조치를 하는 것입니다.' 하며 내 손을 잡고 다독이며 다정히 말했다. 나이든 나도 이기환 청년이 너무 멋진데 젊은 처녀장교들은 말할 것도 없지요. 그러니 얼른 귀국하세요."

말을 마치고 나서 기환은 임 중위의 표정을 보며 나지막이 답해 주었다.

"영희씨! 이제 내 가슴 속 심정을 알겠어요!"

기환의 장중한 말을 듣고 임영희 처녀는 청년 이기환의 가슴을 두 팔로 힘주어 껴안았다.

"기환씨 그랬군요. 기환씨……."

"영희씨……."

그들의 포옹은 뜨거웠다. 만리타국 베트남전선 탄손누트공항에서 두 청춘 남녀는 아름다운 이별을 했다.

성유전자의 지혜

새 생명을 탄생시키기 위한 대자연의 숨은 꾀(이치)가 몸속에 숨어 극과

극으로 작용하기 때문에 남과 여는 자석처럼 누가 시키지 않아도 저절로 하나가 되려는 원초적인 본능의 힘에 이끌리게 된다. 그러면서 또한 각자의 몸속에 담긴 유전정보에 따라 우량한 생명체를 만들어내기 위해 자기의 부족한 부분을 메워줄 상대를 본능적으로 고르게 된다. 그래서 사람마다 서로 좋아하는 유형이 다르고 쉽사리 언어로 규정할 수 없는 개개인의 매력에 끌려 짝을 맺게 되는 것이다.

청년 이기환과 임영희 처녀는 서로가 활달한 성격·성질의 소유자로서 서로가 같은 형질이기에 서로 부족한 기질을 채워 보충해줄 상대가 아니므로 공항에서 이별이 사랑의 끝이었던 것이다!

귀 국

사이공의 탄손누트 공항을 이륙한 비행기는 얼마 후 육지를 벗어나 남지나해 상공으로 들어섰다. 비행기 아래로 멀어져가는 베트남 땅을 내려다보고 있노라니 지난 일 년여 동안의 생활이 금세 아스라이 먼 추억으로 떠올랐다.

추억의 장속에서 함께 지낸 전우들이 영상처럼 떠오르며 지나갔다. 조규태, 김용선, 변용주, 장인두, 정종덕, 최강호, 조명철, 김종식, 유대현, 김재식, 김한성, 김용호 생시고락을 같이한 전우들의 모습을 그려보고 추억을 회상하고 있다 보니 어느덧 비행기가 필리핀의 클라크 공항에 착륙하고 있다.

비행기에서 내린 칠십여 명의 중상자와 나를 포함한 세 명의 경상자들은 클라크 시내에 있는 미국군병원으로 가 보상받는 급수의 점검과 치료를 마친 다음 고국 행 비행기에 올랐다.

털털거리는 낡은 비행기는 6시간의 아슬아슬한 비행 끝에 드디어 고국 땅에, 꿈에도 그리던 그리움으로 사무친 고국 땅에 무사히 내렸다 72년 7월 31일 다시 돌아온 조국은 강열한 태양아래 푸르고 밝았다.

* 그리움 : 그리움의 본질은 허虛다. 허 즉 빈 것이기 때문에 채워져야 해소되는 것이며 형태는 대상을 보고 만지고 얘기 나누지 못하는 데서 생긴 불만이 진화전이 된 것으로서 뇌 속에 잠재하고 있는 상의 자극에 의해 가슴속에서 아련하거나 애틋하게 뭉클하거나 애절한 모습으로 피어난다.
* 설레임 : 그것은 그리움의 대상을 볼(대할) 수 있다는 확신이 들면서 가슴속에서 환희와 희열이 일어나며 온몸으로 파동 치는 현상이다. 그리움의 응축된 응어리(에너지, 기)가 풀려지며 발생하는 진동

| 제5장 |

죽음의 철학과 생존의 철학

제대귀향

시원스럽게 넓고 쭉 뻗은 도로를 힘차게 달리는 고속버스, 기환은 차창 밖으로 달려 지나가는 풍경들을 바라보다 의자에 기대어 눈을 감고 생각에 잠겼다.

훈련소 기갑학교 탱크부대 월남전 파병, 장갑차 부대, 27개월간의 추억들이 기환의 머릿속을 영화 필름처럼 지나갔다. 추억, 지난 일들과 사람들이 선명하게 또는 아주 먼 옛일처럼 아스라이…….

그렇게 지나간 군대생활의 추억 속에 잠겨 있던 기환의 귓가에 안내양의 낭랑한 목소리가 들려 왔다.

"편안한 여행 되셨습니까? 가시는 목적지까지 안녕히 가십시오!"

1972년 10월 31일 택시를 잡아타고 먼지 나는 자갈길을 달려 동구 밖 차독배기에 내린 그는 가슴을 펴고 큰 숨을 몰아쉬었다.

'아! 얼마나 밟고 싶었던 조국의 고향 땅인가!'

그는 차고 넘치고 설레이고 흥분되는 감정들을 몸부림과 탄성으로 분출해가며 차독배기에 올랐다.

'아! 차독배기……'

차독배기는 주위에 소나무들이 있는 작은 고개로서 기환이 청소년 시절부터 운동도 하고 철학도 하고 벗들과 대화를 나누던 장소였다. 그리고 군에 가기 전 무전여행 차림으로 6개월간 가출했다가 돌아왔을 때 배낭을 하늘로 던지며 벅찬 감정을 맛봤던 곳이기도 했다. 만감이 교차하는 가운데 기환은 차독배기를 넘어 저녁연기가 내리깔리는 마을의 첫 집으로 들어섰다. 열려져 있는 싸립문을 지나 마당에 선 그는 일부러 낮고 굵은 소리로 말했다.

"계십니까?"

깊어가는 가을 초저녁 호야불을 켜놓고 저녁을 먹고 있던 가족들이 하나같이 뛰어나와 전쟁터에서 살아 돌아온 기환을 맞이했다. 할아버지, 아버지, 어머니, 여동생, 남동생 모두가 하나같이 어쩔 줄 몰라 하며 기환을 붙들고 늘어졌다. 한바탕의 소동이 끝나고 그는 가족들에게 신상 보고를 했다.

"귀국 1개월을 남겨놓고 왼손을 조금 다쳤지만 쌀 한가마니도 불끈 들 수 있고 낙법이나 물구나무서기도 예전같이 잘하니까 걱정할 것 없습니다."

그러나 가족들은 기환의 말을 곧이곧대로 믿으려 하지 않았다.

"네 말대로 정말로 쌀가마를 예전처럼 불끈 들 수 있나 어디 한번 보자"

아버지와 어머니는 다친 손과 팔을 만지며 걱정스런 표정으로 말했다. 결국 뒷방으로 가 가족들이 보는 가운데 기환이 쌀가마를 번쩍 들었다 놓는 시범을 해보였고 그제서야 가족들이 안도의 한숨을 쉬는 걸 보며 함께 큰방으로 돌아올 수가 있었다.

"이제 됐지요! 걱정 없지요?"

그러나 어른들의 눈빛은 아직도 안도하기에 이르다는 표정들이었고 급기야 동생들을 밖으로 내보내고 기환을 앉혀놓고 반 사정 반 강제로 옷을 벗겨내기 시작했다. 기환은 당황도 되고 한편 수치감도 들었으나 옷을 다 벗고 맨 몸을 보여주는 것만이 조부모님과 부모님의 마음을 편안하게 해주는 길이라 생각하고 옷을 벗었다. 런닝샤스와 바지가 벗겨지고 팬티가 마지막으로 남았다. 그러나 팬티까지 어른들의 손에 의해 벗겨지고 알몸으로 방 한가운데 세워진 그는 가혹한 신체검사를 받아야만 했다 할아버지와 아버지에 의해서 가슴과 배, 허벅지는 물론 고추와 고추인대 그리고 붕알까지 잡히고 당겨지는 정밀한 정밀하다 못해 잔혹한 신체검사를 마쳤다.

"그래, 이제 됐다. 옷 입어라! 밖에 있는 너희들도 이제 방으로 들어오고."

가족들의 얼굴과 눈빛에는 언어로 표현 못할 깊고 긴 사랑이 배어 있었다. 그는 가족들의 가혹한 신체검사를 받으며 순간적으로 많은 것을 깨닫고 있었다.

'그래, 그렇다! 한 인간이 다른 인간에 대해 갖는 마음의 심도深度도 여기까지 이르러야 한다. 인간관계에 있어 관계하는 인간에 대해 과거와 현재 미래까지를 진심으로 맘 써주고 걱정해주고 위해주는 행위와 자세, 이것이야말로 참으로 진정한 인간관계라

말할 수 있지 않겠는가!'

"할머니는 어디 마실 가셨습니까?"

가족들은 모두가 약속이나 한 듯 서로 얼굴만 바라보고 말이 없다. 한참 후에야 할아버지가 대답을 했다.

"네가 월남 가 있던 지난 4월에 돌아가셨다."

말이 떨어지기가 무섭게 머리에 충격이 오고 단번에 가슴이 어게져왔다.

"할머니…!"

할머니는 그가 월남 전선에 가 있는 동안 새벽마다 장독대에 나가 정한수를 떠놓고 빌다가 쓰러져 돌아가셨던 것이다. 이런 사실을 알게 된 그는 할머니 묘소가 있는 뒷산 공동묘지로 내달렸고 그 밤 공동묘지에서는 소리치며 땅을 치고 통곡하는 청년에 의해 때 아닌 생난리가 났었다.

그가 월남에서 전쟁을 치르고 있는 동안 가족들 모두가 나날이 전쟁을 치루고 있었고 그중 할머니가 먼저 전사한 것이었다. 그날 이후 사람들은 할머니에 대한 생각과 아픔을 덜어내 주려고 애를 썼지만 그의 가슴속은 할머니에 대한 생각으로 오열이 멎지 않고 있었다.

* 가족을 잃고 당하는 고통은 이성의 판단에 의해서 사리 분별을 해서 생긴 통증이 아니고 몸(그 성능의 직관)이 과거부터 시작해 현재와 미래까지를 함께 해줄 불변의 후원자를 잃었다는 허망함과 두려움에 안정을 찾고자 몸부림치는 현상이기에 일정한 정도의 몸 마음의 진정 시간이 필요하며 또한 정신이 패여 나간 자리를 채워 주어 정신적 에너지 분포

상태의 불 균형화 현상을 치유하기 위한 정신의 엔트로피 작용이 수반되는 것이기에 본인과 가족, 주변 사람들의 노력과 도움이 함께 필요한 것이다.

예) 사랑, 우정, 일 등의 에너지 보강 대체

기환은 어머니의 충고를 받아들여 새로운 기분으로 정신을 갖추고 생활해나가기 위해 등산과 시내구경에 주력을 하기 시작했다. 계속되는 등산, 시내 음악다방, 영화 관람은 그에게 새로운 에너지로 생의 활력을 불어넣어 주었다.

힘을 얻은 그는 군에 가기 전 청소년시절 무전여행 차림으로 가출해 돌아다녔던 길과 마을들을 여러 날에 걸쳐 다 돌아보고 시내 음악다방인 동그라미에서 문학과 철학을 가지고 사귄 한 무리의 여대생들과 만남도 계속하고 여동생 친구들의 애교 섞인 질투와 고백도 받아 넘겨가며 매력을 발산하는 청년으로 자리해 나가고 있었다.

싱그러운 날들의 대화 그리고 사랑

기환은 청바지에 베이지색 긴팔 남방셔츠를 접어올리고 5월의 푸르고 싱그러운 바람을 안고 부푼 가슴으로 시내로 향했다. 다실, 동그라미에 들어서자 잔잔한 음악이 흐르고 기다리고 있던 여대생들이 일어나 반가이 맞아주었다. 기환은 손을 들어 경쾌하게 답례를 하고 자리에 앉았다. 자리에 앉자 그는 학생들에게 멋진 제스처로 말을 꺼냈다.

"자, 오늘은 무엇을 주제로 삼아 학문의 장을 열어 볼까요? 문학, 심리학, 생물학, 물리학, 철학, 사랑학…… 자~ 어디서든 골라 보세요."

기환이 미소 지으며 의기양양하게 말하자 여학생들 중 기환과 가까운 사이인 연숙이 탁자 위에 얹어놓은 손을 가볍게 올리며 답해왔다.

"그럼, 지난 시간에는 문학을 했으니 이번에는 철학을 골라 봅시다."

그러자 곁에 있던 친구 영애가 얼른 손을 저으며 말했다.

"그보다 지난번 대둔산에 갔다 오면서 나눴던 사랑학을 합시다."

우리 네 사람은 결국 사랑학을 하자는 쪽으로 뜻을 모아 대화의 장을 펴나갔다.

"자, 좋습니다. 그럼 사랑학을 펴 보이겠습니다. 이~"

기환은 장난기 어린 표정으로 분위기를 잡으며 말했다.

"사랑에는 여러분들도 잘 알다시피 부모형제간의 사랑 등 여러 부류의 사랑이 있지만 여기서는 남녀 간의 사랑에 대해서 논의를 하겠습니다. 사랑이란 그 모양이나 자태가 아무리 아름답고 고상한 것이라 해도 그 뿌리는 성욕性慾에 있는 것입니다. 남녀가 몸을 섞으면서 생기는 쾌감을 얻기 위한 욕구의 작용과 그 부산물로 얻게 되는 후손에 대한 갈망이 즉, 성욕 충족 욕구와 생식 욕구가 사랑의 본질인 것입니다. 이것은 인간의 이성적 판단이나 인간의 의지와 노력 또는 그들의 희망에 따라 생긴 것이 아니라 이 같은 욕구들은 원시 자연 속에서 태동되어 그 뿌리(유전자)를 통해 원시를 지나 우리 부모를 거쳐 나에게까지 전해오고 있는 것입니다. 자연 속에 생명들을 기르고 그것을 푸르고 싱싱하게 존속 유지시켜 아름다운 생명의 별로 존재하고자 하는 거대한 욕망을 가진 지구라는 별이 인간의 몸속에 본능물질(DNA)라는 욕망의 암호를 전달시키며, 그들 뜻대로 조종을 하고 있는 것이지요. 인간은 이 암호와 사슬에 묶여 지구라는 별의 생명체 존속 유지와 그를 통한 푸르른 아름다움을 위해 지구마왕이 내린 성, 쾌감이란 짜릿한 사탕을 먹고 그 맛에 취해 사탕 속에 들어 있는 전래傳來의 암호 명령에 따라 열심히 살아주고 열심히 짝을 짓고 열심히 새끼 낳아 길러주는 지구마왕의 충직한 일꾼(노예)들이고 그들 중 하나가 우리들 자신인 것입니다."

기환은 사랑과 인간의 본태성本胎性에 대해 일사천리로 단숨에 설파를 하고나서 좌중을 들러봤다. 연숙, 미정, 영애의 초롱초롱한 눈빛들이 열기를 발하고 있다. 한 박자 호흡이 지나자 연숙이 칭찬과 질문을 해왔다.

"먼저 이 선배의 사랑과 인간의 본질을 꿰뚫는 논리와 그 정연한 설명에 갈채를 보냅니다. 이에 대한 나의 견해와 질문을 말해보겠습니다. 이 선배 논리대로 지구가 거대한 욕망덩어리의 존재라면 그 욕망은 어디서 왔으며 생물체들이 진화와 변이의 작용을 통해 자꾸 모습을 변화시켜 가는데 이것도 지구가 생각해서 그러는 것인지요?"

연숙은 진지하게 기환을 바라보며 차분하게 질문을 전개했다.

"네, 답변해드리지요."

"첫째 질문, 지구의 생명 존속 욕망은 ① 지구 자체가 생성되면서부터 자연 배태되었거나 아니면, ② 우주의 생성 이치에 의한 프로그램이었다고 봅니다. 먼저 설명을 우리나라 학자들의 논리에 대비시켜보면 일원론*보다 이원론**이 적용되고 ①번의 설

---

* 일원론一元論 : 우주 만유의 근본원리는 오직 하나라고 하는 학설 그 오직 하나가 물질이면 물질 일원론 정신이면 정신 일원론 물질정신합이면 물심합일원론 또는 추상적 일원론으로 구분된다.

** 이원론二元論 : 서로 대립되는 두 개의 원리에 의해서 실재實在가 설명된다고 보는 사고 종교에선 선과 악, 신과 피조물, 빛과 어둠, 영과 육 등의 형태로 쓰여져 왔고 철학에서는 형상과 질료, 사유를 속성으로 하는 정신과 연장을

명은 이율곡의 기氣에 힘을 실은 기발이승일도설氣發理乘一途說로 해석을 할 수가 있고 ②번의 설명은 이퇴계의 이理에 중점을 둔 이기호발설理氣互發說로 해석될 수 있다고 봅니다. 더 나아가 이야기를 비약시키면 일번은 과학으로 이번은 종교로 설명할 수도 있을 것입니다."

"그리고 둘째 질문 답 : 생명체들의 진화와 변이는 지구의 생각과 작용의 범주 속에서 생물개체의 권한으로서 생물체(사물)의 속성과 적응(운동과 변화)의 작용이라 봅니다. 모든 사물은 시간과 공간(물질)의 에네르기에 적응하고 적응당하며 운동과 변화의 작용을 계속해 나간다고 봅니다."

기환은 이쯤에서 말을 접었다 여기서 더 나아가면 사랑 얘기를 하다가 우주, 과학으로 빠져버릴 수가 있고 또한 여대생들의 수준이 아직은 자기의 학문을 갈무리해서 대응해 나갈 정도가 아니라고 생각했기 때문에 그런 것이다.

"자! 사랑에 대해 원론의 얘기로 질문을 받겠습니다."

이번에는 영애가 질문을 해왔다.

속성으로 하는 육체, 물자체와 현상, 선험적 형식과 감각적 소재 등으로 발전시켜 쓰여 지고 있다.

*** 이기이원론理氣二元論 : 이와 기를 만물의 생성원리로 삼는 성리학의 근본 사상으로 이(태극)는 기(음양)나 질(오행)을 초월하는 것이 아니고 내재하여 질을 포함한 이기의 결합에 의해 만물이 형성된다는 학설, 여기서 이퇴계는 이를 더 중시하였고 이율곡은 기를 더 중시하였다 이를 중시한 이퇴계는 인간의 성정에 있어서도 순수이성은 절대선으로서 이것을 따르는 것이 최고의 덕이라고 했으며 이기호발설을 주장했고 기를 중시한 이율곡은 기가 발하고 이가 통한다는 기발이승일도설을 주장하여 훗날 실천적 학문인 실학의 기초를 마련하였다.

“남녀 간의 사랑이 본질적으로 대자연 즉 지구라는 별의 생명 존속유지를 위한 수단의 산물이라는 논리에 일단은 수긍을 합니다. 그러나 인간의 사랑은 다른 동물들과 달리 ‘육체를 부딪치는 교미의 쾌감만을 소유하는 것’ 그것만이 아닌 높은 정신세계를 함께 소유하고 있다는 사실입니다. 따라서 남녀 일상의 평범한 성적관계는 그렇다 치더라도 가슴 떨리는 지순한 정신적 사랑은 이 선배가 얘기한 지구자연의 욕망과 수단의 궤에서 빼줘야 한다고 봅니다.”

말을 마친 영애의 얼굴에 그의 순박한 모습과 같은 순수한 사랑을 보호해주려는 안타까운 심정이 배어나오고 있었다. 기환은 이 같은 영애의 심정을 눈빛으로 받아주며 대답을 해나갔다.

“네, 그렇습니다. 남녀 사랑의 한 단원은 높은 정신세계로 질적인 변화를 일으켜 진화전이進化轉移하였습니다. 그리하여 성관계를 갖는 상대를 위해 자기 모든 것을 목숨까지도 바쳐 헌신 봉사하고도 여한이 없는 그야말로 숭고한 사랑으로 지구 자연의 욕망의 궤를 뛰어넘는 초월자적 존재가 되었다는 사실입니다. 인간은 남녀의 사랑을 이 같은 초월자적인 숭고한 사랑으로 계속 승화시켜 나가야 할 것입니다. 그리고 남녀 간의 사랑 이외의 다른 인간과의 관계도 이 같은 숭고한 사랑의 수준으로 품격을 높여나가야 할 것입니다. 이와 같은 노력과 행위 속에서 인간이 인간다워질 수 있고 인간이란 의미와 가치가 존립할 수 있는 것입니다.”

기환은 열강을 마치자 개선장군처럼 주위를 둘러보았다. 연숙과 미정 그리고 영애의 얼굴과 눈빛들이 하나같이 기환이 연출을 의도했던 학문의 열기 어린 감동의 세계로 몰입되어 있었다.

학문의 토론을 마친 네 청춘들은 달아오른 지성과 감정을 발산하며 동그라미 다실을 나와 그들의 2차 집결지인 고사동의 생맥주집 원투쓰리로 향했다. 기환, 연숙, 미정, 영애 네 젊음들은 그들의 부푼 가슴만큼이나 큰 잔에 담긴 생맥주를 달아오른 가슴에 퍼부으며 사랑과 인생과 꿈을 노래했다. 뒤풀이의 마당이 끝나고 기환은 여느 때처럼 연숙과 헤어져 집을 향해 걸었다.

밤 11시가 넘은 시각이었지만 기환은 천천히 걸으며 연숙의 얼굴 표정과 말을 함께 떠올리고 있었다. 연숙은 평소 그의 해맑고 시원한 표정을 접으며 우수 어린 얼굴로 물었다.

"기환이 선배, 전에 애인이 있었거나 마음에 두는 사람이 있지요? 마음에 두는 사람이 있다면 혹시 영애 아니면 미정이?"

기환은 그런 연숙을 보면서 고개만 좌우로 흔들어 답해주었다.

"그럼…!"

연숙이 기환의 얼굴에 우수 어린 시선을 맞추며 대답을 호소하고 있었다. 연숙과 미정, 영애 이 세 사람은 같은 학교 국문학과 동기생들로서 기환이 등신을 하면서 사귀게 된 사람들이었다. 기환은 연숙과 그중 가장 가까운 사이였지만 항시 거리를 두고 있는 터였다. 기환의 가슴에는 청소년시절 사귄 영순의 정성스런 편지와 석양 노을 속 그 청순한 영상이 선명하게 남아있기 때문이었다. 기환은 자세를 바로하며 그동안 미뤄왔던 대답을 해줬다.

"나 이기환은 지금 최연숙을 향해 가고 있는 중입니다."

말을 마치고 기환은 연숙의 손을 잡았다. 학문과 생맥주의 열기가 채 가시지 않은 두 사람의 가슴에 복숭아꽃 같은 언어가 차오르고 있었다.

기환은 덕진을 지나 한적한 시골길로 접어들자 노래를 부르기 시작했다.

모두들 잠들은 고요한 밤에
어이해 나 홀로 잠 못 이루나
그건 너! 그건 너!
바로 너 때문이야
오~오~♬

등 뒤 저 먼 곳에서 통행금지 사이렌이 울려 왔지만 그는 계속 노래를 부르며 들판 길을 걸어 나갔다. 그가 지나는 하늘에 새파란 별들이 빛나고 있었다.

방황 생과 사의 전선에서

그러나 꿈과 낭만으로 아름다운 날도 몇 달 뿐이었다.

여름 밤, 기환에게는 상상하기 힘든 엄청난 불행이 닥쳐왔다. 봄부터 두통과 가슴 애피로 답답하시다고 하시던 어머니가 갑자기 돌아가신 것이다.

땅이 꺼지고 하늘이 무너져 내리는 절망과 슬픔 속에 어머니 장례를 치른 날, 비는 억수같이 쏟아져 내렸다. 어머니도 월남전을 치르다 돌아가신 것이었다.

전쟁터에서 돌아오자마자 할머니를 여의고 곧이어 45세 젊은 어머니를 잃은 기환은 73년 24세의 가을과 겨울 그리고 봄을 온통 생과 사의 철학 속에 빠져 지냈다.

등산을 하거나 데이트를 하거나 친구들과 술을 마시거나 항시 그의 뇌리 속엔 사느냐 죽느냐의 절박한 화두가 떠나질 않고 있었다. 그가 삶과 죽음을 가지고 고뇌하고 있다기보다는 전쟁을 치르고 있다는 표현이 옳았다. 그의 머릿속에서는 삶과 죽음이란 두 명제가 그야말로 생사를 걸고 전투를 치르고 있었다.

머릿속에는 생生과 사死로 나뉜 전선이 있었고 전선에는 양측 진영의 지원 병력兵力들이 대치하고 있었다.

사死 진영의 지원 병력들

* 사람은 어차피 한번 죽게 돼있다.
* 산다는 것은 욕망의 굴레 속에서 허덕이는 것이다.
* 이 세상은 죽을 용기가 없는 자들의 아귀다툼판이다.
* 이 세상은 지옥이다.
* 이 세상에서 자살할 수 있는 동물은 사람뿐이고 의연하게 자살할 수 있는 자가 가장 용기 있는 자이다.
* 삶은 어느 것이든 죽음에로의 행군일 수밖에 없다.
* 무릇 모든 인간이란 무한의 공간과 영겁의 시간 속에 일순간을 살다가는 미미한 생물에 불과한 존재이다.
* 지구의 나이와 인류의 역사에 한 인간의 일생인 70평생을 집어넣고 볼 때 그것은 눈 깜박일 순간에 불과한 시간이다. 이 같은 찰나의 순간을 좀 더 살면 뭣하고 좀 덜 살면 뭘 한단 말인가.
* 일제 때부터 현재에 이르기까지 일본 놈 아니면 그에 붙어먹은 무리 모리배들 그리고 그 꼬봉들이었던 총칼잽이들에 의해 무참히 짓밟히고 썩어버린 이 땅, 이 역사, 이 사회, 진실은 죽고 없다.
* 거짓이 판을 치는 이 땅에서 출세하고 결혼하고 자식 낳는 일이 무슨 가치가 있단 말인가
* 이 땅 이 현실 속에서 더 산다는 것은 순수한 영혼만 더럽힐 뿐이다.
* 이 땅에서 더 이상 산다는 것은 생물체로서 동물적인 생명만 연장해 갈 뿐 품위 있는 인간으로서 자기실현의 고귀한 의미란 있을 수 없는

것이다.

* 진실이 죽은 이 땅에 미련두지 말고 죽자, 죽는 것만이 최선이고 현명한 선택이다.

생生 진영의 지원 병력들

* 그냥 살아보는 것이다.
* 전쟁터에서의 충격과 할머니, 어머니의 연이은 죽음 때문에 정신적인 충격이 커서 그런 것이지 곧 평상심으로 바로 설 수 있게 된다.
* 자살은 의지가 약한 자들의 허무한 피난처일 뿐이다.
* 너는 의지가 강하지 않는가!
* 너는 지성과 야성을 겸비했고 신체적으로도 뚜렷한 이목구비에 172㎝ 키와 72㎏ 탄탄한 몸 벌어진 가슴 좋지 않은가!
* 한자漢字 삼천자를 쓰고 생물학, 문학, 심리학, 철학 등을 막힘없이 설명해내는 놀라운 언변들, 죽이기에는 너무나 아깝지 않은가!
* 거기다 무술의 유단자
* 그리고 매력 있는 여성들이 너를 얼마나 따르는가!
* 너는 또한 원호대상자, 국가유공자로서 원호청(보훈청)에 가 등록만 하면 국가가 매달 많은 연금을 주고 대학까지도 갈 수 있고 이 나라에서 잘살 수 있지 않는가!
* 너의 인생은 앞으로 황금빛이 될 것이다. 너의 가족들을 위해서 따르는 멋있는 여성들을 위해서도 너는 살아줘야 한다.
* 살아야 한다. 살아라!

생生과 사死로 나뉜 전선에서는 연일 쉴 사이 없이 치열한 전투가 계속 벌어졌다. 서로가 막강한 지원 병력들의 지원을 받으며 한 치도 물러서지 않으려 양대 진영이 사활을 걸고 싸웠고 전선은 그날그날 유동적으로서 일진일퇴하였다.

기환은 매일매일 차독배기에 서서 달라진 생과 사의 전선을 확인해 가고 있었다.

처음 한두 달은 생生군의 준비된 강력한 지원 병력과 화력에 의해 사死군이 뒤로 많이 밀렸지만 진지를 구축한 사死군은 생生군처럼 미리 준비된 지원 병력들은 많지 않았으나 여기저기 곳곳에서 만들어져 보강되어 왔고 화력이 막강했다.

전투 삼사 개월이 지나면서 생生군軍은 사死군軍에 의해 밀리기 시작했고 생군 진영은 마지막 보루인 국가유공자 혜택군과 따르는 미인 여성군 그리고 남은 가족들 생각군을 동원하여 3개 사단으로 최후 방어선을 구축하고 물러설 수 없는 전선에서 옥쇄의 각오로 결전에 임했다.

그러나 끝내 생군은 사군에게 패하고 최후의 죽음을 맞이했다.

자연 요법을 개발하여 실시하게 된 사연

—군사독재시절, 나는 군인은 정치를 해서는 안 된다는
한마디 발언으로 베트남 전쟁터로 출병을 당한 후—
죽음의 굴레 속에서

1972년 11월 1일.

월남전에서 부상을 당해 제대를 하고 집으로 돌아온 나는 너무도 나를 아껴주었던 할머니를 여의고 —할머니는 내가 월남에서 장갑차를 몰고 다니는 동안 하루 저녁도 빠지지 않고 장독대에 나와 큰손자인 내가 무사하기를 빌다가 내가 부상을 당해 귀국하는 사이 돌아가셨다. 내가 월남에서 전쟁을 치르는 동안 할머니도 장독대에서 전쟁을 치르다 쓰러져 돌아가신 것 이었다— 정신적인 고통 속에 몇 개월을 보냈다.

겨울이 가고 봄이 지나며 전쟁터에서의 상흔과 할머니에 대한 그리움의 집착에서 차츰 벗어나 정신의 안정을 찾아갈 무렵 또다시 청천병력 같은 충격이 찾아왔다.

73년 여름밤, 45세의 젊은 어머니가 심장마비로 돌아가신 것이었다. 어머니도 내가 월남에 가 있는 동안 병을 얻은 것이었다. 억수같이 쏟아지는 비를 맞으며 장례를 치르고 돌아온 나와 가족들은 충격에 빠져서 가을과 겨울을 거의 말이 없이 지냈다.

74년 새봄을 맞아 가족들은 조금씩 마음의 안정을 찾아가며 정상적인 생활을 시작해 나갔으나 나의 정신세계는 고통에서 헤어나려는 노력 대신 죽음을 미화시키며 죽음의 세계로 향하고 있었다.

나는 죽느냐 사느냐의 명제를 가지고 치열하게 고뇌를 한 끝에 죽음의 준비를 해 나가기 시작했다.

할머니와 어머니도 안 계시고, 더구나 진실이 죽고 거짓이 판을 치는 이 땅에서 산다는 것은 생명을 연장해 나갈 뿐 그 이상의 의미는 없었다. 할아버지 말씀대로 정신이 썩은 나라에서 말도 못하고 가축처럼 길들여져 산다는 것은 치욕이었다.

나의 할아버지는 부농의 큰아들로서 독립 운동을 하며 20년간이나 싸우다 해방이 되어 돌아왔지만 정부로부터 상을 받기는커녕 일제에 붙었던 자들에 의해 재산을 모두 빼앗기고 집안마저 풍비박산이 나는 말로 표현할 수 없는 고통을 겪었다. 나는 할아버지의 말씀을 되새기며 의연하게 죽기로 작심을 했다.

'일제의 잔재와 군사 독재의 총칼 앞에 기어 들어가 사는 것은 나, 이기환다운 삶이 아니다.'

'스물다섯, 젊고 순수한 이때 의연하게 죽자!'

결심을 굳힌 나는 남은 가족들과 친구, 그리고 동네 사람들에게 충격을 주지 않고 소리 없이 죽기 위해서는 먼 산속에 들어가서 농약을 먹고 죽어야 한다는 결정을 내리고 실천에 들어갔다. 할아버지와 아버지께 서울로 간다는 인사를 올리고 동생들에게 집안 부탁을 하며 할머니와 어머니 산소를 찾아 비장한 얼굴로 절을 올렸다.

산소를 나선 나는 기차를 타고 전주에서 멀리 떨어져 있는 수원역에서 내렸다. 역에서 내린 나는 근처 농약 상회로 들어갔다.

농약 상회에는 60대쯤 되어 보이는 반백의 아저씨와 젊은이가 약을 팔면서 손님을 맞이했다.

"마라치온 두 병만 주십시오."

나의 얼굴과 옷차림새를 눈여겨 바라보던 흰머리의 아저씨가 나지막이 물어왔다.

"젊은이, 마라치온은 어디다 쓸 것인가?"

"예, 담배 밭에 약 주려고 그럽니다."

나는 약간 의도적인 씩씩한 말투로 대답을 했다. 그러자 아저씨는 안심이 되었다는 듯 긴장한 얼굴빛을 풀며 약 두 병을 신문지에 포장해서 건네주었다.

"560원이네, 조심해서 사용하게."

나는 마라치온 두 병을 손가방에 담아 들고 농약 상회를 나섰다.

'어디로 갈까?'

길거리를 걷다보니 날이 어두워지고 있었다. 주위를 여기저기 살펴보니 여관이 보였다. 여관에 들어간 나는 준비해 간 편지지를 꺼내 여러 사람에게 편지를 썼다.

편지 내용의 핵심은 친구의 초청으로 브라질로 이민을 떠나니 찾지 말라는 말과 언젠가 만날 날이 있을 것이라는 내용이었다. 편지를 쓰고 나서 지난날들을 회상해 보았다.

힘자랑을 하며 싸움질을 하고 철학 책을 달달 외우고 다니며 알량한 지식 자랑을 하던 철없던 시절, 그리고 철학을 한답시고 가출하여 무전여행을 다니던 추억들이 멋쩍게 떠올랐다.

맑고 화창한 1974년 6월 9일 아침. 나는 우체통에 편지를 넣고 서울행 열차를 탔다. 서울 가는 도중에 산 좋고 경치 좋은 곳이 있으면 내려서 그곳에서 인생을 마감할 생각이었다. 저수지가 있고 산세가 좋아 보이는 부곡역에서 내린 나는 부곡역 앞 가게에서 물건을 샀다.

소주 한 병, 새우깡 한 봉지, 한산도 담배 한 갑.

동쪽으로 10리쯤 떨어져 있는 산속으로 생길을 뚫고 간 나는 땀으로 흠뻑 젖은 셔츠를 벗어 커다란 오리나무 아래 깔고 소주와 농약을 꺼낸 다음 담배에 불을 붙이고 힘껏 빨면서 마지막 결의를 다졌다.

'스물다섯, 가장 젊고 멋진 나이에 맑고 순수할 때 죽는 것이다!'

그리고 나는 한참 떨어진 곳에 주민증과 제대증을 파묻고 돌아와 정좌를 하고 하늘에 합장을 한 다음 소주와 농약을 들이마셨다. 농약을 마신 지 몇 분이 지나자 뱃속에서 꾸르륵 소리가 나며 숲 속의 나무들이 나의 눈에서 어지럽게 돌아가고 매미 소리가 커졌다 작아졌다 하며 내 의식 속에서 점점 멀어져 갔다.

1974년 6월 9일 오후 한낮, 이윽고 매미 소리가 끊어지고 모든 것이 고요해졌다.

회생

소리도 없고 빛도 없는, 깊이도 넓이도 알 수 없는 어둠의 괴괴한 공간이었다. 암흑 같은 공간 어디선가 불빛 하나가 반짝하고 보였다. 나는 불빛을 바라보며 그 빛이 내 쪽으로 환하게 비치길 애타게 기다리고 있었다. 그러나 그 불빛은 먼 입구에서 어른거릴 뿐 쉽사리 암굴 같은 이곳으로 다가오질 않았다. 그것은 안타깝고 고통스런 시간이었다. 그러다 마침내 불빛이 환하게 암굴 속으로 쏟아져 들어오고 웅웅거리는 소리가 뒤따라왔다.

'이게 무슨 소리일까?'

주위를 아무리 둘러보아도 아무것도 보이지 않았고 몸을 천근처럼 내리누르는 압박감만이 계속되었다. 그러다 시야에 희뿌연 물체가 들어왔고 사방이 다 희뿌연 가운데 희뿌연 사람들이 어른거리고 있었다.

'여기가 어디지?'

나는 정신을 차리려고 온몸을 흔들어 보았다. 그러자 하얀 옷을 걸친 사람들이 다가와 몸을 만지며 말했다.

"정신이 좀 드세요? 이름이 뭐예요?"

몸은 제대로 움직일 수가 없었지만 목소리는 들을 수 있었다.

"이·· 기·· 환··"

이름을 크게 말하고 싶었지만 생각만큼 크게 나오지가 않았다.

"집 주소는 어디입니까?"

겨우 주소를 말해 준 뒤 내가 누워 있는 이곳이 수원의 경기도립 병원이라는 사실을 알게 되었다. 6월 11일 오전 10시, 농약을 두 병이나 마시고도 살아난 나는 나를 살려낸 사람들을 원망하고 있었다.

주위 사람들은 하늘이 돌봤다고 위로 아닌 위로를 하기도 했지만 당사자인 나는 모든 것이 원망스럽기만 할 뿐이었다.

나를 발견한 셰퍼드와 그 주인, 파출소 순경들, 의사, 간호사 모두가 원망스러웠다.

나의 몸은 농약에 의해 혈액과 내장 기능이 상하고 전신이 치명타를 당해 성한 곳이 없었다.

위장, 신장, 간장, 소장, 대장 등등 성한 곳이 없다 보니 소화불량, 구역질, 설사, 피오줌, 가려움증, 두중頭重 등이 계속됐고 거기다 말도 어눌해지고 오른팔까지 머리 위로 제대로 올라가지 않았다.

총소리!
검은 하늘에 방아쇠를 당겨라!

탕탕탕!

1974년 6월 26일 한 낮 환자복을 입은 한 사나이가 이를 앙다물고 분노에 찬 얼굴로 수원경찰서를 향해 절룩거리며 뛰고 있었다. 그 사나이는 수원 시립병원에서 뛰쳐나온 25세의 이기환이었고 그 뒤를 그 여동생과 남동생이 뒤쫓고 있었다.

수원경찰서 정문에 이르르자 기환은 정문을 지키며 총탄을 장착하고 경계를 하던 보초병을 쓰러뜨리고 총검을 빼앗아 순간적으로 경찰서 대형 유리창을 다 쳐부수고 총 방아쇠에 손을 얹고 고함을 질러댔다.

"조 경감과 서장 나와라!"

대낮에 날벼락을 맞은 경찰서에서는 조경감과 많은 부하들이 뛰어나와 상상도 못한 엄청난 상황 앞에 전전긍긍하며 대응을 하고 나섰다. 그들을 향해 기환이 소리쳤다.

"나는 일제잔당총칼 개 같은 놈들에게 전쟁터로 끌려갔다온 후 하늘빛도 없는 검은 세상에서 살지 않고 조용히 죽으려 했다. 그런데 죽지 못하고 살아난 나를 약물고문까지 자행하는 만행을 저지르다니, 내가 써놓은 유서가 어떻고 내가 원호청에 찾아가지 않은 것이 무슨 대역죄를 지은 것이기에 나를 이 지경으로 만들다니! 조 경감이 나를 고문한 중앙정보부 수원분실로 안내하거라! 당신은 그놈들이 나를 고문하는 것을 똑똑히 봤을 테니 자, 어여 내 앞에 차를 대고 그놈들이 있는 곳으로 안내하거라!"

기환은 악에 바친 맹수의 얼굴로 총 방아쇠에 손을 얹고 악을 써댔다. 기환을 경찰들이 멀리서 에워싸고 총을 내려놓으라고 설득했고 뒤늦게 쫓아온 여동생과 남동생이 '오빠! 형! 총을 내려놓으라!'고 소리치며 애소했다.

일진일퇴 기환은 차를 탈취해 중앙정보부 수원분실로 돌진해 고문한 자들을 쏴 죽이려고 다시 청와대로 돌진해 일제잔당 총칼불량배 집단을 향해 총탄을 퍼붓고 장렬하게 생의 마침표를 찍을 각오였다. 전쟁터와 같은 상황 속에 가족들을 앞세워 밀고 들어오는 그들을 향해 기환은 '경고! 경고! 가까이 오면 쏜다'를 외치며 악을 쓰다 끝내 사람들을 향해 총을 발사하지 못하고 검은 하늘을 행해 장렬하게 방아쇠를 당겼다.

'탕탕탕!'

그러나 총탄은 발사되지 아니했고 훗날, 총탄이 발사되지 않은 이유를 알게 되었다. 당시 실제로 실탄을 장착하고 경계를 하다 보니 곳곳에서 오발사고가 많이 나, 사고 방지를 위해 탄창 실탄 첫발을 거꾸로 장전해

놔, 첫발을 빼내고 방아쇠를 당겼어야 하는데 그러지 않아 총탄 발사가 안 되었다는 것!

기환은 난투극 끝에 피투성이가 된 채 사로잡혔다. 그리고 입술이 시퍼렇게 질린 채 지켜보는 여동생과 남동생 앞에서 손과 발이 묶이고 눈을 안대로 씌운 채 검은 지프차에 실려 어디론가 향했다. 차속에서 기환은 말했다.

"내가 일제잔당 총칼불량배들을 쏴죽이지 못하고 사형장으로 끌려가지만 너희들도 정신 차려 살아가기 바란다. 이게 인간의 나라냐! 개 · 돼지의 나라지! —자! 멀리 갈 것 없다!— 여기서 나를 사살하거라!"

차는 달리고 달려 1시간 쯤 지나 멈춰 서서 지프차문을 열고 그들은 기환을 내려 발 묶은 끈과 손 묶은 끈을 풀고 몸을 바로 세웠다. 기환은 직감적으로 판단했다.

'여기서 나를 총살시키려하는구나! 그래 장하게 죽음을 맞이하자! 대한독립만세를 외치며 장렬하게 죽자!'

그런데 총소리는 나지 않았고 눈을 가리었던 검은 안대가 풀어졌다. 순간 기환의 시야에 나타난 것은 분수대 물보라에 화사한 정원 운동장에 경관 좋은 건물이었다.

'여기가 어딜까?'

이곳은 육영수 여사가 운영한다는 병원, 용인신경정신외과병원, 즉 최고급 정신병원이었다.

병원 1층에는 여자 환자들이 있었고 2층에는 남자 환자들이 있었다. 2층 독방병실에 수용된 기환은 2일간 정보 담당자인 듯

한 자에게 대화 형식의 조사와 대담을 나눴다. 상대는 지적인 인상에 내차보이지만 부드러운 말투였다.

기환은 그런 그에게 단호하게 말했다.

"나는 이미 농약중독으로 몸이 다 상한 사람이고 더 이상 살고 싶지 않다. 얼른 끌고 가서 총살을 시키시오!"

그러자 정보 담당자인 듯한 그가 조용히 나지막이 대답해줬다. 우리는 당신을 보호하라는 명을 받았을 뿐이요. 그러면서 기환의 등을 두 번 가볍게 두드려주고 나갔다. 그리고 하루가 지난 날 의사와 간호사가 들어와 난투극 끝에 다친 팔과 어깨 엉덩이 상처 봉합수술과 항생제와 영양제 두 개, 링거를 수혈 받았다. 1주일 정도가 지나 상처가 다 나아가자 의사와 병원 담당 업무부장이 들어와 기환의 상태를 보고 대화 끝에 일반 환자들이 있는 병실로 이주시켰다. 6호 병실로…….

6호 병실에는 5명, 다섯 사람이 있었는데 모두가 대체로 정신이 멀쩡한 사람들이고 책도 읽고 기타도 치고 대답도 나누며 친밀하게 지내고 있었고 5호 병실, 6호 병실, 7호 병실, 8호 병실, 9호 병실, 10호 병실까지 복도식으로 연결되어있는 병실들을 자유로이 오고가고 있었다. 물론 평온한 5, 6, 7, 8, 9, 10호 병실에도 정신세계가 불안정한 사람들이 있었다.

대학생, 청년, 이정수 같은 경우에는 사랑하는 연인과 사별을 하고 정신이 극심한 고통으로 상해. 때때로 사랑했던 여인의 이름을 부르며 여러 병실을 돌아다니며 노래를 부르곤 했다. 노래…….

우리는 교정에서 만났지를 그가 부르며 깊은 슬픔으로 눈빛이 젖을 때마다 사람들도 가슴이 젖어내려 함께 교정에서 만났지 노래를 불러줬다. 그리고 가족을 한꺼번에 둘씩이나 교통사고로 잃은 충격으로 잠을 못 이루며 불안에 떨며 헛소리를 해대는 장진한 씨를 위해서는 여러 사람들이 밤마다 찾아가 위로 격려해 주는 마음들아 있었고 운동장에만 나가면 고래고래 소리를 지르는 사람들도 있었다. 그리고 1층 여자 입원자들이 운동장에서 운동을 할 때면 2층 남자 입원자들이 운동장을 예의 주시하곤 했다. 그 까닭은 여자 입원자들 중에서 명문대 4학년 재학 중이라는 예쁜 여학생이 운동하는 도중에 운동장 가운데서 바지를 내리고 큰 엉덩이를 훌렁 보이고 소변을 보는 일이 자주 있었기 때문이었다.

다 큰 여학생이 엉덩이 속살을 보일 때면 2층 남자 동 병실에서는 일대 소란이 일곤 했다. 그럴 때면 간호사들이 쫓아가 방패막이로 여학생을 막는 여할을 했다.

그리고 병실에는 범죄를 저지르고 심신미약 판단 의사 진단을 받아 죄를 가볍게 면해보려고 온 자도 있고 술 중독을 끊고 새 정신으로 인생을 살려고 자진해시 입원한 사림도 있고 민주화 운동하다 특별히 강제 입원한 사람도 있었다.

이것은 일반 병실 사람들 이야기이고 그러나 1호, 2호, 3호 병실 같은 특수 병실 사람들은 처우가 달랐다. 그 사람들은 하루 종일 거의 출입이 통제되었고 강도가 높은 신경안정 치료약을 먹고 정신과 치료를 받는 사람들이었다. 특수 병실 사람들이 탈출해 큰 소동이 벌어지기도 했다.

병원 식사는 아래층 식당에서 남녀가 함께 식사를 했고 간식은 각층으로 배달되었고 대체로 부유한 집안사람들이라 고급 식으로 사먹고 있었다. 운동은 하루 1시간씩 운동장에 내려가 운동했다.

기환은 몸이 너무 안 좋은 상태라서 영양제주사를 계속 맞으며 운동장에 지팡이를 짚고 나가 의자에 앉아 하늘을 보며 많고 많은 생각을 했다. 기환의 속사정을 알고 있는 의사·간호사들은 기환에게 용기를 주고 따뜻한 마음으로 대했다. 기환은 그 사람들의 정성 마음에 너무도 고마움을 한없이 느끼며 순간순간으로 찾아오는 죽음의 유혹을 물리치고 있었다.

'참담한 상황! ……한 생명이 한 인간이 어쩌다 이런 지경에 이르렀는가? ……누가 나를 이렇게 만들었는가? 아! 이것이 내가 타고난 운명이란 말인가? ……차라리 총탄을 맞아 죽거나 형장으로 끌려가 죽는 것이 좋았을 것을…….'

기환은 8월 15일 TV를 보다가 육영수 여사가 총탄에 쓰러지는 모습을 보며 운명이라는 것을 깊이 생각해보았다.

'…….'

후배 최정호와 벗 석종화와 동생 길례와 성환이가 몇 차례 면회를 올 때마다 병자의 몸으로 숨 쉬고 있는 기환을 보며 눈시울을 적시고 돌아가곤 했다. 절망과 고통으로 가슴 아린 나날들…….

1974년 8월 31일 당국으로부터 흰 봉투와 기차표를 건네받고 원호청(보훈청)에 찾아가 등록하고 편히 살라는 충고를 뒤로하고 가족 친구들과 고향으로 가는 기차에 올랐다. 차창 밖으로 내다보이는 하늘은 푸르기만 할 뿐 아무 말이 없었다!

병자가 되어

74년 8월 31일 아침, 80여 일 만에 퇴원을 한 나는 바다가 보고 싶어 장항으로 가 군산행 배를 탔다. 해쓱하고 초췌한 모습으로 갑판에 나와 지팡이를 짚고 푸른 물결이 일렁이는 바다를 보며 생각했다.

'네가 이런 모습으로 다시 죽는다면 세상 사람들은 너를 비웃으며 손가락질할 것이다. 너 같은 못난 자식 하나 잘되길 빌다가 할머니와 어머니가 돌아가시고 아버지마저 내가 병인에 누워 있던 8월 10일 농약을 마시고 목숨을 끊지 않았는가. 이제 연로하신 할아버지와 아직 어린 두 동생들만 남았다. 너는 그들을 위해서라도 살아야 하고 다시 일어서야 한다.'

푸른 바다에서 눈을 떼어 다가오는 군산항을 바라보며 지팡이를 쥔 손에 힘을 주었다.

'그래, 나는 반드시 일어설 것이다!'

병자가 되어 고향으로 돌아온 나에게 마을 사람들은 돈을 모아 주고 여러 가지 처방을 알려주며 정성을 보내줬고 남은 가족들은 혼신의 힘을 다해 보살펴 줬다.

그러나 여름이 지나가고 찬바람이 부는 가을이 와도 나의 병세는 별 차도가 없었다. 묽은 변, 피 섞인 오줌, 눈물이 나오며 부옇고 시린 눈, 두중감(重感, 두통과 같은 압박감), 가려움, 올라가지 않는 오른손.

온갖 정성을 다해도 몸이 차도를 보이지 않자 나는 병마의 늪 속에서 영영 벗어나지 못할 것 같은 절망감에 휩쓸려 투병에 대한 의지를 잃어가기 시작했다. 밤마다 이불을 뒤집어쓰고 오열을 했다.

'어쩌다가 죽지 못하고 이런 몰골로 살아났을까? 그렇다고 또 다시 죽을 수도 없지 않은가.'

'나를 살리기 위해서 온갖 고생을 다하며 뒷바라지를 해주는 할아버지와 동생들, 그리고 소를 팔고 적금을 깨 치료비를 대준 후배 정호와 친구 종하와 영기…….'

'이들의 호의에 어떻게 죽음으로 답한단 말인가!'

'나는 절망적인 상황을 이겨 내고 반드시 살아나리라!'

나는 다시 새로운 각오와 자세로 투병에 들어갔다.

새로운 각오로 투병에 들어가다

'그래! 할아버지 말씀대로 하자. 정신이 병보다 앞서면 병을 이긴다고 하지 않는가. 내 정신이 허락하지 않는 한 내 몸은 결코 죽을 수 없는 것이다. 내 몸은 반드시 건강하게 살아날 것이다.'

나는 가족들의 만류로 그동안 한 번도 가지 않았던 할머니와 부모님 산소로 향했다. 선선한 가을바람을 맞으며 지팡이에 의지해 산소에 도착한 나는 소리 죽여 오열하다 할머니 산소 앞에 엎드려 잠시 정신을 잃었다.

큰손자인 나를 몹시도 아껴 주던 할머니가 나타나 아무 말 없이 예전에 집에서 기르던 덜렁이라는 개를 장독대 확독(쌀, 보리, 고추 등을 갈아 내는 큰 솥과 같은 모양의 돌) 옆에서 밥을 주며 쓰다듬고 있었다.

꿈에서 깨어나 정신을 차린 나는 새로운 마음과 새로운 결심으로 지팡이를 내던지고 걷기와 기기를 반복하여 집에 돌아왔다.

집에 돌아와 나는 잠자리에 들며 꿈에 대해 생각을 해봤다.

'할머니가 어째서 아무 말도 하지 않고 장독대 확독 옆에서 덜렁이에게 밥을 주고 있었을까?'

불현듯 떠오르는 것이 있었다.

'아……! 그렇구나! 할머니가 그것을 말해 주려는 것이었구나! 덜렁이가 살아난 것을, 그것을 하라는 것이로구나!'

예전에 쥐잡기 운동을 벌여 온 동네에 쥐약을 놓았을 때 동네 개들과 함께 덜렁이도 쥐약을 먹고 쓰러져 신음하던 것을 할머니가 덜렁이 입을 벌리고 구정물(쌀 씻은 뜨물이 2~3일 지나 시큼한 것)을 먹이고 절구통에 나락을 찧어 현미를 만들어서 확독에 넣고 갈아서 현미 죽을 먹이고 간간이 녹두 즙을 먹여 가며 매일 정성껏 주물러 주어 덜렁이를 기어코 살려냈던 일이 있었다.

쥐약 먹은 다른 개들은 다 죽었는데 우리 집 애견 덜렁이만 살아나 사랑을 받다 일생을 마쳤던 것이다.

꿈속의 할머니와 덜렁이 모습 속에서 깨달음을 얻은 나는 밤새 많은 생각을 했고 새 아침을 맞았다.

생명 요법(자연식 요법, 부항 요법, 운동 요법, 정신 요법)의 뛰어난 효험

'그래! 지금까지 먹던 모든 약을 끊고 할머니가 가르쳐 주신 대로 한다. 피를 맑고 깨끗하게 하고 생기를 돋워 주는 원시(원점)의학으로 밀고 간다. 다음은 그 독한 농약에도 살아난 내 몸의 생명력에 믿고 맡긴다.'

나는 그날부터 모든 약들을 버리고 구정물과 현미죽과 녹두즙만을 먹으며 몸을 챙겨 나갔고 또한 화장실에 박아 둔 말뚝(화장실에서 쓰러지는 것을 방지하기 위해 왼손으로 붙잡는 말뚝)을 뽑아버리고 왼손으로 짚고 다니던 지팡이도 내던지고 뒷동산을 이를 악물고 걷고 기어가며 근육과 심폐기능을 강화시켜 갔다.

새로운 방식과 새로운 각오로 투병한 지 3주 정도가 지나자 효과가 나타나기 시작했다.

언어(말) 사용이 확실하게 좋아졌고, 두중감이 많이 사라지고, 대변이 형체가 있게 나오기 시작했고, 소변의 붉은 빛이 많이 엷어졌고, 부옇게 보이던 눈이 큰 글씨를 읽을 수 있을 정도로 좋아졌고, 올라가지 않던 오른손이 어깨부터 신경이 찌릿하며 움찔거리기 시작했다.

나는 투병 이후 처음으로 희망에 부풀어 지냈다.

희망에 부풀어 있는 나에게 아랫마을에서 아는 아저씨 한 분이 찾아와 부항이라는 희한한 방법을 알려주고 갔다.

부항은 종발(작고 긴 사기그릇)에다 종이를 넣고 불을 붙여 등이나 배에 붙이면 몸이 안 좋은 부위에서는 피부에 색소가 붉게 나타나고 상태가 좋은 부위에서는 색소 반점이 나타나지 않았다. 그러나 다른 사람들과 달리 나의 경우는 몸 전체에서 붉은 색소가 나타났고 특히 간이 있는 부위와 신장이 있는 부위가 유달리 검붉은 색소 반점이 나타나 있었다. 반점의 흔적은 일주일쯤 지나자 사라졌다. 부항이라는 것을 단 한 번 붙였다 떼었는데도 그 효과는 놀라웠다.

'세상에 이런 방법도 있다니!'

나는 별로 대수롭지 않게 생각했던 부항의 효과에 매료되어 맥주잔을 사용하여 부항을 붙이기 시작했다. 맥주잔으로 부항을 2일에 한 번씩 붙이고 일주일이 지나자 놀라운 효과가 나타났다.

두중감이 사라지고, 눈이 뿌옇게 보이던 것이 사라지고, 대변이 좋아지고, 소변에 핏빛이 거의 없어지고, 가려움증이 많이 가시고, 오른손이 힘이 생겨 들썩거리기 시작했다.

온몸에 힘이 생긴 나는 벅차오르는 가슴을 어쩌지 못해 제자리 뛰기도 해보고 그동안 보지 않았던 거울을 보며 혼자 웃기도 하며 열심히 생명 요법(자연식 요법, 부항 요법)을 실시하고 낮에는 뒷동산을 더욱 열심히 걸어 다녔고 밤에는 남동생이 해주는 안마를 더욱 정성스럽게 받았다.

자연식 요법(확독에 갈아서 만든 현미 가루에 쌀 씻은 뜨물을 섞어서 옹기그릇에 담아 장독대 위에 두었다가 2일이나 3일쯤 지나 먹는 시금털털한 죽 같은 물, 일명 구정물과 녹두즙을 먹었다)과 운동 요법, 정신 요법을 병행했다. 반드시 살아난다는 각오로 뒷동산을 걷거나 기어 다니며 심폐 기능을 강화시켜 나갔다.

내 가족과 친구들은 나를 살리기 위해 정성을 다했다.

지성이면 감천이라 했던가! 대변과 소변이 정상으로 나오고 가려움증과 두중감이 사라지고 웬만큼 뛸 수 있게 좋아진 햇살 좋은 가을날, 나는 휘파람을 불며 어제처럼 운동복 차림에 라디오를 들고 밧줄이 메어 있는 소나무 아래로가 밧줄을 당기는 운동을 하며 머리 위로 못 올리는 오른손을 보살피며 근력 강화에 나섰다.

'하나 둘 셋 넷! 둘 둘 셋 넷!'

'오른손 힘내라! 오른손 힘내라!'

'오른손 잠에서 깨라!'

'손을 번쩍 내밀어 밧줄을 잡아라!'

나는 어젯밤, 물구나무서서 걷기를 하고 건강한 몸으로 등산도 다니는 꿈을 꾸었기에 더욱더 기를 모아 소리를 지르며 오른손에 힘을 보냈다.

라디오에서 나오는 사랑하는 연인이 속삭이는 다정한 밀어는 힘이 생긴 나의 가슴을 요동치게 만들고 있었다.

나는 후우── 하는 숨과 함께 한 박자 호흡을 멈추고 단전에 힘을 모았다 풀어주며 큰 기합 소리와 함께 두 손을 앞으로 쭉 내밀었다.

손을 눈앞으로 쭉 내밀은 나는 한 순간 너무도 놀랐다. 오른손이 자기 혼자서 왼손의 도움도 없이 눈높이로 쭉 뻗어 밧줄을 잡고 있는 것이 아닌가! 이게 사실이란 말인가?!

나는 눈을 의심하며 다시 한 번 오른손을 내려 밧줄을 향해 쭉 뻗어 보았다. 오른손이 당당하게 앞으로 내달리며 눈높이의 밧줄을 낚아채고 있었다.

나는 숨을 멈추고 일순간 감격에 떨었다. 그 순간 어디선가 아가씨의 경쾌하고 아름다운 목소리가 들려왔다.

"이 가을을 아름답게! 쥬단학 하이베스톤!"

라디오에서 흘러나오는 광고였다. 아가씨의 경쾌하고 아름다운 목소리는 상쾌한 가을 햇살을 타고 축복의 노래가 되어 가슴으로 밀려들며 심장을 뛰게 만들고 전율과 감동의 물결을 이루었다.

'그래! 이 가을을 아름답게 하자!'

'그래! 이 가을, 너무도 아름다운 가을이구나……!'

'이 가을 만세! 쥬단학 하이베스톤 화장품 만세!'

'우리 가족 만세! 최정호 만세! 석종화 만세! 김영기 만세!'

나는 실성한 사람처럼 떠들고 오른손을 흔들어 가며 산소로 내달렸다. 할머니와 아버지와 어머니가 묻혀 있는 산소에 엎드려 소리 없이 오열을 하다 끝내는 뜨거운 눈물을 쏟으며 목 놓아 울었다. 내가 오른손을 앞으로 내밀은 그날 밤, 우리 집에서는 오랜만에 웃음소리가 울려 퍼져 나왔다.

다음 날 운동을 마치자마자 나는 화장품 한 갑을 사 가지고 와 책장의 선반 위에 올려놓고 팔운동을 시작했다.

학 그림이 그려져 있는 '이 가을을 아름답게'라고 선전하는 쥬단학 화장품이었다.

오른팔을 들어 나는 열심히 화장품을 잡으러 가는 운동을 계속해 나갔다. 아직은 손을 눈높이 정도밖에 올릴 수 없지만 얼마 가지 않아 반드시 머리 위로 손을 쭉 뻗어 올릴 것이다. 나는 잡을 수 있다는 확신에 찬 눈빛으로 손을 뻗쳐나갔다. 2m 정도의 높이에서 학 그림의 화장품은 나에게 미소 지으며 행운의 암시를 보내 주고 있었다. 그 뒤로 한 달간을 더 노력한 끝에 오른손으로 당당하게 선반 위의 화장품을 내려 품에 안을 수 있었다.

그날 밤 나는 학이 그려져 있는 화장품을 가슴에 꼭 안고 꿈을 꾸었다.

'언젠가 완전히 건강해지고 사랑하는 님을 만나면 이 화장품을 안겨 주리라. 꼭…….'

당시 쥬단학 하이베스톤 화장품 광고

강철같이 건강한 청년으로

—칼 안 대고 내장을 수술하는 근 뽑는 부항의 개발

1975년 봄, 완전하지는 않지만 뛰고 달릴 수 있을 정도로 건강을 되찾은 나는 예전의 자긍심을 되찾겠다는 생각으로 아침저녁으로는 책을 읽고 낮에는 야산으로 등산을 다니며 칡이나 마 등을 캐먹고 운동하며 몸과 정신을 단련해 나갔다.

그러나 언어 사용이나 기억 등 두뇌의 기능은 예전대로 살아났지만 육체에서 나오는 힘은 쉽게 회복되지 않았다. 지구력이 떨어지고 쉽게 지쳐서 운동도 한 시간밖에 할 수가 없었다. 나는 간과 신장 등 장기 깊숙한 곳에 자리 잡은 병근이 완전한 생명 기능을 방해하고 있기에 가끔씩 묵직한 통증이 일어나고 쉽게 지치고 부종과 미열이 수반된다고 판단했다.

나는 생명 보존의 원리라는 가설을 세워 놓고 나름대로의 생명 작용에 대한 확신을 갖고 근 뽑는 작업에 들어갔다.

맥주잔처럼 압차가 큰 부항을 한 시간 이상 붙이면, 피부에서 고름을 짜고 난 다음에 근이 나오듯 간이나 신장 등의 장기 깊숙한 곳에 자리 잡고 정상적인 생명 기능을 방해하는 생명 물질 아닌 편근들이 먼저 빨려 나올 것이다.

생명 보존의 원리에 대한 믿음과 굳은 각오로 근 뽑는 부항으로 간 수술에 들어갔다. 그러나 막상 맥주잔 부항을 간 부위에 붙이고 30분이 지나자 큰 맥주잔 부항의 압차가 강해지며 배가 터질 것 같은 고통이 따랐다. 극심한 두려움 속에 나는 부항을 떼고 다시금 생각에 생각을 거듭했다. 어떻게 할 것인가.

'누가 한 번도 실시해 보지 않은 근 뽑는 부항이라는 장기 수술을 하다 간이 터지거나 다른 장기가 손상을 당한다면 어찌할 것인가!'

'어떻게 살려 놓은 몸인데……! 무모한 짓을 하다가 죽는다면 그동안 정성을 다해 보살펴 줬던 가족들과 친구들은 어찌하고……. 아니면 영영 불구가 되어 버린다면…….!'

온갖 불길한 상념들이 떠올랐다.

나는 3일간의 고심 끝에 결국 생사의 결단을 내렸다.

이 모습대로 반병신으로 평생을 사느니 차라리 근 뽑는 부항을 해보다 죽겠다. 나는 작심을 하고 신문지에 불을 붙여 맥주잔에 넣고 배에 맥주잔 부항을 붙였다. 맥주잔은 간이 있는 부위에 착 들어붙었다.

30분이 지나고 50분이 지나면서 통증은 점점 심해지고 한 시간이 지나자 통증은 견딜 수 없을 만큼 강해졌다. 간이 터질 것 같았다(현재 시중에 나와 있는 플라스틱 부항기를 사용하면 통증이 견딜 만하다. 80년대 들어서부터 플라스틱 부항기를 사용하여 90년대 중반까지 10여년간 간이나 신장이 망가진 사람들에게 필자가 개발한 근 뽑는 부항 요법을 실시하여 200여 명 정도가 건강을 되찾았다).

나는 어금니를 악물고 죽을 각오로 버텼다.

생명 기능은 생명 활동이나 방어 작용에 있어서 강력한 응집력이 있기에 부항의 압차가 강해도 쉽사리 터지지 않고 비생명 물질로서 생명 기능을 방해하는 가스나, 유독 물질, 고름과 같은 편근들이 빨려 나와 깨끗이 청소가 될 것이다.

나는 내가 정립한 세포 생명 보존의 원리를 다시금 굳게 믿고 근 뽑는 부항을 견뎌나갔다. 부항을 붙인 지 한 시간 20분이 지나자 부항 속에 수포가 생기기 시작했고 성냥개비를 분질러 수포를 따서 터뜨리고 다시 붙여 나갔다. 10분 후 또다시 새로 생긴 수포를 따서 터뜨리고 다시 부항을 붙여나갔다.

이렇게 하기를 몇 차례 반복하자 이제는 수포가 더 이상 생기지 않고 고름 물만 나왔고 부항의 압차에서 오는 통증도 견딜 만해졌다.

두 시간 정도 고름 물을 빼내고 부항을 마치고 나자 간이 있는 곳에서 묵직하게 오던 통증이 가시고 뭔가 내려간 것 같은 시원함을 느끼며 생사를 걸고 실시한 간 근 뽑는 수술에 성공했다는 안도와 성취감에 젖었다.

그리고 며칠이 지나 신장에다 부항을 붙이고 두 시간 정도 근을 뽑았다.

그리고 이어 위장의 근을 뽑고 난 나는 몸속에 있는 병근을 거의 다 뽑아냈다고 자신만만해 했다.

그러나 내가 두 시간에 걸쳐 뽑아낸 수포 물은 근이 아니라 근의 겉에 있는 고름에 불과했다. 여러 날, 여러 번의 실험과 착

1988년 겨울 30대 후반 지리산 등반 당시

오와 연구 끝에 나는 끝내 간과 신장, 위장 속 깊숙이 박혀 있는 병근을 모두 깨끗이 뽑아내는 데 성공하고야 말았다. 근 뽑기로 몸 안이 완전히 청소가 되자 몸에는 하루가 다르게 힘이 차올랐다.

1975년 가을, 나는 목숨을 걸고 개발한 근 뽑는 부항의 실시로 간 · 위장 · 신장 등을 깨끗이 청소하고 강건한 몸으로 도보 여행과 지리산 등반을 할 수가 있었다.

죽음에 이르렀던 본인을 살리기 위해 애써 주셨던 분들께 이 자리를 빌려 다시 한 번 머리 숙여 깊이 감사드린다.

근 뽑는 부항요법의 방법

첫날 부항을 붙여 한 시간 30분~두 시간 정도 수포 물(고름 물)을 빼 낸 다음, 둘째 날 한 시간 정도 붙이면 계란 흰자나 노른자 같은 근이 뽑혀 나오고, 셋째 날 한 시간 정도 붙이면 검붉고 끈끈한 혈근이 나온다.

하루 한 시간씩 5일 정도 근을 뽑아내면 그 자리에 있는 장기는 완전히 깨끗하게 청소가 되는 것이다. 근을 뽑아 장기를 깨끗이 청소하고 정비하는 데 걸리는 시간은 하루 한 시간씩 잡아 간, 신장은 5~6일 정도, 위장은 3~4일 정도, 폐는 12일 정도, 맹장염(충수염)은 단 한 번 두 시간 50분이면 깨끗이 치유된다.

1988년 겨울 지리산 등반

사랑스런 사람들

1975년 겨울 26세의 건강한 청년 기환은 그가 일 년 여간 투병과 휴양을 했던 송천마을을 떠나 시내 쪽인 덕진동 학동 마을로 방을 얻어 이사를 했다.

그가 이사를 간 덕진동은 오른쪽으로 대학교가 있고 그 옆으로는 호수를 낀 아름다운 공원과 숲이 있고 왼쪽으로는 상가와 술집들이 길을 따라 줄지어 있고 등 뒤로는 주택과 마을이 들어서 있는 곳이었다.

기환이 얻은 셋집은 대학로 주택가에서 약간 떨어진 마을에 있었는데 여러 사람들이 세를 들어 살고 있는 크고 긴 건물이었다. 주인 할아버지와 가족들이 사는 안채와 마당 건너 행랑채가 있고 그 행랑채 건물에는 다섯 세대가 옹기종기 세를 들어 살고 있었다.

행랑채 첫 번째 방 1호에는 대석이라는 대학생이 살았고 2호에는 송갑이라는 청년이 3호에는 회사에 다니는 정애와 계숙이라는 아가씨가, 4호에는 공사판에 다니는 임재용이라는 사람의 가족이 그리고 다섯 번째 방인 5호에는 기환과 그의 남동생이 세를 든 것이다.

셋집의 하루는 아침부터 통금이 시작되는 밤 열두시까지 사람 사는 소리로 가득했다. 세수하는 소리 밥상 차리는 소리, 인사하는 소리 웃음소리가 있는가 하면, 걱정이 담긴 한숨 소리가 있었고 부지런히 일하러 나가는 발자국소리, 소근소근 대화 나누는 소 리, 그리고 줄줄이 널려진 빨랫감 사이로 눈인사를 나누는 얼굴들의 표정과 몸짓들까지도 사람 사는 소리로 가슴으로 다가오는 그런 곳이었다.

기환이 이곳으로 이사를 온 까닭은 세 가지 이유가 있었기 때문이다. 첫째는 투병 생활을 해 온 지난 일 년여 동안 단절된 인간관계 속에서 발생한 공허 즉 인간에 대한 그리움과 갈증을 해소시켜 나가기 위함과, 둘째 동생이 다니는 회사의 교통편에 대한 배려와, 셋째 보훈 대상자로서 그가 마음만 먹으면 대학도 그냥 다닐 수 있고 취직도 쉽게 할 수 있는 특혜가 있기에 대학교가 가까이 있는 이곳으로 와 탐색을 해보자는 뜻이었다.

기환은 시간이 지날수록 백번 이 집으로 이사 오길 잘했다고 느끼며 생활하기 시작했다. 그러나 그를 아끼고 도와주는 사람들과 그리고 친척들은 그가 내린 결정에 대해 적지 않은 걱정들을 했다.

"뭐하러 이렇게 시끄러운 곳으로 왔어?"

"좀 더 조용하고 아늑한 곳으로 가지……!"

"공부를 하거나 쉴 수 있는 분위기도 아니잖아!"

그러나 그는 사람들의 걱정과 핀잔을 그에 대한 애정으로 생각하고 농담으로 되받아 넘겼다.

'병보다 무서운 게 고독이더라!'

'철학은 사람들 속에서 하는 것이 진짜 철학이라 생각허이!'

'난장에서 색시감 고를려구요!'

기환은 자기 감정이나 심정을 구구절절이 얘기하지 않고 있는 것이었다. 자기를 아끼고 도와주는 사람들이 자기라는 인간에 대해 애정을 갖고 있기에 그의 심정은 족히 이해해줄 수 있을는지는 모르겠지만 그러나 자신처럼 절박하게 느낄 수는 없다고 봤기 때문이다. 이해한다는 것과 느낀다는 것은 꿈을 꾸는 것과 현실세계처럼 비슷한 현상인 것 같으면서도 머나먼 거리가 실재한다는 사실이다. 기환이 불구가 되어 투병생활을 했던 일 년 반이란 날들은 건강한 사람들에게는 보통의 시간으로 평범하게 흘러갔겠지만 그에게 있어서는 불안과 고통, 절망의 온갖 상념들이 실낱 희망으로 교차되며 희색빛 고독 속에 몇 십 년보다도 더 긴 시간으로 치열하게 지나간 것이다.

시간과 의식에 대해 철학자 베르그송의 얘기를 빌어 해석해보자면 ── 시간이 과거 현재 미래로 구분지어 지나가는 것이 아니라 의식의 흐름이 과거 현재 미래라는 내적 지속을 실감하며 만들어낸다는 것이다 즉, 시간은 의식의 내적 경험이라는 말이다. 베르그송의 이 같은 시간관에 기환은 자기 생각을 덧붙여 자기철학을 만들어 놓고 있었던 것이다.

시간과 공간은 상대적인 함수관계에 있다. 빛도 공간에 따라 적선으로 가지 못하고 휘어질 수 있듯이 시간도 지나가는 공간에 따라 빨라질 수도 있고 느려질 수도 있는 것이다 따라서 모든 사람에게 시간이 공통적으로 똑같은 흐름으로 지나가는 것이 아니라 사람 개개인의 몸이라는 마당(장場) 속에 깃든 정신이나 의식이 느끼는 받아들이는 정도에 따라 시간이 빨리 편안하게 지나가기도 하고 또는 강팍스럽게 천천히 지나가기도 한다는 것이다. 몸뚱이 속에 있는 세포 하나하나도 실제로 그렇게 느끼고 반응한다는 사실이다.

기환은 이 같은 자신의 철학으로 그간에 있어 자신이 보낸 나날들은 보통의 시간이 지나간 것이 아니라 처절한 의식의 순간들이 강팍스럽게 지나간 것이기 때문에 자기 몸과 정신의 무의식속에는 지울 수 없는 생채기가 나있었고 그 속에 소망들이 자리하고 있다는 사실을 알아내었다.

결국 그 상처의 소망들은 건강한 생활과 인간에 대한 그리움들이었다. 지난번의 미운 놈들에 대한 정서는 혼내줄 놈들은 혼을 내주는 것으로서 발산을 시켜 해소해줬지만(네거티브 심리요법) 이번의 정서는 건강한 생활과 인간에 대한 그리움들이기에 채워나가야 하는 것이라고 판단한 것이다(포지티브 심리요법). 이 같은 판단으로 하여 그는 여러 사람들의 환경이 좋지 않다는 이주 권고에도 아랑곳하지 않고 동문서답으로 넘기며 5호 셋방에 둥지를 틀고 자리를 잡아나갔던 것이다.

기환이 이사 온 지도 어느덧 석 달째

아직 쌀쌀하지만 화창한 삼월의 아침 셋집의 울안이 분주한 시간을 맞고 있다.

"어여, 잘 챙겨 가거라."

"학교 다녀오겠습니다."

"야들아, 차조심허고 잘 댕겨오니라!"

아버지가 계시지 않는 주인 할아버지네 손자들이 할아버지의 당부를 들으며 중학교와 국민(초등)학교를 향해 대문을 나서고 이어 1호 대석이 학생과 2호 송갑이 청년, 그리고 3호 정애와 계숙이 아가씨가, 5호 성환이와 함께 마지막으로 일터를 향해 대문을 나섰다. 한바탕의 소란이 지나가자 울안이 조용한 공백을 맞이하고 있다.

기환은 여느 때처럼 설거지를 마치고 책상 앞에 앉아 글을 쓰기 시작했다.

"어이! 기환이 동생 방에 있어?"

옆방에 사는 명순이 아버지가 기환을 찾고 있는 것이다.

"예, 나갑니다."

기환이 문을 여니 방문 앞에는 임재용씨가 지게를 진 채 서 있었다.

"아니 임형, 오늘도 공사장에 안 나갔어요?"

"응, 그려서 앞산으로 나무나 하러 가려고……. 동생도 같이 가세!"

기환이 임형이라 부르는 4호실 임재용이라는 사람은 기환보다 세 살 위였고 공사판에 다니는 사람으로서 부인과 세 살 난 딸과 함께 살고 있었다. 그는 약간 작은 키에 통통한 몸집으로 매사에 착실하고 털털하며 서글서글한 사람이었고 자기보다 훨씬 크고 미인인 아내를 각시라고 칭하며 늘상 새색시처럼 챙겨주고 세

살 박이 딸아이도 끔찍이 아껴주었다. 기환은 이 같은 임재용의 사람됨에 마음을 열고 다가갔고 임재용은 그런 기환을 친동생처럼 대해주고 있었다.

"임형, 오늘도 황방산 쪽으로 갈 거야?"

"응, 그리 가서 삭정이나 끊어 가지고 와야겠어…!"

"임형, 전에 솔가루 긁어다 쌓아둔 것들 그새 다 때버렸대…!"

"응, 솔가루라는 것이 확 하는 불담은 좋지만 워낙 푸새한 것이라서 남어 나는 것이 있어야지. 오늘 삭정이 한 짐 해가면 며칠간은 걱정이 없을 거구먼. 불담도 좋고 동생이 좋아하는 불고구마나 불감자도 맛있게 구워먹을 수 있을 거니깐 말여…"

새들어 사는 다른 방들은 다 연탄 부엌방인데 비해 임형이 사는 방과 주인 할아버지가 거처하는 안방만이 불을 때는 부엌방이었던 것이다.

"임형, 나무하러 다니기 힘들지! 그지?"

"아니야. 그렇지 않어, 우리 각시허고 딸허고 따뜻하게 잠을 잘 수 있다고 생각허면 나무하면서도 힘이 절로 나고 연탄 값 안 들어가 좋고 가스사고 날 염려 없어서 좋구먼!"

"임형 얘기를 듣고 보니 그렇네."

둘이는 어느덧 황방산 아래 호젓한 산골까지 당도했고, 한 짐 가득 나무봇짐이 만들어지자 양지바른 둔덕을 찾아 도시락을 나눠먹고는 삼월의 따사로운 햇볕을 받으며 세상에 대한 이런저런 얘기들을 나누기 시작했다.

현 세상은 일제 때부터 지금에 이르기까지 간신배들과 총칼 든 불한당들이 이 나라 백성들을 핍박하고 지배해온 부정과 불의의 세상이라는 기환의 견해와 박정희의 군사독재가 앞으로도 십년은 더 갈 것이라는 임형의 견해가 엇비슷하게 장단을 맞추며 얘기를 풀어나가는가 싶더니 어느새 말머리는 울안 셋방살의 이야기로 바뀌어 가는 것이었다.

"임형, 2호에 사는 송갑이는 요즈음 회사를 옮긴 것 같던데 뭐 하는 회사래?"

"회사는 무슨 회사! 기환이 동생만 알아 둬 걔 요즈음 매일 노름판을 쫓아다니느라고 정신이 없어."

"임형, 그게 사실이여?"

"그렇다니까! 대신 아무에게도 말허지 말어…"

"알았어, 거기엔 필시 뭔 사연이 있겠지."

기환은 송갑이같이 착실한 사람이 노름을 하고 다닌다는 사실 자체가 믿기지 않는 일이라고 생각되었다. 그렇다면 그가 그렇게 노름을 할 수밖에 없는 사연은 뭘까? 기환은 하늘을 올려다봤다.

'송갑이 같은 사람이 노름꾼이라…?'

"어이, 동생 뭘 그리 생각혀!"

"아뇨, 아무 생각도 안 해요. 그냥 하늘만 보고 있네요."

"동생, 지금 정애와 계숙이 생각하고 있는 거 아녀? 정애와 계숙이 걔들이 둘 다 동생 좋아하는 눈치든데, 동생도 그런 거여!"

"임형도 참! 뭘보고 그들이 나를 좋아헌다고 생각허는지 그 속을 알다가도 모르겠네…"

"우리 명순엄마가 그러는데 정애랑 계숙이가 기환이 자네가 남자 중에 남자라고 허면서 자네에 대해 자꾸만 물어보고 또 물어봤샀고 그랬다는디…!"

"아니, 내가 자기들하고 단 한 번도 데이트를 한 적이 없고 형수님과 함께 부엌에서 고구마 구워먹으며 그들과 잠깐씩 웃고 농담한 것밖에 없는데 괜한 소리 하지마세요."

"아녀, 이 사람아! 기환이 자네가 지난번 저녁 때 앞 뚝길에 나가 애들이랑 운동하고 돌아온 날 있었잖여. 그날 갸들도 쉬는 날이라 뚝길에 산책을 나갔다가 기환이 자네를 봤다는 것이여, 그때 그 운동하는 모습이 그렇게 남자다울 수가 없어서 멋지게 봤는디 거기다가 가죽잠바를 입고 석양빛을 받으며 걸어오는 모습은 더 말할 것도 없었다 이거지 그런디다가, 대석이가 다니는 전일 대학교 학생들이랑 학문을 토론하는 걸 보고는 자네의 그 학문에도 또 한 번 반하고 말었다는 것이여 내말은……."

"어허! 그들이 내 겉모습만을 보고 호감을 느끼는가본데 나는 관심이 없습니다."

"허긴 동생 같은 사람이 그 아가씨들을 사귈 리가 없지 혹시 그들이 여대생이라면 몰라도…!"

"형!"

기환이 갑자기 큰소리를 치는 바람에 깜짝 놀란 임형이 기환을 반사적으로 흠칫 돌아봤다. 그러자 기환은 조금 전과는 달리 정색을 한 얼굴로 차분하게 말을 꺼내는 것이었다.

"형! 나는요, 어떤 사람을 대하거나 평가를 할 때 그 사람의 재산, 가문, 학벌, 직업, 겉모습 등은 그다지 중요하게 생각하지 않는 사람입니다. 아까도 잠깐 언급했다시피 우리는 일제강점기 때부터 지금까지 욕망의 욕깨비에게 끌려 다니며 위에서 말한

허깨비 같은 것들에 취해 소중한 것을 바로 보지 못하는 문화 속에 정신이 병든 인간으로 대를 이어 살아오고 있다는 사실을 철저하게 인지해야 한다고 생각하고 사는 사람입니다. 그래서 저는 원래부터 여자든, 남자든 누구를 사귀든 그 사람이 사람을 얼마나 소중히 여기는 사람인가 그것밖에 보지 않지요 제가 정애나 계숙이 아가씨에게 관심이 없다는 것은 내겐 이미 사랑하는 연인이 있기 때문이란 말입니다."

"그려, 그건 동생 말이 백번 맞는 말이여. 암암! 사람 소중히 여기는 사람이 진짜 사람이지! 참 그건 그렇고, 동생이 사랑하는 사람이 있다는 그 말 그게 참말인감?"

"예, 있습니다!"

자신의 생각을 단호한 어조로 차분하게 피력하던 좀 전의 분위기와는 달리 능청스럽게 웃기만 하는 기환의 얼굴을 보자 임형은 더욱 궁금해죽겠다는 듯 한걸음 바짝 다가앉으며 급하게 묻고는 대답하길 재촉하는 것이었다.

"어, 어디 사는 누구야! 얼굴은 어떻게 생겼고 오…?"

"예, 가슴속에 살고 있는 아름다운 여인이지요."

"난 또 진짜로 있다는 줄로만 알었고만, 흐음 기환이 가슴속에 살고 있는 아름다운 여인이라…!"

속시원한 설명이 없음에도 임형은 뭔가 알 것 같기도 하고 모를 것 같기도 하다는 듯 혼잣말을 웅얼거리면서 웃어넘기고 있었다.

"아이고 시간이 벌써 이렇게나 됐나? 임형, 이제 그만 갑시다."

"그러세. 내려가세. 기환이!"

기환이 지게를 지고 먼저 앞서자 임형이 그 뒤를 따라 산을 내려오기 시작했다.

"어이 동생, 조금만 가다가 교대하자구."

산길을 벗어나 들판길로 들어서자 붉은 태양이 두 사람의 긴 그림자를 만들며 서산으로 넘어가고 있었다. 지게를 벗은 기환은 가슴을 쫙 펴고 붉은 석양을 맞았다. 기환의 빈 가슴으로 청순한 영순의 얼굴과 밝고 상큼한 연숙의 얼굴이 너울져 들어왔다.

'아! 추억들…….'

무전여행, 태양, 고구마밭, 석양노을, 영순이!

등산, 음악다실, 학문토론, 생맥주, 도심의 가로등, 연숙이!

아름다웁고 애틋한 추억들은 기환의 의식 속에서 언제나 인간으로 귀결歸結되며 그 가슴에 생生의 에너지로 그렇게 타오르곤 하는 것이다.

| 제6장 |

사랑스러운 사람들

가슴에 생명을 안고

"명순아! 명순아! 정신차려!"

문밖에서는 명순 어머니의 급박한 외마디 소리가 들려왔다 기환은 책상을 박차고 일어나 문밖으로 내달렸다. 명순이 땅바닥에 드러누워 의식을 잃고 있었다.

"형수님, 어떻게 된 일입니까?"

"애가 경기를 일으키다가 마루에서 땅바닥으로 떨어져 죽어가고 있어요. 삼촌 어떻게 해야 된데요, 어떻게!"

"자, 얼른 제 등에 업히세요. 병원으로 급히 가야되겠어요."

기환은 의식이 없는 창백한 명순을 등에 업다가 안 되겠다싶어 가슴에 안고 병원을 향해 뛰기 시작했다 500m가 넘는 논과 밭을 단숨에 뛰어넘고 300m에 이르는 도로 길을 쉬지 않고 달려나갔다. 등 뒤에서 명순이 어머니가 명순이를 부르며 따라오는 소리가 어렴풋이 들려올 뿐 명순을 안고 뛰는 기환의 머릿속엔 오직 뛰어야 산다는 생각밖에 없었다.

'생명을 살려야 한다! 이 어린 생명을……!'

드디어 그는 선덕 의원에 뛰어들었고 명순은 응급 소생시술과 치료를 받게 되었다.

의료진과 명순어머니와 기환의 가슴이 타는 가운데 마침내 명순이 두 시간여 만에 의식을 되찾았고 눈을 떴다. 엄마가 다시 살아난 딸의 볼에 얼굴을 부비며 뜨거운 눈물을 흘렸다. 그 모습을 바라보는 기환의 가슴에 남다른 감회와 감동의 파장이 동시에 일어나 파동을 쳤다.

삶과 죽음, 생명, 소생의 감회와 감동이……!

"삼촌, 우리 명순이 살았어요!"

명순어머니의 두 손이 기환의 오른손을 꽉 움켜쥐었다.

"삼촌 덕분에 살았어요, 삼촌 덕분에!"

"형수님 아녀요. 아녀! 명순이는 죽을 애가 아녀요. 저렇게 예쁜 애는 어떤 일이 있어도 죽지 않아요. 명순이는 며칠만 더 치료받으면 아무렇지 않을 겁니다."

"삼촌, 참으로 애썼어요. 삼촌 집에 가서 씻어야겠어요."

기환이 명순 어머니의 얘기를 듣고 자신의 위아래를 살펴보았다 온 몸이 땀으로 젖어 배여 있고 바지 아래쪽으로는 흙투성이가 되어 있었다. 기환은 명순 어머니를 보며 웃으며 말해주었다.

"형수님은 어떻고요."

"어머 그렇네… 삼촌이 먼저 가서 씻고 명순 아버지 일갔다 들어오면 병원으로 보내줘요."

"그렇게 할까요!"

기환이 명순이의 볼을 한번 만져주고서 병실문을 나서 복도를 걸었다.

"아저씨, 여기요."

간호원 아가씨가 접수실 문을 열고 나와 그를 부르고 있는 것이다.

"저를 불렀습니까?"

"명순이 환자 보호자 되시죠!"

"예!? 아 네, 그렇습니다."

기환이 얼떨결에 명순이 보호자라고 대답을 하고 나자 간호원이 상냥하면서도 분명한 어조로 말했다.

"병원 치료비 중 30%는 미리 납부해주셔야 하는데요."

'삼사 일만에 하루씩이나 일을 나가는 임형네는 지금 먹을거리 양식 걱정하기에도 빠듯한데, 치료비를 미리 내라니 이 일을 어떻게 처리해야 하나…!'

간호원의 얘기를 들은 기환은 순간 임형의 얼굴을 떠올리며 대책을 마련해야겠다는 생각을 순간적으로 하고 있었다.

기환은 접수실을 나와 복도를 걷다가 불현듯 결심을 굳히고 다시 접수실로 들어갔다. 그리고 그의 잠바를 벗어 간호원 아가씨에게 들이밀었다. 하얗고 이지적인 얼굴의 간호원 아가씨가 반쯤은 놀라고 반쯤은 의아한 표정으로 물었다.

"왜 이 잠바를 제게 주시는 것입니까?"

기환은 정중하게 말했다.

"이 잠바가 현재 가로도 쌀 두가마니 값이 되는 고가품이라는 것쯤은 간호원 아가씨도 잘 알고 있을 겁니다. 나는 다만 옆집에 사는 사람으로서 명순이 보호자는 아니지만 이 잠바를 명순이 병원비로 맡기려고 허니 미리 받아두시죠.”

기환의 얘기를 들은 간호원은 물론 같이 있던 다른 간호원 아가씨들까지도 처음에는 어이가 없어 하면서도 또 한편으로는 이해가 된다는 야릇한 표정을 지은 채 기환에게서 다음 말은 또 뭐라 나올는지 기대를 하고 있는 눈치였다.

“간호원 아가씨! 지금 이 잠바를 받지 않으면 여러분도 보다시피 명순이네는 그날 벌어 먹고살기도 힘든 형편이라서 병원비를 낼 수가 없습니다. 그러니 알아서 하세요.”

담당 간호원은 접수대 책상 위에 있는 볼펜을 만지작거리며 한참을 생각하더니 어쩔 수 없다는 표정으로 어렵게 결정을 내리고 있었다.

“좋습니다. 명순이 환자 치료 끝날 때까지 손님 뜻대로 보관해 두겠습니다.”

그렇게 반코트 가죽잠바를 병원비로 맡긴 기환은 명순 어머니의 고마움과 미안함으로 어쩔 줄 몰라 하는 표정을 뒤로하고 병원 문을 나섰다.

새순이 망울진 가로수 사이로 삼월의 바람이 세차게 불어대며 얇은 티셔츠 차림으로 걸어가는 청년의 가슴에 몰아쳐 왔다.

아름다운 여인의 향기

봄, 밤,

장작불이 타고난 부엌!

빨갛게 이글거리는 잉그락 불이 아궁이 속을 달구고 주위에 모여 앉은 청춘 남녀의 가슴까지 달아오르게 하고 있다.

"빨리 꺼내봐!"

"아직 덜 익었어."

"아까 것은 잘 익었던데…!"

"고놈은 작은 것이라 그렇지요!"

"그냥 먹자고!"

"안돼요! 조금만 참으면 폭 익을 텐데 참을성도 없이……."

아궁이를 중심으로 모여 앉은 청춘 남녀들은 얼굴 여기저기에 검댕을 묻힌 채 붉게 달아올라 있고 그들의 가슴 역시 젊음의 열기로 달아져가고 있다.

이번에는 이글거리는 불속에서 제대로 구워진 큰 고구마가 부억 바닥으로 굴러져 나왔다.

"자 이번에는 질서를 지킵시다. 먼저 가위, 바위, 보를 해서 지는 사람이 장갑을 끼고 고구마 껍질을 벗겨서 이긴 사람에게 받치는 건데 자 어떻습니까? 여러분도 좋습니까?"

"네! 좋습니다."

"자, 그럼 가위 바위 보."

"우와! 내가 이겼다."

"와~ 나도 이겼다."

"에이, 나는 졌잖아!"

그러나 그런 약속을 했음에도 진 사람들이 껍질을 벗긴 고구마를 이긴 사람들에게 곱게 받쳐 줄 리가 만무한 일, 그러자 이긴 사람들은 진 사람들이 자기 입에 먼저 넣으려하는 알속 고구마를 뺏기에 혈안이 되기 시작했고 뺏기지 않으려는 사람과 뺏으려는 사람으로 어우러져 한바탕 소란이 벌어지고 만 것이다. 그런 아이들 같은 소란도 잠시 그들은 서로에게 고구마 껍질을 벗겨서는 주거니 받거니 하며 얘기꽃을 피우기 시작한다. 이제 막 싹이 트기 시작한 고구마여서 그 고구마가 맛이 있으면 얼마나 맛이 있었으랴만은 그들 모두는 맛이 있다고 입맛을 쩝쩝 다셔가며 호들갑을 떨어대고 있는 것이었다.

그것은 서로의 즐거운 감정들이 신명나는 맛을 내주기 때문이리라.

대석이, 송갑이, 정애, 계숙이, 기환이 이들 다섯 청춘들은 오히려 주인인 명순이네를 방으로 쫓아내고는 저희들끼리 처녀 총각 잔치를 벌이고 있었던 것이다.

한바탕의 부엌 잔치가 끝나자 기환은 달아오른 몸의 열기를 식혀야겠다는 생각으로 대문 밖으로 나와 뚝길에 서서는 무심히 하늘을 본다. 왼쪽 하늘에는 도심의 불빛이 오른쪽 하늘에서는 별빛이 고요하게 숨 쉬고 있었다.

뚝길에도 저녁 바람이 불어왔다. 아직 바람결이 쌀쌀했지만 그는 두 팔을 벌려 바람을 맞이했다 기환의 가슴속으로 상쾌함이 밀려들어왔다.

그는 넉넉한 마음으로 밤하늘을 바라보며 큰 별들을 소리내어 가만 세어나갔다.

'하나, 두울, 셋, 네엣, 다아섯, 여어섯……!'

그때 누군가 그의 등을 살짝 때리며 불렀다.

"기환이 오빠!"

3호에 사는 정애 아가씨가 가만가만 뒤를 따라와 장난을 친 것이다.

"오빠, 놀랬지?"

"그래, 놀랬어!"

"에이 거짓말! 하나도 안 놀랬으면서, 그런데 오빠 오늘은 여기서 어떤 철학을 했어?"

"어떤 철학을 했는지 정애가 어디 한번 알아맞춰 볼려!"

"글쎄, 오빠가 무슨 철학을 연구하고 있었을까? 지난번 우리들에게 설명해줬던 현상학이라는 것 그것 아닐까? 사물의 본질이, 전 존재가 이미 우리 눈앞에 다 드러나 있다고 말해줬던, 으음 그것 맞지!"

"아니네요. 그 훗설의 현상학*은 내가 열아홉 살에 끝낸 것이네요."

"그럼, 오빠가 무슨 공부를 했을까?"

정애의 애교 어린 재촉에 기환이 거드름을 피며 대답을 했다.

"오늘은 아무 공부도 안하고 하늘을 보며 별을 세고 있었네요."

"기환이 오빠가 별은 왜 세고 있었을까 궁금하네."

"응, 별을 세며 꿈을 꾸고 있었지 아름다운 꿈을…. 알퐁스 도테의 별과 같은 아름다운 꿈을 꾸었지."

"그럼, 오빠 거기 나오는 여주인공은 누구야? 혹시 나 정애가 아닐까? 아니겠지?"

"그래, 아니야!"

"그럼, 계숙이가……?"

"계숙이 걔도 아니야!"

"그렇다면 누굴까? 기환이 오빠가 꿈꾸는 공주가… 맞다! 그렇다. 대석이 학생이 다니는 전일대 여대생들 중에 하나가 맞지, 그렇지 오빠!"

---

* 현상학現象學 : 후서얼(E.Husserl)에 의하여 확립된 현상을 중요시하는 철학상의 입장, 의식의 본질을 지향적 작용으로 파악, 그 본질적 구조를 분석 기술하려는 것이며 칸트에 있어서는 사물자체와 구별된 현상영역의 연구이고 헤에겔 있어서는 감각적 직관에서 절대지絕對知의 단계에 이르는 의식의 자기 발전기술이다. 요약하면 사물의 구조와 본질에 대한 직접적이고도 직관적인 이해라고 말할 수 있고 또는 사물이 스스로를 보여주는 그대로 그 속에 자신을 집어넣는 인식이라 할 수 있겠다. 아주 쉽게 예를 들어 풀이해본다면 나무를 보고 생기와 시원한 느낌이 들었다면 이 나무가 풍겨주는 기운 속에 이미 나무의 본질이 들어있고 이 기운의 느낌을 파악해나가는 것이 지식이라는 얘기다. 과학으로 분석해 봐도 실제로 나뭇잎은 광합성작용을 하며 산소를 방출하고 있다는 사실

다그치며 물어오는 정애의 목소리는 부드러웠지만 그러나 애틋함이 서려있는 음색이었다. 자신이 좋아하는 기환 오빠의 마음속에 살아있는 여인이 자신이기를 간절히 바라는 슬프고도 애틋한 그 목소리는 가늘게 떨리기까지 하고 있었다.

기환은 그러는 그녀에게 알아듣도록 진지하게 뭔가 설명을 해줘야겠다고 생각하고 말을 꺼내기 시작했다.

“이봐요, 정애 아가씨! 내가 왜 대석이가 다니는 학교 여대생들과 관계가 있을 거란 생각을 하는 거지요? 나는요. 여대생이건 계숙이 건 간에 지금은 그 어느 누구도 안중에 없다는 말씀입니다. 정애 아가씨, 인제 아셨어요?”

그동안 한 울안에서는 오빠동생하며 지내느라 여지 껏은 존댓말을 쓰지 않던 기환이 깍듯이 존댓말로 설명을 하자 반쯤은 장난기로 말을 받던 정애가 순간 당황했던 모양인지 기환의 눈길을 피해 먼 곳에다 눈을 둔 채 주억거리며 말했다.

“기환이 오빠, 그게 아니고 그냥 내가 혼자 그런 느낌이 들어서…!”

기환은 한편으로는 정애의 마음을 헤아리는 뜻으로 다른 한편으로는 한 인간과의 대화에 있어 갖춰야 할 진지한 자세를 취하는 뜻으로 자신의 사정과 감정들을 사실대로 표현해줘야겠다는 마음을 먹고 다시 입을 열기 시작했다.

“정애 아가씨, 잘 들어보세요! 대석이와 함께 가끔씩 만나는 대학생들은 여자남자 할 것 없이 만나면 심리학과 철학 등 학문에 관해 토론을 하는데 전념할 뿐 아무런 사적인 감정을 갖고 있지 않은 사람들입니다. 단지 그중 몇 사람이 네게 배울 것이 더 있다고 해서 자주 만나는 것이지 다른 감정이 있어서 그런 건 아니니까 자꾸 이상한 방향으로 넘겨짚지는 마시란 말씀입니다. 정애씨도 대학교 앞 음악다실에서 근무하고 있으니까 학생들이 추구하는 학문에 대한 모임이나 토론의 열기라는 게 어느 정도라는 것쯤은 나보다도 더 잘 알거라 봅니다. 그리고 내 얘기도 어느 정도 들어서 알고 있겠지만, 지금에 나는 어느 누구도 어떤 여성도 받아들일 수가 없습니다. 왜냐하면 내 가슴속에는 이미 사랑하는 여인이 자리하고 있기 때문이지요. 그래서 계숙씨나 정애씨에게도 동생과 오라버니 관계 이상은 절대 안 된다고 선언을 하게 된 것입니다."

상대방을 설득하려다가 실패한 사람이 최후통첩을 통보하는 심정으로 길고 긴 설명을 마치고 난 기환이 후우하고 긴 숨을 토해내고 있을 때 마침 수많은 별빛 사이로 길게 꼬리 내린 유성 하나가 사라져가고 있었다.

"기환이 오빠, 미안해!"

둘이는 한동안 말없이 유성이 사라진 서쪽 하늘을 바라보았을 뿐 쌀쌀한 밤바람이 두 사람의 옷깃 사이를 스치고 지나가며 스산함을 더해주고 있었다.

"오빠 춥겠다. 내가 잠바 벗어 줄까?"

"아니야! 괜찮아, 나는 춥지 않아."

"오빠, 아직 그 가죽잠바 병원에서 못 찾아왔구나! 그랬구나아…!"

"아니 찾았어!"

"그럼 왜 지금도 티셔츠만 입고 있는 거야! 오늘도 되게 춥드

만… 낮에 보니까 남방셔츠 하나만 입은 사람은 오빠 뿐이든데….”

“그건 뭐… 이제 낮이나 밤이나 그렇게 춥지 않으니까 그런 거야!”

“피이, 거짓말 같은데!”

“거짓말이고 참말이고 간에 그 얘기는 그리 중요한 것이 아니니까 이제 그만하고 내려가자.”

“그래 오빠! 근데에… 기환이 오빠 나 부탁이 하나 있는데 줄어줄래?”

“뭔데, 말해봐 어지간한 것이면 들어줄게!”

“나, 오빠 손잡는다. 그래도 되지?”

“사람들이 오해하니까 안 되네요.”

“아이이! 뚝길까지만 손잡고 가면 되잖아.”

정애는 기환의 손을 얼른 붙들었고 기환은 정애의 손을 얼른 뿌리치고 달렸다. 그리고 정애는 달리는 그를 쫓아 뛰었다.

별들이 아름답게 비치는 밤이었다.

생맥주집 오손도손 __________

은은하면서도 화려한 불빛 아래

감미롭고 강렬한 음악이 교차해 흐르는 가운데 세쌍의 청춘들이 둘러앉아 축배를 들고 있다.

“자! 임계숙의 생일을 축하하며 축배를…”

“자! 축배의 잔을 남기지 말고 한 번에 쭉 마십시다.”

대석이와 그의 여자친구 은하, 송갑이, 계숙이, 정애, 기환이 셋방 사람들인 이들은 봄향기 가득한 오월의 봄밤을 젊음의 열기로 채워나갔다.

기환은 2년 만에 처음으로 먹어보는 술이라서 500cc 두 잔을 조심스럽게 마셨고 그는 오랜만에 온 가슴을 열고 분위기에 취해나갔다.

기환은 자신으로 인해 온 가족이 파탄 났고 살아남은 가족은 물론 자기 자신까지도 끔찍한 고통을 겪어야했던 지옥 같은 날들의 둘레로부터 벗어나 오랜만에 해방감을 맛보고 있었다.

"자, 이제 마지막 축배의 잔을 듭시다."

생일 파티가 끝나고 울안 사람들은 자연스럽게 둘씩 짝을 지어 나갔고 기환은 함께 가겠다고 나선 정애를 강하게 뿌리치고 기분이 좋게 너무도 기분 좋게 노래를 부르며 공원길을 걸어 나갔다. 그가 2년 만에 처음으로 불러보는 노래였다. 정애는 그런 기환을 뒤따라가며 그의 심정을 이해하고 모성과 같은 사랑을 마음을 보내주었다.

정애는 기환에 대해서 너무도 잘 알고 있었다. 기환의 남동생과 함께 출근을 하며 기환의 신상과 과거 지난날들에 대해 그리고 그의 취향과 성품에서까지 자세히 파악해놓고 있었던 것이다.

공원을 지나 셋집으로 가는 냇가 뚝길로 나서자 기환은 목청껏 소리를 높여 노래를 불러나갔다.

모두들 잠들은 고요한 밤에

어이해 나홀로 잠 못 이루나
넘기는 책속에 수 많은 글들이
어이해 한자도 보이지 않나
그건 너_ 그건 너_
바로 너 때문이야

노래의 끝부분에 이르러서는 그는 노래를 부르는 것이 아니라 고래고래 반복해서 소리를 지르며 악을 쓰고 있었다.

그건 너 그건 너 그건 너__
바로 너 때문이야__

노래가 끝나자 그는 밤하늘을 향해 '야!' 하는 외마디 고함을 지르고서 냇가 뚝에 앉아 오열을 터트리기 시작했다.

2년 동안 그의 가슴을 죄어왔던 족쇄들을 풀고 억눌려왔던 감정들을 웃음과 술과 노래로 쏟아버리자 가슴속이 시원하게 뻥 뚫렸고 그 속으로 뭐라 표현 할 수 없는 감정들이 순식간에 밀려 들어와 난리를 치고 있는 것이었다.

기환은 둑길 아래 샛강으로 가 온 강물이 울리도록 오열을 토해냈다 뒤를 따라온 정애 역시 기환이 느끼고 발산하는 감정들을 가슴으로 느끼고 받으며 울먹이고 있었다.

한참의 파동이 멎고 기환의 가슴이 진정 기미를 보이자 정애는 샛강 아래로 내려섰다. 기환은 갑작스런 정애의 출연에 흠칫 놀라 뒤로 물러섰고 감정을 추스리며 자세를 바로 하고자 하늘을 보고 크게 심호흡을 했다.

하늘에는 반쪽달이 떠 있었다. 반쪽의 밝음과 반쪽의 어둠이 샛강 아래로 내리며 두 남녀 사이로 흘러가고 있었다.

고요한 공간 속에서 소리가 터져 나왔다.

"안 돼!"

한 여자가 한 남자의 품으로 뛰어들었고 남자가 소리를 친 것이다.

기환은 반사적으로 그녀를 밀쳐냈으나 그녀는 기환을 두 팔로 감싸 안은 채 떨어지지를 않았다 기환의 가슴이 뛰고 정신이 멍해지기 시작했다. 성숙한 여인의 향긋한 체취와 가슴에 밀착되어 오는 여인의 풍만한 젖가슴의 감촉이 기환을 일순간 혼란에 빠트리고 있는 것이었다.

봄꽃 향기 같은 여인의 체취와 얇게 차려입은 블라우스 속에서 밀쳐오는 풍만한 여체의 율동은 점점 더 강렬하게 남성을 자극하고 조여 왔다.

네가 이래도 견딜 수 있겠느냐. 평소 너의 그 오만한 성벽을 무너뜨려 버려 복수를 하겠다는 듯 여체는 몸부림치며 최후 공격을 시도해오고 있었다. 남성은 힘이 빠지는 몸을 향해 항전 명령을 계속 내렸다.

'성이 무너지면 너희들은 죽는다. 대오를 이탈하지 말고 전력을 가다듬고 싸워라!'

여성과 남성은 달빛 아래서 그렇게 성의 운명을 걸고 육탄공격과 육탄방어로 맞서 전쟁을 치렀다.

기환은 몸의 흔들림으로부터 정신을 차리려 계속 명령을 내렸고 이성에 의해 잘 훈련된 그의 몸은 그의 명령에 따라주었다.

"물러서!"

짧고 강렬한 기환의 외침이 샛강에 울려 퍼졌다. 한동안 어색한 분위기가 지나가고 둑길로 올라선 두 사람은 말없이 걸었다. 기환은 자존심이 몹시 상했을 정애의 심정을 헤아려 묵묵히 걸어가는 정애의 손을 잡아주었다. 정애는 예전과는 달리 그의 손을 확 뿌리치고 걸어 나갔다. 기환은 뭐라 위로해줘야겠다는 마음에서 그 곁에 바짝 다가가 걸으며 얘기를 시작했다.

"정애, 정애는 키도 체격도 다 크고 멋진데다 얼굴도 아름다워서 친구들이 부러워하고 그리고 남자들에게도 인기가 높으니까 나 같은 못난 사람 쳐다보지 말고 더 좋은 남자를 선택하라구! 정애도 알다시피 스탕달의 연애론을 보면 '사랑의 미화작용 때문에 사랑의 감정이 생기면 상대의 허물도 아름답게 보인다고 했잖아! 나는 허물이 많은 사람이야! 그런데 정애가 미화작용의 마술에 걸려 보지 못하고 있을 뿐이야! 꿈을 깨, 꿈을 깨고 나면 나 같은 사람 사귀지 않길 잘했다고 할 거야! 그리고 내년부터는 야간대학에 다녀, 좋아하는 음악에 대해 더욱 연구해! 훌륭한 디스크자키(DJ)가 되겠다고 그랬잖아! 그 꿈도 한껏 펴봐 이제 여성들도 사회 속에서 당당하게 뜻을 펴 자기실현을 해나가는 시대가 됐잖아! 나라는 사람은 지금 이 사회 속에서 쉽게 살 사람이 못돼 정애도 알다시피 나라는 사람은 우리 할아버지 내력부터 시작해 세상에 맞춰 고분고분 살 사람이 아니야~ 나는 이런 썩어빠진 병든 세상에 끌려가는 수레의 부품으로는 결코 살지 않을 테니까, 그러니 나 같은 위험한 사람한테 미련 갖지 말라구!"

기환은 묵묵히 듣기만 하고 걸어가는 정애를 향해 열심히 자신의 감정을 말해주었다. 그러나 정애는 끝까지 아무런 대꾸도 하지 않았고 두 사람은 어느덧 셋집에 당도해 있었다.

다음날 아침 부엌에 한통의 편지가 놓여 있었다.

노름판의 구경꾼

"어이 송갑이, 이 여관서 계속 노름을 했단 말이야!"

기환이 2층짜리 여관을 가리키며 나지막이 묻자 송갑이는 뒷머리를 만지며 어눌하게 대답해 왔다.

"그랬어, 대체로 여기서 주로 했어."

"그랬어! 알았다 그럼 어서 들어가 보자."

여관 주인의 안내로 2층 구석진 방으로 들어서자 담배연기가 자욱한 공간에서 사람들이 누가 들어오는 것도 아랑곳하지 않고 노름에 열중이었다. 여관주인이 뒷배가 있다더니 그 말이 틀림없는 모양이라 생각하며 기환은 송갑이 끼어 앉은 뒷자리에 앉아 판을 살펴나갔다. 노름판은 기환이 고향마을 초상집에서 봤던 것과는 비교가 안 될 정도로 큰돈이 오가는 큰판이었다.

송갑이를 포함한 6명의 사람들이 판앞에 앉아 경기에 임하는 선수들이고 나머지는 코치나 후보 선수들이었다 선수나 코치나 후보나 하나같이 달아오른 얼굴에 눈동자들이 빛났고 선량한 얼굴이나 고약한 얼굴이나 다 같이 짓고땡이라는 5장의 화투 결과에 따라 몇 초 간격으로 얼굴색이 울구락불구락 희희낙낙을 반복하고 있었다.

돈을 따서 안으로 들여올 때는 선수의 얼굴이 단 1초도 걸리지 않는 찰나에 환해졌고 돈을 잃고 밖으로 내보낼 때 역시 1초도 걸리지 않는 찰나에 선수의 얼굴이 어두운 그림자로 뒤덮였다. 이 놀라운 작용에 기환은 감탄하지 않을 수 없었다. 어떻게 이렇게 단 1초도 안 걸리는 찰나에 울고 웃을 수가 있을까 이들이 거짓으로 연극을 하며 얼굴 근육쑈(표정연기)를 하고 있는 것은 정녕 아닌데 어떻게 이렇게 온몸의 세포들을 발열시키는 웃음과 성냄의 작용을 단 1초안에 이뤄내고 또 어떻게 진정으로 웃었다가 진정으로 성을 내는 기가 막힌 연출을 단 몇 초안에 해낼 수 있단 말인가! 무엇이 이렇게 놀라운 장관을 만들 수 있겠는가 큰 노름판만이 해낼 수 있는 것이다. 사람의 몸뚱이가 몽매에도 그리는 욕구들 잘 먹고 잘 입고 잘 자고 잘 놀고 거드름 피우고 색시 집 가고 술 먹고 여행 다니는 등등의 욕망들을 모두 다 충족시켜 줄 수 있는 큰돈이란 도깨비 방망이가 순간적으로 내손에서 저손으로 다시 저손에서 내손으로 왔다갔다하며 기막힌 생연출(라이브쑈)을 이뤄내고 있는 것이다.

큰 노름판이란 무대는 사람들을 패에 돈을 거는 것 외에는 지성이나 사고나 이성 따위는 필요 없는 빈 머리로 만들어 오직 순간적으로 성내고 웃는 것만을 반복하는 로봇트로 만드는 무섭고도 현란한 무대였다.

기환은 노름판 사람들의 얼굴을 보며 심리학자 융이 말한 개성이라는 페르소나(가면)가 떠올랐다. 이들이 세상이라는 사회라는 저 판이 아니고 이 판(노름판)에 있는 한 이들은 사회인들이 생존하기 위해 어쩔 수 없이 갖는 이중적인 개성(페르소나)*을 갖지 않게 될 것이고 페르소나로 인한 정신신경증으로 시달리지 않을 것이다.

* 개성(The Persona) : 본래 페르소나란 극중에서 특정한 역할을 하기 위해 배우가 쓰는 가면을 말한다. 인물(Person)이나 인격(Personality)도 같은 어원에서 유래한다. 융의 심리학에서도 페르소나의 태고유형은 같은 목적을 위해 사용된다. 개인은 페르소나에 의해 본래 자기 자신의 성격이 아닌 성격을 연기할 수도 있다. 페르소나란 개인이 공개적으로 보여주는 가면 또는 외관이다. 참고로 심리학자 융의 주장을 살펴보면 인간의 심층 저변엔 개인무의식 외에 집단무의식이 자리하고 있으며 집단무의식의 여러 가지 내용을 태고유형이라고 불렀다. 이중에는 인간의 인격에 중요한 역할을 하고 있는 네 가지 태고유형이 있는데 그 네 가지 태고유형은 개성(페르소나PerSona), 애니마와 애니무스(Anima, Animus), 그림자(The Shadow), 자기(The Self)라는 것이다.

| 제7장 |

인생과 철학의 새 출발

작가의 꿈

세상은 기환이 추구하며 살고자하는 순수한 세상이 아니었지만 그래도 그는 어떤 방식으로든 살아봐야겠다는 마음을 먹었다.

'무엇을 하고 살며 어떻게 꿈을 펼쳐 나갈 것인가!'

기환은 앞으로 자기 인생에 대해 많은 생각을 했다. 여러 가지 많은 직업들과 그리고 여러 가지 직업 속에서 일하는 각기 다른 자기 모습을 상상해 보며 일(직업)의 선택에 골몰하기 시작했다.

체육관관장, 회사원, 공무원, 농부, 어부, 판사, 검사, 사업가, 정치가, 작가…….

그는 여러 직업들을 따져가며 그 속에 자기 모습의 그림들을 한 장, 한 장 그려나갔다. 그는 여러 그림 중에 한두 개는 자기가 성취하기 힘들 수도 있겠지만 그러나 그가 마음만 먹으면 자신의 힘과 두뇌로 모두 다 이뤄낼 수 있다는 자신감을 갖고 있었다.

그는 여러 가지 직업 중에 체육관 관장과 작가라는 두 가지

일(직업)을 골라 놓고 최종 심사를 벌였다. 두 직업이 서로 팽팽하게 맞서 왔고, 그는 결국 작가라는 직업을 선택하기로 작정을 했다. 작가라는 직업이 그 일이 자신에게 잘 맞을 것 같지는 않았지만 자기 뜻을 크게 펼칠 수 있다고 그가 판단했기 때문이었다.

그는 글을 쓰기 시작했다. 무전여행 차림으로 가출했던 얘기, 월남 전쟁 얘기, 자살미수로 살아난 얘기, 불구의 몸에서 건강을 되찾는 얘기, 그동안 체험했던 사랑과 문학과 철학 얘기 등등을 글로 써서 책으로 낼 작정으로 그는 열심히 글을 써나갔다.

글을 써나가던 중 그는 더 많은 힘든 체험을 통해 많은 사람들에게 깨달음과 용기와 희망을 줘야겠다는 생각을 갖게 되었다. 힘든 체험으로는 어부와 광부를 직접 해보는 것이었는데 그는 광부가 되기 위해 탄광으로 가기로 결심을 굳혀 나갔다.

'그렇다! 뛰어난 작가가 되기 위해서는 많은 경험을 해봐야 한다지 않는가? 탄광에 가서 열악한 체험도 직접 해보고 땅속깊이 묻혀 미이라처럼 잠자고 있는 몇 백만 년 지구의 흔적인 그 신비의 검은 화석(석탄)을 직접 캐보는 감격과 희열을 맛보리라!'

그가 탄광으로 떠날 준비를 서두르자 그를 아끼는 주위 사람들과 일가친척들은 만류를 거듭했다.

"이봐 조카! 공부를 하거나 글을 계속 써서 크게 되어야지 위험한 탄광 굴속에는 왜 들어가?"

"여보게 기환이! 거기 가서 뭘 어떻게 하려고…!"

기환은 어른들의 충고와 그리고 보훈대상자(국가유공자)로서 교육, 취직 등의 특혜를 뿌리치고 굳은 각오로 작가가 되기 위해 탄광으로 향했다.

'너의 뜻을 크게 펴기 위해서는 위대한 작가가 되어야 하고 글은 머리를 쓰는 것이 아니라 막심 고리키처럼 온몸으로 체험해서 써야만 만인에게 깊은 감동을 줄 수 있는 것이다.'

'자! 힘차게 두려워하지 말고 이 길을 가는 것이다.'

기환은 가는 길에 마음이 흔들리지 않기 위해 자신의 결정과 앞으로 할 일에 의미를 부여하며 마음을 다잡아가 나갔다.

결단 결행

인생 항로를 180도 바꾼 비장한 각오 선택

전주경찰서 옆 3거리에 똑바로 선 기환은 그 옆에 좌우로 있는 두 건물을 바라보며 1시간 째 장승처럼 말없이 고뇌를 하고 있었다.

'자! 이제 결단을 내려야한다!'

발길을 오른쪽으로 돌리든 왼쪽으로 돌리든 결단을 내야한다.

기환이 서있는 오른쪽에는 국민은행건물이 있고 왼쪽에는 국가 원호청(보훈청) 건물이 있다.

기환이 지금 왼쪽 건물을 향해 발길을 가서 국가유공자 등록을 마치는 순간 이후부터 그는 매달 보훈 연금을 많이 받고 여러가지 특혜를 누리는 제도권 아래 편안한 삶(인생)을 누리는 길이고….

기환이 오른쪽 건물을 향해 발길을 돌리어 국민은행에 들어가 예금 돈을 찾아 탄광으로 떠난다면 앞으로 어떤 험난한 삶(인생)이 펼쳐질지 누구도 알 수 없는 길을 가게 될 것이다.

기환은 그 일생의 운명을 결정짓는 결단의 순간에 혼잣말을 했다.

나, 이기환— 살다 굶어 죽는다고 해도 일제 잔당 찌끄레기 군사총칼 제도권 아래 기어들어가 출세하지 않는다.

매달 상이용사 연금을 몇 백 몇 천 만원씩 준다해도 나는 원호청(보훈청)에 기어들어가 등록하지 않을 것이다. 나는 나다.

나는 국가 혁명의 꿈을 꾸며 새로운 세계를 향해 나아갈 것이다.

기환은 강단을 내려 보훈청 청사 건물이 아닌 국민은행 건물로 들어가 창구에서 예금한 돈을 찾아 이를 앙다물고 강원도 탄광 행 열차에 올랐다.

※ 후일담(훗날 얘기)

군사독재 총칼불량배들이 물러나고 인간다운 문민정부가 들어선 후 기환은 보훈청에 찾아가 국가 유공자 등록을 마치고 현재는 150만원의 연금을 매달 지원받고 있고 여러 가지 특혜를 누리고 있다.

그러나 전쟁터에서 다쳐 돌아온 이후 국사독재 불량배 시절 받지 못한 연금, 20여 년간 못 받은 연금 합계 5억2천5백만원은 등록 신청하지 않았기에 시간이 지난 것이라서 줄 수 없다고 하여 받지 못하고 있다. 보훈법 9조 1항 악법이라 판단하고 그래서 헌법재판소에 헌법소원을 냈으나 기각되었다

탄광 막장 속으로

1976년 7월 11일

기환은 동생 성환이와 함께 후배인 익준이를 찾아 강원도 영월에 도착하여 조그마한 버스를 타고 재를 넘고 넘어 탄광촌에 도착했다. 깊고 깊은 산골에 탄광촌은 불야성을 이루고 있었다. 익준이가 광부로 있다는 합숙소를 찾아 가다보니 양복점, 시계점, 술집, 극장, 상회 등 일반도시에 있는 것은 다 있어보였다.

기환의 탄광에 대한 상상은 완전히 빗나가고 있었다. 큰 굴이 하나 있고 그 앞에 석탄더미와 운반차량 몇 대, 그리고 주위에 촌락이 있을 줄 알았는데…… 그는 동생과 함께 여러 상상 속에 익준이가 광부로 있다는 8합숙소를 찾아 들었다.

강원도 영월군 하동면 주문리 대한 탄광 옥동광업소 8합숙소.

기환은 익준의 안내로 식당에서 식사를 마치고 40대 중반쯤 되어 보이는 주인아주머니의 안내로 방 배정을 받았다. 동생은 익준이와 함께 6호실에 있기로 했고 그는 3호실로 가게 되었다.

3호실 문을 열고 들어서니 방 가운데 청년 하나가 누워 천장만 바라보며 있다.

기환은 들어온 사람을 쳐다보지 않고 냉대하는 청년의 태도가 마음에 많이 거슬렸지만 꾹 참고 인사를 했다.

"이 방에 같이 있게 된 사람입니다. 잘 부탁드립니다."

청년은 아무 대꾸도 하지 않았고 여전히 시선을 천장에 두고 있었다. 기환은 조심스럽게 배낭을 풀어 옷가지 등을 벽에 걸고 짐정리를 해나갔다. 그러자 누워있던 청년이 고개를 돌리고 고약하게 생긴 얼굴로 소리를 쳤다.

"야 인마! 먼지 나니까 살살해."

기환은 그렇지 않아도 속을 다스리고 있던 차에 욕을 먹게 되니 속이 뒤집혔으나 지금은 참을 때라고 판단하고 아무 말 없이 청년을 바라봤다. 그러나 청년은 벌떡 일어나며 삿대질과 욕을 또 퍼부었다.

"보긴 뭘 봐! 이 자식아, 어서 다른 곳으로 꺼져!"

"너나 꺼져라! 이 자식아!"

기환은 고약한 청년과 단번에 뒤엉켜 치고받았다. 고약한 청년과 치고받으며 싸우고 뒹굴다보니 나무문짝이 부서지고 둘이는 순식간에 엉클어져 토방으로 굴러 나오게 되었다. 고약한 청년은 기환의 강력한 오른쪽 어깨에 목을 졸리고 있었다. 여기저기서 사람들이 뛰어나오고 싸움은 멎게 되었다.

이날 밤 임고약이라고 불리는 기환과 싸운 청년은 병원에 입원을 하게 되었고 기환은 신고식 한번 제대로 치뤘다고 생각하며 탄광촌의 첫 밤을 뜬눈으로 지새웠다.

임고약 사건은 쌀 한가마니 값으로 해결을 하고 기환은 광부로 입사를 했다.

일주일간의 탄광 안전교육을 받고 기환은 광부가 되어 호기심과 긴장된 마음으로 드디어 석탄이 나오는 굴속 막장으로 들어가게 되었다.

광부가 된 첫날, 굴 입구에서 방우리라는 것을 실시하여 8편 막장으로 들어가게 되었다. 장화를 신고 허리에 큰 건전지를 차고 머리에는 안전모 위에 전등을 달고 줄로 끄는 견인차를 타고 삼사십도 경사진 곳을 800m를 내려가서 다시 걸어서 동굴 같은 길을 400m를 더 가다보니 통나무들이 받치고 있는 시커먼 막장이 나타났다.

굴 입구로부터 1,200m를 지나 들어온 지점에 막장, 그야말로 끝나는 막장이 있는 것이다. 머리에 달린 전등을 켠 기환은 조심스럽게 채탄 막장으로 다가가 보았다. 동발사이로 흑진주처럼 까맣게 빛나는 석탄이 천정과 벽에 지층을 이루며 쌓여 있었다. 기환은 두근거리는 마음으로 석탄을 손으로 만져보았다. 그 순간 말로는 다 표현할 수 없는 전율과 짜릿함이 손끝을 타고 전해왔다.

'내가 정말로 몇 백만 년 아니 몇 천만 년 전의 태고적 지구와 만나고 있다니…!'

석탄의 영상 속에는 멀고 먼 원시적 그 옛날 공룡이 울부짖던 대 원시림이 펼쳐져 있었다. 기환은 열심히 원시림을 걸으며 공룡을 관찰하기 시작했다.

'야! 이 거대한 원시림과 또 저 공룡들… 그리고 화산폭발들 점점 더 굉장해지는 폭발들…… 어, 이러다가는 모두가 다. 화산 더미 속에 묻히겠는데…….'

"우루루 쿵쿵 쿠르릉 쾅쾅!"

"어이 이 사람아, 거기서 뭘해! 거기는 지금 채탄조가 발파하고 있잖아."

기환은 원시의 꿈에서 깨어나 현실의 세계로 돌아왔다.

"우리는 채탄조가 아니고 보항조야. 빨리 동발 가져오라구!"

함께 일해야 할 고참 선산부先産夫가 신참 후산부인 그를 향해 일 재촉을 하고 있는 것이다. 기환은 정신을 차리고 선산부(기술자)가 시키는 대로 소나무를 자른 동발 감을 날라다 열심히 톱질을 하여 잘라서 주었다.

선산부는 곡괭이로 땅을 파고 벽을 찍어내어 벽 양쪽에다 아씨라는 동발을 세우고 다음에 천정을 다시 털어내고 하리라는 동발을 아씨위에 씌웠다. 두 시간여 동안의 작업 끝에 밑변이 없는 사다리꼴 모양의 동발 한태를 굴속에 씌워 넣은 것이다.

부항 작업이 끝나자 안 씨라고 부르는 나이든 신산부는 톱과 도끼와 곡괭이와 줄을 한쪽에다 치워놓고 자기가 세워놓은 동발에 기대어 쿨룩거리며 담배를 피웠다. 기환은 이러한 안씨를 바라보다 안쓰러운 생각이 들어 가까이 다가가 어깨를 주물러주었다.

"여기는 자네 같은 사람들이 있을 곳이 못되니 빨리 떠나라구."

"왜 그런 말씀을 하시는 건지…?"

안씨는 손가락으로 굴속 공기와 자신의 가슴을 가리키며 대답해주었다.

“오륙년만 탄광 일을 해도 폐가 나빠져서 다른 직장에 취직을 하기도 힘들고 노가다 일을 한다 해도 힘든 일을 해내지 못해 다시 탄광으로 쫓겨 오는 사람들이 허다하다네.”

“그게 사실입니까?”

“그래, 이 사람아 사실이야, 나처럼 이십년 이상 탄광 일을 하다보면 진폐증세가 악화돼 숨쉬기가 힘들어 죽을 날만 기다려야 된다네.”

안씨의 애기는 기환에게 충격과 함께 막장 노동자들의 생활과 우리 사회의 경제구조에 대해 많은 생각을 갖게 하는 계기를 만들어주었다.

‘자, 새로운 방우리 시간이다. 어디로 방우리가 떨어질까?’

광부들은 저마다 조바심과 설레임을 가지고 감독관의 방우리에 온통 신경을 쓰며 귀를 기울였다.

방우리라는 것은 광부들이 감독관의 호명에 따라 편을 지어 굴속에 들어가는 것으로서 감독관의 입에서 뱉어 나온 말 한마디에 따라 막장의 조건이 좋고 나쁨이 결정되고, 그날 광부의 수입이 달라지고 때로는 생사가 가름되기도 한다. 광부들이 온통 감독관의 입을 주시하며 방우리에 신경을 곤두세우는 이유도 거기 있었다. 광부들은 오늘도 한마디씩 하고 나섰다.

“오늘도 방우리 입불에 따라 오늘 하루 일생이 결정되누만. 방우리를 잘 받아야지 일 열심히 해봤자 방우리 잘못 받으면 허당이라고…….”

“여기서 방우리 입불보다 더 중요한 것이 있겠는가…….”

"그러지요. 방우리 입불은 참 중요한 것이죠. 그놈의 방우리에 따라 우리들의 하루 일당이나 일생이 좌지우지하니까요."

"자네들은 방우리 입불보다 더 중요한 것이 있는데 그것이 무엇인지 알기나 하는가?"

탄광 고참 털보가 신참 광부들에게 큰소리로 강변을 했다.

"방우리 입불보다 더 중요한 것이 있어! 이 사람들아!"

"그것이 무엇이랍니까?"

"그것은 좆불이라네."

"예! 좆불이라니요, 좆불이 무엇이랍니까?"

"좆불 몰라! 애비 좆불?"

"아, 예!"

"그래 이 사람들아! 이제 알아들었어, 어느 놈 좆불에서 떨어졌느냐에 따라 인생이 결정되는 것이야. 자네들이나 나나 시원찮은 좆불에서 떨어졌으니 이런 막장까지 온 게 아닌가, 빽 있는 놈 좆불에서 떨어졌으면 저 공기 좋고 휘황찬란한 도심에서 활개치고 살았을 것 아닌가."

굴속에 들어가기 전 방우리 시간부터 광부들은 방우리 입불타령과 애비 좆불타령을 하고 있었다. 기환은 이들 얘기를 들으며 인생의 의미에 대해서 많은 생각을 하게 되었다. 방우리를 끝내고 8편 중단 보항 작업장에 들어간 그는 작업 중에서도 내내 방우리 입불과 애비 좆불을 인간과 사회에 연관시켜 보는 생각에 빠져 지냈다.

"그래 감독관의 말 한마디로 광부들의 하루일생이 결정되듯이 인간의 일생이 그 애비의 정액 한 방울로 규정이 되는 세상이라면 이것을 어찌 자유와 평등을 보편적인 가치로 삼는 인간세상이라고 말할 수 있겠는가."

이 땅에 태어나는 사람이라면 출발만이라도 대등한 선상에서 인생을 출발할 수 있는 최소한의 기회가 제공되는 공평한 세상을 만들어야겠다는 생각을 기환은 갖게 되었다. 마라톤 선수들이 잘난 놈이나 못난 놈이나 다 같이 일정한 출발선상에서 출발하듯이 인생이란 출발도 다 같이 평등한 출발선상에서 출발시켜야 한다고……. 그리고 지금까지 우리사회를 이끌어온 입불과 좇불들은 과연 이 땅의 어른들로서 정의로운 입불과 좇불이었는가를 곰곰이 깊이 생각하였다.

기환은 이날 이후로도 일주일 동안을 보항 작업조에 속해 보항만을 하다가 오전반에서 오후반으로(갑, 을, 병반 중에서 을반으로) 근무하는 시간이 바뀌면서 채탄 작업조에 처음으로 들게 되었다. 채탄 작업은 직접 손으로 몇 백만 년 동안 묻혀 있던 석탄을 캐봐야겠다는 생각에서 내심 기다리고 있던 일이었다.

채탄 작업은 보항 작업과 달리 준비하는 것도 많았고 사람 숫자도 많았다. 사람들도 선산부나 후산부 가릴 것 없이 혈기왕성한 사람들이었다.

기환은 8편 460 로볼이라고 하는 채탄 막장에서 일곱 명의 광부들과 함께 작업을 시작했다. 세 명의 후산부들이 동발을 날라다 경사진 막장 위로 올려주면 막장에서 한 명의 선산부와 두 명의 고참 후산부가 동발을 씌워 넣고 착암기로 탄층에 구멍을 뚫고 그 속에 다이너마이트를 집어넣는 작업을 해나갔다. 막장에서 모든 준비가 완료되었다는 신호가 오면서 사람들이 아래 큰 통로로 내려 왔다.

기환은 궁금한 마음에 막장 가까이 올라가 유심히 쳐다보았다.

선산부가 다이너마이트 도화선에 하나씩 불을 붙여나가자 길게 늘어뜨린 도화선이 '피악' 하는 소리와 함께 금세 폭발할 것처럼 맹렬하게 타들어갔다. 도화선에 불을 다 붙인 선산부들이 여유 있는 모습으로 큰 통로로 내려오며 "발파" 하고 소리를 하자 고참 후산부들이 다른 막장 사람들이 들을 수 있게끔 큰소리로 "발파" 하면서 대피를 했다.

기환은 어디로 대피를 할까? 우왕좌왕 하다가 선산부를 따라가 그 곁에 바짝 웅크리고 앉았다. 조금 있으니 "꽝꽝꽝" 하면서 동발이 울리고 천정과 벽에서 탄가루와 잔돌이 떨어져 내렸다. 굴이 금방이라도 무너져 내릴 것 같은 생각이 들어 전전긍긍하고 있노라니 다른 광부들은 화약연기가 자욱한 막장으로 벌써 올라가고 있었다.

교육을 받을 때는 발파 후 반드시 안전을 위해 화약연기가 빠지고 난 다음 막장으로 들어가라고 배웠는데 그런 것이 여기서는 씨도 안 먹히는 소리였다.

기환은 탄을 받는 탄통차를 여러 개 끌어다 준비해 놓고 막장으로 올라갔다. 발파작업이 제대로 끝난 막장에는 값나간다는 고질탄이 수북이 쌓여 있었는데 그걸 보자 광부들은 좋아라 하면서 마스크도 벗어던지고 삽질을 해대는 것이었다.

"이게 웬 돈이여!"

기환이 하는 일은 조구통으로 탄이 잘 내려가도록 해주는 일이었다. 석탄은 함석으로 연결된 조구통을 타고 삼십도 쯤 되는 경사를 따라 미끄러져서 큰 길(철길이 놓여 있는 큰 통로)에 준비해 놓은 탄통차 속으로 쏟아져 들어갔다. 한시간여정도 열심히 조구통을 따라다니며 탄이 막히는 곳을 따주다 보니 막장에서 탄이 다 내려갔다는 신호가 왔다.

막장으로 올라가니 그 많던 석탄이 어느새 아래로 다 내려갔고 광부들은 곡괭이와 삽을 가지고 벽속의 석탄을 찍어 파내느라 시커먼 얼굴로 진땀을 흘리며 가쁜 숨을 헐떡이고 있었다. 그 광경은 문명세계의 인간들끼리 땅위에서 싸우다 패배한 약자들이 땅속으로 내몰려 몇 백만 년 전 원시적 먹이인 석탄이라도 먹고 살아남기 위해 혼신을 다하는 모습으로 보였다.

기환은 그간 막연하게 가졌던 낭만적인 생각을 버리고 함께 일하는 광부들을 위해서라도 열심히 석탄을 캐야겠다고 다짐했다.

※ 탄광 광부들 명칭

선산부 : 탄광 일에 숙달 된 기술자. 전에는 일본말로 사기야마라고 했고

후산부 : 탄광일에 숙달되지 않은 신창 광부들. 전에는 아도묵기라고 했는데 일본말을 모두 다 한국말로 고쳐 쓰고 있는 것이다.

탄광 굴속에서 만난 성자

기환은 6개월간 채탄작업과 보항작업을 하는 과정에서 훌륭한 인격을 소유한 사람을 만나게 되었다.

변 승 수!

그는 광부로서 굴 바깥이나 굴속에서나 자기 철학과 원칙을 철저하게 지키는 사람이었다. 광산에서 일하는 대다수 사람들이 하루 수익을 많이 올리려고 석탄 한차 얼른 더 캐내고 동발 한태 더 집어넣기 위해 정신없이 일했으나(이 같은 날림 작업으로 굴속에서 크고 작은 붕괴 사고가 많았음) 그는 아무리 수익이 오르지 않는다 해도 천천히 튼튼하게 규격대로 동발을 씌워 넣었고 채탄도 도탄(막장의 머리나 옆구리를 털어먹는 도둑질)을 절대로 하지 않았다. 이 같은 변승수님의 행동에 대해 함께 방우리를 받은 후산부들이 짜증을 낼라치면 그는 늘상 이렇게 말하곤 했다.

“인간이 돈에 미쳐 본정신을 잃으면 안 되는 거여 내 뒤에 들어오는 다음 조 사람들이 내 가족이라고 생각해봐 내 어찌 동발

한태 값으로 또는 석탄 한통 값으로 그들의 목숨을 노릴 수 있겠는가 나는 이 자리에서 치어 죽거나 아니면 나가서 굶어죽는다 해도 그런 짓 안하고 원칙을 지키며 본정신으로 살다갈 것이네."

이 같은 변승수님의 원칙을 지키는 정신은 20년간 자신은 물론 많은 광부들의 생명을 지켜줬다고 그를 아는 많은 사람들이 칭찬을 아끼지 않았다. 그러나 말은 그렇게 하면서도 광부들은 그와 함께 일을 하기는 꺼려했다. 원칙대로 일을 하기 때문에 돈벌이가 되지 않는다는 이유에서였다.

기환은 자청해서 변승수님를 따라다니며 일을 하게 되었고 거의 6개월 동안을 함께 일하며 변승수님이라는 한 인간에게 매료되었다. 그는 40대 초반의 나이에 강하면서도 부드러운 눈빛을 소유하고 있었다. 그는 기환에게 자신이 해온 광부생활 20년간의 얘기를 시간 나는 대로 들려주며 기환에게 훌륭한 스승으로 많은 가르침을 줬다. 기환은 그의 눈빛을 볼 때마다 인간의 욕망을 뛰어넘은 하늘같은 정신이 그의 몸속에 체화되어 있다고 생각했다.

검은 막장 속에서 그의 눈은 언제나 수호신처럼 빛이 났다.

지하 저 깊은 1,000m 굴속에 문명에 오염되지 않은 본정신을 가진 인간 성자가 살고 있었던 것이다.

몸의 단련이 내 인격의 단련이라 생각하며

높은 산 중턱에 위치한 이곳의 겨울은 너무나도 추웠다.

막장에서 작업을 마치고 땀에 젖은 몸으로 굴 밖으로 나서면 산허리로 몰아쳐오는 북풍이 칼날처럼 파고들며 온몸의 살이 찢어지는 것처럼 아려왔다. 일이 끝나면 이러한 강추위 속에서 산허리를 돌아 1㎞이상을 걸어야 마을이 나왔고 거기다가 목욕탕에서 또 차례를 기다려 씻고 나서야 잠자리에 들 수가 있었다. 특히나 을반 근무를 마치고 밤 한 시경 굴 밖으로 나오면 젖은 옷이 단번에 얼어 바스락거리고 입에서는 악소리가 저절로 나올 정도였다.

겨울 생활이 이토록 열악하다보니 잠자리에 들 때마다 내일은 그만두고 고향으로 내려가야겠다는 생각이 장승처럼 일어났고, 그때마다 기환은 너 자신과 약속한 육 개월 간의 근무약속을 지키라며 잡아 다스려나갔다.

'어떤 조건 어떤 상황 속에서도 결심을 굽히지 않는 인간이 되

어야 한다.'

기환은 자기의 몸이 추위와 고생에 단련되지 않아서 의지가 약해져 그렇다고 판단하고 몸을 추위에 단련시켜 보기로 했다. 밤 한시쯤 굴 밖으로 나오면 예전 같으면 뛰거나 빨리 걸어가던 길을 일부러 천천히 걸으며 나아갔다. 그는 속내의도 입지 않은 땀에 젖은 작업복 하나만 입은 채로 윗도리에 걸친 잠바도 벗어 제끼고 영하 20도의 살을 찢는 듯한 북풍과 맞서 나갔다. 입에서는 악소리가 났고 가슴속에서는 숨이 멎을 것 같은 압통이 왔다. 몸이 잠바를 입고 빨리 뛰자고 애원을 했으나 기환은 몸에게 계속적으로 말해주었다.

'그렇게 할 수 없다!'

'몸… 네가 이 추위와 고생에 단련되지 않으면 너의 바탕위에 선 이기환이라고 하는 인간도 단련되지 않기 때문에 그렇게 할 수 없는 것이다!'

'몸… 네가 단련되어야만 너와 내가 한 인간으로서 인격체로서 당당해질 수 있는 것이다.'

'몸… 네가 만약에 이 추위와 고생을 이기지 못하고 고향으로 달아난다고 하면 앞으로도 너는 이 같은 추위나 고생을 만났을 때 다른 사람과 약속한 신의나 의리도 내팽개치고 달아나자고 할 것이다. 그렇기 때문에 몸, 너는 이 추위와 고생에 더욱 단련되어야 하고 나의 의지와 뜻으로 철저히 길들여져야 한다.

'몸아! 너와 나 한 인간으로서 단 한번뿐인 생을 당당하게 살아보자.'

기환은 이렇게 몸과 대화를 하고 설득을 하며 추위에 단련시켜 나갔다. 그 결과 일주일정도가 지나면서 그는 강추위와 험난한 어려움 속에서도 하늘에 파랗게 빛나는 별들을 바라보며 윤동주님의 서시도 읊어가며 다닐 수가 있게 되었다. 기환은 자신과 약속한 탄광생활 6개월이 지나고 봄이 되자 개인 하숙집으로 옮겨 산과 강을 돌아다니며 책 글을 쓰며 철학과 사색의 나날을 보냈다.

※ 이때까지 쓴 글이 책으로 출판되지 못하다가 1992년 노태우 정권 말기에 해금되어 — 민족건강요법이라는 제목의 책으로 출판되어 장안의 화제가 되었고 저자 이기환은 신문 방송 출연과 함께 전국 강론을 다니며 열강을 하는 강론 강사가 되었다.

나는 결코 물러서지 않는다

일 년 동안 탄광촌 생활을 통해 노동의 체험과 인간에 대한 이해의 폭을 넓힌 기환은 전주로 내려와 다시 글을 쓰기 시작했다. 그는 책의 제목을 '인간연구서'라고 먼저 붙여놓고 내용을 채워나갔다. 내용으로는 사람 몸의 생명 현상과 심리에 관한 작용을 사회, 자연환경과 연관시켜 설명해나가는 것이었다.

그는 몇 달 동안 열심히 글을 썼으나 지난번에 쓰다 만 글들과 소재가 다른 탓인지 잘 써지지가 않았다. 그는 다시 체험의 길로 나서야 되겠다고 생각하였다. 아직도 그는 일과 인간에 대한 체험과 그에 관한 지식이 부족하다는 것을 느꼈기 때문이다.

그는 쓰던 글을 배낭에 집어넣고 군산으로 향했다. 고깃배를 타고 이번에는 어부들과 함께 샛푸른 바다를 돌아다녀 봐야겠다는 생각이었다.

'그렇다, 이제 바다로 나가는 것이다!'

군산역에서 내린 기환은 먼저 벚꽃 길을 따라 공원 정상으로 올라갔다.

1978년 4월 20일, 공원 정상은 온통 벚꽃으로 뒤덮였고 푸른 서해 바다가 밝은 태양과 한패가 되어 눈앞에서 출렁거리고 있었다.

'야! 이 꽃내음, 이 경관, 이 바닷물!'

그의 가슴에는 남다른 감회가 일었다. 몇 해 전 반신불수가 되어 이곳을 지나던 때가 회상되며 만발한 벚꽃과 일렁이는 바다가 생명의 축제처럼 느껴져 왔기 때문이다. 기환은 벅차오르는 가슴을 감당할 수 없어 바다를 향해 고함을 지르고 노래를 불렀다. 노래를 다 부르고 주변을 돌아보니 짝을 이룬 청춘 남녀들이 서로 손을 잡고 다정스레 오가며 정담을 나누고 있었고 봄바람은 시샘하듯 그의 가슴을 스치고 지나가고 있었다.

기환의 가슴에 새로운 감정의 파문이 일기 시작했다.

'아! 사랑하는 여인이 있다면……!'

그가 이런 사랑에 대한 감정을 일으킨 것은 참으로 오랜만이었다. 근 4년만의 일이 아닌가. 그동안 그는 철저하게 고독을 음미하며 살아왔던 터였다. 그런 그가 굳게 닫아 놓은 문을 열고 사랑을 소망하고 있는 것이다.

고깃배를 타고 바다를 돌아다니겠다는 생각으로 여기저기를 알아본 결과 그는 어부가 되는 대신 아파트를 짓는 건설회사 현장에 취직을 하였다. 회사 현장 숙소에서 먹고 자며 일하는 막노동꾼으로 입사를 한 것이다.

그는 인부들과 함께 갯벌을 퍼내고 돌과 철근을 나르고 질통을 짊어지고 열심히 일을 해 나갔다. 그는 일을 시작한 지 여섯

달 정도가 지나면서 고뇌에 빠지기 시작했다. 회사의 임금착취와 부실공사에 대해 알게 되었고 그 자신도 어느새 공모자가 되었다는 사실이었다. 그동안 낮에는 한 눈 팔지 않고 열심히 시키는 대로 일만 하고 저녁에는 데이트를 하느라 공사설계도를 보질 못했고 관심도 없었고 또한 근로기준법이 건설현장 노가다판에도 적용될 수 있다는 사실을 몰랐던 것이다.

기환이 공사 설계도를 볼 줄 알게 되고 근로기준법이 적용된다는 사실을 알게 되면서, 그의 머릿속에 고뇌가 일기 시작했다.

'어떻게 할 것인가, 부실공사를 하든 말든 임금착취를 하든 말든 그냥 지나치자! 그래야 한다! 너는 회사에서 먹여주고 재워주기까지 하는 고정인부가 아닌가! 그리고 다른 잡부들보다 예우를 받는 사람이 아닌가! 아무 일 없다는 듯이 지내다 또 다른 세계를 향해 바람같이 가는 것이다!'

'아냐, 아니야! 그건 아니다! 네가 지금까지 어떻게 살아왔는데 당당히 살아야 한다고 늘 다짐하며 살아오지 않았는가! 이것은 너다운 일이 아니다! 너답게 처신해야 할 것이다! 당연히 부실공사를 못하게 중지시켜 보강공사를 하게 하고, 하루 일당 일천 원과 일천삼백 원에 새벽부터 밤늦도록 뼈 빠지게 혹사당하는 막노동꾼들의 편에 서서 그들의 허리를 펴줘야 할 것이다!'

'그것이 네가 할 일이다! 너의 지식과 힘은 이럴 때 쓰라고 갖춰 놓은 것이 아닌가!'

기환은 공사 현장 바로 옆 분수대에 나가 밤늦도록 고뇌에 고뇌를 거듭했고, 그 결과 결정을 내렸다.

'사람들 편에 서는 것이다! 부실공사를 막고 인부들에게 정당

한 임금을 받도록 해줘야 한다!'

이 아파트에서 앞으로 살아야 할 가족들의 평화로운 얼굴들이, 그리고 저녁 늦게 흙 범벅 땀범벅이 되어 돌아가는 막노동꾼들의 휜 허리가 기환의 머릿속에서 애소하고 있었다.

그는 결심을 하고 사무실로 소장을 찾아가 대좌를 했다.

"무슨 애로 사항이 있어서 왔습니까? 애로 사항이 있으면 말해보세요."

소장은 기환이 시멘트 3포대를 번쩍 들어 올리는 것을 보고 신원증명서 등을 떼어오라고 하여 즉시 입사를 시켜준 사람이었다. 기환은 소장의 얼굴을 마주하고 자상한 음성을 듣자 일순간 마음에 동요가 일어났으나 곧바로 평정을 하고 말을 꺼냈다.

"저는 지금 아주 중요한 얘기를 하러 왔습니다."

"어서 말해보세요."

"단도직입적으로 말씀 드리겠습니다. 지금 짓고 있는 아파트는 앞으로 소중한 사람들이 살아야 할 집입니다. 이제부터는 날림공사를 하지 말고 설계대로 지어야 합니다. 그리고 또 하나 노동자들의 임금도 근로기준법대루 정산해서 줘야합니다."

기환의 얘기를 들은 소장은 얼굴빛이 싹 달라지더니 소리를 쳤다.

"우리는 지금 설계대로 아파트를 잘 짓고 있고 임금도 제대로 잘 주고 있으니 그런 쓸데없는 소리 말고 어여 나가보시오."

반강제적으로 내몰리듯 기환은 밖으로 나왔다. 이후 회사 측의 회유와 협박이 시작되었으나 그는 끝까지 자기 양심을 사수한다는 각오로 듣지 않고 물리쳤다. 회사의 협박은 단순한 협박이 아니었다. 그러나 그는 동요하지 않았고 글을 써 곳곳에 벽보를 붙여나갔다. 벽보의 내용은 부실공사 방지, 임금착취 방지라는 글들이었다.

회사는 최후의 수단으로 폭력과 공권력을 동원해 기환을 공격해왔고 그는 한번 결심하면 뜻을 굽히지 않는다는 자기 신념을 앞세워 모든 역량을 동원해 싸워나갔다. 그는 동생과 도장 후배인 중백이와 철중을 불러 테러에 맞섰고 공권력에는 법을 잘 아는 김동연의 자문을 받아 진정과 탄원으로 대적해나갔으며 노동청 군산사무소에서는 항변과 설득의 웅변으로 근로감독관과 담당과장의 마음자세를 노동자 쪽으로 돌리도록 만들어 나갔다. 싸움은 일 년간 계속되었고 기환은 사력을 다해 처절하게 싸웠다.

'정당한 일에 죽는 한이 있어도 결코 물러서지 않는다.'

그는 그의 신념을 끝까지 지켰고 끝내 일 년 만에 승리를 쟁취했다.

부실공사를 하던 아파트는 공사를 중단하고 감리를 실시하여 보강공사에 들어갔으며 인부들은 노가다 역사상 최초로 시간외수당 주휴수당 월차수당을 받아냈다며 환호성을 질러댔다 그중에서도 일 년 내 야방을 본 송창선은 야간근로수당이 360일치나 돼 다른 사람보다 3배나 많은 돈을 받게 되었다. 99만7천원이란 거금을 군산노동청 사무실 천영신 과장으로부터 받은 송창선과 부인인 천길진은 집으로 가면서 이렇게 얘기를 하였다.

"기환이 삼촌, 이렇게 많은 돈을 정말로 우리에게 주는 것입니까? 우리 애기아버지가 일 년 동안 일해서 한 푼도 안 쓰고 모아

봤자 50만 원밖에 안되는데 어떻게 이렇게 100만 원이나 되는 어마어마한 돈을 받을 수 있단 말입니까? 이 돈이 정말 우리 돈이란 말이에요? 삼촌, 계산 잘못해서 준 것은 아니겠지요? 그렇죠?"

그렇게 놀래고 당황해하는 송창선과 천길진을 보며 기환은 천연덕스럽게 웃으며 말했다.

"돈 계산 잘못해줬다고 뺏으러 쫓아올 것 같죠! 그렇죠! 그러니 얼른 달아납시다! 자, 빨리 택시 잡아타고 달아납시다!"

"그러죠! 삼촌, 삼촌도 같이 가주세요!"

"아니, 저는 다른 사람들도 챙겨줘야 되지요."

"그럼, 이따 저녁에 우리 집으로 오세요."

말이 끝나자마자 그들은 황급히 택시를 불러 잡았고 택시는 그들의 집을 향해 내달렸다. 기환은 그들의 뒷모습을 보면서 가슴 벅찬 보람을 맛보고 있었다.

'순진하고 착한 사람들……!'

'저 사람들이 저 돈이면 2년은 그냥 편하게 살아갈 수 있으리라.'

군산항의 밤 열차

싸움은 그가 뜻하는 대로 승리로 끝났지만 기환은 정신적 육체적 경제적으로 타격이 너무나도 컸다. 그러한 그는 군산을 떠나 고향으로 가서 쉬어야겠다는 생각에 그동안 도와준 분들 김동연 내외분, 김중백, 김철중, 송창선, 천길진, 천영신, 김용호님에게 작별인사를 올리고 그동안 물심양면으로 지원해줬던 여인과 악수를 나누고 배낭을 꾸려 군산역으로 향했다.

한산한 군산역은 낙엽이 바람에 구르며 가을이 깊어가고 있음을 알려주고 있었다. 기환은 흩어지는 낙엽들을 보며 한동안 추억에 잠겼다. 군산에서의 지난 일들이 빠르게 그의 머릿속을 지나갔다. 기적소리가 들리자 마지막이라는 생각으로 하늘을 한번 올려다본 그는 역사 안으로 들어섰다. 이때 누군가 등 뒤에서 배낭을 잡아당기는 사람이 있었다. 돌아보니 제일의 후원자였던 그녀였다. 그녀(윤연)가 큰 가방을 들고 의미 있는 얼굴로 기환을 보고 있었다. 둘이는 전주로 가는 열차에 올랐다. 열차는 서서히 달리어 군산을 떠났다.

차창 밖의 불빛이 아름답다고 느끼는 순간 기환은 그녀의 손에 쪽지를 쥐어 주었다. 그녀가 펴든 흰 종이에는 이런 글씨가 쓰여져 있었다.

"이 가을을 아름답게 쥬단학 하이베스톤!"

쪽지에 적힌 글씨를 본 그녀가 기환의 손을 꼭 잡으며 의미 있는 미소로 아늑히 안겨왔다. 그녀도 기환의 글씨에 담긴 감동의 사연을 알고 있었던 터였다.

밤 열차가 대야역을 지나고 있었다.

사랑하는 그녀(윤연)와 함께

| 제8장 |

크게 사는 길을 찾아

인간회편

노고단 정상에 오른 기환은 짊어지고 온 배낭을 깔고 앉아 산 아래를 내려다보며 생각에 젖었다. 18세 그 꿈 많던 시절 무전여행 차림으로 집을 나섰을 때부터 지금에 이르기까지 15년, 파도와 같은 시간들이 추억의 물보라를 이루며 그의 머릿속을 지나갔다. 배낭을 메고 집을 나선 소년의 가슴에서 일기 시작한 물결들이 부드럽게 낭만적으로 다가와 속삭이다 어느새 격정의 거대한 파도를 이루며 포효하더니 언제 그랬냐는 듯 평화로운 모습으로 잔잔히 밀려들고 있다.

기환은 회상의 파도타기 속에서 현실의 뭍으로 밀려나왔다. 눈 아래 산들이 맥을 이루며 힘차게 기상을 펼치고 있었다.

'이기환! 너는 지금 어디서 어떻게 살고 있는가?'

자기 기상으로 힘차게 뻗은 산맥을 보며 현실의 삶에 불만인 자아가 반성의 채찍을 든 것이다.

'너는 지금 백화점 코너와 식품대리점 운영에 전 인생을 걸다시피 열중하며 고민과 희열의 반복 속에 하루하루를 보내고 있지 않는가? 네가 꿈꿔온 세계가 이런 모습이었단 말인가? 소년 시절의 맹세를 잊었는가? 장부는 큰 뜻으로 살고 죽어야 한다는! 저 산맥처럼 힘찬 기상으로 뻗어나가야 할 것 아닌가. 너는 지금 한낱 졸장부가 되어 군사독재라는 그런 나쁜 문화가 인간의 본질을 타락시키는 병든 사회 속에서 아무런 대책 없이 욕망에 따라 그냥 휩쓸려 가고 있는 것이다.'

'정신을 차려야 한다! 지금 네가 살고 있는 삶에 의미가 있다면 그것은 본성적인 욕구, 충족을 통한 생명이란 것의 연장과 인간이란 종족의 대물림 작용을 한다는 것뿐이다. 눈을 크게 떠라!'

그는 치열한 자기반성 속에 눈을 크게 뜨고 일어나 배낭을 짊어졌다. 그리고 배낭을 맨 어깨에 힘을 주어 걸으며 시를 장중하게 읊어나갔다.

태양과 나

하늘에 태양도 뜨겁고 내 정열도 뜨겁다.
18세 청춘 뜻이 있기에 뜨겁게 이 길을 간다.
태양아 더욱 뜨거워져라 내 정열도 더욱 뜨거워지리니.

그가 청소년 시절 무전여행을 다니며 자주 애용했던 시였다. 시를 읊고 나서 그는 맘속에 뜻을 새겨나갔다.

'그래! 앞으로 인간으로서 뜻있게 사는 길을 찾아보리라.'

이날 산행이후 기환은 한 달 내내 크고 작은 산들을 다니며 많은 생각을 했고 마침내 일생일대의 중대한 결단을 내렸다.

'그렇다! 내 청춘과 인생을 건강한 조국을 만드는데 보태는 것이다. 건강한 몸 건강한 정신을 가진 사람들이 밝고 맑게 살아가는 우리 조국, 이 속에서 내 삶의 가치를 찾는 것이다.'

그는 자기의 중대한 결심을 아내에게 말하고 지원과 동의를 구했다. 그러나 그의 아내는 며칠이 지나도 아무런 말을 하지 않았다. 그도 그럴 것이 결혼한 지 얼마 되지도 않은데다 군산에서 근로기준법준수 싸움에서 본 바와 같이 운동이란 것이 뒷장선 자에게는 도움이 되지만 앞장선 자에게는 도움보다는 피해가 더 많다는 사실을 익히 알고 있기 때문이었다.

동의를 구한지 사흘이 지나도 아내에게서 아무런 대답의 기미가 보이질 않자 그는 여러 가지 방도를 생각하기 시작했다.

'아내가 반대하는 눈치인데, 무시하고 결심을 실행에 옮겨버릴까? 그러면 자기도 어쩔 수없이 따라올 것이 아닌가, 아니야 그 사람이 어떤 사람인데 그 방법은 지금 쓸 때가 아니다 그보다는 시일이 좀 걸리더래도 아내의 지성과 이성에 호소와 설득을 해 나가는 것이다. 그렇게 호소와 설득작업을 해도 들어주지 않을 때는 어떻게 할 것인가, 그때는 단독으로 강행해 버리는 것이다.'

기환은 궁리 끝에 그의 아내를 설득하기 위해 덕진공원 맞은편 동산에 있는 충혼탑으로 불러내었다. 전쟁의 영령들을 기리기 위한 충혼탑이 있는 동산은 찾는 이가 별로 없는 한적한 곳이었다. 그는 아내를 충혼탑 올라가는 계단 층계에 앉히고 곁에 앉아 말머리를 끄집어내었다.

"여보, 이 충혼탑을 보면 당신은 무슨 생각이 드오?"

그러나 그녀는 말을 안 하기로 작정한 사람마냥 서쪽의 하늘만 응시하고 있을 뿐 대답이 없다. 기환은 그녀의 동정을 보고나서 나지막이 말을 깔아나갔다.

"나는 말이오! 이 탑을 보면은 할아버지 말씀이 먼저 떠오르오! 지지리도 못난 민족이다. 일본 놈들에게 나라 뺏기고 죽을 경을 치고 나서 해방됐는가 싶더니 그보다 더 고약한 놈들에게 찢어먹혀 서로 맞붙어 싸우다 500만 명이나 죽고 없어졌으니 이러고도 민족이니 국가니 말할 수 있단 말이냐……!"

그는 그의 할아버지가 평소 말하던 어투로 말을 하고나서 자기 할아버지 얘기를 시작했다.

"우리 할아버지는 진안에서 농사를 200마지기나 짓던 집안의 장손인데도 일제 때 일본 놈을 쳐 눕히고 1925년 만주로 달아났다가 해방되던 해 가을 20년 만에 돌아온 사람이잖소, 이런 할아버지한테서 난 우리 민족의 역사에 대해 그리고 장래에 대해 너무도 많이 들어왔소. 조선왕조 말기부터 사회 지도층들의 정신이 타락하면서 나라가 썩어 결국 왜놈들에게 먹혀서는 죽다 살아났고 또다시 미·쏘라는 놈들에게 나눠먹혀서는 이 강토가 전쟁으로 피바다가 되었다는 것 당신도 잘 알고 있잖소! 그리고 지금도 총칼을 든 자가 그들의 앞잡이가 되어 순진무구한 백성들을 탄압하고 있으니 이 불쌍한 이 민족의 앞날이 걱정이 아닐 수 없다는 것 말이요."

그는 할아버지가 평소 말해주던 어투와 감정으로 열심히 언성을 높여 말을 해주었다. 그리고 숨을 고르고 난 그는 주먹을 불끈 쥐며 말했다.

"이 민족이 이 국가가 이렇게 된 데는 할아버지 말씀대로 사람들의 정신이 타락했기 때문이오. 나라야 어떻게 되든 나와 내 가족 하나 호강하면 그만이라는 생각들이 우리 민족을 이 지경으로 만들고 이 나라를 병들게 한 근본 원인인 것이오. 이대로 놔두면 썩은 물이 계속 흘러 내려가 우리는 물론 우리들이 낳는 후손들도 썩은 방죽에서 살 수 밖에 없는 것이오. 그래서 우리는 사람들의 정신을 특히 이 나라를 이끌고 갈 젊은이들의 정신을 살려야 하는 것이오. 나는 누가 뭐래도 반드시 이 길을 갈 것이오."

기환은 주먹을 불끈 쥔 채 결의에 찬 얼굴로 말을 마치고 나서 묵묵히 듣고 있는 아내의 손을 잡았다. 그리고 목소리를 낮춰 나지막이 말을 이어나갔다.

"당신 좋은 집안에서 태어나 곱게 자랐는데 나 만나서 군산에서부터 지금까지 몸 고생, 마음고생 많이 해서 정말 고맙고 미안하오. 앞으로 우리 힘들더라도 우리 민족을 위해 이 땅의 사람들을 위해 뜻있게 한번 살아봅시다."

기환의 호소 아닌 호소를 듣고 있는 그의 아내는 그의 말에 그 어떤 긍정의 대답 같은 건 하지 않았다. 대신 서쪽하늘을 망연히 바라보는 걸로 불확실한 미래에 대한 걱정을 예견하고 있는 모양이었다.

그도 그럴 것이 그녀는 실재로 별다른 고생은 겪지 않고 자라온 사람이었다. 별난 짓 하다가 별난 놈 만났고 노동자 운동인지 뭔지 하는 그런 녀석 하고 살면 평생 고생이라는 말을 귀가 아프도록 들어왔던 터라. 그녀는 구름처럼 밀려오는 걱정들을 한동안 가슴으로 받아내고 있었다. 그렇게 얼마간의 시간이 흐르고 그녀는 하늘에다 둔 시선을 떼어 기환을 바라보았다. 맞닿는 눈빛 속에 무언의 언어가 전해지고 있었다. 기환에게 있어 삶의 일대 전환이며 인생의 항로가 바로 잡히는 순간이었다.

그는 모든 것을 아내에게 맡기고 크게 사는 길로 나섰다.

계획표

◎ 뜻있는 사람들을 찾고 모아 단체를 만든다.

◎ 단체 사무실을 마련한다.

◎ 회지와 책자를 발간하여 교육 및 홍보자료로 사용한다.

◎ 시, 문학, 철학, 인지과학 등 학문교실을 열어 회원들의 정서를 함양하고 지성을 넓혀나간다.

◎ 등산을 실시해 건강한 몸으로 단련시킨다.

◎ 우리말 우리 글 우리 것을 소중히 지켜나간다.

◎ 단체의 설립취지는 건강한 사람 건강한 사회 강건한 조국으로 한다.

계획표대로 뜻을 실현하기 위해 그는 먼저 사람을 찾아야겠다는 생각을 했고, 찾는 방법으로 그가 가지고 있는 인체의 원리와 건강에 관한 지식을 최대로 활용해 나가기로 작정했다. 그는 어쩌다 하던 건강강좌에 큰 희망을 걸고 전에 없이 적극적으로 건강강론 선전활동에 나섰다.

그는 인체와 건강에 관한 얘기와 인지과학에 관한 지식을 사석이나 산행에서 사람들에게 들려주었고 그의 얘기를 귀담아 들은 사람들이 자기 직장이나 단체로 초청해 그는 간간히 강론을 다니고 있었던 것이다. 그는 선전용 안내문과 소형 책자를 만들어 시중에 배포하고 강론장에서 무료강론이지만 강론에 열정과 혼을 다 쏟았다. 그의 강론은 듣는 사람들에게 적잖은 감동을 심어주었고 그는 마침내 농업개발 연구소라는 버섯종균을 개발 생산하는 회사의 건강강좌에서 대어를 낚았다. 그 여세를 몰아 대학 동아리모임 강좌에서 대어와 지원군을 만나게 되었다. 박종묵, 윤창섭, 박미자 참으로 큰 뜻을 품고 있던 대단한 사람들이었다. 이들과 함께 기환은 이천만원의 거금과 응원군들을 동원하여 드디어 사무실을 마련하고 간판을 걸었다.

'인 간 회'

인간회 설립취지 및 헌장, 자연을 배우고 익혀 생활화하고 건강한 몸과 건전한 정신으로 밝고 맑은 사회를 만들어 나가는데 있어 필요한 인간이 되자.

단체의 명칭, 인간회란 이름은 여러 명칭 중에서 윤창섭이 지은 것으로서 만장일치로 채택되었고 설립취지와 헌장은 기환의 것 대신 박종묵이 제안한 것으로 결정되었다.

기환은 자기가 주창하는 명칭, 건강한 사람, 건강한 사회, 강건한 조국을 강력히 채택 하고 싶었지만 그렇게 하면 다른 사람의 기운이 약화되고 단체의 결속력과 세력이 떨어진다고 생각되어

박종묵이 지은 취지와 헌장을 채택한 것이었다. 채택하고 보니 문장도 여유로웠고 뜻은 함축성이 있고 시대상황과 격돌을 비껴서고 있어서 좋았다.

인간회 창립과 이념의 채택을 통해 그는 많은 것을 깨닫고 있었다. 일의 만들어 나감과 되어 짐의 상관관계와 그리고 사람들의 조화와 순리에 대해, 그리고 사람은 사물을 마음으로 보지 말고 눈으로 보아야 한다는 박종묵의 조언도 마음에 깊이 담았다.

1984년 겨울 인간회 창립을 마친 기환은 동지들과 함께 계획표대로 많은 일들을 추진해 나갔다.

일요일 정기적인 산행 모임과 화, 수요일 건강법지도와 강좌 목, 금요일 시 · 문학 · 철학 등 학문교실 토요일 노래와 춤의 아름다운 밤 인간회 활동 회원들은 10㎞가 넘는 등산로를 개척할 정도로 열정적이었고 학문교실에서는 공부와 숙제와 발표 등으로 향학의 열기가 계속 달아올랐고 건강강좌는 사무실 공간을 뛰어넘어 일반 대중강좌와 학교 동아리 강좌까지 영역을 넓히며 맹위를 떨쳤고 토요일은 너무나 인간적이고 뜨겁고 아름다운 밤으로 이어졌다. 이렇게 이 땅의 사람들과 자신들의 건강한 삶을 위해 열과 성을 다하던 인간회는 출범 삼년 째인 87년에 깃발을 내리게 되었다.

격동하는 사회 흐름 속에 회를 창립한 주체들이 뜻을 하나로 모아 대응해 나갈 수 없었기 때문이었다. 그 까닭은 건강한 인간 건강한 사회 강건한 조국이라는 대 명제 앞에서는 큰 뜻의 가슴으로 한 덩어리가 되었지만 이것을 실현해나가는 방법에 있어서는 서로 대립된 관계에 있었기 때문이었다.

대립된 한편은 건강한 인간과 건강한 사회를 만드는 데 사람의 정신과 몸과 사회관계에 있어 우선적으로 정신의 측면이 더 중요하다고 보는 사람들이 있었고 다른 한편은 사회의 측면이 우선적으로 중요하다고 보는 사람들이 있었다.

결국 정신의 측면을 강조하여 학문교실과 강좌에서 불도를 역설하던 박종묵과 윤창섭은 일체 유심조라는 말을 남기고 불제자가 되어 스님이 되었고 이기환과 김완수는 몸과 정신과 사회 환경은 방죽물과 물고기처럼 상호 밀접한 관계로 작용한다고 역설하고 지금은 사회를 바르게 고쳐나가야 할 때라며 87민주화 항쟁의 참여와 함께 민주쟁취 국민운동구로지부에서 활동을 시작했다.

인간회를 창립한 주체들이 사회의 변동과 그들의 신념에 따라 각자의 방향으로 찢어지자 인간회는 간판을 내렸다.

인간회의 간판을 내리면서 기환은 정신분석학자 라깡의 학설을 떠올렸다.

각자 주체의 형성은 순수 지각의 결과가 아니라 육체의 상을 매개로 한다. 이 학설은 라깡의 '거울상단계'라는 명제 속에서 나온 것으로서 어린 아이가 거울을 본 순간 까르르거리며 자아를 발견하고(선취하고) 그 거울에 비친 모습과 자기 형상의 이미지를 합성하여 자아상을 만들어 나간다는 것이다. 기환은 라깡의 학설 중에서 주체의 형성은 순수 지각의 결과가 아닌 육체의 상을 매개로 한다는 말을 육체의 상이란 본래의 말뜻인 거울에 비친 상이 아닌 육체의 상, 각자 몸 형질과 기운으로 바꿔 풀이를 해봤다. 그러자 사람들에 대한 이해, 각자 다른 신념과 사는 방식에 대한 이해가 수월했다.

민주투쟁으로 나선 이기환과 김완수는 육체정신의 상이 무인 장수의 상이었고 불도 제자로 나선 박종묵과 윤창섭의 상은 부처의 상이었다.

주체(인격적 존재) 형성 = 타고난 육체의 상 + 사회자연환경과의 관계 속 실천

주체 : 행위나 실천의 원동력이 되는 인간의 전 인격적인 존재를 가리키는 존재론적 개념

기환은 사람들은 각자 타고난 육체의 상 즉, 몸과 정신이 대립과 타협의 모순관계로 서로 배척하기도 하고 서로 녹아 융합되기도 하며 이 양자간의 결과물이 즉 정신과 몸의 동화체가 사회 자연 환경과의 관계 속에 실천되며 나라고 하는 한 사람의 주체가 형성된다고 보았다.

민주쟁취 국민운동 구로지부 편

기환은 서울로 진출하여 87민주화 투쟁의 참여와 함께 민주쟁취 국민운동본부 구로지부(구로국본)에 건강교실과 산악부를 설치하고 3년 동안 자연요법과 산행을 실시해 나갔다.

건강교실의 상징인 대형 걸개그림을 펼쳐놓고 매주 화요일과 수요일 이기환은 박미자 김완수와 함께 밤늦도록 자연요법을 실시하여 동지들의 건강을 살려나갔다. 그러자 얼마 지나지 않아 건강교실은 초만원을 이뤘다.

민주화운동에 동참하는 많은 사람들이 열악한 생활환경 (영양상태 불량, 최루탄, 몽둥이, 매, 차가운 잠자리, 수면부족, 과도한 긴장, 스트레스) 등으로 간이나 위장, 신장, 척추 등이 망가져 고생을 많이 하던 차 건강교실에서 담당자들이 개발한 자연 치유요법으로 소생되어 나가자 소문을 듣고 도처에서 아픈 사람들이 밀려들기 시작한 것이다. 서울 장안에 있는 민주화 운동하는 사람들에게 퍼진 소문은 각양각색이었다.

◎ 구로국본 건강교실에 도인이 나타났다더라.

◎ 어느 누구는 중증의 간장질환을 깨끗이 나았다더라.

◎ 불치병, 강직성척추염환자가 제대로 기동도 못하더니 뛰어 다닌다더라.

◎ 그 누구는 몇 년 전부터 척추질환으로 복대를 차고 생활 했었는데 건강교실에 몇 번 나가더니 복대를 빼버리고 그들과 함께 지리산까지 다녀왔다더라.

◎ 어떤 운동가 어머니는 2년간 왼손을 못 들어 올렸는데 건강교실에서 번쩍 들어올렸다드라.

◎ 액화신경마비로 6년간 못쓰던 팔 신경을 기적같이 살려 내 팔이 머리 위로 올라갔다더라.

◎ 불치병 강직성 척추염 환자가 뛰어서 춤추며 나갔다더라.

◎ 돈 한 푼 받지 않고 귀한 약초도 다 나눠준다더라.

소문은 도인이 나타났다는 말만 빼고는 사실이었다.

건강교실에서는 촛불요법, 근 뽑는 부항요법, 소금요법, 타법, 기요법, 팽이요법, 명상요법, 침술요법 등의 방법들을 시술해주고 산에서 직접 캐온 약초들을 증상에 맞게 처방 을 해줘 각종 질환들을 잠재워나가고 있었던 것이다.

밀려드는 인파

발 디딜 곳 없는 구로국본사무실

바닥 전체를 거의 장판을 다시 깔고 장소를 넓혔으나 그것도 몰려오는 사람들로 인해 별 뾰족한 수가 없었다. 그러자 담당자들은 대책을 논의하지 않을 수 없었고 대책회의 결과는 다음과 같았다.

◎ 몸의 아픈 상태가 중증인 사람들만 받는다.
◎ 기록부를 작성하여 상태를 그날그날 기록한다.
◎ 50명 이상 받지 않고 새벽 두시 전에 종료한다.

건강교실의 광경

대형 천 걸개그림아래 수십 개의 촛불이 켜지고 유리잔 부항을 붙이느라 신문지를 태우는 연기가 피어오르고 한쪽에서는 근

뽑는 부항으로 빠져나온 묽은 근과 혈근을 닦아 내느라 분주하고 다른 한편에서는 타법과 촛불요법을 실시하느라 찰탁찰탁 두드리는 소리와 아픈 사람의 아야야 소리… 그리고 몸이 완쾌된 사람의 인사에 박수소리와 환호하는 동지들의 얼굴 표정들 그리고 순번이 늦어서 기록표를 받지 못했는데 한번만 봐달라고 하는 사람들의 하소연, 다른 저쪽에선 시술이 끝난 동료들의 전신을 주물러주느라 여념이 없는 자원봉사자들의 땀방울, 사랑스런

눈빛들의 차오르는 교감, 뛰는 가슴들의 벅찬 미소들, 누군가 벽에 붙여 놓은 벽보 글씨,

※ 이기적인 욕망이든, 질병이든 총칼이든 모두 덤벼라 인간을 압제하는 모든 것들 다 물리치고 승리하리라.
※ 우리는 사람들 가슴에 사랑의 영원한 불씨를 던지리라.

건강을 돌보기 위한 공간이 생명의 소생을 뛰어넘어 인간을 살리는 전장戰場으로 불붙고 있었다. 건강교실의 밤은 새벽을 향해 이렇게 무르익어갔다.

건강교실이 끝난 밤 새벽 3시

건강교실을 나선 담당자들은 술을 벌컥벌컥 들이 마셔댔다. 주변에서 술 마시다 죽겠다고 천천히 조금만 마시라고 충고를 해도 그 말이 귓속을 통과할 리가 없다. 그 까닭은 고도의 긴장과 희열이 수없이 교차하며 몸속을 지나갔기 때문에 열을 식혀내고 몸의 생체리듬을 정상으로 돌려놓기 위한 몸(생명)의 자정욕구와 오늘도 큰일을 해냈다는 이성의 자축의 욕구가 야합해 "자 한잔!" 하는 소리와 맥주 따르는 소리 외에는 귓속을 통과시키지 않고 있었기 때문이다.

기환은 함께 환자들을 보아온 담당자들에게 충고를 시작했다.

"우리는 술을 마셔도 언제나 반드시 양치질하고 발 씻고 자야 하고 자신이 했던 말은 꼭 기억해야한다. 그래야 다음에 술 마실 자격이 있고 술 마시는 것을 허락한다. 우리의 건강이 그 어느 때보다 절실히 필요하기 때문이다."

남에게 한 훈시나 지도의 말은 자기 자신에게도 계율이 된다는 사실을 알고 있었던 터였다.

건강교실은 갈수록 크게 번창하고 확실하게 체계를 잡아나갔다. 건강교실을 서울이라고 하는 척박한 토양위에 번창시킬 수 있었던 힘은 사랑이 체화된, 머리가 아닌 온 몸으로 사랑의 정신이 배인 사람들의 헌신적인 노력에서 나온 것이었다. 김완수는 안성만과 함께 건강교실을 위해 늘상 약초를 캐 날랐고 박미자는 환자 기록표를 일일이 챙기고 중증환자의 식단표를 짰고 김용근은 박종윤과 함께 아담한 휴양소를 지어 환자들을 휴양시키고 벌꿀을 길러서 꿀을 채취해 계속 올려 보냈다.

건강교실의 총 책임자인 이기환은 김완수와 함께 캔 약초와 김용근이 채취한 꿀을 배낭에 짊어지고 서울로 나르는 일을 했다. 그리고 김완수와 박미자는 지리산 등반에 있어 폭풍우와 눈보라를 만날 때면 이기환과 함께 목숨을 걸고 선봉에 서서 동료들을 이끌어 갔다.

박미자는 해직된 후에도 참교육 선생님으로서 최루탄 가두 투쟁이나 건강교실에서 환우들을 돌볼 때나 자기 목숨을 내걸고 혼신을 다한 여장부였다.

이들의 헌신적인 노력에 의해 건강교실은 벌써 500명이 넘는 동료환자들의 건강을 되찾아줬고 건강교실 자원봉사자들을 중심으로 100여 명이 모여 건강회라는 독자적인 단체를 결성해 일을 추진해나가기 시작했다.

민주화 운동을 하는 세계 속의 갈등

"뭐라고 나를 가만히 놔두지 않는다고…!"

연호의 얘기를 듣고 기환은 단단히 화가 치밀어 오르기 시작했다.

"야, 연호야! 구로지부 사무국 사람들이 무슨 이유로 나를 가만 두지 않는다는 것이냐! 대답해봐라!"

연호는 대답 대신 남산 위로 드러난 하늘을 본다. 연호는 구로국본이 실시하는 역사교실 강좌의 수강생으로 구로국본의 회원이 된 사람으로서 가두투쟁이나 사무국 일에 헌신적이어서 동료 회원들이나 사무국 간부들로부터 신망이 두터웠고 또한 구로국본 사무실 내에서 건강교실을 이끌어가고 있는 건강회 운영진들과도 가까운 사이였고 특히 기환과는 친분이 두터운 막역한 사이였다. 연호는 한참동안 심각한 표정으로 하늘을 바라보다 뭔가 결정을 내린 듯 기환을 보며 말문을 열었다.

"기환이 형, 이 문제는 형이 그들과 부딪히고 싸워서 해결하기

보다는 한발 뒤로 물러서서 해명을 하고 그들이 갖고 있는 오해를 풀어나가는 방법으로 해결해야한다고 봅니다. 그렇게 그들 사무국사람들을 설득함으로서 형님과의 사이도 원만해지고 건강회와의 관계도 잘 될 것입니다."

"야, 연호야! 내가 무슨 잘못을 했다고 그들에게 해명을 하고 설득을 해야 된단 말이냐! 또 건강회와의 관계는 무슨 얘기고?"

기환은 연호의 신중한 표정과 전에 없이 나지막하게 깔아오는 그 언사에 궁금증과 답답함을 토로하며 대답을 재촉했다. 그러한 기환의 얼굴을 보며 연호는 기환의 심정을 살펴가며 천천히 대답을 해나갔다.

"형도 잘 알다시피 구로국본이라는 운동단체가 서울에 있는 단일 단체로는 회원 수도 제일 많고 강하다는 자긍심으로 똘똘 뭉쳐 있는 곳 아닙니까? 그런데 기환 형이 이끄는 건강교실 사람들이 건강회라는 이름으로 따로 독립해서 활동을 시작하자 구로국본사무국 사람들의 가슴에 커다란 실망의 구멍이 뚫리면서 형님과 건강회 모임에 대해 반감이 생긴 것입니다. 당연한 일이지요. 사람 숫자와 열기의 세勢를 먹고사는 것이 운동판인데, 형이 이끄는 건강회모임 사람들이 벌써 백여 명이 넘잖습니까? 그 사람들이 다 구로국본 회원들이려니 했다가 다 빠져나갈 사람들이라 생각되니 그들이 얼마나 가슴이 아팠겠습니까? 그렇게 가슴앓이를 하던 차에 형님 주변에서 사건들이 때맞춰 발생한 것입니다."

말을 마치고 난 연호는 파이프에 담배를 꽂아 물고는 불을 붙였다. 어떤 상황에서든 항시 멋있어야한다고 주장하며 멋을 내는 연호의 그런 모습을 보며 기환은 마음을 자제하며 차근하게 물었다.

"구로국본 사람들의 심정은 충분히 이해할 수 있겠다. 그런데 여러 가지 사건들이 때맞춰 발생했다고 했는데 그 사건들이란 무엇을 말하는 것이냐."

"기환이 형, 내가 그 사건들을 말하기 전에 형에게 당부하나 할 일이 있어!"

"뭔데 말해봐! 당부할 일이 뭔지?"

"다른 것이 아니고 사무국 사람들이 갖고 있는 그들의 철학과 신념에 대해서 그리고 그들의 철학과 신념의 바탕위에서 갖고 있는 형에 대한 시각과 감정들을 형이 깊이 이해하면서 이번 일에 감정을 배제하고 극히 이성적으로 대처해나가 달라는 부탁이야!"

연호의 사려 깊은 마음이 얼굴에 역력하게 드러나고 있었다.

"알았다. 감정을 배제하고 이성적으로 처리해 나갈 테니 자세히 얘기해봐라."

"본론을 말하기 전에 먼저 우리가 지금 벌어나가고 있는 이 땅의 민주화운동에 대한 형의 생각부터 말해줘야겠어."

"운동의 뭣에 대해 어떻게 생각하는지 구체적으로 말해줘야지. 그렇게 두리뭉수리 같은 질문을 하면 어떻게 대답을 한단 말이냐!"

"이 땅의 운동의 방향과 방법에 대해서 말입니다 민족해방(NL)과 민중민주(PD) 두 노선중 형이 생각할 때 어느 것이 더 현명하게 민주화로 가는 노선이며 이들이 벌이고 있는 운동방법들이 지금의 시대상황 속에서 최선의 역량을 모아가는 방법이라고 보는가 하는 물음입니다."

"연호야! 그것은 민족해방 노선이나 민중민주 노선이나 다 같이 우리민족을 외세로부터 해방시키고 이 땅 한반도에 진정한 민주주의를 실현시키자는 목적을 향한 운동으로서 민중이 먼저 민주를 해서 외세를 몰아내야한다는 측과 외세를 먼저 배제하고 민중이 민주를 해야한다는 측으로 나눠져 목적을 향해 가는 길이나 방법이 다를 뿐 애국적인 민족민주운동으로서 어느 것이 더 현명하고 옳다고 논리로 쉽사리 판단할 문제가 아니다. 노선의 현명함과 방법의 옳고 그름은 논리로서 그 타당성과 우열을 가리는 것이 아니라 민중 속에서 뜻을 실천해나가면서 어느 쪽이 더 민중의 지지를 얻고 공감대를 넓혀 세를 넓혀나가느냐로 그 정체가 가려지는 것이다."

"그래 형 이야기는 잘 들었어! 그런데 형은 어느 쪽이 더 민중의 지지를 얻고 주도권을 잡아갈 것이라고 생각해? 논리가 아닌 느낌 같은 것 그런 심정을 말해봐!"

"야, 연호야! 또 그 질문이냐? 맨날 엔엘이냐, 피디냐 하는 말 질리지도 않느냐! 내가 늘상 얘기했지 않느냐! 나는 하늘을 믿는다고 나는 하늘을 믿으며 인간적인 만남의 운동을 펼쳐나가는 것이 내 철학이고 소신이라고…!"

"형이 그렇게 하늘을 믿는다고 하면서 운동가로서 불분명하게 행동을 취하니까 사무국 사람들이 형의 헌신성은 높이 평가하면서도 형의 철학과 신념에 대해 의구심을 갖게 된 거고 이번 몇 가지 사건들로 더욱 반감을 사게 된 것이라고……."

"그래, 몇 가지 사건들이 발생해 사태가 악화됐다고 했는데 그 사건들이란 도대체 뭣을 말하는 것이냐!"

"그것은 첫째 구로국본 사무실 건강교실 시간에 시민으로 위장하고 잠입해 정탐을 온 구로경찰서 대공담당 김 계장을 잡아두었을 때 형이 순순히 풀어주었다는 것과 둘째 형이 건강교실과 산행외의 다른 업무에는 전혀 비협조적이고 셋째 간사들이라면 모두가 교육받고 거쳐 가는 철학교실에도 참가하지 않는다는 것이지."

기환은 연호와의 대화를 통해 구로국본 핵심간부들의 심정과 그들이 보는 자신과 건강회 사람들에 대한 시각도 이해할 수 있게 되었다 기환은 남산을 내려오며 연호의 손을 잡아주었다.

"연호야, 고맙다. 이번 일은 너의 충고대로 감성을 배제하고 철저하게 순리대로 이성적으로 처리해나갈 것이다. 그러니 걱정하지 말아라……."

"그렇게 해요. 형이 그들과 이성과 대화로 풀어나가고 그래도 안 되면 분리 독립해서 나가는 최후의 방법을 택하세요."

"알았다."

기환은 여러 날의 생각 끝에 결심을 굳혔다.

'그래, 사무국 사람들과 건강회 사람들을 모아놓고 강론하고 그 강론을 통해 해명과 함께 결단을 내리는 것이다.'

그 며칠 후 기환은 구로국본사무국 간부들과 건강회 사람들을 모아놓고 강론을 시작했다. 강론의 주제는 평소의 건강교실과는 달리 인간교실이었다. 그는 강론 중간쯤에서 경찰서 대공계장을 순순히 풀어준 것에 대해 먼저 해명을 했다.

"우리가 그를 실컷 혼을 내줘도 속이 시원치 않지만 그가 나이도 들었고 순순히 놔주는 것이 좋다는 우리 건강교실 담당자들의 뜻에 따라 그렇게 한 것입니다. 그리고 다른 업무에 비협조적인 것은 건강교실과 산행을 준비하고 실시하다보면 일주일 내내 다른 생각을 할 여유와 시간이 없어서 그랬던 것이니 이해를 해 주십시오… 끝으로 모두가 다 거쳐 가는 철학교실(철학에세이 책) 교육에 대한 문제는 이미 그 책속에 쓰여 져 있는 변유(변증법적 유물론)에 대해서는 예전부터 알고 있었기 때문에 참가하지 않은 것 입니다."

그러나 철학교실에 대한 부분에서만은 사무국 사람들은 물론 건강회 운영진들까지도 대부분 이해가 가지 않는다는 표정들이었다. 그도 그럴 것이 기환이 3년째 구로국본에서 활동을 하면서도 한 번도 자신의 얘기와 철학에 대해서 말한 적이 없었기 때문에 생긴 오해였다.

기환은 언젠가는 책을 펴내 서울 장안의 지성들에게 밝혀야겠다는 생각을 하며 미뤄왔던 자기 철학과 지식들을 이참에 선뵈야겠다는 생각으로 열강을 하기 시작했다.

"여러분! 여러분이 가르치고 배우는 철학책 철학에세이는 그 내용을 보면 물질의 운동과 변화를 통해서 인간과 사회의 관계를 파악하고 그 지식의 바탕위에 가치관을 가지고 삶을 살아가며 세상을 변혁해나가자는 것입니다. 여러분들에게 이참에 제가 변유에 대해서 핵심을 요약해 얘기해 드리고 또한 인체와 자연의 원리에 비유해 쉽게 또 풀이 해 보여드리겠습니다. 세계는 자연은 그 본성에 있어서 모든 현상은 운동하는 물질의 여러 가지 형태이다. 이것은 인간의 의식이나 관념으로부터 독립된 존재이다. 세계(자연)는 정지되고 무질서한 요소의 결집이 아니라 운동법칙에 따라 운동하고 내부모순에 의해서 발전 변화해 나가는 통일적인 전체이다. 세계는 사막의 모래알 입자에서부터 저 태양에 이르기까지 그리고 원생세포에서부터 인간에 이르기까지 모든 것은 부단히 생성과 소멸의 과정을 밟으며 발전 변화해 나가고 있다. 사물이 이같이 변화 발전해 나가는 과정을 살펴보면 질적 묵은 상태에서 질적 새로운 상태로 전이하고 있으며 낮은 곳에서 높은 곳으로 단순한 것에서 복잡한 것으로 끊임없이 발전 변화해 나가고 있는 것이다. 이같이 사물이 끊임없이 발전 변화해 나가고 있는 그 근원적인 힘은 자연계 밖에 있는 어떤 힘 초자연적인 절대자 즉 신과 같은 힘에 의해서가 아니라 사물의 현상 속에 내재해 있는 모순에 의해서 작용하는 대립물과의 투쟁에서 비롯되는 것이다 그리고 이 같은 사실들은……."

기환은 그 어렵다는 변유를 장난하듯 줄줄이 유창하게 쏟아내며 서울장안의 최고 지성들이라 하는 사람들을 향해 맛 좀 봐라는 듯 열강을 하고 있었다. 변유(변증법적 유물론)를 또다시 인체의 원리에 비유해 쉽게 설명하고 난 그는 변유라는 강에 오래 빠져 있으면 그 강의 노예가 된다며 변유의 강을 빨리 건너 이제 다른 학문의 강으로 가보자며 놀즈의 정의론으로 향했다.

각자는 타인의 동등한 자유와 양립 가능한 최대한의 기본적 자유에의 광범위하고 평등한 권리를 갖는다. 차등의 원칙으로는 경제적인 면에 있어서는 정의로운 저축의 원리와 양립 가능한 한 최소 수혜자의 이익을 극대화 시켜줘야 하고 사회적인 면에 있어서는 직책과 직위는 모든 이에게 기회 균등하게 보장되어야

한다.

이어 그는 노직의 최소국가론과 아렌트의 인간의 조건과 밀즈의 사회학 등등을 차례로 설파해나갔다.

사람들은 점점 넋을 놓고 기환의 얼굴과 강론에 빠져들었고 기환은 뛰는 가슴으로 더욱 더 힘차게 그의 철학과 학문을 사람들에게 쏟아부었다. 끝으로 그는 자신이 정립한 철학 '자기 변혁을 통한 인간적인 만남의 운동과 실천'을 강조하며 성도 이름도 없이 이 땅의 사람들을 위해 끝까지 자기 철학과 사랑을 펼쳐나갈 것이라며 강론을 마쳤다. 사람들의 머릿속에 기환의 모습이 새롭게 새겨지는 순간이었다.

그동안 운동하는 사람들에게 새겨진 기환의 모습은 촌사람이면서 등산 잘 다니고 아픈 동료들 병을 잘 고쳐주는 큰형 같은 헌신적인 사람으로서의 긍정적인 면과 또 하나는 기본적인 철학도 지식도 없이 운동하는 사람들과 생활하면서 하늘을 믿는다며 철학교육도 받지 않고 막무가내로 해나가는 독불장군 같은 부정적인 모습이었다.

기환의 강론은 구로국본 사람들이나 건강회 사람들이 그에 대해 갖고 있던 의문과 오해와 상상과 부정과 편견 등의 여러 인식의 벽들을 일거에 부셔버리고 그를 새롭게 맞이하는 계기를 마련해주었다.

※ 이기환의 운동

자기 변혁을 통한 인간적인 만남의 운동______

어떤 이념이나 주의에 집착하는 것이 아닌 이 운동은 사람보다 더 소중한 존재는 없다는 명제 아래 인간관계에 있어 자기변혁을 일으켜 사람을 대할 때 어떤 수단으로서가 아니라 처음부터 끝까지 목적으로 대하고 뼈와 살 속에서 우러나오는 애정으로 소중하고 진지하게 만나는 것이다 이 같은 운동을 몸에 밴 자세로 행하여 이러한 운동이 우리사회 전반에서 펼쳐질 때 우리사회는 인간의 밀도가 높은 성숙한 시민사회로 변화 발전되어 민주국가 통일조국을 이뤄내고 우리는 힘 있는 민족으로 세계사속에 바로 서게 될 것을 확신한다.

〈민족건강회 5호 회지에서 발췌〉

민족 건강회 창설

기환의 운동철학은 많은 운동가들에게 영향을 주었고 건강회 주변으로 뜻을 함께 하겠다는 사람들이 점점 더 많이 모여들기 시작했다.

기환은 건강교실을 통해 민주화운동에 기여하고 자기실현도 해보겠다고 모여드는 청년들을 보며 함께 꿈을 펴야겠다는 생각을 하였다. 그는 서울로 진출할 때부터 갖고 온 계획이 있었다. 그가 인간회 때부터 해왔던 학문교실과 강론 그리고 회지 발간과 책을 펴내는 작업 등의 일로서 그는 이 같은 일을 실현하기 위해 궁리에 들어갔다.

'어떻게 한다?'

'현재 구로국본사무실에서는 공간문제와 업무관계의 복잡성 때문에 어떻게 할 수가 없는 형편인데, 그렇다고 뜻을 가지고 모여드는 청년들을 돌려보낼 수도 없고…….'

그는 궁리 끝에 묘안을 생각해냈다.

민족 건강회 사무실 개소식

'그렇다 벌써 일백 명이 넘는 회원들이 적극적으로 하겠다고 하니 한 사람당 30만원씩 거출을 해 좋은 사무실을 내고 일을 시작하는 것이다.'

기환의 이 같은 뜻은 회의에 붙여 곧바로 통과되었고 건강교실을 이끌어온 건강회 회원들은 끝내 큰일을 해내고 말았다.

3,000만원이란 거금을 모아 낙성대에 30여 평의 큰 사무실을 만들어 낸 것이다. 1991년 단체 이름을 민족 건강회로 개칭하고 10개 부서를 두고 대대적으로 업무를 추진해나갔다.

기환은 회장으로 선출되었고 회원들과 함께 많은 일들을 열정적으로 실현해나갔다. 회지를 발간하고 민족건강요법 책을 쓰고 유명해져 전국에 강론을 다니고 학문교실을 열어 3기 졸업생을 배출하고 건강교실을 더욱 강화시켜 일천여 명의 건강을 챙겨줬

민족 건강회 사무실 개소식

고 전국 국토 산행을 100여 차례 실시해 땅에 대한 애정과 청년들의 기상을 심어 줬고 문화선 전부 활동을 통해 우리 춤과 우리 소리 보급에 힘을 쏟았다. 회원들과 함께 건강한 사람 건강한 사회 강건한 조국을 만들기 위해 그야말로 혼신의 힘을 다 해나갔던 것이었다.

민족건강회 대중강좌를 듣고

김성호(대중강좌 수강생)

내가 민족건강회를 처음 알게 된 것은 "민족 건강요법"(책)을 통해서였다. 개인적으로 이러저러한 건강법을 소개한 책자들을 보던 중에 접하게 된 책이었다. 그런데 책을 읽어 갈수록 정말 좋은 책이라는 생각이 들었다. 흔히 무슨 무슨 건강법이라는 책들을 보면 이세상의 의사, 약사는 다 필요 없고, 또 못 고칠 병이 없는 만병통치의 방법인 것처럼 써 놓은 것들이 많았다. 또한 거기에서 소개한 건강법들이라는 것이 복잡하고 바쁜 현대사회의 생활인들이 실천하기에는 너무나 요란한 방법들인 경우가 많았다.

그러나 '민족 건강요법'은 달랐다. 합리적이고 간명한 원리로 인체와 질병에 대하여 설명하면서 일상생활에 쉽게 적용해서 건강을 지켜나갈 수 있는 방법들을 하나하나 가르쳐주고 있었다. 그리고 만병통치라고 주장하고 있지도 않았다. 역시 합리적이고 과학적인 세계관을 지닌 사람들이 건강문제도 합리적으로 생각한다는 것을 알 수 있었다.

'민족 건강요법'을 통해서 좋은 인상을 갖고 있던 민족 건강회를 꼭 한번 찾아가서 조언도 구하고 도움도 받으려고 마음을 먹고 있었다. 그런데 원래 내성적인 탓에 망설이고 있었다. 그러던 중 민족건강회와 인연이 있는지 마침 '대중강좌를 합니다'라는 조그만 광고를 한겨레신문에서 보게 되었다. 그래, 대중강좌를 핑계삼아(?) 한번 찾아가 보자고 결심하고 강좌에 참가하게 되었다.

인체의 원리, 병이란 무엇인가, 우리의 먹을거리, 기란 무엇이며 어떻게 쓸 것인가, 건강요법에 대한 실습, 마지막으로 지수화풍을 느끼는 산행까지 모두 참가하고 중간에 한번 건강교실에 나가보았다.

15일간의 도보 여행 직후의 강연이라고 하기에는 너무나 열정적이고 힘있는 강의였던 이기환 선생님의 첫째 강의가 가장 인상 깊게 남아있다. '민족 건강요법'을 몇 번 읽고 갔기 때문에 강연 내용 자체가 새로운 것은 아니었다. 그러나 책을 읽을 때는 느낄 수 없었던 많은 것들을 새롭게 자각하게 된 소중한 자리였다. 특히 강연 곳곳에서 배어나는 이기환 선생님의 인간에 대한 무한한 애정과 우리 민족과 조국 강산에 대한 뜨거운 사랑은 참으로 많은 생각을 불러 일으켰다.
물론 인간을 아끼고 사랑해야 한다는 말, 사람이 세상에 가장 귀중한 존재라는 말은 그 자리에서 처음 듣는 말이 아니었다. 나 자신도 동료와 후배들에게 늘상 해왔던 말이었다. 이기환 선생님의 지나온 삶을 전혀 모르지만 강연 속에서 느껴지는 이 땅과 이 땅에서 살아가는 사람들에 대한 선생님의 애정은 참으로 뜨거운 것이었다. 참으로 사람을 사랑한다고 하는 것이 어떤 것이어야 할까 하는 생각이 들게 하였다.
'지금까지 나는 나의 동료들을 진심으로 아끼고 사랑했는가?'
'애정을 어떻게 표현해 왔는가? 또 얼마나 구체적으로 표현했는가?'
이런 생각, 저런 생각이 들면서 나 스스로 부끄러워 얼굴이 화끈거림을 느꼈다. 앞으로는 말로만이 아닌, 사회 과학적 개념으로서의 인간존재에 대한 존중이 아닌 현실 속에서 생명 자체의 신비로운 경이로움에 대한 무한존중의 정신을 갖고 몸과 마음을 다 같이 아끼고 사랑해야겠다는 깨달음을 주었다.
이후에 있었던 박미자 선생님의 강의들도 모두 도움이 되었다. 새로운 내용보다 더 중요한 현장의 생동감으로서 인간존중의 뜨거운 마음, 생명에 대한 존중의 자세를 전해주셨다.
건강교실에 나갔을 때의 느낌도 '역시나'였다. 회원들이 서로의 건강을 걱정해주며 진심과 애정을 가지고 땀을 흘려가며 지압과 부항요법, 촛불요법 등을 통해 치료해주는 모습은 참으로 아름다워 보였다. 민족건강회 특유의 활기와 생기가 가득했던 자리였다. 진실 된 애정에 기반한 모임만이 가질 수 있는 그런 분위기였다.
민족건강회와의 만남은 참으로 좋은 경험이었고 많은 것을 느낀 자리였다. 앞으로 민족건강회가 그 이름대로 우리 민족 전체의 건강함을 위해서 한 몫 하는 힘 있는 모임이 되길 진심으로 바라며, 나 자신도 어디에 있던 이웃의 건강과 사회의 건강 그리고 우리 민족의 건강을 위해 작은 것이라도 진심과 최선을 다하는 사람이 되리라는 소박한 다짐을 가져본다. 또 이번의 인연들 악용(?)해서 자주 찾아야겠다는 생각도 가져본다.

〈민족건강회 8호회지에서 발췌한 글임〉

민족건강회 이기환 선생님께

배창환

전주에 가도 없던 당신이 대구에 나타났습니다.
논에서 김매다 금방 뛰어나온 농사꾼같이
허름한 잠바에, 십년을 넘게 메고 다니셨다던 가방을 어깨에 걸치고
손에는 알 여문 서숙 한 다발 묶어들고
그 옛날 당신이 가출하던 소년 모습 그대로
눈빛만은 구슬알처럼 반짝이며 오셨지요.
알고 보니 당신께서 들고 오신 건 서숙 한 묶음이 아니라 불타는 가을 벌판 전체였습니다.
그 속에는 생명이 빛을 품고, 우리가 먹고 살 태양 에너지를 담뿍 담아
다소곳이 여물어가는 우주의 깊은 뜻이 담겨 있었지요.
인간에 대한 감당 못할 사랑이 수줍어하는 얼굴 가득 새겨져 있어서 우리는
당신을 영락없는 민중의 아들이라 불렀습니다.
민중의 아들 이 땅에서 이 보다 더 영광스런 이름이 어디 있습니까.
강의를 시작하면서 옆 선생님 얼굴을 꼬집어보라 하셨을 때 우린 깜짝 놀랐지만
힘대로 꼬집어보고 나서 우리는 또 한 번 놀랐더랬습니다.
우리가 얼마나 서로를 관념적으로 사랑하고 아끼고 관념적으로 참교육을

해 왔던가.
나는 정말 우리 아이들을 피가 따스히 흐르는 인간으로
인간에 대한 한없는 경외심으로 사랑하고 가르쳤던가
처음으로 가슴 아픈 떨림으로 느꼈습니다.
선생님, 당신은 그렇게 우리에게 구체적으로 와서 사랑을 손에 쥐도록 가르치신 전도사였지만
한편으론 우리같은 먹물들에게 이날 이때까지 세례받은 먹물을 토하게 하고
사람을 제일로 치고, 사람을 살려내는 민중의 의사로 왔습니다.
언젠가 저는, 교사는 의사가 되어야 하고 의사는 교사가 되어야 한다고 생각한 적이 있습니다.
허지만 저는 아이들의 마음의 병을 고치는 의사가 되지 못했고
당신은 민중의 의사로 우리 선생님들을 위해 오신 것입니다.
한없이 부끄러웠습니다.
선생님, 우리가 당신께서 들고 다니신 서숙 한 알처럼 이 땅에 떨어져서 썩고 썩어서 온 들판을 새 생명으로 가득 차게 하는 날
그날까지 부끄럽지 않도록 사는 것 그것만이 우리에게 남겨진 삶의 과제이며
교사로 사는 자의 삶의 역사성이요 보람이 아니겠습니까?
이 땅에 이미 외롭지 않을 만큼 무수한 씨앗들이 있습니다. 부디 건강한 농부로 오래오래 씨앗을 뿌리시는 일 하실 수 있기를 빕니다.

〈민족 건강회 6호 회지에서 발췌〉

배창환 선생님은 1955년 경북 성주 출생.

경북 영천 영동고, 대구 경화여고를 거쳐 경화여중 재직 중에

전교조 가입으로 해직,

대구 참교육실천위원, 전교조 대구 경북지부장 역임, 9년 해직 후 복직, 대구 성당중학교 교사,

1981년 겨울『세계의 문학』에 작품을 발표했고 현재『분단시대』대구동인이며 경북민족문학회에서 활동하고 있습니다.

시집『잠든그대』(민음사, 1984)

『다시 사랑하는 제자에게』(실천문학, 1988)

『백두산 놀러가자』(사람출판, 1994)

『흔들림에 대한 작은 생각』(창작과 비평사, 2000)

설원에 빛나는 눈빛들… 아! 산악대원들이여!

겨울 지리산 북쪽 광대골 골짜기에 강풍이 불고 눈보라가 몰아치고 있다 달빛이 사라지고 어둠속에 눈발과 함께 시야가 흐려지고 강풍으로 기온(체감온도)이 급강하하기 시작했다. 조금 전까지만 해도 환하게 뜬 달빛을 벗 삼아 운동가를 부르며 낭만적으로 산행을 하던 대원들의 얼굴에 긴장감이 감돌았다.

대장을 맡은 기환은 다섯 사람의 대원들에게 훈시 겸 지시를 내렸다.

“지금이 8시니까 10시까지 지금부터 두 시간 안에 벽소령 능선에 올라야 한다. 그리고 거기서 남쪽 벽에 붙어 불을 지피고 텐트를 쳐야한다. 그럼 지금부터 대오(전열)를 갖춘다. 선봉은 노태훈 대원이 맡아 길을 열어나가고 후봉은 이지복대원이 맡아 최은정 대원을 이끌고 따라오고 중간은 김선영 대원과 강현자 대원이 맡고 위험한 길목에서는 최은정 대원을 받쳐가며 ‘어이쌰! 어이쌰!’를 외쳐대라! 자, 그럼 전진한다!”

6인의 산악대원들은 강풍이 몰아치는 밤 북쪽 지리산 허리를 타고 전진을 계속해나가고 있었다. 그들이 이렇게 무모한 산행을 하고 있는 까닭은 이러했다. 수십 차례의 지리산 산행을 통해 폭풍우와 눈보라를 뚫고 다녀 기상이 충천해 있는데다 폐결핵 3기인 최은정을 자연요법과 현대의학을 조화시켜 살려냈다는 자신감 속에 그로 하여금 여름 폭풍우속 산행에 이어 이번 생길을 뚫고 가는 무지막지한 겨울 밤 산행을 통과시켜 아직도 그 자신 속에 웅크리고 있는 병마의 어두운 그림자를 완전히 떨쳐버릴 수 있도록 하기 위해서였다.

최은정은 실재로 폐결핵이 다 나았음에도 불구하고 두 차례나 재발했던 경험이 있는지라 아직도 결핵이 완치되었다는 사실을 받아들이지 않고 반신반의하며 걱정을 놓지 못하고 있는 터였다.

강풍과 눈보라가 계속 몰아치는 가운데 모든 대원들은 각자 혼신을 다해나갔다.

노태훈은 선봉에서 서 몽둥이로 덤불을 쳐 돌려가며 길을 열어나갔고 김선영과 강현자는 최은정을 위해 '어이싸! 어이싸!'를 외쳐대며 사기를 북돋아줬고 이지복은 그 특유의 소 같은 성정으로 뜸직하게, 가쁜 숨을 몰아쉬는 최은정을 받쳐 올라오고 이기환은 큰 고함소리로 '최은정! 힘내라! 모두들 힘내라!'를 외쳐대었다. 그렇게 대원들은 지리산 정상을 향해 생길을 뚫으며 나아갔다.

그러나 이게 웬일인가 2시간만 더 올라가면 벽소령 능선이 나올 줄 알았는데 벌써 10시가 지나고 밤 12시가 지나도록 사력을 다해 걷고 또 걸어도 능선길은 나타나질 않았다. 눈길이라 미끄러운데다 생길을 뚫어가느라 몇 배로 더 힘이 들었던 것이다. 선봉에 선 노태훈이 지쳐 힘겹게 말했다.

"기환이 형님, 내가 방향을 잘못 잡았나봅니다. 벌써 벽소령 능선길이 나타났어야 하는데 말입니다. 우리는 지금 위험한 상황에 빠져있는 것입니다."

선봉 노태훈의 얘기는 사실이었다. 직선으로 길을 뚫고 올라온 것이 아니고 대각선으로 길을 잘못 뚫고 올라오느라 더 지친데다 덩쿨 군락을 만나 위험에 처한 것이다. 백전노장인 기환은 그 같은 상황을 벌써 알고 있었으나 전혀 내색을 하지 않고 힘차게 격려를 했다.

"아니야! 잘 가고 있다. 조금만 더 올라가면 벽소령 능선길이 나온다. 자! 이제 내가 선 봉에 서마. 태훈아, 이제 네가 내 뒤를 따르라."

"형님! 안 됩니다. 형님이 여기서 선봉에 서다 지치면 우리가 벽소령 능선에 오른다 해도 우리 모두가 죽습니다. 기환이 형님이 체력을 아꼈다가 벽소령 능선 길에 올라가서 탈진된 대원들을 부축해 이끌고 남쪽 벽으로 돌아가 불을 피워야 합니다. 그래야 우리 모두 살 수 있습니다."

기환은 대장으로서 명령을 내렸으나 노태훈은 막무가내로 다시 검을 뽑아들고 선봉에 서서 길을 열어나갔다. 노태훈은 지난 여름 칠선계곡에서 태풍을 만났을 때 선봉에 서서 죽을 고비를 맞았을 때처럼 선봉에 서다 죽을 각오를 하고 있었던 것이다. 비상사태라고 판단한 기환은 그러한 노태훈의 정신을 갈파하고 감동을 받으며 속으로 각오를 다졌다.

'그래, 태훈이 너가 대원들을 위해 죽기로 맘먹었으니 나도 대원들을 위해 죽을 각오를 해야 되겠다.'

그런 다짐으로 멀리 떨어져 힘겹게 따라오는 후미를 향해 비장한 각오로 발길을 돌렸다 후봉을 맡은 이지복이 거친 숨을 몰아쉬며 걷는 최은정을 보좌하며 힘겹게 올라오고 있었다. 기환은 이지복을 먼저 올려 보내 살리고 최은정을 부축하여 오르다 죽어도 함께 죽어야겠다는 각오였다.

"지복이! 은정이는 내가 부축할 테니 자네는 태훈이 뒤를 따르다가 벽소령 능선길이 나오거든 얼른 남쪽 벽으로 가 뜨거운 물을 끓여먹고 불 피울 준비를 하게나."

그러나 비상사태를 파악하고 있는 이지복은 완강하게 거부하고 나왔다.

"안 됩니다. 후봉이 아무리 힘들어도 제가 맡겠습니다. 끝까지 함께 할 것입니다."

이지복은 이미 죽음을 각오하고 있었다. 이지복은 지난여름 칠선계곡에서 폭풍우를 만났을 때 선봉에 서서 김완수와 함께 밧줄을 감고 격랑에 뛰어들어 길을 열고 나갔던 장본인이었다.

이번에는 최은정이 의연하게 말했다.

"제 걱정은 하지마시고 선영이와 현자를 부축하여 먼저 오르세요. 저는 걱정하지 마세요…."

체력이 소진돼 가쁜 숨을 몰아쉬면서도 최은정은 의연했다. 기환은 급박한 상황 속에서 약간은 체력이 남아있는 김선영에게 말했다.

"선영아! 지금 상황이 급박하다. 그러나 당황하지 말아라! 내가 태훈이 대신 선봉을 맡을 테니 선영이 네가 뒤쳐지는 후봉이 따라올 수 있도록 발자국을 계속 만들어주고 소리를 질러줘라! 그리고 태훈이나 지복이 그리고 은정이나 내가 쓰러지더래도 상관 말고 현자하고 함께 벽소령 능선에 올라가 오른쪽으로 300m만 돌아가면 병풍처럼 오목한 곳이 나온다. 거기다 텐트를 치고 불을 펴라."

김선영은 기환의 손을 잡으며 말했다.

"끝까지 함께 할 것입니다."

기환은 싸락눈이 휘몰아치는 중간능선에 서 선봉의 노태훈과 후봉의 이지복과 최은정을 향해 혼신의 힘을 다해 고함을 질러댔다.

"힘을 내라! 이제 벽소령에 다 왔다. 힘을 내라, 힘을 내! 우리는 모두 살아서 간다!"

대장이 악을 쓰며 질러대는 고함소리에 후미의 대원들은 "아자!"로 화답했으나 그 소리는 이제 모기만한 소리로 오그라들어 가고 강풍과 눈보라의 혹한 속에 6시간을 헤매다 보니 탈진상태에 빠져들고 있었다.

"아~ 이제 얼마 안 있으면 생이 끝나는구나! 선봉을 내가 맡아서 나갔어야 했는데…… 나 하나의 판단 잘못으로 저 근사한 대원들을 여기서 얼어 죽게 만들다니……."

기환은 탈진해 있는 최은정과 이지복을 보며 자책과 함께 죽음의 어두운 그림자를 물리치기 위해 필사적으로 고함을 질러댔다.

"힘을 내라! 일어나라! 움직여라!"

생사의 절박한 순간이 지나가고 있었다. 그리고 얼마 후 선봉에서 고함소리가 들렸다.

"길이다! 벽소령 능선길이다."

"길이 나타났다!"

선봉 노태훈은 그 말을 남기고 쓰러졌고 벽소령 능선이다라는 한마디에 쓰러졌던 다른 대원들은 벌떡 일어나 단숨에 벽소령 능선길에 올랐다. 눈보라가 멎은 넓은 벽소령 능선길이 감격적으로 다가들었다. 대원들은 감격의 환호성을 질러댔다. 어디서 그런 소리들이 나오는지 조금 전까지 탈진해 누워있던 때와는 완전히 다른 사람들이었다. 그러나 감격도 잠시 나머지 대원들도 한기에 떨기 시작했고 선봉을 맡은 노태훈은 혹한 속에 쓰러져 일어나지 못했고 체온이 내려가서 생명이 식어가고 있었다.

'앞으로 300m를 더 가야 북풍받이를 피해 불을 피울 수가 있고, 앞으로 한 시간 이내에 불을 피우지 못하면 생명을 잃게 되는데….'

기환은 노태훈을 끌고 함께 가다가는 모두가 다 기지 맥진해 있는 상태라 그중 몇 사람이 더 죽을 것 같은 생각이 들었다.

"노태훈은 이지복과 나에게 맡기고 너희들은 빨리 남쪽 벽으로 돌아가 뜨거운 물부터 끓여먹고 나무를 준비하거라."

나머지 대원들을 보내고 기환은 이지복과 함께 노태훈의 옆구리를 걸어 끌고나갔다. 그러면서 "노태훈, 정신차려!"를 계속 외쳐댔다. 이지복이 어찌나 큰소리로 울먹이며 소리쳤든지 노태훈의 의식이 잠시 돌아왔다.

“나는 놔두고 뒤에 있는 은정이를 살리세요!”

이 한마디를 하고서 그는 또다시 의식을 잃었다. 이런 노태훈의 모습을 본 이지복과 기환은 사력을 다해 고함치며 노태훈을 끌고나갔다.

불을 피우는 곳, 돌벽이 병풍처럼 둘러쳐져 있는 곳.

대원들은 사력을 다해 나무를 해 날랐고 기환은 털셔츠와 양초를 사용해 재빨리 불을 지펴나갔다. 최은정이 노태훈을 주무르고 이지복이 그의 뺨을 때리며 소리쳤고 그러다 그도 탈진해 쓰러졌다. 불꽃이 점점 살아 오르고 큰 통나무에 불이 붙으며 주위가 뜨거운 열기로 불을 뿜어댔다. 얼마 후 노태훈이 깨어나고 이지복이 힘을 추스리고 일어났다. 모두가 다 환호성을 질렀다. 큰 불이 타오르고 새벽이 밝아오고 있었다.

아침 지리산 온 능선에 눈꽃이 전설처럼 피어 있다. 햇살을 받은 눈꽃 속에 대원들의 눈빛 하나하나가 청아하게 빛났다.

생명을 살리고 사람을 살리려는 사람들의 눈빛들, 설원에 빛나는 그 청아한 눈빛들……

아! 사람들이여…!

사랑채 휴양소 건립

인간 상록수 상을 수상한 홍범식 선생님의 배려로 2만평의 대지를 임대하여 엄청난 대 작업을 시작하다.

민주화 운동을 끝마친 기환은 운동후배 김완수, 이지복과 함께 여러 날의 설계 끝에 휴식과 휴양 · 연수를 할 수 있는 휴양소 작업을 감행했다.

'자! 우리가 이토록 경관이 너무도 아름다운 옥정호수(섬진강 상류 운암호수)가 2만평 대지에 휴양소를 건립해 큰 뜻을 펼쳐나가는 것이다!'

'앞으로는 물 맑은 호수가 펼쳐져 있고 뒤로는 소나무 숲이 울창한 이곳에 건물 등을 짓고 운동장을 만들고 정자와 낚시터를 만들고 뒤 소나무 숲에는 산책로를 만들어 정말 꿈길 동화 속 같은 휴양소를 만드는 것이다!'

인간정신의 함양을 위해!

1996년 기환은 후배들과 함께 사재를 털고 함께 민주화 운동했던 사람들의 물질적 정신적 후원을 받아 과감하게 엄청난 대 작업을 밀어붙여 나아갔다.

'시작이 반이다. 시작하면 된다!'

매일, 땅을 밀고 파는 불도저, 굴삭기 소리와 집 건물을 짓는 목수 인부들의 사람소리와 망치소리가 호숫가에 가득 울려 퍼져 나갔다.

기환은 사랑채 휴양소의 장으로서 모든 책임을 지고 동분서주하며 자금을 마련해 나가느라 고뇌 고행 속에서도 작업 인부들과 함께 삽질, 톱질, 망치질, 질통 짊어 나르는 일, 리어카 질 등 모든 일을 도와가며 꿈의 휴양소 건립에 혼신을 다했다. 이때 후원금을 많이 내준 후배 벗님들도 찾아와 일을 많이 해줬는데 노동운동가 박종윤과 전대협 5기 의장 김종식은 15일 보름동안이나 질통 짊어지고 나르고 리어카 끌고 다니며 죽을 고생을 하면서도 밤이면 끙끙 대면서도 낚시로 잡아 올린 싱싱한 참붕어탕에 술잔 술에 캬! 이 맛에 우리가 돈 대주고도 노예살이를 한다며 껄껄껄 웃어대었다.

고난 · 고행 · 대장정! 그 결과 방 18개동의 대 건물들이 들어서고 축구, 농구, 배구 등을 할 수 있는 큰 운동장이 마련되고 정자와 낚시터들이 호숫가에 여러 개 만들어지고 뒷산 소나무 숲속에는 500m의 산책로가 근사하게 만들어졌다.

'아! 이 꿈 속 같은 동화 속 같은 이 휴양소에서 우리의 꿈을 이루는 것이다. 아름다운 인간정신의 꿈을…….'

휴식과 휴양, 연수, 인간적인 만남의 운동, 인간 정신 함양의 원대한 꿈을…….

기환은 후배들과 6개월간의 대 작업 끝에 거대한 규모의 휴양소를 건립해내고 그동안 전국 각지에서 후원해줬던 벗들을 초청해 사랑채 휴양소 개소식 행사를 진행했다. 전국 각지에서 많은 사람들이 개소식에 참여해 대성황을 이루었다.

기환은 사랑채 회장으로 추대 되었고, 감사하다는 인사말과 함께 사랑채 휴양소의 장으로서 사람들을 위해 온 힘과 정성을 다하겠다는 약속을 했다. 전국 각지에서 후원금과 격려 글이 계속 이어져 들어와 사랑채 휴양소는 번창하였고 낮이면 휴식과 휴양, 연수를 온 사람들의 활동적인 미소로 가득했고 밤이면 방학 연수를 온 학생들의 시 낭독과 노래 소리가 큰 운동장에서 호수로 메아리쳤다.

호수에 별이 떨어지는 아름다운 밤에는 김용택 시인과 안도현 작가를 초빙해 학생들에게 인간적인 정서를 함양시켜주었고 사랑채 장인 기환은 그들의 안전에 만전을 기했다. 운동장의 많은 천막 텐트를 일일이 점검 순행하고 20여 개 동의 숙소에도 밤늦게까지 지복이와 완수와 함께 돌봐나갔다.

사랑채 휴양소는 몸이 아픈 벗들을 무상으로 휴양관을 제공하여 몸 상태가 좋아질 때까지 보살펴 주었고 지복이와 완수는 참으로 고생을 많이 하면서도 사람들을 돌봤다. 모두가 말했듯이 참으로 인간적인 꿈의 휴양소였다. ―아! 그러나 경제 환란을 맞아 경제사정이 계속 나빠지며 회비와 후원금이 줄어들면서 운영이 힘들어지자 대책회의 끝에 일반 비회원들에게도 구내식당과 숙박 · 휴양소 운동장 낚시터 등을 모두 개방해 운영비를 마련해 충당해 나갔으나 그도 여의치 않아 우리는 견디다 못해 끝내 5년

만에 사랑채 휴양소 간판을 내리고 문을 닫았다. 문 닫는 날 5년간 매달 다달이 10만 원 이상씩 지원금을 보낸 손기근 후배를 불러서 함께했다.

기환은 물론 함께 뜻을 같이 한 후배들도 미어지는 가슴을 안고 호수에 내리는 별빛들을 바라보며 뜨거운 눈물을 흘렸다. 그리고 외쳤다.

"우리는 이 땅 우리 사람들을 위해 아름다운 사랑을 펼쳐왔노라고……."

술잔에 별도 떨어지고 눈물도 떨어지는 밤이었다.

※ 사랑채 휴양소는 지금 잡초 속에 그대로 존재하고 있다.

국가 혁명의 꿈을 접고 국가 보훈청으로 가다

자! 이제 국가 혁명을 해야 할 동력이 사라졌다. 민주정부가 들어서 돈 없는 사람들 병원도 보내주고 돈 없어 굶주리고 떠는 사람들 기초 생활비도 다달이 지급해주는데 그야말로 야만의 국가에서 인간의 얼굴을 한 국가로 새로 태어나고 있는 나라, 대한민국에서 이제 민중혁명을 해야 할 동력도 사라지고 이유도 명분도 죽었다. 기환은 지나간 세월들…….

혁명의 꿈을 이루기에 열정과 혼을 다 불태워 왔던 나날들의 영상들을 반추해보며 뜨거운 가슴에 생맥주를 들이붓고 밤 산행, 밤 등반에 나섰다. 산에 올라 밤하늘의 별들을 보고 저만치 발아래서 비춰오는 시가지 불빛들을 바라보며 이 땅의 역사와 이 땅의 사람들을 생각하며 깊은 상념에 젖었다. 산을 내려오며 기환은 중대한 결단을 내렸다.

'그래 이기환! 그동안 대 장심으로 이 땅의 사나이답게 잘 살아왔다! 이제 혁명의 꿈을 접고 국가보훈처로 가 국가유공자 등록

을 하는 것이다! 정 · 강 · 사 대한민국을 위해! 자! 가자! 국가보훈처로!'

기환은 가족들이 그리도 바라던 전주보훈청에 찾아가 국가유공자 등록을 마치고 얼마 후 국가유공자 신분증과 함께 매달 지급해주는 보훈 연금을 지급받고 여러 가지 특혜도 누리게 되었다.(매월 150만 원과 여러 혜택)

기환의 아내는 물론 형제 친척들 모두가 환호했다.

그러나 국가유공자 등록을 하지 않고 살아온 지난날의 보훈보상금(보훈연금)은 시간 지나갔다고 줄 수 없다고 했다. 그 근거는 국가 보훈법 9조 1항 악법 조항이 있었기 때문이었다.

국가유공자 보훈연금 등 모든 혜택은 당사자가 등록 신청한 날부터 효력이 발생한다라는 보훈법 독소조항…….

세상에 이런 법도 있었다니 기환은 기가 막혔다. 그래서 헌법재판소에 헌법소원을 내었다. 그러나 기각되었다.

대한민국을 위해 싸워라!

—전차병 이기환의 투쟁

2002년 기환은 우리나라 여중생들이 미군장갑차에 의해서 사고사가 아닌, 고의에 의한 죽음을 당했다는 얘기를 듣고 한 달 가까이 고뇌를 했다.

'이것이 사실인가? 사실이라면 어찌해야 하는가? 함께 민주화 운동을 했던 후배들은 이구동성으로 기환이 형님이 전차병 출신이니 형님이 나서서 고의적 살인임을 밝혀 진상을 알리고 어린 소녀들의 원한을 풀어주고 주권국가 대한민국의 법치질서를 확립해야한다고 아우성 하소연이니 이일을 어찌해야한단 말인가?'

기환은 고뇌 끝에 후배들에게 말했다.

"전차병 조종수는 정신이 강한 자 만이 뽑아 조종을 맡기기에 살인을 저지르지 않는다. 만약에 사고가 아닌 살인을 저질렀다고 보자, 만약에 말이다. 그렇다면 살인이라고 밝히고 나설 전차 장갑차 병 출신들이 많은데 왜 53살이나 먹은 내가 나서야한단 말인가!"

그 물음에 전대협 5기 의장인 김종식과 손기근 등등 우리 후배들이 답했다.

"인터넷 글 속에서도 살인이라고 주장하는 글을 실명으로 올릴 수가 없는 사회세상 분위기라서 익명으로 수없는 글이 올라와도 익명의 글은 인정받지 못하기에 기환이 형님이 실명으로 글을 쓰고 살인의 진상을 온 세상에 알려야합니다. 그래야 소녀들의 원한도 풀고 나라도 법도 바로 섭니다!

지금 우리나라는 한나라당 대선후보 이회창 후보가 민주당의 노무현 대선후보를 30%이상 앞선 압도적인 지지로 대통령 자리를 따논 당상이기에 정부국가 권력기관들이 한나라당의 입김 속에 작용하는 분위기 세상이라서 여중생 살인사망사건을 덮으려고 전전긍긍하고 있는 실정입니다.

사망사건이 아니고, 미군 장갑차 살인만행사건이라고 밝혀지는 날에는 국민 민심이반과 대규모 군중집회로 불길 같은 젊은 민중들의 분노민심이 활화산처럼 타올라 보수대선승리 판도 판세를 뒤집어 진보대선 판세로 뒤바뀌질 수 있기에 인터넷 상에서도 강하게 무서운 압박을 가해 전차 장갑병이 실명을 밝히고 살인만행의 진실을 말하는 사람이 하나도 없는 실정이니 기환이 형님이 나서서 살인 만행의 진상을 실명으로 밝혀 세상에 알리고 우리 모두 죽을 각오로 나서서 싸워야 할 것입니다. 전차병 기환이 형님이 반드시 나서야 합니다.

편안한 삶을 위해 죽음이 두려워 범죄와 싸우지 않는다면 우리는 범죄의 하수인으로 살아갈 수밖에 없는 것입니다!"

기환은 정의감에 불타는 민주화운동 후배들의 절절한 호소와 설득을 듣고 서울에서 전주 집으로 내려와 고뇌, 고뇌를 했다. 지나간 세월 수십 년간 나는 싸우며 살아왔다. 전쟁터에서부터 탄광 · 노동운동 · 민주화운동을 해오면서 국가유공자로서 편안한 삶을 팽개치고 오직 투쟁으로 살아왔다. 이제 아주 늦게 보훈청에 국가유공자 등록을 하고 국가로부터 매달 돈도 많이 받고 여러 가지 특혜도 누리며 편안한 일상을 살아가고 있는데 그리고 가족들도 편안한 삶이라고 그리도 좋아하며 웃음이 가득한 나날인데……. 또다시 잡혀가고 끌려가고 죽을지도 모르는 사지 투쟁의 길로 나서야 한단 말인가?

기환은 여러 날 밤의 고뇌 끝에 작심을 했다.

'그래! 결단을 내리고 장검을 뽑아들고 정의의 전선에 나선다! 어린 소녀들이 미국군 전차 장갑차를 모는 미친 자들에 의해 살해를 당한 것 같은데 누군가는 나서서 진상을 밝히고 척결을 해 나가자고 소리쳐야 할 것 아닌가?'

기환은 밤 산행을 하며 하늘의 별들을 보며 인생을 돌아보고 대장심의 각오로 전장에 나서기로 자신과 맹약을 하고 돌아와 밥늦은 시간 안방에서 잠지는 아내와 딸자식의 편안한 일굴을 바라보았다. 그러자 가장으로서 마음이 벅차오르며 결심이 아래로 내려앉기 시작했다.

'가족들이 저리도 낮이나 밤이나 이제 세상 살맛난다며 행복해라 하는데…… 이제 또 나와 내 가족들이 어떤 풍파 고난을 당할지도 모르는 판 속으로 나서야 하는가?'

여러 날의 고민 고통 속에 기환은 아내와 딸자식의 묵인아래 정의의 전장으로 나섰다. 기환은 8명의 후배들과 차를 타고 경기도 남양주 군 사건현장에 찾아가 현장 확인을 마치고 현장에 남아있는 미군 전차 궤도 자국(발자국)과 사진에 찍혀있는 여중생들의 참혹한 죽음 사진을 대조해 보며 치를 떨었다. 말로다 표현할 수 없는 잔인무도한 살인 만행이었다.

살인 만행의 도구는 장갑차도 아닌 50톤 이상 나가는 육중한 M47구형전차(탱크)로서 포탑을 빼서 기중기로 바꾼 전차로, 살인 만행을 저질렀던 것이었다.

조종수가 마약을 처먹지 않고서는 저질을 수 없는 극악무도한 살인 만행이었다.

참혹한 사건 현장에서 기환과 함께한 8명의 의인들은 예를 올리고 뜨거운 눈물을 흘리며 가슴으로 결의를 했다. 우리는 살인 만행의 진실을 밝혀 소녀들의 원을 풀어주고 대한민국의 법질서로 외국 군대에도 철저히 적용하여 주권국가로 바로 선다.

8인의 의인들은 전차병 이기환이 쓴 글을 인터넷과 방송에 올리도록 도와줬고 그 결과 전차병 이기환의 보고서라는 글을 본 대한민국의 젊은이들이 열화같이 일어나 살인 만행 척결의 구호와 '주권국가 대한민국!' 외쳐댔고 기환과 함께한 8인의 의인들은 문화방송국에 6차례나 찾아가 문화방송은 살아있어야 한다는 구호와 호소 속에 드디어, 여중생 사망사건의 진상이라는 PD수첩을 제작 방영하기에 이르렀다.

기환은 문화방송 박영한 PD와 김구선생님 묘소 앞에서 살인 만병의 진상을 자세히 설명해주고 PD수첩 제작 방송에도 나왔다. 기환과 함께한 8인의 의인들의 여러 노력으로 10여 만 명의 시민들이 미군장갑차 여중생 살인 만행을 규탄하는 촛불시위에 참여해 등불처럼 일어나 온 세상 세계에 진상을 알렸다.

기환은 전국 대학모임과 집회장에 나가 책 강론과 함께 여중생 사망사건 진상을 밝혀나갔다. 그리고 의인 등과 함께 미군 2사단과 용산기지 앞에서 살인 만행 구호를 외치며 시민들과 함께 밤새 싸웠다.

문정현 신부님은 그 연세에도 밤새 싸웠고 한상렬 목사님은 삭발을 하고 싸우고 미국까지가 혈서를 써가며 진실을 세계에 알렸다.

대한민국의 피 끓는 젊은이들의 분노의 함성과 자각으로 촛불 시위와 인터넷 방송과 글들의 열기가 활화산처럼 타올라 주권국가 대한민국을 외쳐대며 세상을 변화시켜나갔다. 그 힘으로 미국대통령의 사과를 받았고 우리 국민들은 우리나라 대한민국을 다시 생각하는 계기를 만들었다고 자평했고 그 정신의 뜨거운 열기로 2002년 대선에서 압도적인 열세를 뒤집고 극적으로 진보 민주당의 노무현 후보가 대통령이 되었다.

전차병 이기환은 노무현 정부 청와대를 방문해 이수원 국장과 대면 속에 방명록에 '주권국가 대한민국은 반드시 개혁하라!'라고 썼다.

어린 소녀들의 처참한 죽음을 두고 머뭇거리는 전차병 이기환에게 강력히 호소하고 물질적, 정신적, 모든 지원을 다해준 8인의 의로운 후배들…….

이지복, 이석복, 손기근, 김종식, 김상국, 김정교, 강재훈 외 전차병 안태극, 김용근 후배들에게 감사하고 강론 초청을 해준 각 대학 학생회와 광장의 대규모 촛불 합성에 참여해 응원 격려해

준 시민들께 감동 감사를 드리며 삼가 어린 정령들의 명복을 빈다.

— 정 · 강 · 사 — 정의롭고 강하고 사랑스런 나라 대한민국을 위하여

이기환 글

| 부록 |

생명을 살리는 놀라운 자연요법

자연방랑 철학자 이기환이
구조주의 철학과 분석철학의 눈으로________
세계적인 불치병들과
난치병들을 척결하다

⊙ 구조주의 철학_______
인간적인 독단 인간중심의 사고思考의 바탕 위에서 생성된 인문과학 등은 참된 것일 수가 없다.
⊙ 분석철학_________
우리는 언어로 사고하고 언어로 세계를 이해하기 때문에 언어로 파악한 세계로부터 벗어날 수 없다.

언어 밖의(바깥의) 지식은 0점이다.

철학자 이기환은 천부경 정심정 명상을 통해 ― 언어 밖의(바깥의) 지식(알음)의 세계를 영상으로 들여다봤다.
그 결과 인류 현대과학의학이 터득하지 못한 생명을 살리는 의술을 개발해 ― 척추신경 · 액와신경이 끊어졌거나 죽은 신경줄들을 기적같이 살려냈고 또한 각종 난치병들을 척결하는 대역사 쾌거를 이뤄냈다.
온갖 비난 속에 청소년시절부터 오직 한 길을 달려온 방랑 철학자의 철검이 세상에 빛을 발하는 순간이었다.

교통사고 척추 하반신 마비를 바로 세우다!

기적 같은 놀라운 자연요법
자연의학 실천 속 뒷이야기

전주 덕진에서 1984년 자연건강식 연구회 사무실 운영하며 사람들의 건강을 위해 힘써 온 때다. 그때 중풍·신장·간 등등의 질환으로 많은 사람들이 사무실에서 상담을 하고 있는데 그때 사건이 발생했다.

주먹이 큰 사내들이 사무실에 들어서며 큰 소리로 하는 말이

"여기가 도사님이 계시다는데……."

나를 보며 당신이 그 신통하다는 도사님 하며 건방진 태도로 나를 쳐다보기에 나도 그들을 정면으로 쳐다보며 대답해 주었다.

"그렇소만, 당신들은 누구신지 모르지만 무슨 일로 나를 찾았으며 사람을 대하는 태도가 왜 그리 점잖지 못하단 말이오!"

그러자 그들이 답하기를

"우리 형님이 교통사고로 척추하반신 마비가 되어 병원에서 치료 불가하다 하여 즉 불가 판정이나 집에 돌아와 침대에 누워 망연자실하며 있던 차 도사님의 소문을 듣고 빨리 찾아가 사정해서 모셔오라고 하여 이렇게 왔소이다."

그 주먹이 큰 그들의 얼굴 표정과 태도를 보고 나는 책상 의자에서 일어나 주위 사람들을 물리고 큰소리로 그들에게 밖으로 나오라고 하여 대번에 맞짱을 뜰 자세로 말했다.

"사람을 모시러 왔으면 태도가 정중해야지 그 태도가 무엇이란 말이오!" 하며 사라져 버리라고 했다!

그러면서 그중 덩치 큰 한 사나이와 맞붙어 90kg 나가는 거구를 번쩍 들어 밀어붙였다. 그리고 그들은 씩씩거리며 돌아갔다. 돌아가는 그들에게 다시는 오지마라고 나는 일갈을 했다. 그리고 그 다음날 여러 명의 주먹들이 함께 사무실에 나타났고……

앞으로는 결단코 싸움을 하지 않겠다고 스스로 다짐한 나는 싸울 자세를 갖추고 그들을 쳐다보았다.

긴장된 시간이 몇 초 흐르는 순간에 극적인 사건이 일어났다. 주먹들 중, 대장 같은 사내가 동료들에게 나에게 무릎을 꿇으라고 하자 어제 와서 한바탕 일전을 겨룬 그들이 내 앞에서 무릎을 꿇고 대장 같은 자가 하소연을 했다.

"어제의 결례를 용서해주시오! 사실은 나의 친형인 조선일보 전주 취재기자 김재구 형이 전주근교 완주군 구이다리에서 큰 교통사고가 나, 병원에 실려가 보니 척추가 나가 척추 하반신 마비가 되어 이 병원 저 병원에서 불가판정을 받고 지금 침대에 누워

병신으로 사느니 생을 마감해야겠다고 하니 어쩌면 좋겠소이까? 고명하신 선생님께서 한 번 가서 봐주시죠!"

나는 그 대장격인 그 애원을 듣고 마음을 고쳐먹었다. 싸움이라면 두려워하지 않는 나지만 싸움을 접고 그 애달픈 그 마음을 따라 척추 하반신 마비로 집안 침대에 누워 절망하고 있는 그에게 말이라도 위안을 주기위해 그 집으로 향했다. 조선일보 취재기자 김재구, 그가 살고 있는 곳은 전주역 근처 삼부주택이었다.

방 안에 들어가 보니 40대로 보이는 사내가 절망적인 표정으로 하는 말이

"내가 주변 사람들이 인물도 참 좋고 직업도 취재기자로서 그지없이 좋다고 했는데 내가 이렇게 교통사고로 척추 하반신 마비로 두 다리를 전혀 못 쓰는 병신이 되었으니 살아서 무엇을 할 것이오. 죽기 전에 그 신통하다는 도사 선생님이나 한 번 보고 결단을 내려야겠다고 마음먹고 선생님에게 내 동생을 보낸 것입니다. 저 한 번 봐주시고 한 번 살려주시오!"

그 말을 듣고 나는 가슴이 미여져 와 그 얼굴을 보다가 돌아서서 창밖을 무언이 내다보았다…….

'내가 여러 난치병들을 수없이 척결해 왔지만 지금처럼 교통사고 척추 하반신 마비로 현대의학으로도 치유 불가인 사람을 돌봐서 정상인으로 일으켜 세워본 적이 없지 않는가? 여러 생각이 교차하는 가운데…… 그래! 한 번 부항요법과 촛불요법으로 시작해보자!'

촛불을 켜고 겸허한 마음으로 하반신 마비 환우 등짝에 맥주잔 불 부항을 붙이고 10분 지난 후에 떼고 타법 손바닥으로 두들겨 주고 촛불 촛농을 데이지 않도록 두껍게 떨어뜨려 손바닥으로

눌렀다 떼어냈다. 그리고 마음속으로 천부경을 암송하고 손에 혼신을 모아 강력한 기氣를 환우의 허리에 투과시켰다. ── 그리고 나지막이 말해줬다.

"현대의학이 치유할 수 없는 불가 판정을 받은 척추 하반신 마비 증세를 치유시킬 다른 방법이 없기에 이 방법을 해보는 것이니 기대는 하지 마십시오!"

이렇게 이 같은 방법을 2일에 한 번씩 찾아가 실시했는데 위와 같은 자연요법을 일곱 번째 실시할 때쯤 척추 하반신 마비 장애 본인이 발에 무슨 온기 같은 기운이 느껴지고 가려운 것 같기도 하다고 하여 주변 동생이나 주먹이 큰 아우들과 가족들이 흥분을 감추지 못하고 어쩔 줄 몰라 했고 11번째 날 불 부항과 촛불요법과 타법을 하여 손바닥으로 허리 등짝을 두드리고 나서 강력한 기 투과를 한 후 큰 소리로

"김재구 씨, 발 내질러요!"

하며 고함을 치자 그러자 그가 오른 발을 움찔 내질렀다. 기적이 일어난 것이었다. 박수 소리와 눈물 감격 환호 소리가 온 방 안을 울렸다. 모두가 말했다.

"세상에 이런 일이 이런 기적이!"

"선생님, 감사합니다! 감사합니다.!"

(후일담)

교통사고 척추 하반신 마비로 다리를 못 쓰던 조선일보 전주취재기자 김재구 님이 발을 움직이고 난후 필자에게 원하는 것을 물었다.
필자인 내가 생선회와 술 한 잔 먹고 싶다고 하자 그는 아우들에게 전주시내 중심가 시집가는 날 옆 맛 집에 가 최상급 생선회와 술을 대접해드리라고 말했고 생선회와 술대접을 받고 난 필자는 그 아우들에게 더 이상의 대접을 받지 않겠으니 다시는 찾지 말아 달라고 당부했다.

척추신경 절단 하반신 마비와 뇌액와 신경마비 환우를 기적같이 소생시키며

필자가 느끼고 놀란 얘기들을 있는 대로 서술해보겠다.

필자가 1974년 25세의 젊은 나이에 농약을 마시고 살아나 그 후유증으로 온 전신이 상하고 거기다 오른팔까지 머리 위로 올라가지 않는 것을 부항요법과 촛불요법으로 시원하게 고쳐낸 후…….

1984년 척추신경 절단 하반신 마비 환우 조선일보 전주 취재기자 김재구 님을 살려내고 1991년 서울 민주 건강교실에서 뇌액와 신경마비 · 환우 · 코미디언 이경실의 친언니 이경옥 님 ― 오른팔을 들어 올린 사실 얘기 ――――――――

이경옥 민주청년연합 간사 시절 85년 민주쟁취 군사독재타도를 외치며 꽃다운 대학생이 내 한 몸 바쳐 민주화의 밑거름이 되겠다고 고층건물에서 투신 장렬하게 몸을 던졌던 사람. 그러나 하늘이 도왔던지 땅으로 떨어지며 웃옷 외투가 나무에 걸쳤나 떨어져 즉사를 면하고 천만다행으로 오른팔만 위로 올라가지 않는 액와신경마비로 살아난 이경옥 님이 건강교실에 찾아와 팔 좀 고쳐 달라고 필자와 건강교실 담당자들에게 통사정을 할 때 건강교실에 있던 많은 사람들이 모두가 다 고개를 저었고 필자인 나도 고개를 저었다.

액와신경마비가 무슨 병인지도 난생 처음 듣거니와 거기다 오른팔을 고치려고 인기 연예인 동생 이경실 님 지원으로 햇수로

6년간이나 온갖 병원 의원을 다 다녀도 못 고친 팔을 난들 어떻게 고친단말인가?!

내가 다른 병이라면 몰라도 그 팔은 어찌할 수 없으니 돌아가라고 말하자 이경옥 님 그녀가 말하기를

"저는 선생님이 이 건강교실에서 반드시 내 팔을 고쳐줄 것이라는 확신과 희망을 가지고 왔습니다. 저 한 번 살펴봐 주세요."

그녀는 결혼해 보강이라는 아이를 품에 안고와 눈시울을 적셨다. 필자인 나는 한동안 창가로 가 하늘을 보며 천부경을 암송하고 비장한 결단을 내렸다.

"하늘을 믿고 그래! 그 병 액와신경마비와 한 번 맞짱을 떠봅세! 대신 당신이 순번을 기다리는 많은 사람들에게 순서를 양보해달라고 양해를 구해야 합니다."

건강교실 수십 개의 촛불이 생명을 불태워 생명을 살리는 생명교실의 밤…….

나와 건강교실 담당자들은 혼신을 다해 이경옥 님의 등뼈와 팔에 정성을 다해 지압과 타법을 실시하고 기氣 투과요법과 부항과 촛불촛농요법을 실시했다. 모두가 혼신을 다했다. 이경옥 님과 50여 명의 환우들이 귀가하고 난 한 밤…….

30여 명의 우리 건강교실 담당자들은 건강기록부들을 점검하고 이경옥 님 상태와 치유 방법과 미래에 대해 논의를 했다.

필자인 나는 손기근 교육부장에게 나지막이 해준 말을 담당자 모두에게 다시 말해줬다.

"내가 예전에 전주에서 척추 신경을 살려낸 일이 있는데 이번에도 만에 하나 죽은 신경을 살릴는지 모르지만 신경을 살린다

해도 만 6년간이나 못써 석화가 된 어깨관절 때문에 절망적이다. 그러나 하늘을 믿고 혼신을 다해보자. 아자! 아자!"

그 뒤로 2개월 만에 죽었던 액와신경이 살아났다. 아! 그러나 산 너머 산! 바다 건너 바다!

신경을 기적같이 살려냈으나 관절은 움쩍도 하지 아니했고 석화된 어깨관절을 살리는데 4개월이 걸렸다……

우리 건강교실 담당자들의 정신과 혼을 다한 덕분에 하늘도 감동을 해, 자연요법시작 만 6개월 째 마침내 이경옥 님의 팔이 하늘을 향해 번쩍 올라가 소리쳤다. 화요일 밤 건강교실이 100여 사람들의 환호성으로 떠나갈 듯 했다.

감동, 감격, 눈물 모두가 생명으로 인간으로 아름다운 밤, 이경옥 님과 동생 이경실 님의 큰 절속에 어린 아이 보강이도 품에 안겨 활짝 웃고 있었다.

6개월 동안 그 팔만 살린 게 아니라 중증의 신장병 · 간장병 · 결핵 · 위장병들을 척결하여 지리산 등반을 완주시키고 마의 불치병 강직성 요추염 환우 정달연 님을 6개월 만에 살려내 사경으로 기던 그를 똑바른 척추로 만들어 생명의 춤을 추며 뛰어가게 만들었다.

건강교실 생명교실 인간교실 만세!

당시 헌신적으로 생명의 정성과 혼을 쏟아 사람을 살린 건강교실과 학문교실 담당자들에게 경의를 표합니다!

액와신경 마비 척결한 방법

10분에서 20분정도

○부항 : 뒷목과 등뼈와 어깨에 붙여주고 2~3일에 한 번씩

○촛불촛농요법 : 어깨부위에 떨어뜨려 주고 나서 화장지 종이 등으로 꽉 눌러주었다가 떼어 주고(2~3일에 한 번씩 실시)

○타법 : 지압과 손바닥 타법

○먹는 것 : 현미식초 하루 소주잔으로 1/3잔 정도 물에 타 식후 먹고 생마늘 하루 3~6쪽 먹고 엽록소 먹는다.

세계적인 불치병 강직성 요추염을 척결하다

강직성 요추 질환을 극복한 사례

오랫동안 앓아 온 강직성 척추염의 악화로 요추 관절이 철골을 용접한 것처럼 강고하게 늘어 붙어 허리를 바로 펴지 못하고 걸음도 제대로 걷지 못했던 정달연 씨(남, 36세)는 가족의 부축을 받으며 건강교실을 찾아왔다.

그의 상태는 생명이 위협 당할 정도로 심각한 상태였는데 허리에서 다리로 내려가는 신경과 근육의 강직으로 걸음걸이는 물론 구부러진 척추가 폐 기능을 점점 압박해 와 숨쉬기가 더욱 어려워지고 그대로 시일이 지나가면 심폐 기능 장애로 사망할 수밖에 없는, 척추 전문 의사의 완치 불가 편정으로 절망 속에 빠져 전전긍긍하던 상황이었다.

심성이 너무도 순박해 순박이 부부라는 애칭으로 불려 졌던 정씨 부부는 5개월간의 자연 요법과 피나는 노력, 정성으로 요추

관절이 되살아나 움직이며 허리도 쭉 펴지고 뛸 수 있을 정도의 완전한 건강인이 되었다.

혼신의 땀과 정성으로 척추를 살려낸 담당자들(서준임, 장정숙, 유혜경, 강현자, 배연희, 김창식, 손기근, 이기환)과 얼싸안고 축복의 노래 사랑으로를 합창한 후 건강교실 사람들의 뜨거운 박수 속에 환한 얼굴로 함박웃음을 지으며 촛불 사이로 걸어 나가던 정씨 부부의 모습이 지금도 인상적이다.

건강교실에 찾아온 의사 한의사들도 기적 같은 놀라운 일이라고 감탄했다.

정달연 님은 부부가 미대를 나온 화가로서 현재 그림을 그리며 힘차게 살아가고 있다.

* 필자가 강직성요추염 환우 정달연 님의 요추를 처음 봤을 때 느낀 감정은—
세상에 척추 뼈가 이렇게 강철을 용접한 것처럼 녹아 붙을 수가 있을까?
어떻게 등뼈가 이렇게 될 수가 있단 말인가?
별의별 척추 병을 다 고쳐봤지만 이것만은 도저히………….
강직성요추병 아니 차라리 강철용접척추병이라고 병명을 바꾸고 철골 용접기술자를 불러다 늘어 붙은 척추를 분리하는 게 났겠다.
아! 하늘이시여, 너무도 순박하게 생긴 이 사람을 살려주십시오!
기적은 일어났다!

세계적인 불치병 강직성 요추염 완쾌 치유사례

김 정 미 (교사 · 53세)

선생님 저 좀 도와주세요!
제가 강직성 요추염으로
제 허리 요추가 밤알처럼 불쑥
튀어나오기 시작해
바르게 누워 잠을 못자고 옆으로 자고
걸을 때도 구부정하게
어그적거리며 걸어요.
선생님, 저 좀 살려주세요!
김정미 선생님! 알았어요.
내가 남원에 내려가 상태를 보리다.
오랜만에 남원에 내려가며 감회가 새록새록 밀려왔다.

7년 전 눈이 너무도 많이 내리던 겨울. 필자를 찾아와 중풍으로 쓰러져 현대의학으로도 치유하지 못하고 있는 팔순이 된 노모 시어머니를 살려주시라고 생떼를 쓰던 효성 깊은 선생님 부부 서장석 선생님과 김정미 선생님을 만나러 가며…….

지난 일들 팔순 노인을 살리기 위해 모두들 정성과 혼신을 다해 끝내 팔순 노모 시어머니를 건강하게 살려낸 일들의 영상들이 감동으로 밀려왔다.

그 효성 깊던 김정미 선생님이 강직성 요추염이라니 하늘도 무심하지…….

남원 정류장에서 상봉.

김정미 선생님은 얼굴이 너무 수척했고 수심이 가득했다. 병의 고통이 얼마나 무섭고 심했기에 그 좋았던 얼굴이…….

필자는 김정미 선생님의 척추 요추상태를 보고 왜? 등뼈를 이 지경으로 만들어 놨느냐고 호통부터 쳤다.

효성 깊은 사람, 거기다 학생들을 참으로 아끼는 선생님이라서 더욱 화가 났다. 현대의학은 강직성 요추병을 고치는 방법을 모르고 할 수 없기에 속수무책이었으리라.

김정미 선생의 요추는 2, 3, 4번이 서로 엿처럼 늘어 붙기 시작해 튀어 오르며 허리가 굽어 불치병마의 강직성 요추병이 진행되고 있었다.

필자는 참교육 선생님들인 두 내외에게 당부하며 다스리는 방법을 알려줬다.

"강직성 요추염 그것 별 것 아니니 이대로 하세요!"

"나는 이제 기차타고 가렵니다."

"자! 잘 실천해 빨리 쾌차하세요!"

그러면서 발길을 돌리자 김정미 선생님이 예전에 중풍 어머니 살려주시듯 다니며 봐주시라 신신부탁하는 것을 강하게 매몰차게 거절하고 기차에 올랐다. 그 까닭은 필자인 내가 볼 때 강직성 요추염 따위는 집에서도 얼마든지 쉽게 다스릴 수 있는 병이기에…….

일부러 큰소리 강한 어투로 당부하고 온 것이었다.

"강직성 요추염!"

"온 세계 의학이 못 고친다고 하는데 내가 여러 번 고쳐봤으니 그대로 하세요!"

"그것은 병도 아니란 말입니다!"

그 후 여러 차례 전화 속에서도 "그대로 하세요!"라고 답해줬고 오로지 집에서 그대로 실천한 김정미 선생님은 5개월 만에 마의 불치병 강직성 요추염을 털어버리고 바르게 누워 잘 자고 똑바른 척추로 바로 서 똑바로 걸으며 생기 찬 얼굴로 참교육 열정을 다하고 있다.

* 김정미 선생님이 세계적인 불치병 강직성 요추염을 집에서 스스로 치료할 때 일화

—필자에게 문의 전화하며 한 말—

"선생님, 정말 선생님이 하라는 대로 하면 치료가 되겠지요. 근데 정말 두려워요! 부항을 등뼈가 튀어 올라 온 부위에 계속 붙여대라고 하시는데 — 튀어나온 요추에 계속 붙여대면 뼈가 더 튀어 올라 더 악화돼 숨 못 쉬어 죽는 것 아니에요?"

"아니요! 계속 붙여대고 촛불요법으로 열을 가하면 요추가 반드시 살아나요. 그리고 효성 깊은 선생님은 절대로 안 죽고 절대로 건강해져요. 왜냐? 하늘이 김정미 선생님 편이니까요! 알았지요! 그대로 하세요!"

그대로 실천하면 된다고 한 강직성 요추염 척결방법

부항요법

등뼈 전체를 부항 10개 정도 붙여 5분 지나 떼고

등뼈 요추 늘어 붙으며 튀어나온 부위에는 부항을 5개 정도를 20분 정도로 2일에 한 번씩 붙였다 떼고 바로 다음,

촛불(촛농)을 떨어뜨려 열 반응을 가하거나 아니면 뜨끈한 수건으로 찜질 후 타법 손바닥으로 3분 정도 물표면 치듯 두드려 순환시켜준다.

등짝 전체에 10분에서 20분 정도 햇볕을 쏘여준다.

먹는 것, 현미식초를 소주잔 1/3정도를 물에 타 식후에 먹는다.

하루 한 번이나 두 번 먹는다.

화학첨가 물질 식품 금할 것!

신선한 채소 엽록소 식품 섭취, 멸치 된장국!

자세는 학교에서 다리 꼬아 앉는 자세 금하고 엎드려 팔 굽히기 하고 운동기구, 거꾸로 매달리는 기구 구입해 집에서 운동할 것!

* 정신요법 : 강직성 요추염 그까지 것 병도 아니라고 한 말을 믿고 틈나는 데로 흥이 나는 노래도 부르고 가볍게 춤도 출 것!

체험 사례 1 : 굽고 휘어진 등뼈를 펴고 지리산에 오르다

김 택 규 (남 · 25세)

5년 전 대학을 입학할 무렵부터 나는 원인도 모른 채 심한 허리 디스크(추간판 헤르니아)를 앓아 왔다. 특히 작년 겨울부터는 그 정도가 깊어져 척추가 S자로 굽고 뒤틀어져 심한 통증으로 낮과 밤을 고통 속에서 뒹굴었다. 허리로부터 오른쪽 엉덩이를 거쳐 뒷다리 신경을 타고 내리는 '무너져 내린다'는 표현에 걸 맞는 아픔.

서거나 앉아 있기, 누워 있기에도 몸은 불편했고, 이 상태로는 더 이상 무엇을 한다는 것이 불가능해 보였다.

이 약, 저 약 온갖 처방으로 치료해 보았지만 그 효과도 잠깐, 이제는 진통제도 능력을 발휘하지 못하게 되었다. 가족과 친구들의 걱정과 염려 속에서 나는 건강을 회복하는 것이 나의 일차적 과제라고 다짐하였고 산 선배의 소개로 마침내 구로동의 민족건강회를 찾았다. 영험한(?) 선생님들의 신기에 가깝다는 건강요법은 대략 들었었지만 직접 지도를 받았을 때의 느낌은 새로운 것에 대한 경이로움 그 자체였다.

살아온 날과 지금의 주위 환경을 알고, 병의 근원을 국소적인 한 부위에서가 아니라 몸의 전체적 생명력에서 찾은 것, 기법이나 묘술이 아니라 인간에 대한 깊은 이해와 믿음, 생명이 살아있는 소중한 존재로서 인간에 대한 정성과 사랑으로 치유하는 철학적(!)인 요법. 병을 치유하고 치료받는 관계보다도 같은 시대를 사는 소중한 민족 구성원으로서의 일차적 관계를 강조하시는 사자후 같은 말씀들.

선생님들과 회원님들의 혼신의 열정으로 실천하는 현장을 보고 감동하지 않은 사람이 없었고, 나 또한 많은 생각이 교차하였다.

생명의 불꽃이 강렬하게 타는 것이 확연히 보이는 화요일의 건강교실은 나에게 단순한 질병치료의 장이 아니었다.

건강회가 실천하는 인간에 대한 구체적 헌신은 지나온 날 나의 실천과 사고방식에 대단한 성찰을 요구하였다. 바로 뼈와 살 속에서 사랑이 우러나와야 한다는 것이며 사랑은 구체적으로 실천되어야 한다는 점이다.

5개월 동안 거르지 않고 건강교실에 참여하여 부항 요법과 타법과 촛불 요법을 실시하고 산행을 통해 지 · 수 · 화 · 풍의 생기를 받은 까닭에 허리를 반드시 펴고 고질적 통증을 물리치고 끝내 지리산 칠선 계곡을 거뜬히 통과하여 천왕봉을 돌아 한신 계곡으로 내려오는 장쾌한 산행을 마칠 수 있었다.

— 민족건강회 회지에서 발췌(20여 년이 지난 지금 그는 건강한 몸으로 사법고시에 합격해 법조인으로 건강하게 살아가고 있다.)

체험 사례 2 : 우와! 내 허리가 펴지다니

차 상 철 (남 · 38세 · 교사)

2월 첫째 주 화요일, 어느 한의원을 찾는다는 단순한 기분으로 기차를 타고 서울에 있는 민족건강회 사무실을 찾았다.

89년 전교조 결성 당시 뒤돌아보지 않고 뛰었던 무리한 생활 덕분에 생겼던 허리 병이 악화되었다. 몸을 가눌 수 없을 정도로 굽고 휘어져 있는 내 모습을 안타깝게 여긴 해직 동료 윤여선 선생님의 끈질긴 권유에 이끌려 허리를 고칠 수 있을지도 모른다는 막연한 기대 속에 따라나섰다.

북적대는 사람들 속에서 간단한 등록을 마치고 치료가 시작되었다. 지압과 부항, 촛불 요법으로 이어지는 치료 방법은 전신을 긴장하게 만들고 특히 촛불 요법과 허리 꺾기로 불리는 활 교정법은 공포감마저 느낄 정도였다. 어찌나 아픔이 심한지 체면 불구하고 '으악' 소리 지르지 않을 수 없게 만들어 방안을 온통 긴장시키기도 했다.

그러나 이러한 과정을 몇 차례 거치면서 막연한 기대감으로 찾아왔던 나의 감정은 인간에 대한 신뢰로 바뀌어 갔다. 온몸에 땀이 흥건해지도록 모든 정성을 다해 치료에 임하시는 이 선생님이나 박 선생님은 말할 것도 없고 건강교실 담당자들과 건강회를 찾아온 성원 모두가 어우러져 환자의 손발을 주무르고 기를 넣어

주는 등 서로의 몸을 비비대면서 동료들의 건강을 찾아주려는 모습은 그 어느 곳에서도 찾아보기 힘든 더불어 사는 삶의 실천장이었다.

밤 10시경, 요법 실시를 마치고 영등포역에서 설렁탕 한 그릇으로 배를 채운 후 호남선 밤 열차에 몸을 실었다. 그러면 고통과 즐거움을 더불어 나누던 민족건강회 동지들의 인간에 대한 뜨거운 사랑의 모습과 생명의 파고를 높여야 한다는 이 선생님의 말씀이 텅 빈 머릿속을 오가며 새벽 4시경에야 전주에 도착했다.

4월 첫째 토요일 아침, 요 몇 년 사이에 가장 즐거움을 느낄 수 있는 날이었다. 전날 치료를 받고 아침에 일어나 기지개를 켜는데, 허리가 쭉 펴지는 느낌이 들면서 허리와 다리에 통증이 가셨다. 기쁜 마음으로 일어나 거울을 보니까 비틀어졌던 몸의 자세가 제법 반듯해진 것 같았다. 잃어버렸던 나의 혼이 되살아난 것 같아 아내에게 허리가 나았다고 소리 지르며 새 양복을 찾아 입고 밖으로 뛰쳐나갔다.

스스로를 생각해 볼 여유 없이 일에만 무리하게 파묻혀 아옹다옹했던 지난 몇 년간의 모습을 되돌이보며 건강의 소중함과 인간과 사회에 대한 사랑을 새롭게 깨달을 수 있었다. 그 후 건강회 동지들의 헌신적인 도움으로 성공적으로 마칠 수 있었던 매봉산 등반 등의 3차례의 산행은 나도 건강할 수 있다는 자신감과 자연의 소중함 및 자연 요법의 과학적 합리성을 확신할 수 있는 좋은 계기가 되었다.

인간 개개인의 건강은 물론이고 사회의 건강을 살려 생명의 파고를 더 높여 나간다는 민족건강회의 아름다운 정신과 회원들의 더불어 사는 삶의 실천 의지에 찬사를 보내며 우리 민중들의 건강한 삶을 일궈 내는 아늑한 보금자리가 되어 민족 민주 운동의 힘찬 불씨로 자리매김할 것을 기대한다.

20여 년이 지난 지금 차상철 선생님은 대학 교수로 강단에서 열강을 하고 있다.

건강을 되찾은 사례 4

26세의 정여진 양은 신장 기능 악화로 병원을 전전하다 거동하기 힘든 상태로 건강교실을 찾아왔다. 몸은 퉁퉁 부어 체중이 10kg 이상 불어있었고 산독(요독)으로 인해 눈의 초점이 흐려 있었다.

필자는 고통과 절망에 시달리는 그를 위로해 주었다.

“신장을 망가뜨리는 근본 원인은 혈액 오염과 신장을 혹사시키는 데 있습니다. 나쁜 음식, 나쁜 공기, 스트레스, 과로가 그 주범입니다. 지금부터 화학 첨가물과 나쁜 냄새가 나는 공기를 피하고, 마음을 편히 갖고 자연식 요법과 부항 요법을 하면 차츰 피가 맑아지고 힘이 날 것입니다. 그러고 두 달 후쯤 신장 속의 병근을 부항으로 뽑아버리면 확실하게 신장이 되살아날 것입니다.”

그리고는 등뼈를 지압해 주고 부항 요법을 실시하여 먼저 혈액의 정혈과 순환을 도와주고 생기 순환 요법을 실시하여 혈행과 기의 흐름(기와 혈)을 바로잡았다. 그 나음 집에 돌아가 자연식 요법을 실시하며 3일에 한 번씩 등뼈와 신장과 간 부위에 부항을 10분 정도 붙이도록 했다. 그리고 유독성 냄새—매직, 잉크, 페인트 최루탄 가스 등의 냄새—들을 피하게 했고 화학 첨가물(콜라, 사이다, 커피, 라면, 인공 향 첨가 식품)들을 피하게 하고 뒷산에 나가 적당한 운동을 하라고 일러줬다.

자연식 요법, 부항 요법, 생기 순환 요법을 실시한 지 3개월이 지나자 정여진 양은 소변 색이 좋아지고 부기가 8g정도 빠지며 하루에도 수십 번씩 화장실에 가던 횟수가 반 이하로 줄어들면서 눈빛이 살아나고 생기가 돌기 시작했다.

일주일에 두 번 부항 요법을 실시하고 생기 순환 요법과 자연식 요법을 실시한 지 4개월 만에 근 뽑는 부항을 실시했다.

등의 신장이 있는 부위에 지름 5㎝ 크기의 플라스틱 부항을 한 개씩 붙여 한 시간쯤 지나자 수포가 생기기 시작했다. 부항을 떼고 수포를 이쑤시개로 따고 다시 부항을 붙였다.

부항을 붙인 지 10분이 지나자 이쑤시개로 딴 자리 옆에 또다시 작은 수포가 많이 생겨 있었다. 이것을 따고 다시 부항을 붙였다. 그리고 10분도 채 안되어 이번에는 더 많은 수포가 생겼다. 그래서 부항을 떼고 다시 수포를 따 주고 다시 부항을 붙였다.

이렇게 부항을 붙이고 수포를 따고 부항을 붙이기를 양쪽 신장에 각각 5회 실시했다.

첫날 총 한 시간 50분간 부항을 붙여 신장 속 깊이 박혀 있는 노란 수포 물(고름)을 빼내었고, 둘째 날은 그 자리에 플라스틱 부항을 다시 붙여 30분쯤 지나자 희고 붉은 계란 흰자 같은 수포 물과 근이 빠져나왔고 다시 부항을 붙인 후 30분쯤 지나자 계란 노른자 같은 담황색 수포 물과 근이 빠져나왔다.

셋째 날은 30분간 부항을 붙였다 떼자 수포 물과 담황색 근과 검붉은 혈근이 함께 나왔다. 이런 식으로 두 번 근 뽑기를 하자 소주잔으로 한 잔 정도의 수포 물과 근이 나왔다.

다음날은 정여진 양이 힘들어 해서 쉬고 그 다음날 근 뽑는 부항을 실시했다.

넷째 날도 셋째 날과 똑같은 시술을 했고 빠져나온 수포 물과 근의 양도 거의 같았다.

다섯째 날은 집에서 정여진 양 가족들이 한 시간 동안 근 뽑는 부항을 실시했는데 이날 빠져나온 수포 물과 근의 양은 넷째 날과 같았다.

여섯째 날도 집에서 정여진 양의 가족들이 한 시간 동안 근 뽑는 부항을 실시했는데 수포 물속에 담황색 근보다 혈근이 더 섞여 나왔다.

일곱째 날에는 다시 필자가 실시했는데 부항을 붙이고 30분쯤 지나자 근이 나왔고 부항을 떼어 보니 수포 물속에 약간의 혈근만이 섞여 있었다.

여덟째 날, 다른 신장 환자들은 5~6일 동안 하루 한 시간씩만 근을 뽑으면 끝이 나는데 정여진 양은 몸이 많이 붓고 상태가 아주 심해 여덟째 날까지 근을 뽑았고 여덟째 날에는 희고 노란 물만 조금 나왔다.

총 8일간(총 10시간 정도) 근을 뽑은 정여진 양은 피곤한 기색이 보였으나 부기가 완전히 가셨다. 가벼운 산책을 하게 하고 생기 순환 요법을 실시했다.

근 뽑는 부항 요법을 실시한 지 1개월 후 그녀는 몰라보게 건강해졌다. 지리산 천왕봉도 2차례나 등정할 만큼 강건한 몸으로 다시 태어난—소생한 정여진 님은 대학 교수로 건강하게 재직 중이다.

말기 폐결핵을 척결하다

눈이 큰 20대 여성이 학문 교실에 입학을 했다.

이 여성은 얼굴이 윤기가 없이 거칠고 기운이 없어 보였지만 큰 눈에서 나오는 눈빛만큼은 또렷이 살아있었다.

이름은 최은정, 나이는 25세. 대학을 졸업한 지 1년여 밖에 안 된 사회 초년생이었다. 필자가 유독 그녀에게 관심이 있었던 것은 얼굴이 흙빛인 게 건강이 너무도 안 좋아 보였기 때문이었다.

대학 재학 중 결핵에 감염되어 치료를 받고 나았으나 다시 재발하여 결핵전문치료 기관인 국립 공주 결핵 병원에 입원했던 그녀는 그곳에서 사람들이 죽어가는 모습을 보며 겨우 병을 이겨냈다. 그러나 또다시 결핵이 재발하여 절망적인 상황을 맞고 있는 그녀를 보니 가슴이 뭉클했다.

25세, 필자가 죽음과 사투를 벌이던 나이였다.

그녀는 폐결핵 치료 전문 병원인 국립공주결핵병원에서 폐결핵 치료 마지막 약으로도 치료가 되지 않아—죽음을 앞둔 상황에서—자진 퇴원해 얼마 남지 않은 생을—하고 싶은 것이나 하다 생을 마감하자고 작심하고— 우리의 학문교실에 입학원서를 내고 입학했던 것이다.

25세 꽃다운 나이에 폐결핵으로 죽음을 맞아야하다니……. 필자인 나는 죽음을 앞둔 최은정 님을 수요일 학문교실 입학생에서 이적을 시켜 건강교실 담당자들과 숙의 끝에 화요일 건강교실로 입적시켜 병 치료 순번을 기다리는 많은 환우들의 양해를 구해 순번을 바꿔 곧바로 마의 말기 폐결핵 치료에 들어갔다.

25세 꽃다운 젊은 여성을 폐결핵 따위로 죽게 만들지 않겠다. 우리는 반드시 그를 살려낼 것이다.

말기 폐결핵 치료를 두려워하며 망설이는 일부 담당자들에게 필자인 나는 건강교실의 장으로서 강하게 역설했다.

"나도 내 목숨이 소중하고 더구나 나에게는 아내와 어린자식까지 있다. 내가, 우리가 말기 폐결핵에 감염되어 죽는다 해도 그를 돌봐야 할 것이다."

우리는 생사의 사투를 벌이고 있는 최은정 님과 마주앉아 비장한 각오로 생사의 전투 작전을 시작했다…….

부항 요법을 실시하고 문진을 해본 결과 결핵균이 침투해 있는 폐 부위보다 독한 결핵약의 장기 복용으로 신장과 간이 더 나빠져 있다는 판단을 내렸다. 따라서 신장과 간을 함께 살려나가는 것이 폐를 살리는 지름길이라고 보고 신장, 간, 폐 순으로 부항 요법을 실시했다. 그리고 여럿이 타법과 생기 순환 요법 실시했다. 그러자 그녀의 몸이 서서히 살아나고 있었다.

자연 요법을 실시한 다음 필자는 큰소리로 그녀에게 일방적으로 약속을 했다.

"최은정 님! 앞으로 나와 약속을 지키면 6개월 후 정확히 올 8월에 지리산 천왕봉 정상에 서게 해주겠습니다!"

최은정은 어리둥절한 모습으로 필자를 쳐다보았다.

"대신 제가 시키는 대로 해야 합니다!"

나는 그녀가 6개월 동안 지켜야 할 사항을 적어주었다.

1. 작은 산들을 다니며 꾸준히 몸을 단련시킬 것
2. 3일에 한 번씩 폐 부위에 10분 정도 부항을 할 것
3. 3일에 한 번씩 신장과 간 부위에 10분 내지 30분 정도씩 부항을 할 것
4. 엽록소 식품과 현미식 등 자연식 요법을 실시할 것
5. 쌀밥, 돼지고기, 닭고기 등도 자주 먹을 것
6. 생마늘을 하루 · 이틀에 여섯 쪽씩 먹고 들기름을 3일에 한 숟가락씩 먹을 것
7. 병원에서 주는 결핵약은 빼놓지 말고 먹을 것
8. 일주일에 두 번 건강교실과 학문교실에 일찍 나와 사무실 뒤 관악산 체력 단련장에 나가 햇볕을 받고 단전호흡과 복식호흡을 하고 사무실로 돌아와 타법과 생기 순환 요법 받을 것
9. 긍정적이고 낭만적인 꿈을 꾸며 생활할 것
10. 지리산 정상에 올라 부를 노래를 지리산 정상에 올랐다고 상상하며 틈나는 대로 부를 것

3개월 후 신장 근 뽑기를 끝내고 이어 간 근 뽑기를 끝냈으며 흙빛이던 얼굴색이 희고 생기 있는 원래의 얼굴색으로 돌아오면서 힘이 생기고 심폐 기능이 살아나기 시작했다.

이윽고 두려움과 설렘 속에 기다리던 8월.

우리는 지리산을 향해 출발했고 마의 칠선 계곡을 오르며 가쁜 숨을 토하는 그녀에게 부항 요법, 타법, 생기 순환 요법, 고함 소리 요법, 웃음 요법 등 모든 방법을 다 동원하며 끝끝내 지리산

정상 천왕봉에 올랐다. 해발 1,915m의 천왕봉에 우뚝 선 그녀는 두 팔을 벌리고 감격에 젖어 환호성을 질렀다.

20여 년이 지난 지금, 최은정 님은 아들 3형제를 낳아 건강하게 키우며 잘 살고 있다.

* 당시 말기 결핵균과 맞서 싸워 이긴 최은정 님과 건강교실 담당자들의 투혼에 감동 · 감탄입니다.

특별한 체험 사례 : 나의 투병 나의 삶

—건강교실에 찾아와 자기 병을 고치고 건강교실 담당자로 자청해 의로운 의인이 되어 수많은 난치병 환우들을 치유시킨 감동적인 인물이 쓴 이야기

손 기 근 (공인회계사 · 남 · 54세)

내가 부항기를 처음 접한 지도 벌써 28년이 되어 간다. 군 제대 후 복학생일 때 친하게 지내던 후배가 자신의 등 부위의 흉측(?)한 자국을 보여준 것이 나와 부항기의 오래된 인연의 시작이었다.

그 당시 그 후배는 일상생활을 하기 힘들 정도로 신장이 심하게 망가져 고통 받고 있었다. 병원에서조차 회복 불가능하다던 후배의 건강이 부항 요법과 식이 요법 등을 통하여 회복되고 있었다는 사실과 간단하게 부항을 붙이는 것만으로도 자기 몸의 건강 상태 진단과 스스로의 건강 관리가 가능하다는 후배의 말은 나의 호기심을 발동시키기에 충분했다.

이렇게 하여 그 후배와 같이 찾아갔던 곳이 민주쟁취 국민운동본부 구로지부 건강교실이었다. 그 당시 국민운동본부 구로지부에서는 매주 화요일마다 건강교실을 열어 이기환 선생님을 중심으로 많은 사람들이 모여 부항 요법, 식이 요법, 산행 요법 등으로 환자들을 치료도 하고 건강 강좌도 하고 있었다.

처음으로 건강교실을 견학한 그날 밤, 같이 자취하던 친구에게 건강교실에서 보고들은 것을 간단히 설명한 후 곧바로 실습에

들어갔다. 친구를 눕혀 놓고 신문지를 오려 불을 붙여 맥주잔 속에 넣은 다음 그것을 친구의 등줄기에다 갖다 붙였다. 이어지는 친구의 '앗 뜨거워!' 하는 비명 소리. 이렇게 부항기와 나는 친해져 갔다.

건강교실에 참여하는 횟수가 늘어날수록 '과연 내가 내 몸에 대하여 얼마나 알고 있을까? 나의 몸에 대해서 얼마나 관심을 가지고 잘 보살펴 주고 있는가?'라는 의문을 자연스럽게 가지게 되었다. 이때부터 내 몸의 소리에 귀 기울이며 몸과의 대화를 시작했다. 내 인생의 주인으로 살기 위해 먼저 내 몸뚱이의 주인이 되자. 매일 먹을거리를 점검했고, 인체에 대하여, 생명의 이치에 대하여 탐구했다.

학생 운동을 하던 시절의 불규칙하고 긴장된 생활, 최루탄, 부실한 영양 공급 등으로 폐결핵이라는 질병을 얻어 장기간 결핵약을 먹었다. 그 결과 결핵은 완치되었다는 판정을 받았으나 자고 나면 손발과 얼굴이 붓거나 쉽게 피곤해지곤 했었다. 이기환 선생님과 상담 결과 장기간 약물 복용으로 간 · 신장 등 다른 장기가 많이 손상되었다는 것이었다. 특히 신장이 많이 안 좋아서 손발이 자주 붓고 쉽게 피곤해진다는 것이다. 이때부터 나도 건강교실에서 치료를 하기 시작했는데 먼저 부항을 붙여 몸속의 오염된 물질을 뽑아주고 혈액을 깨끗이 정화시켜 준 다음 3주 이후부터 본격적으로 근 뽑기 부항 요법을 하기 시작했다. 매일 한 시간씩 5일간 정도 뽑았다. 이와 더불어 산행을 매주 꾸준히 다니면서 자연의 생기를 듬뿍 받았다. 이후 손발이 붓는 등의 증상은 없어지고 활기찬 일상생활을 할 수 있었다.

1992년 국민운동본부 구로지부 건강교실의 열성 참여자들이 주축이 되어 독자적 사무실을 확보하여 우리 민족과 그 구성원들의 건강한 삶을 지향하는 '민족건강회'라는 단체를 만들었다. 민족건강회의 여러 가지 활동 중 하나가 매주 화요일 저녁에 개최한 건강교실이었다. 치료를 필요로 하는 사람들이 너무 많아 세 개의 판(각 판의 건강교실 책임자를 '판장'이라 불렀음)으로 나누어 진행했다. 나는 판장의 한 사람으로 건강교실을 진행했다. 주로 자연식 요법, 촛불 요법, 부항 요법, 생기 순환 요법, 산행 요법 등을 사용하여 많은 환자들을 치료했다. 그중에서도 부항기를 이용한 근 뽑기 요법은 그 효과가 탁월했다. 특히 간·신장·위장 등이 심하게 안 좋은 중증 환자들에게 근 뽑기 요법을 시술한 후 산행 요법 등을 병행하면 그 효과는 정말 뛰어났다. 삶의 현장에서 치열하게 살다가 건강을 잃어버린 사람들이 다시 건강해져 1,000m이상의 산을 함께 올랐을 때의 보람과 기쁨은 이루 말할 수 없었다.

내게 건강과 생명의 이치, 그리고 삶의 진정한 가치가 어디에 있는지 깨닫게 해준 이기환 형님과 민족건강회 식구들에게 고마움을 전한다.

* 손기근 님은 현재 54세로서 공인회계사, 경제학박사, 대학교수로서 강건한 체력으로 맹활약을 하고 있다.

맹장염(충수염)을 근 뽑아 다스리는 방법

등산이나 낚시, 여행 등을 할 때 플라스틱 부항기를 구입하여 항시 준비하고 다니면 여러모로 유용하게 사용할 수 있다. 어깨나 허리, 관절 등에 무리가 와서 무겁거나 통증이 올 때, 뱃속이 안 좋을 때 그 부위에 직접 부항을 붙여 좋은 효과를 볼 수 있다.

특히 맹장염(충수염)이 발생하여 배꼽 아래 우측 아랫배 부분에 극심한 통증이 일고 또한 병원으로 갈 수 없는 상황이라면 근 뽑는 부항 요법으로 고름 물과 맹장염을 일으킨 원인 물질을 뽑아내어 통증을 제거하고 맹장염을 치유할 수 있다.

방법은 지름 5㎝ 크기의 플라스틱 부항을 통증이 오는 부위에 붙이고 한 시간쯤 지나면 수포가 생기는데, 수포를 따고 10분쯤 붙이면 다시 수포가 생기며 노란 고름 물이 나온다. 10분 간격으로 2회 반복하여 수포를 따고 노란 고름 물을 닦아가며 부항을 30분간 붙이면 노란 고름 물과 담황색의 원인 물질이 섞여 나온다.

이를 닦아 내고 다시 30분 정도 부항을 붙이면 더 많은 양의 고름 물과 담황색의 원인 물질이 빨려 나온다. 다시 이를 닦아 내고 30분간 부항을 붙여 두면 근의 양이 훨씬 적고 대신 핏빛의 원인 물질이 나온다. 이를 깨끗이 닦아 주고 안정을 취한다. 총 세 시간의 부항 요법 실시로 원인 물질을 깨끗이 뽑아내고 통증을 가라앉힐 수 있다. 그러나 심하게 걷거나 뛰지 말아야 한다. 3일 후면 근 뽑은 자리에 딱지가 지기 시작하고 일주일이 지나면 완전한 몸으로 회복이 된다.

부항 근 뽑기(혈액 세척 근 뽑기)로 땅벌 등의 독을 뽑아내 생명을 살리는 방법

벌에 쏘이면 벌 독에 대한 면역력이나 저항력이 있는 사람은 가볍게 지날 수 있지만 그렇지 않은 사람은 온몸에 두드러기가 생기거나 얼굴이 퉁퉁 붓고 벌겋게 달아오르며 열이 차올라 고열로 위험한 순간을 맞이하게 된다.

이때 병원에 빨리 가서 응급 치료를 받아야 하지만 그렇지 못할 상황이라면 준비한 부항기를 꺼내어 오른쪽 어깨와 왼쪽 어깨의 선을 따라 횡으로 7~8개 이상의 부항을 붙여(그림1) 목과 폐, 얼굴로 차오르는 열을 빼주고 나서 동시에 뒷목 바로 밑 등뼈(흉추 1번이나 2번)에 한 개나 두 개의 부항을 붙여(그림1-1) 30분이나 한 시간쯤 지나면 수포가 생기고 이를 터뜨려 가며 계속하여 붙여 두면 노랗고 불그레한 물이 계속 나온다.

집중하여 관찰하면서 30분쯤 더 부항을 붙여 근을 뽑아 주면 얼굴과 몸의 상태가 정상으로 돌아온다. 특히 산행 시 땅벌에 대하여 주의를 해야 하고 부항기를 항시 준비하고 다녀야 한다.

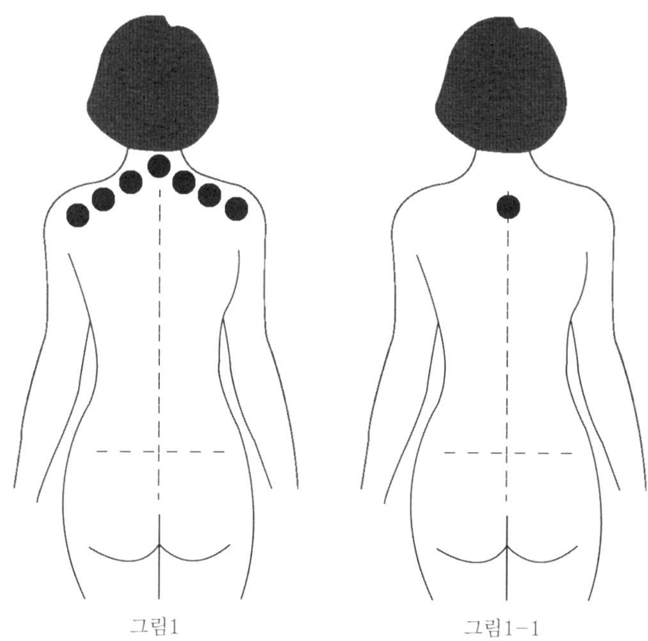

그림1 그림1-1

땅벌 독을 뽑아내고 위험으로부터 벗어난 사례

사례 1

고온이 계속되는 해의 여름에는 땅벌들이 유난히 사나워지고 맹독을 품게 되기 때문에 더더욱 조심을 하고 이에 대한 대비를 해야 한다.

1994년 여름과 지난 2004년 여름은 10년 주기로 38도 이상의 폭염이 쏟아졌던 여름이다.

1994년 여름, 필자가 10여 명의 산악대원들과 회복기의 환자 두 명을 데리고 지리산 칠선 계곡을 등정하던 중 두 명이 땅벌에 쏘여 그중 한 사람인 양진표 군이 열이 차올라 숨 쉬는 기도가 부어 호흡 곤란으로 급박한 순간을 맞았었다.

이때 물에 푼 된장을 먹이고 몸 전체 근 뽑는 부항 요법을 실시하여 양 군을 위험에서 구한 적이 있다.

사례 2

2004년 여름 열다섯 명의 대원들과 함께 지리산 한신 계곡을 오르며 특히 10년 전의 일을 상기시켜 고온으로 인한 땅벌의 맹독성에 대해 주위를 환기시키고 땅벌에 쏘이지 않기를 간절히 바라며 산행을 하던 중, 우려했던 일이 발생하였다. 이번에는 점심을 먹고 잠시 쉬는 사이 몸이 아픈 회원들을 위해 약초를 캐러 계곡의 언덕을 휘젓고 다니던 세 명의 백전노장 대원들이 벌에 쏘인 것이다.

선봉장 김정교, 전일곤 대원 등은 견딜 만하게 지나갔지만 부대장을 맡은 손기근 대원은 온몸에 발진이 생기고 눈이 심하게 출혈되며 얼굴이 벌겋게 부어오르며 기도가 부어 숨을 제대로 못 쉬는 심각한 상황에 부닥친 것이었다.

그가 누구인가. 산행에 있어 필자와 함께 산전수전을 다 겪은 사람이 아니었던가. 특히 10년 전, 칠선 계곡에서 양진표 군이 땅벌에 쏘였을 때 치유를 전담했던 당사자인데……. 땅벌도 참 무심하지……. 잠시의 감상에 젖을 틈도 없이 우선 물에 푼 생된장을 마시게 하고 계곡의 찬물에 담근 수건으로 온몸을 적셔 가며 일반 부항으로 몸의 열을 빼주고 목뒤 흉추 1번에 플라스틱 부항 1개를 붙였다.

20분이 지나자 수포가 생기기 시작했고 수포를 따고 또다시 부항을 붙여 10분 후 또다시 생긴 수포를 따고 부항을 붙여 10분이 지나자 노랗고 불그레한 물이 빠져나오기 시작하여 30분이 지나자 팔다리 온 몸 전신에 무섭게 핀 붉은 반점이 사라지고 얼굴이 정상으로 돌아와 어느덧 제 기운을 차리고 있었다.

정확히 한 시간 10분 만에 혈액 세척 근 뽑는 부항으로 벌 독을 뽑아버린 것이다. 벌에 쏘인 다리, 목 부위에는 벌 독이 약간 남아 있었지만 그는 언제 그랬냐는 듯이 오른손을 치켜들고 크게 웃으며 '나는 살아서 간다.'라고 외치며 나머지 대원들의 사기를 충전시키어 점심 식사 후의 산행을 무사히 진행하도록 했다.

그 후 손기근 님은 공인 회계사, 경제학 박사, 대학 교수로서 맹활약 인생을 펼쳐 나가고 있다.

폐렴을 다스리다

민주쟁취 국민운동 구로지부에서 건강교실을 열고 수많은 불치병 난치병 환자들을 돌보고 소생시켰는데 특히나 공업단지 사람들이 폐렴 · 폐결핵 등 가슴 폐질환으로 고통을 받고 있었는데 많은 사람들이 폐 근 뽑는 방법으로 폐를 건강하게 소생시킬 수 있었다.

분석 철학의 눈으로 조망해 본 현대 서양 의학의 허

분석 철학

우리는 언어로 사고하고 언어로 세계(사물)를 이해하기 때문에 언어로 파악한 세계로부터(그 함정으로부터) 벗어날 수 없다. 철학이 몇 천 년 동안 인간의 둘레를 돌면서도 인간 문제를 해결하지 못하고 있는 것은 철학이 잘못된 것이 아니라 철학이 사용하고 있는 언어가, 즉 철학이 타고 달려온 말이 잘못된 것이다.

이 같은 분석 철학의 눈으로 현대 서양 의학을 조망해 볼 때 현대 서양 의학은 자신이 사용하고 있는 약, 주사, 수술, 세균 박멸 처치라는 언어를 사용한 시작부터 태생적으로 애먼 말을 탄 것이다. 질병의 존재를 거시적이고 총체적인 관점에서 대자연의 정리사란 개념으로 이해하지 못하고 미시적이고 단편적인 시각으로 판단하고서 부정이고 독으로 보는 개념으로 출발한 것이기에 현대의학은 언어의 함정에 빠진 것이다.

따라서 현대 서양 의학은 자연의 이치를 무시하고 무리하게 병을 때려잡아야겠다는 생각에서 벗어나 질병의 본질을 빨리 파악하고서 자연 치유 강화 요법들을 적극적으로 병행 실천해 나가야 할 것이다.

현대의학은 지금 이 시각에도 항생제 효과와 외과적인 수술 효과에 심취한 나머지 여러 많은 부작용에도 불구하고 자기 독단(도그마. dogma)에 빠져 많은 환자들을 곤경에 빠뜨리고 있다는 사실을 주지해야 할 것이다.

아름다운 인간 사회를 위해

단기필마의 인생길

고찰과 선택의 중요성!

나라는 존재 나라고 하는 자기 존재는 몸뚱이의 생명 본체를 바탕으로 한 몸나와 의식하고 판단하고 행위를 결정하는 주체인 · 나의나(나나)로 구성되어있다.

몸의나와 나의나 즉 몸나와 나나의 관계를 사물에 비유해본다면…… 필단마를 탄 주인의 관계인 것이다. 주인인 · 나나는 오직 필단마인 몸나를 타고 숙명적으로 인생길을 달려야한다. 필단마인 몸나가 강하든, 약하든, 재주가 있든, 없든, 성질이 순하든, 사납든 그의 본성과 욕망 ―생존 번식 의시댐―을 채워주거나 다스리며…… 주인인 나나는 자기 판단과 정신으로 필단마인 몸나를 타고 인생길 운명을 함께하게 된다…….

우리가 여기서 고찰해 봐야할 대목…… 첫째 필단마의 주인이 말이 본 성적으로 가는 길로 끌려갔느냐 아니면 주인이 자기정신으로 말을 이끌고 갔느냐ㅡ의 정신 소재의 문제이고 둘째 주인이 말의 몸속에 내재해 있는 개별성 성질 재능 기질 특이성을 제대로 파악해 그에게 맞는 생활의 길을 가게 했느냐의 고찰과 길 선택의 문제이다…….

인생은 세상이란 판 속에 각자 필단마를 타고 어느 길로 가던·어떤 모습으로 가던 한 번 한판의 행로인 것이다.

* 젊은이들에게 참으로 중요한 학문이지요. 꿈 많은 청춘의·젊은 벗님들 내 정신으로 내 몸에 맞는 길 가세요!

天符經

一始無始一

析三極無盡本

天一一地一二人一三

一積十鉅無匱化三

天二三地二三人二三

大三合六生七八九

運三四成環五七

一妙衍萬往萬來 用變不動本

本心本太陽昻明人中天地一

一終無終一

천부경 _ 만인 이기환의 해석

1. 우주기운의 시작은 없다.
   우주는 영원으로부터 있는 우주다.
2. 우주기운이 3가지 극을 분화시켜 작용하지만 그 근본은 다하지 않는다.
3. 우주기운이 분화시켜 이룬 3가지 극은 천 · 지 · 인으로서 천·태양은 첫 번째로 지 · 지구는 두 번째로 인 · 생명체 사람은 세 번째로 이루었다.
4. 이와 같이 천지인 3극이 만들어진 것은 우주기운이 만 가득 축적되어 더 이상 담아낼 공간이 없기에 농축되어 태양빛 불이 되고 지구 흙, 물, 공기가 되고 생명체 사람이 되었다.
5. 이와 같이 우주 기운의 바탕 작용으로 생성된 천 · 지 · 인은 진화해서 우주기운 정신과 같은 정신령을 갖게 되었다.
6. 우주 정신령 영적인 세계를 지닌 천 · 지 · 인은 우주의 대정신령과 합심해 6생, 즉 목성을 낳았고 만들었고 나아가 7. 토성 8. 천왕성 9. 해왕성 별들을 만들었다.(※ 명왕성은 태양계별이 아님을 적시하다) 실제로 명왕성은 인류가 쏘아올린 우주 탐사선에 의해 명왕성이 태양계 행성 자격이 없는 별로 판명되었다.

7. 그리고 나서 대정신영은 다시 운행해와 4성, 즉 지구 축 구조를 수성, 금성, 달까지 조합해 재정비하고 5. 화성을 만들어 7. 토성과 방어띠를 만들어 목성과 함께 지구, 태양 방어망을 단단하게 구축했다.
8. 우주기운정신령의 이 같은 신묘한 섭리가 세상천지를 변화시키며 작용하지만 그 근본 중심은 움직이지 않는다.
9. 보라! 우주기운정신의 본뜻 본마음이 본디 태양과 같은 것이니 사람들아 우러러 밝게 펼쳐 나아가라! 이것이 천 · 지 · 우주 간에 있어 중심정, 즉 진리니라!
10. 우주기운의 종말은 없다. 우주는 영원히 존재하는 우주다.

※ 필자의 추론, 필자 해석자는 과학적인 사고와 판단을 하는 사람이지만, 우리가 인류가 살고 있는 - 지구별 태양계는 자연과학 지식으로 만 설명하기에는 그 구성과 배치와 지구생명 환경이 너무도 정교하고 신비하다는 사실이다.

지구라고 하는 푸른 별 생명의 별이 - 양자물리학자들이 주장하는 것처럼 세계는 확률의 결과만을 보여주는 불확실성을 속성으로 하는 존재라는 인류 과학적 논리와 같은 우연적 확률적 존재가 아니고 - 만약에 어떤 알 수 없는 초자연적인 정신 능력에 의한 필연적 창조의 결과물이라 한다면 우리는 태양의 열과 빛 지구의 흙, 물, 공기, 목성의 거대한 운석 방어 능력과 화성 · 토성의 역할과 천왕성 해왕성의 역할과 그리고 태양 곁에 있는 수성과 금성별과 달의 역할도 다시 들여다 봐야할 것이다.

1. 태양 2. 수성 3. 금성 4. 지구 5. 화성 6. 목성 7. 토성 8. 천왕성 9. 해왕성까지 태양계 별들이 - 우연에 의해서 확률의

결과로 만들어진 것이 아니고 – 우리 민족 5천년 역사 경전 천부경의 말씀대로 – 우주 정신령에 의한 대 역사라고 본다면 태양계 지구라는 생명의 별 생명체 인간의 존재에 대해서 – 우연적 확률적 존재라는 과학적 사고와 함께 우주 정신령에 의한 존재라는 사고도 해봐야 할 것이다.

〈 편집후기 〉

흑석골 산막 막사에 길고양이들을 데려다 병 치료 해주고 돌보며 지내온 지도 어연 10년 세월~~~.

산막에서 70인생을 되돌아보니 폭풍의 강처럼 살아온 내 삶이 꿈 · 영화처럼 느껴진다. 많은 일사들을 겪고 행해오면서 절절하게 새겨진 생의 영상들…….

그중에서도 선명하게 새겨진 영상으로 머리 · 가슴 울컥 감동의 파동을 이루는 것은 ―생명을 사람을 살리기 위해 참으로 혼신을 다했던 내 모습이었다.

내가 이렇게 혼신을 다하며 살아올 수 있었던 것은 미흡한 나에게 참 인간정신을 가르쳐주고 헌신적으로 받혀준 사람이 있었기 때문이다.

나의 참벗 정웅기 님!

군대 생활에서부터 작금에 이르기까지 내게 홍익인간 정신을 가르쳐주고 50년 세월동안 미욱한 나를 부모처럼 물심양면으로 전설같이 받혀주어 온 벗 정웅기 님께 무언의 언어로 답합니다……………………!

그리고 함께 민주화 운동을 하며 적극적으로 도와 온 후배님들…….

손기근, 김종식, 이석복, 채형석 아우님들께 속 깊이 감사의 말을 전합니다.

감사합니다.